Die Kooperationsverpflichtung der Mitgliedstaaten der Europäischen Union bei Abschluss und Anwendung gemischter Verträge

Augsburger Studien zum internationalen Recht

Herausgegeben von

Volker Behr
ehem. Lehrstuhl für Bürgerliches Recht, Zivilprozessrecht, Ausländisches und Internationales Privatrecht

Henning Rosenau
Lehrstuhl für Deutsches, Europäisches und Internationales Straf- und Strafprozessrecht, Medizin- und Biorecht

Christoph Vedder
Lehrstuhl für Öffentliches Recht, Völkerrecht und Europarecht sowie Sportrecht, Jean Monnet-Lehrstuhl für Europäisches Recht

Juristische Fakultät der Universität Augsburg

Band 12

PL ACADEMIC RESEARCH

Klaus Schwichtenberg

Die Kooperationsverpflichtung der Mitgliedstaaten der Europäischen Union bei Abschluss und Anwendung gemischter Verträge

PL ACADEMIC RESEARCH

Bibliografische Information der Deutschen Nationalbibliothek
Die Deutsche Nationalbibliothek verzeichnet diese Publikation in der Deutschen Nationalbibliografie; detaillierte bibliografische Daten sind im Internet über http://dnb.d-nb.de abrufbar.

Zugl.: Augsburg, Univ., Diss., 2013

Bundesrepublik Deutschland
Auswärtiges Amt

Gefördert durch die Bundesrepublik Deutschland

Logo auf dem Umschlag:
Abdruck mit freundlicher Genehmigung
der Universität Augsburg.

Gedruckt auf alterungsbeständigem,
säurefreiem Papier.

D 384
ISSN 1861-664X
ISBN 978-3-631-65056-1 (Print)
E-ISBN 978-3-653-04158-3 (E-Book)
DOI 10.3726/978-3-653-04158-3

PL Academic Research ist ein Imprint der Peter Lang GmbH.

Peter Lang – Frankfurt am Main · Bern · Bruxelles · New York · Oxford · Warszawa · Wien

Die Qualität der in dieser Reihe erscheinenden Arbeiten wird vor der Publikation durch die Herausgeber der Reihe geprüft. Soweit es sich um Dissertationen handelt, sind diese überdies von den am Promotionsverfahren beteiligten Gutachtern geprüft worden.

www.peterlang.com

Meiner Mutter

Vorwort

Die vorliegende Untersuchung ist im Wintersemester 2012/2013 von der Juristischen Fakultät der Universität Augsburg als Dissertation angenommen worden, die Disputatio fand im Sommersemester 2013 statt. Die Arbeit ist auf dem Stand August 2012, vereinzelt konnten noch aktuelle Entwicklungen der Praxis bis Mai 2013 berücksichtigt werden. Ebenso konnte der Beitrag von *Kumin/Bittner* über die gemischten Verträge zur Innsbrucker internationalen wissenschaftlichen Konferenz über die Außenbeziehungen der EU im November 2011, der erst nach Abgabe der Arbeit veröffentlicht wurde (Obwexer, Walter [Hrg.], Die Europäische Union im Völkerrecht, 2012) noch berücksichtigt werden.

Den Anstoß zu dieser Arbeit gab mir mein Doktorvater, Prof. Dr. Christoph Vedder, dem mein herzlicher Dank gebührt. Er gab mir die Gelegenheit, an seinem Lehrstuhl während der Erstellung der Dissertation tätig zu sein – eine Erfahrung, die ich nicht missen möchte – und hatte jederzeit ein offenes Ohr für alle sich stellenden Probleme und Aufgaben. Zudem vermittelte er mir den Kontakt zu meinen Gesprächspartnern in den deutschen und österreichischen Bundesministerien.

Auf diesem Wege möchte ich mich ebenfalls bei diesen Gesprächspartnern für die Bereitschaft zu einem Gespräch, den stets herzlichen Empfang und die interessanten und angenehmen Gespräche bedanken.

Dank gebührt auch Prof. Dr. Ulrich M. Gassner für die zügige Erstellung des Zweitgutachtens. Für die Aufnahme in die Reihe „Augsburger Studien zum Internationalen Recht“ danke ich ferner den Herausgebern Prof. Dr. Volker Behr, Prof. Dr. Henning Rosenau und Prof. Dr. Christoph Vedder. Der Druck dieser Arbeit wurde durch einen großzügigen Zuschuss des Auswärtigen Amtes gefördert, für den ich mich ebenfalls bedanken möchte.

Ohne die Unterstützung von Dr. Stefan Lorenzmeier wäre die Arbeit nie zu einem Ende gekommen. Er gab mir den entscheidenden Impuls, um endlich mit dem Schreiben anzufangen, und war stets zu inhaltlichen Diskussionen bereit.

Über die Sorgen und Nöte eines Doktoranden mit Kollegen sprechen zu können, war stets eine große Hilfe. Dafür möchte ich mich bei allen Kollegen bedanken, insbesondere bei Frau Sarah Honegg-Schreitmüller, Herrn Dr. Christian Hufen und Herrn Dr. Manuel Indlekofer. Zudem bin ich allen Lehrstuhlmitarbeitern für die gute Zusammenarbeit dankbar. Ebenfalls möchte ich mich bei meinen Freunden für die erfahrene Unterstützung bedanken.

Mein größter Dank gilt meiner Familie. Meine Schwester Tanja hat dieses Projekt mit großem Interesse begleitet und steht mir stets mit Rat und Tat zur Seite. Gewidmet ist diese Arbeit meiner leider viel zu früh verstorbenen Mutter Maria de Lourdes Ney de Schwichtenberg. Ohne ihre großen Liebe und bedingungslosen Unterstützung hätte ich all meine Ziele nie erreicht.

Niederstotzingen, im November 2013 Klaus Schwichtenberg

Inhaltsverzeichnis

Abkürzungsverzeichnis

ABl.	Amtsblatt
AETR	Europäisches Übereinkommen über die Arbeit der Fahrzeugbesatzungen im internationalen Straßenverkehr
AEUV	Vertrag über die Arbeitsweise der Europäischen Union
AöR	Archiv des öffentlichen Rechts
AVR	Archiv des Völkerrechts
BayVBl.	Bayerische Verwaltungsblätter
BEH	Bieber, Roland/Epiney, Astrid/Haag, Marcel, Die Europäische Union. Europarecht und Politik, 9. Auflage, Baden-Baden 2011
BGBl.	Bundesgesetzblatt
BIT	Bilaterale Investitionsabkommen
BMG	österreichisches Bundesministeriengesetz
BMVEL	Bundesministerium für Verbraucherschutz, Ernährung und Landwirtschaft
BVerfG	Bundesverfassungsgericht
B-VG	Bundes-Verfassungsgesetz (österreichische Verfassung)
CMLRev.	Common Market Law Review
COREPER	Ausschuss der Ständigen Vertreter der Regierungen der Mitgliedstaaten
CR	Calliess, Christian/Ruffert, Matthias (Hrg.), EUV/ AEUV, Das Verfassungsrecht der Europäischen Union mit Europäischer Grundrechtecharta. Kommentar, 4. Auflage, München 2011

DÖV	Die Öffentliche Verwaltung
EAD	Europäischer Auswärtiger Dienst
EAG	Europäische Atomgemeinschaft
EAGV	Vertrag zur Gründung der Europäischen Atomgemeinschaft
EFAR	European Foreign Affairs Review
EG	Europäische Gemeinschaft
EGKSV	Vertrag über die Gründung der Europäischen Gemeinschaft für Kohle und Stahl
EGV	Vertrag zur Gründung der Europäischen Gemeinschaft
EJIL	European Journal of International Law
EL	Ergänzungslieferung
ELRev.	European Law Review
EP	Europäisches Parlament
EU	Europäische Union
EuGH	Gerichtshof der Europäischen Union/Gerichtshof der Europäischen Gemeinschaften
EuR	Europarecht (Zeitschrift)
EUV	Vertrag über die Europäische Union
EuZW	Europäische Zeitschrift für Wirtschaftsrecht
EVV	Vertrag über eine Verfassung für Europa
EWG	Europäische Wirtschaftsgemeinschaft
EWGV	Vertrag zur Gründung der Europäischen Wirtschaftsgemeinschaft
FAO	Ernährungs- und Landwirtschaftsorganisation der Vereinten Nationen
FDMILJ	Fordham International Law Journal

FJIL	Florida Journal of International Law
FS Dashwood	Arnull, Anthony/Barnard, Catherine/Dougan, Michael/Spaventa, Eleanor (Hrg.), A Constitutional Order of States? Essays in EU Law in Honour of Alan Dashwood, Oxford und Portland 2011
FS Eitel	Frowein, Jochen Abr./Scharioth, Klaus/Winkelmann, Ingo/Wolfrum, Rüdiger (Hrg.), Verhandeln für den Frieden. Negotiating for Peace. Liber Amicorum Tono Eitel, Berlin/Heidelberg/New York 2003
FS Folz	Zehetner, Franz (Hrg.), Festschrift für Hans-Ernst Folz, Wien/Graz 2003
FS Ginther	Benedek, Wolfgang/Isak, Hubert/Kicker, Renate (Hrg.), Development and Developing International and European Law. Essays in Honour of Konrad Ginther on the Occasion of his 65th Birthday, Frankfurt am Main 1999
FS Hafner	Buffard, Isabelle/Crawford, James/Pellet, Alain/Wittich, Stephan (Hrg.), International Law between Universalism and Fragmentation. Festschrift in Honour of Gerhard Hafner, Leiden/Boston 2008
FS Mosler	Bernhardt, Rudolf/Geck, Wilhelm Karl/Jaenicke, Günther/Steinberger, Helmut (Hrg.), Völkerrecht als Rechtsordnung. Internationale Gerichtsbarkeit. Menschenrechte. Festschrift für Hermann Mosler, Berlin/Heidelberg/New York 1983
FS Ress	Bröhmer, Jürgen/Bieber, Roland/Calliess, Christian/ Langenfeld, Christine/Weber, Stefan/Wolf, Joachim

	(Hrg.), Internationale Gemeinschaft und Menschenrechte, Festschrift für Georg Ress zum 70. Geburtstag am 21. Januar 2005, Köln/Berlin/München 2005
FS Slot	Bulterman, M./Hancher, L./McDonell, A./Sevenster, H., Views of European Law from the Mountain. Liber Amicorum Piet Jan Slot, Alphen aan den Rijn 2009
FS Zuleeg	Gaitanides, Charlotte/Kadelbach, Stefan/Rodriguez Iglesias, Gil Carlos (Hrg.), Europa und seine Verfassung. Festschrift für Manfred Zuleeg zum siebzigsten Geburtstag, Baden-Baden 2005
GA	Generalanwalt
GASP	Gemeinsame Außen- und Sicherheitspolitik
GATS	Allgemeines Abkommen über den Handel mit Dienstleistungen
GG	Grundgesetz
GGO	Gemeinsame Geschäftsordnung der Bundesministerien
GH	Grabitz, Eberhard/Hilf, Meinhard (Hrg.), Das Recht der Europäischen Union, München, Loseblatt, Stand: 40. Ergänzungslieferung Oktober 2009
GHN	Grabitz, Eberhard/Hilf, Meinhard/Nettesheim, Martin (Hrg.), Das Recht der Europäischen Union, München, Loseblatt, Stand: 47. Ergänzungslieferung April 2012
GKK	Geiger, Rudolf/Khan, Daniel-Erasmus/Kotzur, Markus, EUV/AEUV, Vertrag über die Europäische Union und Vertrag über die Arbeitsweise der Europäischen Union, Kommentar, 5. Auflage, München 2010

GL	Grundlieferung
GMBl.	Gemeinsames Ministerialblatt
GO-Rat	Geschäftsordnung des Rates
GS Grabitz	Randelzhofer, Albrecht/Scholz, Rupert/Wilke, Dieter (Hrg.), Gedächtnisschrift für Eberhard Grabitz, München 1995
GS	Groeben, Hans von der/Schwarze, Jürgen (Hrg.), Kommentar zum Vertrag über die Europäische Union und zur Gründung der Europäischen Gemeinschaft, 4-bändig, 6. Auflage, Band 4, Art. 189 – 314 EGV, Baden-Baden 2004
GSVP	Gemeinsame Sicherheits- und Verteidigungspolitik
GTE	Groeben, Hans von der/Thiesing, Jochen/Ehlermann, Claus-Dieter (Hrg.), Kommentar zum EWG-Vertrag, 4-Bändig, 4. Aufl., Band 3, Art. 110 – 188, Baden-Baden 1991
IGH	Internationaler Gerichtshof
IMO	Internationale Schifffahrtsorganisation
ISPS-Code	Internationaler Code für die Gefahrenabwehr auf Schiffen und in Hafenanlagen
JA	Juristische Arbeitsblätter
JBl.	Juristische Blätter
JuS	Juristische Schulung
JZ	JuristenZeitung
LB	Lenz, Carl Otto/Borchardt, Klaus-Dieter (Hrg.), EU-Verträge, Kommentar nach dem Vertrag von Lissabon, 5. Auflage, Köln 2010

NJIL	Nordic Journal of International Law
NJW	Neue Juristische Wochenschrift
NuR	Natur und Recht
NVwZ	Neue Zeitschrift für Verwaltungsrecht
Oxford J. Legal Stud.	Oxford Journal of Legal Studies
PCA	Ständiger Schiedshof
PFOS	Perflouroctansulfonat
POP	Persistente Schadstoffe
PrGS.	Gesetz-Sammlung für die Kgl. Preußischen Staaten, Preußische Gesetzessammlung
Ratsdok.	Ratsdokument
RIW	Recht der Internationalen Wirtschaft
RTDE	Revue trimestrielle de droit européen
Slg.	Sammlung der Rechtsprechung des EuGH
SOLAS	Internationales Übereinkommen von 1974 zum Schutz des menschlichen Lebens auf See
SZIER/RSDIE	Schweizerische Zeitschrift für internationales und europäisches Recht/Revue suisse de droit international et européen
TRIPS	Übereinkommen über handelsbezogene Aspekte der Rechte am geistigen Eigentum
UNCLOS	Seerechtsübereinkommen der Vereinten Nationen vom 10. Dezember 1982
VH	Vedder, Christoph/Heintschel von Heinegg, Wolff (Hrg.), Europäisches Unionsrecht. EUV/AEUV/ Grundrechtecharta. Handkommentar, Baden-Baden 2012

VO	Verordnung
WEGS	Wohlfahrt, Ernst/Everling Ulrich/Glaesner, Hans Joachim/Sprung, Rudolf, Die Europäische Wirtschaftsgemeinschaft. Kommentar zum Vertrag, Berlin und Frankfurt/Main 1960
WTO	Welthandelsorganisation
WVK IO	Wiener Übereinkommen vom 21. März 1986 über das Recht der Verträge zwischen Staaten und Internationalen Organisationen oder zwischen Internationalen Organisationen
WVK	Wiener Übereinkommen vom 23. Mai 1969 über das Recht der Verträge
ZEuP	Zeitschrift für Europäisches Privatrecht
ZEuS	Zeitschrift für Europarechtliche Studien
ZJS	Zeitschrift für das Juristische Studium
ZöR	Zeitschrift für öffentliches Recht

Einleitung

Beschäftigt man sich mit den Außenbeziehungen der Europäischen Union, stößt man schnell auf das Instrument der gemischten Verträge. Gemischte Verträge sind völkerrechtliche Verträge,[1] die die Union und ihre Mitgliedstaaten auf der einen Seite mit einem oder mehreren Drittstaaten auf der anderen Seite abschließt.[2] Die Existenz gemischter Verträge ist der Errichtung der supranationalen Organisation Europäische Union geschuldet, der aber nur begrenzt Hoheitsrechte übertragen worden sind.[3]

Gemischte Verträge sind eine gängige Unionspraxis, die jedoch kontrovers diskutiert wird. So bezeichnet *Tomuschat* gemischte Verträge als „Übel", das man „möglichst beseitigen sollte."[4] Auch für *Eeckhout* sind gemischte Verträge eine unnötige Hürde, die die Union zu einem sperrigen und unflexiblen Akteur auf der internationalen Bühne macht.[5] Die Aushandlung und der Abschluss von gemischten Verträgen – genauso wie deren Implementierung – fallen nach *Mögele* in eine rechtliche Grauzone, die zu komplexen rechtlichen und politischen Auseinandersetzungen führen.[6] Es gibt Stimmen, die prophezeien, dass die Bedeutung und die Anwendung des Instruments der gemischten Verträge abnehmen werden.[7] Festgestellt wurde aber auch, dass „gemischte Verträge eine großartige Erfindung der Union sind, die jedoch Probleme schafft."[8]

Auch durch den Vertrag von Lissabon wurde die Praxis der gemischten Verträge nicht kodifiziert, so dass die damit verbundenen Probleme – auch nicht teilweise – einer Lösung zugeführt wurden und somit fortbestehen.[9] Solange das Prinzip der begrenzten Einzelermächtigung gemäß

---

1 Neben der Bezeichnung Vertrag werden in der Arbeit auch Synonyme wie Abkommen, Übereinkommen oder Konvention verwendet, diese beeinhalten keine andere rechtliche Wertung, es ist jeweils ein völkerrechtlicher Vertrag im Sinne des Art. 2 Abs. 1 lit. a des Wiener Übereinkommens vom 23. Mai 1969 über das Recht der Verträge, BGBl. 1985 II, S. 926 (WVK), gemeint.

2 So z.B. *Lorenzmeier*, S. 171; siehe dazu ausführlich Teil 2.

3 Siehe dazu ausführlich Teil 1 und Teil 2 C. I.

4 *Tomuschat*, in: Hilf u.a. (Hrg.), S. 139, 146.

5 *Eeckhout*, S. 264 f.

6 *Mögele*, in: Streinz, Art. 216 AEUV Rn. 44.

7 *Czuczai*, in: Hillion/Koutrakos (Hrg.), S. 231, 247; *Martenczuk*, in: Hummer/Obwexer (Hrg.), 177, 201.

8 "Mixed Agreements are a great Community invention; but they create problems." *Editorial Comments*, CMLRev. 2004, 631.

9 *Streinz/Ohler/Herrmann*, S. 135.

Art. 5 Abs. 1 S. 1, Abs. 2 EUV gilt, werden die gemischten Verträge weiter existieren.[10]

Die Probleme, die gemischte Verträge mit sich bringen, werden seit Jahren diskutiert, ohne dass es zu signifikanten Fortschritten gekommen ist.[11]

Diese Arbeit hat das Ziel, für einige Probleme gemischter Verträge Lösungsvorschläge zu erarbeiten.

Hierfür wird in Teil 1 zunächst die Völkerrechtspersönlichkeit der Union[12] und die Ermittlung ihrer Vertragschließungskompetenzen dargestellt. Die genaue Ermittlung der Reichweite der Vertragschließungskompetenz der Union ist wichtig, da ein häufiger Grund für den Abschluss eines gemischten Vertrags die fehlende Kompetenz der Union für alle Bereiche des Vertrags ist.[13]

Daran anschließend wird in Teil 2 die rechtliche Zulässigkeit gemischter Verträge erörtert und dargestellt, aus welchen Gründen sie abgeschlossen werden. Zudem wird gezeigt, auf welche Weise die gemischten Verträge kategorisiert werden können. Außerdem wird dargestellt, wie weit die Union und die Mitgliedstaaten an die gemischten Verträge völkerrechtlich gebunden sind und welche Wirkung und Rang sie in der Unionsrechtsordnung und in den Rechtsordnungen der Mitgliedstaaten haben. Abschließend wird die Auslegungskompetenz des EuGH für gemischte Verträge betrachtet.

In Teil 3 wird die Zusammenarbeit von Union und den Mitgliedstaaten im Rahmen der gemischten Verträge untersucht. Nach der EuGH-Rechtsprechung ist eine enge Zusammenarbeit zwischen den Unionsorganen und den Mitgliedstaaten bei Verhandlung, Abschluss und Erfüllung gemischter Verträge sicherzustellen, um eine einheitliche Vertretung der Union zu gewährleisten.[14] Die Existenz dieser Zusammenar-

---

10 *Eeckhout*, S. 265.

11 *Timmermanns*, in: Hillion/Koutrakos (Hrg.), S. 1, 2, der die Programmpunkte der Leiden/Bristol-Konferenz mit den von *Ehlermann* an der Leidener Konferenz 1983 vorgestellten Problemen vergleicht, *Ehlermann*, in: O´Keeffe/Schermers (Hrg.), S. 3 ff.

12 Der Bezeichnung „Union" wird in der Arbeit auch verwendet, wenn in den besprochenen Rechtsakten oder EuGH-Entscheidungen die EWG oder die EG betroffen war oder erwähnt wird. Die Union ist gemäß Art. 1 Abs. 3 S. 3 EUV Rechtsnachfolgerin der EG. Nur dort, wo es dem besseren Verständnis dient, bleibt eine Bezugnahme auf die EWG oder EG bestehen.

13 Siehe dazu ausführlich Teil 2 C. I.

14 zuletzt: EuGH, Rs. C-246/07, PFOS, Slg. 2010, I-3317, Rn. 73. Siehe dazu ausführlich Teil 3 A. und B. I. 5.

beitspflicht ist vom EuGH nicht dogmatisch begründet worden. Auch in der Literatur findet sich, von wenigen Ausnahmen abgesehen,[15] keine umfassende Begründung. Deshalb sollen die Wurzeln dieser Zusammenarbeitspflicht und ihr Wesen in dieser Arbeit näher herausgearbeitet werden. Um die Zusammenarbeitspflicht bei den gemischten Verträgen sprachlich besser von der Pflicht zur loyalen Zusammenarbeit gemäß Art. 4 Abs. 3 EUV abzugrenzen, wird diese Zusammenarbeitspflicht in der Arbeit als Kooperationsverpflichtung bezeichnet.

An die Theorie anschließend wird untersucht, wie die Kooperation zwischen Unionsorganen und Mitgliedstaaten bei Aushandlung, Abschluss und Durchführung der gemischten Verträge in der Praxis tatsächlich durchgeführt wird. Dabei werden, um den Umfang dieser Arbeit zu begrenzen, die Aspekte der vorläufigen Anwendung gemischter Verträge ausgeklammert.

Ausgehend von der Theorie der Kooperationsverpflichtung wird angesichts der tatsächlich stattfindenden Kooperation ein Vorschlag entwickelt, wie die Kooperationsverpflichtung primärrechtlich kodifiziert werden könnte.

Die Verteilung der Vertragschließungskompetenzen hat nicht nur zur Folge, dass gemischte Verträge geschlossen werden, sondern auch Auswirkungen auf die Mitgliedstaaten, falls diese eigenständig völkerrechtlich tätig werden. Dabei wird, um den Untersuchungsgegenstand zu beschränken, nicht auf die primärrechtliche Regelung des Art. 351 AEUV eingegangen. Daher wird in Teil 4 dargestellt, wie die Mitgliedstaaten mit der Kommission kooperieren müssen, damit sie die ihnen verbliebenen Vertragschließungskompetenzen ausüben können, ohne die Unionsrechtsordnung zu verletzen oder unzulässigerweise zu präjudizieren. Des Weiteren wird auf die besondere Art der Kooperation eingegangen, wenn die Mitgliedstaaten die auswärtige Kompetenz der Union als Sachwalter des Unionsinteresses ausüben.

Beispielhaft wird untersucht, ob innerhalb der deutschen und der österreichischen Bundesregierung ein Mechanismus besteht, um bei eigenem völkerrechtlichem Handeln nicht die Unionsrechtsordnung zu verletzen. Zudem wird dargestellt, wie die Vorgehensweise aussieht, wenn festgestellt wird, dass ein Teil eines ausgehandelten völkerrechtlichen Vertrags in die Unionszuständigkeit fällt.

In diesen Teil der Arbeit fließen ebenso wie bei der Darstellung der Praxis der Kooperation bei den gemischten Verträgen in Teil 3 Erkenntnisse ein, die der Verfasser bei einer Feldstudie erworben hat. Um zu

---

15 *Hillion*, in: Hillion/Koutrakos (Hrg.), S. 87 ff.; *Neframi*, CMLRev. 2010, 323.

klären, wie diese Punkte in der Praxis gehandhabt werden, wurde ein Fragenkatalog erstellt und den zuständigen Stellen der Bundesregierung der Bundesrepublik vorgelegt. Anhand dieses Fragenkatalogs wurden Interviews in mehreren Bundesministerien durchgeführt. Die Gesprächspartner waren Beamte aus dem Auswärtigen Amt, dem Bundesministerium des Innern, dem Bundesministerium der Justiz, dem Bundesministerium für Wirtschaft und Technologie und dem Bundesministerium für Verkehr, Bau und Stadtentwicklung. Die Gesprächspartner legten Wert darauf festzuhalten, dass nach außen nicht die einzelnen Ministerien handeln, sondern immer die Bundesregierung als Kollegialorgan. Bei den in der Arbeit wiedergegebenen Aussagen handelt es sich allerdings um persönliche Einschätzungen und Erfahrungen der einzelnen Regierungsvertreter und nicht um abgestimmte Positionen der Bundesregierung.

Neben der Rechtspraxis der Bundesregierung konnte auch die Rechtspraxis der österreichischen Bundesregierung im Rahmen eines Interviews mit Beamten des Bundesministeriums für europäische und internationale Angelegenheiten, dem österreichischen Außenministerium, erforscht werden. Bei den wiedergegebenen Aussagen handelt es sich ebenfalls um persönliche Einschätzungen und Erfahrungen der Beamten.

Teil 1 Vertragschließungskompetenzen der Europäischen Union

Im ersten Teil der Arbeit wird zunächst die Völkerrechtspersönlichkeit der Union untersucht, wie sie sich nach dem Vertrag von Lissabon ergibt. Die Völkerrechtspersönlichkeit ist Voraussetzung für den Abschluss jedwelcher völkerrechtlicher Verpflichtung. Es wird sich zeigen, dass die Union nur beschränkt fähig ist, völkerrechtliche Verpflichtungen einzugehen. Deshalb wird anschließend aufgezeigt, welche Vertragschließungskompetenzen die Union besitzt.

A. Die Völkerrechtspersönlichkeit der Europäischen Union

Die Europäische Union ist eine internationale Organisation im Sinne des Völkerrechts[16] und stellt damit, im Gegensatz zu ihren Mitgliedstaaten,[17] kein geborenes Völkerrechtssubjekt dar.[18] Sie ist durch Verträge ihrer Mitgliedstaaten begründet und besitzt nur Völkerrechtspersönlichkeit denjenigen Staaten und anderen Völkerrechtssubjekten gegenüber, die die Union als Völkerrechtspersönlichkeit anerkennen und ist demnach ein abgeleitetes oder gekorenes Völkerrechtssubjekt.[19]

In den Verträgen regelt Art. 47 EUV – wie bereits erstmals im Verfassungsvertrag in Art. I-7 EVV vorgesehen – die Rechtspersönlichkeit der Union. Damit ist die Völkerrechtssubjektivität der Union gemeint. Dies ergibt sich aus dem systematischen Zusammenhang mit Art. 335 AEUV, der die Rechts- und Geschäftsfähigkeit der Union innerhalb der Rechtsordnungen ihrer Mitgliedstaaten regelt.[20] Damit ist die Union Trägerin von

---

16 *Grabitz*, in: Börner (Hrg.), S. 47, 50 f; *Vedder*, in: GS Grabitz, S. 795.

17 Vgl. Art. 6 WVK.

18 *Epping*, in: Ipsen, § 4 Rn. 7.

19 *Epping*, in: Ipsen, § 6 Rn. 5; *Heintschel von Heinegg*, in: Rengeling (Hrg.), S. 707, 708; *Verdross/Simma*, § 5; grundlegend: IGH, Reparation for Injuries, ICJ Rep. 1949, 174, 182 f.

20 EuGH, Rs. 22/70, AETR, Slg. 1971, 263, Rn. 13/14; *Tomuschat*, in: GS, Art. 281 EGV Rn. 1; *Kokott*, in: Streinz, Art. 47 EUV Rn. 1; *Heintschel von Heinegg*, in: VH, Art. 47 EUV Rn. 3; *Dörr*, in: GHN, 44. EL Mai 2011, Art. 47 EUV Rn. 4; *Vedder*, in: Hummer/Obwexer (Hrg.), S. 267, 287; *Terhechte*,

völkerrechtlichen Rechten und Pflichten und an das auf internationale Organisationen anwendbare Völkergewohnheitsrecht gebunden.[21]

Vor dem Inkrafttreten des Vertrags von Lissabon befand sich eine Regelung zur Völkerrechtspersönlichkeit in Art. 281 EGV, allerdings bezog sich die dort verliehene Rechtspersönlichkeit ausdrücklich nur auf die Europäische Gemeinschaft, also nur auf eine der drei Säulen der damaligen Union.[22] Mit dem Inkrafttreten des Vertrags von Lissabon ist die Säulenstruktur aufgelöst worden und damit existiert nur noch eine Union, auf die sich Art. 47 EUV bezieht.[23] Die Frage, ob und inwieweit die „alte" Union Völkerrechtssubjekt war ist damit obsolet geworden.[24] Dadurch, dass es mit dem Vertrag von Lissabon nur noch die Union gibt, wird deren internationale Identität und Sichtbarkeit gestärkt.[25]

Allerdings zeigt Art. 47 EUV nur auf, dass die Mitgliedstaaten der Union diese als Völkerrechtssubjekt akzeptieren und ihr deshalb Völkerrechtssubjektivität verliehen haben.[26] Aus der unionsrechtlichen Sicht haben die Mitgliedstaaten im Bereich der ausschließlichen Unionskompetenzen ihre Völkerrechtspersönlichkeit verloren.[27] Anderen Völkerrechtssubjekten gegenüber generiert diese Norm gemäß Art. 34 WVK keine rechtliche Wirkung.[28] Sie kann aber als Einladung an Drittstaaten und andere internationale Organisationen verstanden werden, mit der Union völkerrechtliche Beziehungen aufzunehmen, und damit diese als Völkerrechtssubjekt anzuerkennen.

---

in: Schwarze, Art. 47 EUV Rn. 1. A.A. *Geiger*, in: GKK, Art. 47 EUV Rn. 1; *Lecheler*, AVR 1994, 1, 7; *Nawparwar*, S. 11; *Streinz*, Rn. 1181.

21 EuGH, Rs. C-366/10, Air Transport Association of America, Slg. 2011, I-0000, Rn. 101; EuGH, Rs. C-286/90, Poulsen und Diva Navigation, Slg. 1992, I- 6019, Rn. 9 f.; EuGH, Rs. C- 162/96, Racke, Slg. 1998, I- 3655, Rn. 45 f.; *Haratsch/Koenig/Pechstein*, Rn. 68; *Herdegen*, S. 69.

22 *Simma/Vedder*, in: GH, 14. EL Oktober 1999, Art. 281 EGV Rn. 6.

23 *AA*, Denkschrift, S. 5; *Heintschel von Heinegg*, in: VH, Art. 47 EUV Rn. 2; *Metz*, S. 193.

24 *Streinz/Ohler/Herrmann*, S. 51; *Booß*, in: LB, Art. 47 EUV Rn. 1; *Vedder*, in: Hummer/Obwexer (Hrg.), S. 267, 287; *Nowak*, S. 89; *Kaddous*, SZIER/RSDIE 2011, 83, 85. Zum diesbezüglichen Streitstand siehe nur: *Wichard*, in: Calliess/Ruffert, Art. 1 EGV Rn. 5 ff.

25 *Martenczuk*, in: Hummer/Obwexer (Hrg.), 177, 181.

26 *Kokott*, in: Streinz, Art. 47 EUV Rn. 5; *Haratsch/Koenig/Pechstein*, Rn. 68; *Nawparwar*, S. 11.

27 *Ehlermann*, in: Zieger/Lebahn (Hrg.), S. 25, 26.

28 *Heintschel von Heinegg*, in: VH, Art. 47 EUV Rn. 4; *Dörr*, in: GHN, 44. EL Mai 2011, Art. 47 EUV Rn. 12; *Terhechte*, in: Schwarze, Art. 47 EUV Rn. 3; BEH/*Haag*, § 33 Rn. 6.

Diese Anerkennung kann entweder durch einen förmlichen Akt ausdrücklich oder konkludent erfolgen, zum Beispiel durch Aufnahme von diplomatischen Beziehungen oder durch den Abschluss von Verträgen seitens der dritten Partner.[29] Eine Vielzahl von Staaten und internationalen Organisationen hatten bereits die EG, deren Rechtsnachfolgerin die Europäische Union gemäß Art. 1 Abs. 3 S. 1 EUV ist, als Völkerrechtssubjekt anerkannt. Es kann von einer fast universellen Völkerrechtsfähigkeit ausgegangen werden.[30] Die Existenz der Union ist eine weltpolitische Realität, an der für Drittstaaten kein Weg mehr vorbeiführt.[31]

Eine weitere, jedoch nur innerhalb der Union wirkende, Begrenzung ihrer Völkerrechtssubjektivität stellt die unionsrechtliche Zuständigkeitsverteilung dar.[32] Die Union kann nur völkerrechtlich handeln, wenn und soweit dafür eine Rechtsgrundlage in den Verträgen gegeben ist; der Grundsatz der begrenzten Einzelermächtigung gemäß Art. 5 Abs. 1 S. 1, Abs. 2 EUV gilt auch im Rahmen des externen Handelns der Union,[33] siehe Art. 216 Abs. 1 AEUV. Dieser Grundsatz wurde in der Erklärung 24 zum Vertrag von Lissabon noch einmal bekräftigt.[34] Bei einem Handeln ohne eine entsprechende Ermächtigung würde die Union ihre europarechtlichen Kompetenzen überschreiten. Die Völkerrechtssubjektivität der Union ist damit funktionell begrenzt.[35]

---

29 *Heintschel von Heinegg*, in: VH, Art. 47 EUV Rn. 4; *Herdegen*, S. 68; *Lecheler*, AVR 1994, 1, 8; Oppermann/Classen/Nettesheim/*Nettesheim*, § 38 Rn. 8.

30 *Simma/Vedder*, in: GH, 14. EL Oktober 1999, Art. 281 EGV Rn. 10; *Heintschel von Heinegg*, in: VH, Art. 47 EUV Rn. 4; *Pache/Bielitz*, EuR 2006, 316, 318; *Jochum*, Rn. 215; *Streinz*, Rn. 1181.

31 *Tomuschat*, in: Hilf u.a. (Hrg.), S. 139, 141; *Dauses*, EuR 1979, 138; *Sack*, in: GS Grabitz, S. 631, 639.

32 *F. Kaiser*, S. 11; *Schütze*, in: Hillion/Koutrakos (Hrg.), S. 57, 73 f.; *Hofmeister*, JA 2010, 203.

33 EuGH, Gutachten 2/94, EMRK, Slg. 1996, I-1759, Rn. 24; EuGH, Gutachten 1/03, Übereinkommen von Lugano, Slg. 2006, I-1145, Rn. 124; *Kokott*, in: Streinz, Art. 47 EUV Rn. 5; *Terhechte*, in: Schwarze, Art. 216 AEUV Rn. 2; *Schwarz*, ZEuS 2003, 51, 58, *Hobe*, § 6 Rn. 43.

34 Erklärung 24 der Schlussakte zum Vertrag von Lissabon zur Rechtspersönlichkeit der Europäischen Union, ABl. 2010 C 83/346; *Nowak*, S. 89 nennt diese Erklärung „angstgetrieben und redundant“; ähnlich: *Piris*, S. 87.

35 *Ipsen*, § 7 Rn. 28; *Heintschel von Heinegg*, in: VH, Art. 47 EUV Rn. 3; *Balekjian*, in: O´Keeffe/Schermers (Hrg.), S. 141, 142.

Jedoch gilt im Bereich der Kompetenzverteilung das Prinzip der Parallelität von Innen- und Außenkompetenzen.[36] Wie zu zeigen sein wird, sind die Vertragschließungskompetenzen[37] der Union nicht starr, sondern beweglich. Im Gleichklang mit dieser Entwicklung entwickelt sich auch die Völkerrechtssubjektivität der Union dynamisch weiter.[38]

Auf die weiterhin intergouvernemental organisierten GASP und GSVP erstreckt sich die Völkerrechtssubjektivität der Union jedoch nicht.[39] Die neben der Union weiterhin existierende[40] Europäische Atomgemeinschaft besitzt gemäß Art. 184 EAGV Völkerrechtspersönlichkeit.

B. Vertragschließungskompetenzen der Europäischen Union

Wie eben aufgezeigt, benötigt die Union eine Ermächtigung in den Verträgen um völkerrechtlich tätig werden zu können. Diese Ermächtigungen, die Vertragschließungskompetenzen, sind nicht einfach zu ermitteln.

In den Verträgen finden sich ausdrückliche Vertragschließungskompetenzen, daneben besitzt die Union auch implizite, also ungeschriebene Vertragschließungskompetenzen. Deren Existenz hat der EuGH erstmals in seinem wegweisenden[41] AETR-Urteil,[42] entgegen der damaligen

---

36 *Tomuschat*, in: GS, Art. 281 EGV Rn. 5; *Kokott*, in: Streinz, Art. 47 EUV Rn. 7; siehe dazu Teil 1 B. III. 1. a.

37 Siehe dazu Teil 1 B.

38 *Kokott*, in: Streinz, Art. 47 EUV Rn. 7; *Terhechte*, in: Schwarze, Art. 47 EUV Rn. 7.

39 *Heintschel von Heinegg*, in: VH, Art. 47 EUV Rn. 2; *Martenczuk*, in: Hummer/Obwexer (Hrg.), 177, 181 f.; siehe dazu ausführlich: *Pechstein*, JZ 2010, 425 ff.

40 *Booß*, in: LB, Art. 47 EUV Rn. 1; *Terhechte*, in: Schwarze, Art. 47 EUV Rn. 4; *Fastenrath/Groh*, Rn. 48; *Nowak*, S. 84; BEH/*Haag*, § 33 Rn. 4; siehe zur generellen Eigenständigkeit der EAG gegenüber der Union: *Indlekofer/Schwichtenberg*, in: VH, Einführung: Euratom und Union, Rn. 4 ff.

41 „Single most important judgment the Court has handed down in the field of EC external relations law", *Eeckhout*, in: Poiares Maduro/Azoulai (Hrg.), S. 218. Bereits in einer ersten Urteilsbesprechung 1971 wurden dessen Konsequenzen als „noch kaum abschätzbar" bezeichnet, *Sasse*, EuR 1971, 208. Ähnlich: *Barav*, in: Timmermans/Völker (Hrg.), S. 29, 34; *Koutrakos*, S. 84.

42 EuGH, Rs. 22/70, AETR, Slg. 1971, 263.

herrschenden Meinung,[43] festgestellt. Das Zusammenspiel von ausdrücklichen und impliziten Vertragschließungskompetenzen wurde in Art. 216 Abs. 1 AEUV in einer Generalklausel kodifiziert.

I. Generalklausel, Art. 216 AEUV

Die Generalklausel des Art. 216 Abs. 1 AEUV ist ohne Entsprechung in den Vorgängerverträgen.[44] Allerdings war diese Regelung bereits in Art. III-323 EVV vorgesehen und wurde, bis auf notwendige redaktionelle Anpassungen,[45] unverändert in den AEUV übernommen.

Demnach kann die Union völkerrechtliche Verträge schließen, wenn es (1.) in den Unionsverträgen vorgesehen ist, (2.) wenn der Abschluss einer Übereinkunft im Rahmen der Politik der Union entweder zur Verwirklichung eines der in den Verträgen festgesetzten Ziele erforderlich ist, oder (3.) in einem verbindlichen Rechtsakt der Union vorgesehen ist, oder (4.) gemeinsame Vorschriften beeinträchtigen oder deren Anwendungsbereich ändern könnte.

Die erste Konstellation bezieht sich auf ausdrückliche Vertragschließungskompetenzen, ausschließliche genauso wie geteilte[46] und stellt eine Selbstverständlichkeit dar.[47] Die Konstellationen (2.) – (4.) sollen die Rechtsprechung des EuGH zu den impliziten Vertragschließungskompetenzen kodifizieren. Art. 216 Abs. 1 AEUV ist keine Kompetenznorm, die Kompetenzen der Union ergeben sich gemäß Art. 2 Abs. 6 AEUV aus den einzelnen Politikbereichen.[48]

---

43 *Sasse*, EuR 1971, 208, 225. So z.B *Wohlfarth*, in: WEGS, Art. 228 EWGV Rn. 3 f.; siehe zu dieser vor dem AETR-Urteil herrschenden Meinung, die die Existenz von impliziten Vertragschließungskompetenzen ablehnte: *Vedder*, S. 104 f.

44 Solch eine Regelung wurde schon von *Geiger*, JZ 1995, 973, 982 gefordert.

45 „In den Verträgen" anstatt „in der Verfassung".

46 Vgl. Art. 4 AEUV.

47 *Khan*, in: GKK, Art. 216 AEUV Rn. 8.

48 *Vedder*, in: VH, Art. 3 AEUV Rn. 1; *Schmalenbach*, in: CR, Art. 216 AEUV Rn. 1; *Mögele*, in: Streinz, Art. 216 AEUV Rn. 3.

II. Ausdrückliche Vertragschließungskompetenzen

In den Verträgen finden sich 17 ausdrücklich genannte Vertragschließungskompetenzen.[49]

1. Ausschließliche Vertragschließungskompetenzen

Ausdrücklich vorgesehen im Sinne des Art. 216 Abs. 1 Alt. 1 AEUV ist die Gemeinsame Handelspolitik gemäß Art. 207 AEUV, die in Art. 3 Abs. 1 lit. e AEUV als ausschließliche Kompetenz benannt wird.

Obwohl Art. 3 AEUV abschließend die ausschließlichen Zuständigkeiten der Union aufzählen sollte,[50] werden der Abschluss von Assoziierungsabkommen gemäß Art. 217 AEUV, von Nachbarschaftsabkommen gemäß Art. 8 EUV und der Beitritt zur EMRK gemäß Art. 6 Abs. 2 EUV nicht in Art. 3 Abs. 1 AEUV aufgezählt. Die Ausschließlichkeit dieser Vertragschließungskompetenzen ergibt sich jedoch aus einer Kompetenz kraft Natur der Sache.[51]

2. Geteilte Vertragschließungskompetenzen

Weitere ausdrückliche Vertragschließungskompetenzen sind über den AEUV verstreut. Diese Kompetenzen sind geteilte im Sinne des Art. 4 AEUV: die Rückführung von Drittstaatsangehörigen (Art. 79 Abs. 3 AEUV); Bildung, berufliche Bildung, Jugend, Sport (Art. 165 Abs. 3 und Art. 166 Abs. 3 AEUV); Kultur (Art. 167 Abs. 3 AEUV); Gesundheitswesen (Art. 168 Abs. 3 AEUV); transeuropäische Netze (Art. 171 Abs. 3 AEUV); Forschung, Entwicklung und Technologie (Art. 180 lit. b AEUV); Forschung und Entwicklung (Art. 186 AEUV); Raumfahrt (Art. 189 Abs. 3 AEUV); Umweltpolitik (Art. 191 Abs. 4 S. 2 AEUV); Entwicklungszusammenarbeit (Art. 209 Abs. 2 AEUV); wirtschaftliche, technische und finanzielle Zusammenarbeit mit Nicht-Entwicklungsländern (Art. 212 Abs. 3 AEUV); humanitäre Hilfe (Art. 214 Abs. 4 AEUV); Währungspoli-

---

49 *Vedder*, in: Hummer/Obwexer (Hrg.), S. 267, 275; siehe dazu umfassend: *Metz*, S. 60 ff, 288 ff.

50 *Nettesheim*, in: GHN, 41. EL März 2010, Art. 3 AEUV Rn. 4.

51 *Nettesheim*, in: GHN, 41. EL März 2010, Art. 3 AEUV Rn. 7, der diesen Begriff auf das nicht in Art. 3 Abs. 1 AEUV genannte interne Organisationsrecht bezieht; *Mögele*, in: Streinz, Art. 216 AEUV Rn. 27; *Vedder*, in: Hummer/Obwexer (Hrg.), S. 267, 286.

tik (Art. 219 AEUV); Beziehungen zu internationalen Organisationen (Art. 220 f. AEUV).

III. Implizite Vertragschließungskompetenzen

Im Vertrag von Lissabon wurden durch die Art. 3 Abs. 2 und Art. 216 Abs. 1 AEUV die Existenz der impliziten Vertragschließungskompetenzen der Union kodifiziert.[52] Damit wurden – bis auf die notwendigen redaktionellen Anpassungen[53] – die im gescheiterten Verfassungsvertrag enthaltenen Normen der Art. I-13 Abs. 2 und Art. III-323 Abs. 1 EVV übernommen. Die Mitgliedstaaten hatten sich bereits im Vertrag von Maastricht die Rechtsprechung des EuGH zu Eigen gemacht.[54]

Da diese beiden Normen auf einer ständigen Rechtsprechung des EuGH beruhen, wird zunächst diese Rechtsprechung zu den impliziten Vertragschließungskompetenzen nachgezeichnet und anschließend untersucht, ob durch Art. 3 Abs. 2 und Art. 216 Abs. 1 AEUV der materielle Inhalt dieser Rechtsprechung umfassend kodifiziert wurde. Die Formulierungen beider Normen können nur aus dem Kontext der Rechtsprechung heraus verstanden werden.[55]

Diese Rechtsprechung soll auch weiterhin für die Auslegung des Unionsrechts maßgeblich sein, dies bestimmte für den EVV Art. IV-438.[56] Da der Vertrag von Lissabon im Gegensatz zum EVV kein neuer Vertrag, sondern ein Änderungsvertrag ist,[57] war die Aufnahme solch einer Norm nicht nötig. Die unveränderte Übernahme der Art. I-13 Abs. 2 und

---

52 Dokument des Europäischen Konvents vom 16. Dezember 2002, CONV 459/02, Final report of Working Group VII on External Action, S. 16; *Mögele*, in: Streinz, Art. 216 AEUV Rn. 28; *Kotzur*, in: GKK, Art. 3 AEUV Rn. 7; *Lenski*, in: LB, Art. 4 AEUV Rn. 17; *Hummer*, in: VH, Art. 216 AEUV Rn. 9; *Vedder*, in: VH, Art. 3 AEUV Rn. 2; *Calliess*, in: CR, Art. 3 AEUV Rn. 16; *Vöneky/Beylage-Haarmann*, in: GHN, 45. EL August 2011, Art. 216 AEUV Rn. 2; *Nettesheim*, in: GHN, 41. EL März 2010, Art. 3 AEUV Rn. 20; *Streinz/Ohler/Herrmann*, S. 134; BEH/*Haag*, § 33 Rn. 16; *Frenz*, Band 6, Rn. 5162.

53 Vgl. Fn. 45; so auch *Fischer*, S. 372.

54 Erklärung (Nr. 10) zu den Artikel 109, 130 r und 130 y des Vertrags zur Gründung der Europäischen Gemeinschaft, ABl. 1992 C 191/100; *Schmalenbach*, in: CR, Art. 216 AEUV, Fn. 39.

55 *Koutrakos*, ELRev. 2008, 666, 684; *Cremona*, CMLRev. 2003, 1347, 1351.

56 *Fassbender*, S. 63.

57 Vgl. Art. IV-437 EVV und Art. 1 und 2 Vertrag von Lissabon, ABl. 2007 C 306/1.

Art. III-323 Abs. 1 EVV in den AEUV zeigt, dass dieser Grundsatz auch für die Auslegung von Art. 3 Abs. 2 und Art. 216 Abs. 1 AEUV gilt.

1. Die Rechtsprechung des EuGH

Die Existenz impliziter Vertragschließungskompetenzen der Union hat der EuGH erstmals in der Entscheidung in der Rs. 22/70 bezüglich des Europäischen Übereinkommens über die Arbeit der Fahrzeugbesatzungen im internationalen Straßenverkehr (AETR)[58] festgestellt. Die dort aufgestellten Grundsätze wurden in weiteren Verfahren präzisiert und erweitert und schließlich im Gutachten 1/03 bezüglich eines neuen Übereinkommens von Lugano[59] vom EuGH zusammengefasst und klargestellt.[60]

Diese Klarstellung wurde von den meisten Regierungen, die in diesem Verfahren Erklärungen abgegeben haben, gewünscht.[61] Auch in der Literatur wurde diese notwendige Klarstellung begrüßt.[62] Daneben kann als Anlass für diese ausführliche Zusammenfassung auch die Unterzeichnung des Europäischen Verfassungsvertrags am 25. Oktober 2004 in Rom angesehen werden.[63] In diesem wurde in Art. I-13 Abs. 2 und Art. III-323 Abs. 1 der Versuch unternommen, die Rechtsprechung zu den impliziten Vertragschließungskompetenzen zu kodifizieren. Die sehr ausführlichen Ausführungen im Gutachten 1/03 können als Auslegungshilfe für die Art. 3 Abs. 2 und Art. 216 Abs. 1 AEUV dienen. Das Übereinkommen von Lugano war auch deshalb eine gute Möglichkeit für den EuGH seine Rechtsprechung zu den impliziten Außenkompetenzen darzustellen, weil die justizielle Zusammenarbeit in Zivilsachen eine relativ

---

58 EuGH, Rs. 22/70, AETR, Slg. 1971, 263.

59 Übereinkommen vom 30. Oktober 2007 über die gerichtliche Zuständigkeit und die Anerkennung und Vollstreckung von Entscheidungen in Zivil- und Handelssachen, ABl. 2009 L 147/5. Dieses Übereinkommen ersetzt das vorherige Übereinkommen vom 16. September 1988 über die gerichtliche Zuständigkeit und die Vollstreckung gerichtlicher Entscheidungen in Zivil- und Handelssachen, ABl. 1988 L 319/9.

60 EuGH, Gutachten 1/03, Übereinkommen von Lugano, Slg. 2006, I-1145, Rn. 114 ff.

61 EuGH, Gutachten 1/03, Übereinkommen von Lugano, Slg. 2006, I-1145, Rn. 107.

62 *Lorenzmeier*, in: GH, 40. EL Oktober 2009, Art. 300 EGV Rn. 18; *Eeckhout*, S. 112; *Eeckhout*, in: Xenopoulos (Hrg.), S. 275, 277; *K. Kaiser*, EuZW 2006, 464, 470; *Mengozzi*, in: Poiares Maduro/Azoulai (Hrg.), S. 213, 214; *Hillion*, in: Poiares Maduro/Azoulai (Hrg.), S. 224, 232.

63 So wohl auch *Eeckhout*, S. 113.

neue Unionskompetenz ist, und es deshalb verschiedene Meinungen bezüglich der Reichweite der Außenkompetenz der Union gab.[64]

Im Folgenden wird die generelle Existenz der impliziten Vertragschließungskompetenzen dargestellt, wann diese ausschließlich werden und wie implizite Vertragschließungskompetenzen zu ermitteln sind.

a. *Existenz impliziter Vertragschließungskompetenzen*

Eine Vertragschließungskompetenz der Union ergibt sich nicht nur aus einer ausdrücklichen Erteilung im Vertrag, sondern

> „kann auch (stillschweigend) aus anderen Bestimmungen des Vertrags und der Beitrittsakte sowie aus in ihrem Rahmen ergangenen Rechtsakten der Gemeinschaftsorgane fließen".[65]

Demnach gilt der Grundsatz,

> „daß die Gemeinschaft immer dann, wenn das Gemeinschaftsrecht ihren Organen im Hinblick auf ein bestimmtes Ziel im Inneren eine Zuständigkeit verleiht, befugt ist, die zur Erreichung dieses Ziels erforderlichen völkerrechtlichen Verpflichtungen einzugehen, auch wenn eine ausdrückliche diesbezügliche Bestimmung fehlt."[66]

Aus der generellen Befugnis zur internen Rechtsetzung folgt also die Existenz von Vertragschließungskompetenzen.[67] Diese zwingende Auslegung der Verträge stellt einen antezipierten Vorrang[68] des Unionsrechts dar. Diese Vorrangregel gilt für alle Rechtsetzungsbereiche der Union, insbesondere auch für die Harmonisierungsvorschriften.[69]

---

64 *Cremona*, in: Xenopoulos (Hrg.), S. 319, 320.

65 EuGH, verb. Rs 3,4 u. 6/76, Kramer-Biologische Schätze des Meeres, Slg. 1976, 1279, Rn. 19/20 unter Ergänzung der Aussage in: EuGH, Rs. 22/70, AETR, Slg. 1971, 263, Rn. 15/19.

66 EuGH, Gutachten 2/91, ILO-Konvention Nr. 170, Slg. 1993, I-1061, Rn. 7 unter leichter Abwandlung von: EuGH, Gutachten 1/76, Stillegungsfonds für die Binnenschiffahrt, Slg. 1977, 741, Rn. 3; EuGH, Gutachten 2/94, EMRK, Slg. 1996, I-1759, Rn. 26; EuGH, Gutachten 1/03, Übereinkommen von Lugano, Slg. 2006, I-1145, Rn. 114.

67 *Pescatore*, CMLRev. 1979, 615, 621; *Gilsdorf*, EuR 1996, 145, 148; *Dashwood/Heliskoski*, in: Dashwood/Hillion (Hrg.), S. 3, 9; *De Baere*, S. 25.

68 So *Vedder*, S. 124; zustimmend: *Breier*, EuR 1993, 340, 344 f.; *Hilpold*, S. 234; *Neuwahl*, CMLRev. 1991, 717, 730 f.

69 *Vedder/Folz*, EJIL 1994, S. 448, 454; EuGH, Gutachten 2/91, ILO-Konvention Nr. 170, Slg. 1993, I-1061, Rn. 10 f.

Damit hat der EuGH ausdrücklich festgestellt, dass innerhalb der Union eine Parallelität von Innen- und Außenkompetenz[70] gegeben ist. Folglich muss die Union im Bereich ausschließlicher und geteilter Kompetenzen nicht zwangsläufig zuerst internes Sekundärrecht setzen, bevor sie völkerrechtliche Verträge abschließen kann.[71] Weiterhin ergibt sich aus der Parallelität von Innen- und Außenkompetenz, dass implizite Vertragschließungskompetenzen grundsätzlich geteilte sind,[72] es sei denn die interne Unionskompetenz ist bereits eine ausschließliche,[73] wie zum Beispiel die Kompetenz zur Erhaltung der biologischen Meeresschätze – Gegenstand der Kramer-Entscheidung[74] – gemäß Art. 3 Abs. 1 lit. d AEUV. Jedoch sind die Mitgliedstaaten bei Ausübung dieser geteilten Kompetenz aus Art. 4 Abs. 3 EUV verpflichtet Rücksicht auf die Belange der Union zu nehmen.[75]

---

70 *Lorenzmeier*, in: GH, 40. EL Oktober 2009, Art. 300 EGV Rn. 8; *Mögele*, in: Streinz, Art. 216 AEUV Rn. 30, 37; *Hummer*, in: VH, Art. 216 AEUV Rn. 5; *Tomuschat*, in: GS, Art. 300 EGV Rn. 4; *Vedder*, EuR Beiheft 3/2007, 57, 62; *Eeckhout*, S. 118 f.; *Heliskoski*, S. 30; *Breier*, EuR 1993, 340, 349; *Thym*, in: von Bogdandy/Bast (Hrg.), S. 441, 452; *Dauses*, EuR 1979, 138, 143; *Leal-Arcas*, EFAR 2001, 483, 509; *Epiney/Gross*, in: Umweltbundesamt (Hrg.), S. 5, 11; *MacLeod/Hendry/Hyett*, S. 48. A.A. *Nolte*, S. 26.

71 *Tomuschat*, EuR 1977, 157, 160; *Tomuschat*, in: GS, Art. 300 EGV Rn. 11; *Heliskoski*, S. 30; *K. Kaiser*, S. 130; *Dauses*, EuR 1979, 138, 142; *Conze*, S. 32; *McGoldrick*, S. 61; *Breier*, in: Müller-Graff u.a. (Hrg.), S. 99, 104; *Griller/Gamharter*, in: Griller/Weidel (Hrg.), S. 65, 81; *Leal-Arcas*, EFAR 2001, 483, 510; *Epiney/Gross*, in: Umweltbundesamt (Hrg.), S. 5, 11; EuGH, Rs. C-459/03, Mox Plant, Slg. 2006, I-4635, Rn. 94 f.

72 EuGH, Gutachten 2/91, ILO-Konvention Nr. 170, Slg. 1993, I-1061, Rn. 9; EuGH, Gutachten 2/00, Protokoll von Cartagena, Slg. 2001, I-9717, Rn. 44 f; *Vedder*, in: Hummer/Obwexer (Hrg.), S. 267, 276; *Heliskoski*, S. 38 f; *Lorenzmeier*, in: GH, 40. EL Oktober 2009, Art. 300 EGV Rn. 20; *Breier*, EuR 1993, 340, 344; *Krück*, S. 41; *Griller/Gamharter*, in: Griller/Weidel (Hrg.), S. 65, 81; *Frenz*, Band 6, Rn. 5161; wohl auch: *Calliess*, in: CR, Art. 3 AEUV Rn. 16.

73 *Vedder*, EuR Beiheft 3/2007, 57, 62; *Lorenzmeier*, in: GH, 40. EL Oktober 2009, Art. 300 EGV Rn. 20; *Metz*, S. 143; EuGH, Gutachten 1/03, Übereinkommen von Lugano, Slg. 2006, I-1145, Rn. 115.

74 EuGH, verb. Rs 3,4 u. 6/76, Kramer-Biologische Schätze des Meeres, Slg. 1976, 1279, Rn. 30/33.

75 EuGH, Gutachten 1/03, Übereinkommen von Lugano, Slg. 2006, I-1145, Rn. 119, EuGH, Gutachten 2/91, ILO-Konvention Nr. 170, Slg. 1993, I-1061, Rn. 10. Siehe dazu Teil 4 B.

Der Abschluss eines völkerrechtlichen Vertrags ist damit für die Union nur eine Variante der Sekundärrechtsetzung.[76]

Es gibt jedoch keine Verpflichtung, diese geteilten Außenkompetenzen auch auszuüben.[77] Diese impliziten Vertragschließungskompetenzen werden für die Union durch interne wie externe Rechtsetzung ausschließlich.[78] Ist diese erfolgt, liegt aus Sicht der Mitgliedstaaten intern wie extern ein „occupied field" der Union vor,[79] wie es jetzt ausdrücklich in Art. 2 Abs. 2 S. 2 AEUV geregelt ist.[80]

Die generelle Existenz impliziter Vertragschließungskompetenzen mit der implied powers-Lehre[81] zu begründen,[82] ist verfehlt. Da implied powers nur gegeben sind, wenn eine Maßnahme erforderlich ist, um eine ausdrücklich übertragene Aufgabe – in diesem Fall die Setzung internen Sekundärrechts – wirksam umsetzen zu können,[83] wird nach dieser Auffassung konsequent, aber fälschlicherweise eine generelle Parallelität von Innen- und Außenkompetenz der Union abgelehnt.[84] Vielmehr sei eine ungeschriebene Vertragschließungskompetenz nur potentiell, nicht aber geteilt in der internen Rechtsetzungsbefugnis enthalten.[85] Jedoch ist

---

76 *Vedder*, S. 143; *Vedder*, EuR Beiheft 3/2007, 57, 62; EuGH, Gutachten 1/76, Stillegungsfonds für die Binnenschiffahrt, Slg. 1977, 741, Rn. 5.

77 *Kuijper*, in: Martenczuk/van Thiel (Hrg.), S. 187.

78 *Tomuschat*, EuR 1977, 157, 161; *Dauses*, EuR 1979, 138, 144; *Thym*, in: von Bogdandy/Bast (Hrg.), S. 441, 455; *Käller*, in: Schwarze, Art. 191 AEUV Rn. 48; *Krück*, S. 116; *K. Kaiser*, S. 130; *Tizzano*, in: Cannizzaro (Hrg.), S. 135, 138.

79 So *Vedder*, EuR Beiheft 3/2007, 57, 62; *Eeckhout*, S. 76; *Epiney/Gross*, in: Umweltbundesamt (Hrg.), S. 5, 15.

80 *Mögele*, in: Streinz, Art. 216 AEUV Rn. 35.

81 Grundlegend: IGH, Reparation for Injuries, ICJ-Rep. 1949, 174.

82 *Nolte*, S. 27; *Pitschas*, S. 151; *Schütze*, in: Hillion/Koutrakos (Hrg.), S. 57, 75; *Dolmans*, S. 17 ff.; *Metz*, S. 143, 340 ff.; *Scheibeck*, S. 262; *Neubauer*, S. 29; *Nicolaysen*, S. 296; *Haratsch/Koenig/Pechstein*, Rn. 71; *Herdegen*, S. 187; *Schütze*, S. 195; *Schweitzer*, Rn. 412; *Rodenhoff*, S. 83; *Klamert/Nydell*, EuR 2008, 589, 595; *Lecheler*, AVR 1994, 1, 12 f.; *Nawparwar*, S. 16 f.; *Kuijper*, in: Kapetyn u.a. (Hrg.), S. 1273, 1279; *Streinz*, Rn. 1184; *Hartley*, S. 175; *Nettesheim*, in: von Bogdandy/Bast (Hrg.), S. 389, 414; *Cremona*, in: Craig/de Búrca (Hrg.), S. 217, 221. Widersprüchlich: *Herrmann*, NVwZ 2002, 1168, 1169; *Hillion*, in: Poiares Maduro/ Azoulai (Hrg.), S. 224, 225.

83 IGH, Reparation for Injuries, ICJ-Rep. 1949, 174, 182; *Nicolaysen*, EuR 1966, 129, 132.

84 *Nolte*, S. 31; *Scheibeck*, S. 262; *Haratsch/Koenig/Pechstein*, Rn. 71; *Rodenhoff*, S. 76; *Lecheler*, AVR 1994, 1, 12.

85 *Pitschas*, S. 154; *Nolte*, S. 36.

ein Rückgriff auf die implied powers-Lehre für die Begründung der impliziten Vertragschließungskompetenzen nicht nötig, da es nicht um eine materielle Erweiterung der Unionskompetenzen kraft Sachzusammenhang oder kraft Natur der Sache geht.[86]

In der Literatur gibt es eine Vielzahl von Stimmen die aus den Ausführungen des EuGH im *WTO*-Gutachten[87] schließen, dass der EuGH den Anwendungsbereich geteilter impliziter Vertragschließungskompetenzen eingeschränkt habe.[88] Demnach sei der Abschluss völkerrechtlicher Verträge im Bereich geteilter Kompetenzen ohne eine vorher intern erfolgte Rechtsetzung nur möglich, wenn sie notwendig sei, damit gleichzeitig oder später erlassenes internes Sekundärrecht effektiv sein könne.[89] Gestützt wird diese These darauf, dass der EuGH keine Zuständigkeit der EG für das GATS und das TRIPS, auch nicht gemäß (jetzt) Art. 352 AEUV, festgestellt habe.[90] Zudem wird argumentiert, dass ohne eine korrespondierende sekundärrechtliche Bestimmung die Gefahr bestünde, dass eine Überschreitung der impliziten Außenkompetenzen durch die Union erfolge.[91]

Dieser Meinung ist nicht zu folgen. Die Feststellungen des EuGH im *WTO*-Gutachten beziehen sich allein auf die Existenz impliziter ausschließlicher Vertragschließungskompetenzen.[92] Die Kommission wollte

---

86 *Heintschel von Heinegg*, in: Rengeling (Hrg.), S. 707, 719; *Vedder*, S. 119; *Ott*, S. 193.

87 EuGH, Gutachten 1/94, WTO, Slg. 1994, I-5267.

88 *Tomuschat*, in: GS, Art. 300 EGV Rn. 11; *Khan*, in: GKK, Art. 216 AEUV Rn. 7; *F. Kaiser*, S. 21; *Geiger*, JZ 1995, 973, 979 f.; *Neubauer*, S. 19; *Bischoff*, EuZW 2006, 295, 297; *Vranes*, EuR 2009, 44, 54; *Hofmeister*, JA 2010, 203, 204; *Bourgeois*, CMLRev. 1995, 763, 781; *Sell*, S. 103 f.; *Hilf*, EuZW 1995, 7, 8; *Stock*, S. 23; *Pitschas*, S. 154 f.; *Heintschel von Heinegg*, in: Rengeling (Hrg.), S. 707, 718; *Ott*, S. 192; *Kadelbach*, in: Kadelbach (Hrg.), S. 9, 14; *Rodenhoff*, S. 64 f.; *Huber*, ZöR 2006, 109, 119; *Klamert*, CLEER Working Papers 2011/6, S. 17; *Schwarz*, ZEuS 2003, 51, 59; *Steinbach*, EuZW 2007, 109, 110; *Nawparwar*, S. 18; *Nettesheim*, in: von Bogdandy/Bast (Hrg.), S. 389, 416; *Bothe*, in: FS Zuleeg, S. 668; *Kaddous*, S. 251; *Cremona*, in: Craig/de Búrca (Hrg.), S. 217, 222; *Hobe*, § 6 Rn. 52; *Dörr*, in: GHN, 44. EL Mai 2011, Art. 47 EUV Rn. 44.

89 Dies entspricht der Stilllegungsfondsdoktrin, siehe dazu Teil 1 B. III. 1. b. cc.

90 EuGH, Gutachten 1/94, WTO, Slg. 1994, I-5267, Rn. 77, 84, 89, 100, 105.

91 *Pitschas*, S. 155.

92 *Vedder*, in: Hummer/Obwexer (Hrg.), S. 267, 276; *Dörr*, EuZW 1996, 39, 42; *Editorial Comments*, CMLRev. 1995, 385, 386; *K. Kaiser*, S. 131; *Metz*, S. 128, 131; *Griller/Gamharter*, in: Griller/Weidel (Hrg.), S. 65, 82; *Klamert/Nydell*, EuR 2008, 589, 596; BEH/*Haag*, § 33 Rn. 18.

den Vertrag ohne Beteiligung der Mitgliedstaaten abschließen und hatte sich auf die Existenz bestehender ausschließlicher impliziter Vertragschließungskompetenzen berufen.[93] Der Rat und die Mitgliedstaaten hatten generell die Kompetenz der EG anerkannt, ihren ausschließlichen Charakter jedoch bestritten.[94] Deshalb musste der EuGH auch nur feststellen, ob ausschließliche, auch implizite, Kompetenzen der EG für den Abschluss der Abkommen vorlagen, und nicht, ob gegebenenfalls geteilte Kompetenzen der EG vorlagen.[95] Die insoweit unklare und vom Rat beanstandete Fragestellung der Kommission fasst der EuGH wie folgt zusammen:

> „Unabhängig davon, ob die Fragen [...] in der von der Kommission gewählten Formulierung gestellt werden, geht es um die grundlegende Frage, ob die Zuständigkeit der EG für den Abschluß des WTO-Abkommens und seiner Anhänge eine ausschließliche ist oder nicht."[96]

Von geteilten Kompetenzen hätte die EG Gebrauch machen können, wenn die Mitgliedstaaten im Rat dazu bereit gewesen wären.[97] Diese Bereitschaft zur Ausübung geteilter Kompetenzen war aber im Falle des WTO-Abkommens nicht gegeben.[98] Die Gefahr einer Überschreitung der impliziten Außenkompetenzen ist ein nachvollziehbares Argument. Jedoch ist diese Gefahr bei jeglicher Rechtsetzung durch die Union gegeben und Folge einer bestehenden impliziten Kompetenz und kann nicht deren Reichweite bestimmen. Es kann auf Ratsebene, oder, bei verbleibenden Unklarheiten, durch den EuGH, im speziellen Fall der Außenkompetenzen auch vor dem Inkrafttreten des Vertrags, durch ein Gutachten gemäß Art. 218 Abs. 11 AEUV, die Einhaltung der Grenzen der Unionskompetenz überprüft werden.[99]

---

93 EuGH, Gutachten 1/94, WTO, Slg. 1994, I-5267, Rn. 1, 83 f., 87, 99.

94 EuGH, Gutachten 1/94, WTO, Slg. 1994, I-5267, Rn. 72.

95 *Heliskoski*, S. 36; *Vedder*, in: Hummer/Obwexer (Hrg.), S. 267, 276; *Vedder/Folz*, EJIL 1996, 112, 134; *Eeckhout*, S. 117; *Neuwahl*, in: Dashwood/Hillion (Hrg.), S. 139, 140; *Torrent*, in: Dashwood/Hillion (Hrg.), S. 221, 229, Fn. 17; *Klamert/Nydell*, EuR 2008, 589, 597.

96 EuGH, Gutachten 1/94, WTO, Slg. 1994, I-5267, Rn. 14.

97 *Vedder*, in: Hummer/Obwexer (Hrg.), S. 267, 276; *Vedder*, EuR Beiheft 3/2007, 57, 59; *Dashwood*, in: Bourgeois/Dewost/Gaiffe (Hrg.), S. 93, 96; *Epiney/Gross*, in: Umweltbundesamt (Hrg.), S. 5, 14; wohl auch: *Hartley*, S. 183.

98 EuGH, Gutachten 1/94, WTO, Slg. 1994, I-5267, Rn. 5; *Editorial Comments*, CMLRev. 1995, 385, 386.

99 Vgl. in diesem Sinne: EuGH, Gutachten 1/94, WTO, Slg. 1994, I-5267, Rn. 7.

Demnach ist der Anwendungsbereich geteilter impliziter Vertragschließungskompetenzen nicht durch das *WTO*-Gutachten eingeschränkt worden.[100]

Generell kann festgehalten werden, dass wenn eine Streitigkeit bezüglich der Verteilung der Vertragschließungskompetenzen vor dem EuGH geführt wird, dies den Ursprung darin hat, dass die Mitgliedstaaten die Union nicht alleine handeln lassen wollen.[101]

b. Ausschließliche implizite Vertragschließungskompetenzen

Generell sind implizite Vertragschließungskompetenzen geteilter Natur. Zur Beantwortung der Frage, wann implizite Vertragschließungskompetenzen ausschließlich werden, hat der EuGH in seiner Rechtsprechung Leitlinien entwickelt. Diese lassen sich in zwei Doktrinen aufteilen:[102] Zum einen die AETR-Doktrin und zum anderen die Stilllegungsfondsdoktrin. Beide Doktrinen sind voneinander unabhängig.[103]

aa. Die AETR-Doktrin

Nachdem die Kommission im *WTO*-Gutachten ausschließliche Vertragschließungskompetenzen für die Union reklamiert hatte,[104] wies der EuGH darauf hin, dass ausschließliche externe Zuständigkeiten der Union nicht automatisch aus einer internen Befugnis zum Erlaß von Sekundärrecht folgten.[105]

Implizite Vertragschließungskompetenzen der Union werden ausschließlich, wenn ein völkerrechtlicher Vertrag, würde er von einem Mitgliedstaat und nicht von der Union geschlossen, die einheitliche und kohärente Anwendung der Unionsnormen und das reibungslose Funktio-

---

100 So auch: *Eeckhout*, S. 94 f.; *Heliskoski*, S. 36; *Gilsdorf*, EuR 1996, 145, 148; *Dörr*, EuZW 1996, 39, 42; *Vedder*, in: FS Ginther, S. 501, 505 f.; *Hilpold*, S. 172; *Dashwood*, in: Koskenniemi (Hrg.), S. 113, 123; *Dashwood/Heliskoski*, in: Dashwood/Hillion (Hrg.), S. 3, 3 f.; *Torrent*, in: Dashwood/Hillion (Hrg.), S. 221, 229 Fn. 17.

101 *Vedder*, EuR Beiheft 3/2007, 57, 59; *Hillion*, in: FS Slot, S. 257, 260.

102 *Lorenzmeier*, in: GH, 40. EL Oktober 2009, Art. 300 EGV Rn. 8; *Holdgaard*, S. 53 f.; *Cremona*, in: Craig/de Búrca (Hrg.), S. 217, 221.

103 *Lorenzmeier*, in: GH, 40. EL Oktober 2009, Art. 300 EGV Rn. 8, *Schmalenbach*, in: CR, Art. 216 AEUV Rn. 10.

104 EuGH, Gutachten 1/94, WTO, Slg. 1994, I-5267, Rn. 1, 83 f., 87, 99.

105 EuGH, Gutachten 1/94, WTO, Slg. 1994, I-5267, Rn. 77; EuGH, Gutachten 2/92, OECD, Slg.1995, I-521, Rn. 31.

nieren des von ihnen errichteten Systems und damit die volle Wirksamkeit des Unionsrechts beeinträchtigen könnte.[106]

Eine Beeinträchtigung liegt demnach dann vor, wenn die völkerrechtlichen Normen in den Anwendungsbereich gemeinsamer Rechtsnormen fallen.[107] Denn

> „in dem Maße, wie diese Gemeinschaftsrechtsetzung fortschreitet, kann nur die Gemeinschaft mit Wirkung für den gesamten Geltungsbereich der Gemeinschaftsrechtsordnung vertragliche Verpflichtungen gegenüber dritten Staaten übernehmen und erfüllen."[108]

Dies bestätigt[109] Art. 4 Abs. 3 EUV, aus dem sich ergibt, dass die Mitgliedstaaten selbstständig keine Verpflichtungen mehr eingehen können, die Unionsrechtsnormen beeinträchtigen oder in ihrer Tragweite ändern können.[110] Die auswärtige Zuständigkeit für ein Gebiet wird jedoch nicht vollständig zu einer ausschließlichen für die Union, sondern nur insoweit, wie gemeinsame Vorschriften auf interner Ebene erlassen werden.[111] Dies gilt auch für Bereiche in denen die Union eine Harmonisierungskompetenz besitzt.[112] Dies wird dadurch unterstrichen, dass eine Berufung auf Art. 352 AEUV für die Feststellung einer ausschließlichen impliziten Vertragschließungskompetenz der Union erst dann erfolgreich sein kann, wenn bereits auf Grundlage dieser Norm eine interne Zuständigkeit ausgeübt wurde.[113]

Bei Rechtsetzungsakten mit Klauseln über die Behandlung der Angehörigen von Drittstaaten oder über die Übertragung von Verhandlungszuständigkeiten mit Drittstaaten an die Unionsorgane und bei Rechtsetzungsakten, die ein Gebiet vollständig harmonisieren, beeinträchtigt jedes Abkommen zwangsläufig die Unionsrechtsnormen,[114] so

---

106 EuGH, Gutachten 1/03, Übereinkommen von Lugano, Slg. 2006, I-1145, Rn. 122, 128; EuGH, Rs. 22/70, AETR, Slg. 1971, 263, Rn. 30/31.

107 EuGH, Rs. C-476/98, Open Skies - Kommission/Deutschland, Slg. 2002, I-9855, Rn. 108.

108 EuGH, Rs. 22/70, AETR, Slg. 1971, 263, Rn. 15/19.

109 So auch *Vedder*, EuR Beiheft 3/2007, 57, 61, der der Berufung auf die allgemeine Loyalitätsverpflichtung nur „abrundender, zusätzlicher Relevanz" zuspricht; *Kuijper*, in: FS Slot, S. 291, 300.

110 EuGH, Rs. 22/70, AETR, Slg. 1971, 263, Rn. 20/22.

111 EuGH, Gutachten 1/94, WTO, Slg. 1994, I-5267, Rn. 77.

112 EuGH, Gutachten 1/94, WTO, Slg. 1994, I-5267, Rn. 88.

113 EuGH, Gutachten 1/94, WTO, Slg. 1994, I-5267, Rn. 89; EuGH, Gutachten 2/92, OECD, Slg.1995, I-521, Rn. 36.

114 EuGH, Gutachten 1/03, Übereinkommen von Lugano, Slg. 2006, I-1145, Rn. 122; EuGH, Rs. C-476/98, Open Skies - Kommission/Deutschland, Slg. 2002, I-9855, Rn. 109 f.

dass die Union in diesen Bereichen eine ausschließliche Vertragschließungskompetenz besitzt.

Diese Beispiele werden vom EuGH einem Oberbegriff, der Beeinträchtigung der Unionsrechtsordnung wegen der Natur der bestehenden Unionsbestimmungen, zugeordnet.[115] Damit wird aufgezeigt, dass alle Formulierungen nur Beispiele darstellen, die auf die konkreten Fallgestaltungen der EuGH-Entscheidungen zugeschnitten und demnach nicht abschließend sind.[116]

Ausschließliche implizite Vertragschließungskompetenzen erwirbt die Union jedoch, wenn sie in ihren internen Rechtsetzungsakten Klauseln über die Behandlung der Angehörigen von Drittstaaten aufgenommen oder ihren Organen ausdrücklich eine Zuständigkeit zu Verhandlungen mit Drittstaaten übertragen hat. Dies gilt jedoch nur für den von diesen Rechtsakten erfassten Bereich.[117] Konkret bezog der EuGH diese Möglichkeit des Erwerbs ausschließlicher impliziter Vertragschließungskompetenzen auf die Kapitel über die Niederlassungs- und Dienstleistungsfreiheiten, die als Ziel nur die Verwirklichung dieser Freiheiten zugunsten der Unionsbürger haben.[118] Eine interne Ausübung dieser Befugnisse würde demnach nicht zu einer ausschließlichen impliziten Vertragschließungskompetenz der Union über die Behandlung Drittstaatsangehöriger bei diesen Freiheiten führen.[119] Wenn allerdings, wie von der Ermächtigung in den Verträgen umfasst,[120] in den internen Rechtsakten geregelt wird, wie die Angehörigen von Drittstaaten zu behandeln sind, hat dies, wie dargestellt, den Erwerb ausschließlicher impliziter Vertragschließungskompetenzen zur Folge. Diese beiden Fälle werden in der Literatur teilweise einer eigenständigen WTO-Doktrin zugerechnet.[121] Tatsächlich stellen diese beiden Fallgruppen nur Beispiele dafür dar, dass wegen der Natur der Unionsbestimmungen jedes Abkommen auf diesem Gebiet die

---

115 EuGH, Gutachten 1/03, Übereinkommen von Lugano, Slg. 2006, I-1145, Rn. 122.

116 EuGH, Gutachten 1/03, Übereinkommen von Lugano, Slg. 2006, I-1145, Rn. 122 f.

117 EuGH, Gutachten 1/94, WTO, Slg. 1994, I-5267, Rn. 95.

118 EuGH, Gutachten 1/94, WTO, Slg. 1994, I-5267, Rn. 90.

119 So bereits *Vedder*, S. 138 ff.; zustimmend: *Eeckhout*, S. 89.

120 EuGH, Gutachten 1/94, WTO, Slg. 1994, I-5267, Rn. 90.

121 *Schmalenbach*, in: CR, Art. 216 AEUV Rn. 10; *Lorenzmeier*, in: GH, 40. EL Oktober 2009, Art. 300 EGV Rn. 9.

Unionsnormen im Sinne des AETR-Urteils beeinträchtigt.[122] Sie stellen damit eine Variante der AETR-Doktrin dar.

Auch ohne die Existenz solch einer ausdrücklichen Klausel erwirbt die Union eine ausschließliche Außenkompetenz, wenn eine vollständige Harmonisierung in einem Bereich verwirklicht worden ist. Denn diese Regelungen könnten durch die Mitgliedstaaten im Sinne des AETR-Urteils beeinträchtigt werden, wenn die Mitgliedstaaten weiterhin frei wären, in diesem Bereich Verhandlungen mit Drittstaaten zu führen.[123]

Die Union besitzt demnach eine ausschließliche Außenkompetenz, wenn eine formal-juristische Subsumtion einen gleichen sachlichen und personellen Anwendungsbereich von völkerrechtlichem Vertrag und internem Sekundärrecht ergibt.[124]

Für die Existenz ausschließlicher impliziter Vertragschließungskompetenzen ist keine gänzliche Übereinstimmung zwischen den vom völkerrechtlichen Vertrag erfassten Gebiet und dem Umfang der Unionsregelungen erforderlich.[125] Vielmehr bestehen ausschließliche implizite Vertragschließungskompetenzen bereits dann, wenn die geplanten völkerrechtlichen Verpflichtungen der Mitgliedstaaten ein Gebiet umfassen, das weitgehend von Unionsrecht erfasst ist.[126] Denn in diesen Fällen ist der „Verdichtungsgrad" des Sekundärrechts so hoch, dass jedes externe Handeln der Mitgliedstaaten zwangsläufig den Unionsstandard beeinträchtigen würde.[127]

Außerdem besitzt die Union ausschließliche implizite Vertragschließungskompetenzen auch dann, wenn zwischen dem geplanten Vertrag der Mitgliedstaaten und dem Unionsrecht kein Widerspruch besteht.[128] Denn auch eine identische Wiedergabe des Unionsrechts in den völkerrechtlichen Verträgen der Mitgliedstaaten beeinträchtigt die Unionsrechtsordnung, die sich in solch einem Fall nicht autonom weiterentwi-

---

122 EuGH, Gutachten 1/03, Übereinkommen von Lugano, Slg. 2006, I-1145, Rn. 122.

123 EuGH, Gutachten 1/94, WTO, Slg. 1994, I-5267, Rn. 96.

124 *Thym*, EuR 2003, 277, 279.

125 EuGH, Gutachten 1/03, Übereinkommen von Lugano, Slg. 2006, I-1145, Rn. 126.

126 EuGH, Gutachten 2/91, ILO-Konvention Nr. 170, Slg. 1993, I-1061, Rn. 25; EuGH, Rs. C-13/00, Berner Übereinkunft, Slg. 2002, I-2943, Rn. 20; EuGH, Rs. C-239/03, Étang de Berre, Slg. 2004, I-9328, Rn. 27 ff.

127 *Tomuschat*, in: GS, Art. 300 EGV Rn. 7.

128 EuGH, Gutachten 2/91, ILO-Konvention Nr. 170, Slg. 1993, I-1061, Rn. 25 f.

ckeln kann.[129] Das Verbot von nationalen Transformationen von Sekundärrecht ist bezüglich des internen Sekundärrechts schon seit der *Variola*-Entscheidung[130] des EuGH anerkannt.[131] Völkerrechtliche Verträge der Mitgliedstaaten können nicht einfach wieder rückgängig gemacht werden, und eine Pflichtenkollision des Mitgliedstaats zwischen Erfüllung eines völkerrechtlichen Vertrags und Erfüllung unionsrechtlicher Verpflichtungen würde entstehen.[132] Damit wirkt dieser Grundsatz im Bereich des auswärtigen Handelns umso stärker.

Hingegegen sind Vertragschließungskompetenzen für einen Bereich, in denen sowohl das Unionsrecht als auch das in Frage stehende Abkommen Mindestvorschriften vorsehen, nicht ausschließlich.[133] Denn diese Regelungen können nicht der vollen Anwendung des Unionsrechts durch die Mitgliedstaaten entgegenstehen, da eine strengere Regelung im Unionsrecht erfüllt werden kann, ohne dass der Mitgliedstaat gegen den ihn bindenden völkerrechtlichen Vertrag verstößt.[134] Enthält ein völkerrechtlicher Vertrag Harmonisierungsvorschriften, während nach dem AEUV solch eine Harmonisierung ausgeschlossen ist, besitzt die Union überhaupt keine, auch keine geteilten Vertragschließungskompetenzen.

Denn

> „diese Grenzen der Außenkompetenzen betreffen das Bestehen dieser Zuständigkeit selbst und nicht ihre Ausschließlichkeit."[135]

bb. Die Ermittlung impliziter ausschließlicher Vertragschließungskompetenzen im Sinne der AETR-Doktrin

Nach der erfolgten Darstellung der Grundsätze, wann die Union ausschließliche Vertragschließungskompetenzen erwirbt, wird nun aufgezeigt, wie diese ermittelt werden. Dazu hat der EuGH in dem Lugano-Gutachten eine ausführliche Beschreibung abgegeben.

Ausdrücklich wird auf den Grundsatz der begrenzten Einzelermächtigung hingewiesen.[136] Um diesem gerecht zu werden, könne das Beste-

129 *Thym*, EuR 2003, 277, 280; Schlussanträge GA Tizzano, Rs. C-466/98 u.a., Open Skies, Slg. 2002, I-9431, Rn. 67, 71; *Metz*, S. 141.

130 EuGH, Rs. 34/73, Variola, Slg. 1973, S. 981.

131 So auch *Neuwahl*, CMLRev. 1991, 717, 722.

132 So auch: *Thym*, EuR 2003, 277, 280.

133 EuGH, Gutachten 2/91, ILO-Konvention Nr. 170, Slg. 1993, I-1061, Rn. 18.

134 EuGH, Gutachten 2/91, ILO-Konvention Nr. 170, Slg. 1993, I-1061, Rn. 18; so schon 1985: *Dolmans*, S. 39.

135 EuGH, Gutachten 1/03, Übereinkommen von Lugano, Slg. 2006, I-1145, Rn. 132.

hen von ausschließlichen impliziten Kompetenzen nur nach einer konkreten Analyse des Verhältnisses zwischen dem geplanten Vertrag und dem geltenden Unionsrecht festgestellt werden. Diese ausschließlichen impliziten Kompetenzen bestünden, wenn die Analyse zum Ergebnis habe, dass der Abschluss eines solchen Vertrags

> „die einheitliche und kohärente Anwendung der Gemeinschaftsvorschriften und das reibungslose Funktionieren des mit diesen errichteten Systems beeinträchtigen kann."[137]

Ein pauschales Zurückgreifen auf Fallgruppen reicht damit nicht aus, um implizite ausschließliche Vertragschließungskompetenzen festzustellen.

Somit sei auch eine pauschale Berufung auf die bereits genannte Formel „ein Gebiet, das bereits weitgehend von Unionsrecht erfasst ist" nicht ausreichend, um implizite ausschließliche Vertragschließungskompetenzen festzustellen. Vielmehr sei eine genaue Analyse erforderlich, die sich auf den Umfang, die Natur und den Inhalt der fraglichen Vorschriften stütze. Bei dieser Analyse seien neben dem aktuellen Stand des Unionsrechts auch die beim Zeitpunkt der Analyse absehbaren Entwicklungsperspektiven zu berücksichtigen.[138] Als Beispiel für solch eine genaue Analyse unter Berücksichtigung der Natur und des Inhalts der Unionsvorschriften wird das Gutachten 2/91 genannt, in dem festgestellt wurde, dass keine ausschließliche Außenkompetenz der Union bestünden, wenn sowohl die unionsrechtlichen Normen als auch der geplante völkerrechtliche Vertrag nur Mindestvorschriften aufstellten.[139]

Diese genaue Analyse der Verteilung der Vertragschließungskompetenzen sei immer erforderlich und vor dem Abschluss eines Abkommens durchzuführen.[140] Eine Ersetzung dieser Klauseln durch sogenannte „Trennungsklauseln" in den völkerrechtlichen Verträgen der Mitgliedstaa-

136 EuGH, Gutachten 1/03, Übereinkommen von Lugano, Slg. 2006, I-1145, Rn. 124.

137 EuGH, Gutachten 1/03, Übereinkommen von Lugano, Slg. 2006, I-1145, Rn. 133.

138 EuGH, Gutachten 1/03, Übereinkommen von Lugano, Slg. 2006, I-1145, Rn. 125.

139 EuGH, Gutachten 1/03, Übereinkommen von Lugano, Slg. 2006, I-1145, Rn. 127.

140 EuGH, Gutachten 1/03, Übereinkommen von Lugano, Slg. 2006, I-1145, Rn. 130; vgl. *Epiney/Gross*, in: Umweltbundesamt (Hrg.), S. 5, 18.

ten sei nicht möglich.[141] Trennungsklauseln bestimmten, dass die Anwendung des Unionsrechts durch die Mitgliedstaaten unberührt bleibe.[142]

Ebensowenig könne pauschal auf die Rechtsgrundlage der internen Unionsvorschriften verwiesen werden, um eine Beeinträchtigung der Unionsrechtsordnung durch einen völkerrechtlichen Vertrag abzulehnen.[143] Denn im internen Sekundärrecht werde die Rechtsgrundlage einer Regelung durch deren Hauptbestandteil bestimmt. Durch einen völkerrechtlichen Vertrag könne aber auch eine Vorschrift beeinträchtigt werden, die nur einen Nebenaspekt der internen Regelung darstelle und damit im Rechtsakt nicht als Rechtsgrundlage aufgezählt werde.[144]

Um ausschließliche implizite Vertragschließungskompetenzen im Rahmen der AETR-Doktrin feststellen zu können, müsse gemäß dem Voranstehenden das Ergebnis dieser ausführlichen Analyse die mögliche Beeinträchtigung der Einheitlichkeit und Effektivität des primären und sekundären Unionrechts durch einen völkerrechtlichen Vertrag, würde er von den Mitgliedstaaten abgeschlossen, sein.[145] Die Reichweite der ausschließlichen impliziten Vertragschließungskompetenzen der Union sei dynamisch, bezogen auf den Stand der inneren Rechtsetzung, und zukunftsorientiert zu ermitteln.[146]

Insgesamt ist die AETR-Doktrin nachvollziehbar. Ihre Anwendung kann je nach Detaillierungsgrad interner Normen aufgrund der erforderlichen sehr genauen Analyse des Sekundärrechts im Verhältnis zum völkerrechtlichen Vertrag sehr schwierig sein.[147] Die fehlende dogmatische Durchdringung dieses Rechtsgebiets beruht darauf, dass ein durch Rechtsprechung geprägtes Rechtsgebiet notwendigerweise fallbezogen ist.[148] Eine negative Folge dieser Doktrin ist, dass die Mitgliedstaaten in

---

141 EuGH, Gutachten 1/03, Übereinkommen von Lugano, Slg. 2006, I-1145, Rn. 130; umfassend dazu: *Cremona*, in: Hillion/Koutrakos (Hrg.), S. 160, 181 ff.

142 EuGH, Gutachten 1/03, Übereinkommen von Lugano, Slg. 2006, I-1145, Rn. 130.

143 EuGH, Gutachten 1/03, Übereinkommen von Lugano, Slg. 2006, I-1145, Rn. 131

144 EuGH, Gutachten 1/03, Übereinkommen von Lugano, Slg. 2006, I-1145, Rn. 131.

145 *Lorenzmeier*, in: GH, 40. EL Oktober 2009, Art. 300 EGV Rn. 16, *Vedder*, EuR Beiheft 3/2007, 57, 61; *Eeckhout*, S. 112; *Vedder*, in: VH, Art. 3 AEUV Rn. 7; *Cremona*, in: Xenopoulos (Hrg.), S. 319, 320.

146 *Hilpold*, S. 238.

147 *Eeckhout*, S. 112; *Kuijper*, in: Martenczuk/van Thiel (Hrg.), S. 187, 210.

148 *Lorenzmeier*, in: GH, 40. EL Oktober 2009, Art. 300 EGV Rn. 18; *De Baere*, S. 50.

manchen Bereichen eine interne Rechtsetzung durch eine Blockadehaltung im Rat verhindern, damit nicht die auswärtige Zuständigkeit für einen Bereich verloren wird.[149]

cc. Die Stilllegungsfonds-Doktrin

Einen Sonderfall des Erwerbs ausschließlicher Vertragschließungskompetenzen stellt die Stilllegungsfondsrechtsprechung des EuGH dar.[150] Die Union erwirbt eine implizite ausschließliche Außenkompetenz durch den Abschluss eines völkerrechtlichen Vertrags.[151] Voraussetzung dafür ist, dass solch ein Vertrag notwendig ist, damit eine geplante oder zeitgleich erfolgende interne Rechtsetzung effektiv verwirklicht werden kann.[152] Der völkerrechtliche Vertrag muss in dem Sinne erforderlich sein, dass allein durch die Setzung von internem Sekundärrecht nicht die Ziele der Union verwirklicht werden können.[153] Die Setzung von internem Sekundärrecht muss also völlig wirkungslos bleiben.[154] In solch einem Fall ist die Verwirklichung der Ziele der Innenkompetenz untrennbar mit der Ausübung der Außenkompetenz verbunden.[155] Ziele der Union sind in diesem Kontext der Inhalt und der Gegenstand des internen Rechtsakts.[156] Damit wird die Ausschließlichkeit einer Kompetenz vorverlegt auf einen Zeitpunkt, zu dem noch kein internes Sekundärrecht verabschiedet worden ist.[157]

Diese Situation lag beim Stilllegungsfonds für die Binnenschifffahrt vor. Die sekundärrechtliche Regelung hatte den Zweck der Sanierung

---

149 *Kuijper*, in: Martenczuk/van Thiel (Hrg.), S. 187, 188.
150 EuGH, Gutachten 1/76, Stillegungsfonds für die Binnenschiffahrt, Slg. 1977, 741.
151 EuGH, Gutachten 1/76, Stillegungsfonds für die Binnenschiffahrt, Slg. 1977, 741, Rn. 4; EuGH, Gutachten 1/94, WTO, Slg. 1994, I-5267, Rn. 85.
152 EuGH, Gutachten 1/76, Stillegungsfonds für die Binnenschiffahrt, Slg. 1977, 741, Rn. 2, 4; EuGH, Gutachten 1/94, WTO, Slg. 1994, I-5267, Rn. 85, 89.
153 EuGH, Gutachten 1/03, Übereinkommen von Lugano, Slg. 2006, I-1145, Rn. 115; EuGH, Gutachten 2/92, OECD, Slg.1995, I-521, Rn. 32; EuGH, Rs. C-476/98, Open Skies - Kommission/Deutschland, Slg. 2002, I-9855, Rn. 83.
154 *Epiney/Gross*, in: Umweltbundesamt (Hrg.), S. 5, 24; *Klamert/Nydell*, EuR 2008, 589, 593.
155 EuGH, Gutachten 1/94, WTO, Slg. 1994, I-5267, Rn. 86; *Geiger*, JZ 1995, 973, 980.
156 *Vedder*, EuR Beiheft 3/2007, 57, 64.
157 *Vedder*, EuR Beiheft 3/2007, 57, 65.

der wirtschaftlichen Lage der Binnenschifffahrt auf dem Rhein.[158] Damit dieser erfüllt werden konnte, war es notwendig die geplanten sekundärrechtlichen Regelungen ebenso in einem völkerrechtlichen Vertrag mit dem Nichtmitglied Schweiz festzusetzen. Denn für diese galt aufgrund älterer völkerrechtlicher Verträge die freie Schifffahrt auf dem Rhein.[159]

Der Stilllegungsfonds sollte nicht allein von der EWG mit der Schweiz, sondern gemeinsam mit einigen Mitgliedstaaten geschlossen werden. Diese Notwendigkeit bestand, weil diese Mitgliedstaaten genauso wie die Schweiz Vertragspartner der Mannheimer Revidierten Rheinschiffahrtsakte von 1868[160] und dem Luxemburger Staatsvertrag von 1956 über die Schiffbarmachung der Mosel[161] waren. Durch den Stilllegungsfondsvertrag erwuchs den Vertragsparteien die Verpflichtung, auch einige Vorschriften dieser Abkommen zu ändern, so dass eine Beteiligung dieser Mitgliedstaaten am Stilllegungsfonds notwendig war.[162] Darin lag der einzige Zweck der Beteiligung der Mitgliedstaaten, ansonsten hat der Vertrag für alle Mitgliedstaaten nur Rechtswirkungen aus der Beteiligung der EWG.[163]

Es ist nicht ersichtlich, dass außer im Gutachten 1/76 der Abschluss weiterer Verträge auf diese Rechtsprechung gestützt werden konnte.[164] Zwar hatte sich die Kommission in mehreren Verfahren vor dem EuGH auf diese Doktrin berufen, um eine ausschließliche Zuständigkeit der Union feststellen zu lassen, doch hat der EuGH das Vorliegen der dafür

---

158 EuGH, Gutachten 1/76, Stillegungsfonds für die Binnenschiffahrt, Slg. 1977, 741, Rn. 1.

159 EuGH, Gutachten 1/76, Stillegungsfonds für die Binnenschiffahrt, Slg. 1977, 741, Rn. 2.

160 Revidierte Rheinschifffahrtsakte vom 17.Oktober 1868, PrGS. 1869, S. 798, 836.

161 Vertrag vom 27. Oktober 1956 über die Schiffbarmachung der Mosel, BGBl. 1956 II, S. 1837.

162 EuGH, Gutachten 1/76, Stillegungsfonds für die Binnenschiffahrt, Slg. 1977, 741, Rn. 6 f.

163 EuGH, Gutachten 1/76, Stillegungsfonds für die Binnenschiffahrt, Slg. 1977, 741, Rn. 7.

164 *Vedder*, in: Hummer/Obwexer (Hrg.), S. 267, 275; *Kuijper*, in: Martenczuk/van Thiel (Hrg.), S. 187, 209; *Eeckhout*, in: Xenopoulos (Hrg.), S. 275, 276; *Thym*, EuR 2003, 277, 286; *Klamert*, CLEER Working Papers 2011/6, S. 13; *Hafner*, in: Xenopoulos (Hrg.), S. 7, 11. Vgl. aber die Aufzählung bei *Stadler*, in: Schwarze, Art. 90 AEUV Rn. 15, wobei nicht ersichtlich ist, ob bei den genannten Verträgen eine ausschließliche Vertragschließungskompetenz unter Berufung auf die Stilllegungsfondsdoktrin begründet wurde.

erforderlichen Voraussetzungen stets verneint.[165] Aufgrund der strengen Voraussetzungen der Stilllegungsfondsdoktrin erscheint ein weiterer Fall dieser Doktrin unwahrscheinlich.[166]

Für den Teilausschnitt[167] der impliziten Vertragschließungskompetenzen in der Spielart der Stilllegungsfondsdoktrin kann ein Vergleich zur implied powers-Lehre gezogen werden, da für die Begründung ausschließlicher impliziter Vertragschließungskompetenzen nach dieser Doktrin eine Notwendigkeit auswärtigen Handelns gegeben sein muss.[168]

2. Die Regelung in Art. 3 Abs. 2 und 216 Abs. 1 AEUV

Nachdem der Stand der Rechtsprechung zu den impliziten Vertragschließungskompetenzen vor dem Inkrafttreten des Vertrags von Lissabon zusammengefasst worden ist, wird nun der Fokus auf die jetzt geltenden Regelungen im AEUV gerichtet. Art. 3 Abs. 2 und Art. 216 Abs. 1 AEUV kodifizieren die Existenz impliziter Vertragschließungskompetenzen. In Art. 3 Abs. 2 AEUV finden sich die ausschließlichen impliziten Vertragschließungskompetenzen.

Hingegen ist die Antwort auf die Frage, ob in Art. 216 AEUV die impliziten geteilten Vertragschließungskompetenzen kodifiziert worden sind, nicht auf den ersten Blick ersichtlich, und bedarf einer genauen Auslegung dieser Norm.

a. Ausschließliche implizite Vertragschließungskompetenzen, Art. 3 Abs. 2 AEUV

Wie eben dargestellt, ist jetzt die Existenz ausschließlicher impliziter Vertragschließungskompetenzen in Art. 3 Abs. 2 AEUV geregelt. Diese Norm vermittelt keine Kompetenz, sondern setzt eine bestehende Zuständigkeit voraus.[169]

---

165 So z.B in: EuGH, Gutachten 1/94, WTO, Slg. 1994, I-5267, Rn. 82 ff.; EuGH, Rs. C-476/98, Open Skies - Kommission/Deutschland, Slg. 2002, I-9855, Rn. 71, 89.

166 So auch *De Baere*, S. 57; *Kaddous*, S. 253; vgl. *MacLeod/Hendry/Hyett*, S. 53.

167 So *Ott*, S. 209.

168 So auch: *Ott*, S. 209; *Lorenzmeier*, S. 89; *Gilsdorf*, EuR 1996, 145, 148.

169 *Nettesheim*, in: GHN, 41. EL März 2010, Art. 3 AEUV Rn. 21.

aa. AETR-Doktrin

Demnach besteht für die Union gemäß der ersten Variante des Art. 3 Abs. 2 AEUV eine ausschließliche implizite Vertragschließungskompetenz für den Abschluss internationaler Übereinkünfte, wenn der Abschluss einer solchen Übereinkunft in einem Gesetzgebungsakt der Union vorgesehen ist. Dieser Konstellation entspricht Art. 216 Abs. 1 Alt. 3 AEUV. Der EuGH hat diese Variante des Erwerbs impliziter Vertragschließungskompetenzen erstmals im *WTO*-Gutachten festgestellt. Diese Variante stellt jedoch keine eigene Fallgruppe des Erwerbs ausschließlicher impliziter Vertragschließungskompetenzen dar. Dies hat der EuGH im Gutachten zum neuen Übereinkommen von Lugano klargestellt. Sie stelle vielmehr nur einen Anwendungsfall des allgemeineren Grundsatzes dar, dass die Union ausschließliche implizite Vertragschließungskompetenzen innehabe, wenn sich aus der Natur der bestehenden Unionsbestimmungen ergebe, dass jedes Abkommen eines Mitgliedstaats in einem Bereich zwangsläufig die Unionsnormen beeinträchtigen würde.[170]

Diese allgemeine Aussage findet sich in der letzten Alternative des Art. 3 Abs. 2 AEUV. Ausschließliche implizite Vertragschließungskompetenzen besitzt die Union, wenn der Abschluss einer internationalen Übereinkunft gemeinsame Regeln beeinträchtigen oder deren Tragweite ändern könnte.[171] Diese Formulierung ist misslungen. Die AETR-Doktrin ist einschlägig, wenn ein Abkommen, würde es von einem Mitgliedstaat – und nicht von der Union – abgeschlossen werden, gemeinsame Vorschriften beeinträchtigen würde oder deren Tragweite ändern könnte.[172] Ist dies der Fall, besitzt die Union die ausschließliche, implizite, Vertragschließungskompetenz für diesen Vertrag.

Weiterhin wird der Wortlaut dieser Alternative in der Hinsicht kritisiert, dass sie so ausgelegt werden könne, dass die Union die ausschließlichen Vertragschließungskompetenzen für den gesamten völkerrechtlichen Vertrag erwerbe, obwohl nur einzelne Normen die gemeinsame

---

170 Siehe dazu Teil 1 B. III. 1. b. bb.

171 Diese Formulierung ist an EuGH, Rs. C-476/98, Open Skies - Kommission/Deutschland, Slg. 2002, I-9855, Rn. 107 angelehnt.

172 *Fassbender*, AVR 2004, S. 26, 34; *Vedder*, in: Hummer/Obwexer (Hrg.), S. 267, 276; *Khan*, in: GKK, Art. 216 AEUV Rn. 11; *Mögele*, in: Streinz, Art. 3 AEUV Rn. 16; *Hummer*, in: VH, Art. 216 AEUV Rn. 15; *Schmalenbach*, in: CR, Art. 216 AEUV Rn. 16; *Vranes*, JBl. 2011, 11, 15; *Metz*, S. 360; *Schütze*, S. 202 f; *Cremona*, CMLRev. 2003, 1347, 1362; Oppermann/Classen/Nettesheim/*Nettesheim*, § 38 Rn. 18; *Schweitzer/Hummer/Obwexer*, Rn. 3061.

Regeln beeinträchtigen oder deren Tragweite verändern könnten.[173] Diese Befürchtung ist zurückzuweisen. Die Union erwirbt ausschließliche Zuständigkeiten für einen völkerrechtlichen Vertrag nur soweit dieser Vertrag gemeinsame Regeln beeinträchtigen oder deren Tragweite ändern könnte und damit nicht automatisch für den ganzen Vertrag als solchen.[174] Die Vertragschließungskompetenz wird damit nur für die Bereiche des geplanten Vertrags ausschließlich, die diese Variante erfüllen. Erfüllen die anderen Vertragsbestandteile diese Voraussetzung nicht, so ist regelmäßig ein gemischter Vertrag abzuschließen.[175]

Wenn Art. 3 Abs. 2 Alt. 3 AEUV im Lichte der Rechtsprechung ausgelegt wird, kann die genannte sprachliche Ungenauigkeit verschmerzt werden. Insgesamt erfasst die dritte Alternative vollständig die AETR-Doktrin. Damit wird auch die erste Alternative des Art. 3 Abs. 2 AEUV umfasst, und lässt diese damit überflüssig werden. Art. 3 Abs. 2 Alt. 3 AEUV ist mit Art. 216 Abs. 1 Alt. 4 AEUV inhaltsgleich.[176]

bb. Stilllegungsfondsdoktrin

Die Stilllegungsfondsdoktrin wurde in Art. 3 Abs. 2 Alt. 2 AEUV kodifiziert. Demnach besitzt die Union ausschließliche implizite Vertragschließungskompetenzen, wenn der Abschluss eines völkerrechtlichen Vertrags notwendig ist, damit eine interne Zuständigkeit ausgeübt werden kann. Diese Variante ist einschlägig, wenn eine geplante interne Rechtsetzung nur dann effektiv sein kann, wenn zeitgleich oder vorher ein völkerrechtlicher Vertrag mit einem Drittstaat oder einer anderen internationalen Organisation abgeschlossen wird. Dieser Grundsatz findet sich auch in Art. 216 Abs. 1 Alt. 2 AEUV wieder.

---

173 *De Baere*, S. 70.

174 So auch *Metz*, S. 368 f.; *Streinz/Ohler/Herrmann*, S. 134 f.

175 *De Baere*, S. 70. Vgl. dazu beispielhaft die Entscheidung EuGH, Rs. C-476/98, Open Skies - Kommission/Deutschland, Slg. 2002, I-9855.

176 In der deutschen Fassung ist der Wortlaut beider Vorschriften unterschiedlich: „gemeinsame Regeln beeinträchtigen oder deren Tragweite ändern könnte“ (Art. 3 Abs. 2 AEUV) und: „gemeinsame Vorschriften beeinträchtigen oder deren Anwendungsbereich ändern könnte“ (Art. 216 Abs. 1 AEUV). Jedoch findet sich in anderen authentischen Sprachfassungen in beiden Vorschriften die gleiche Formulierung, so in der englischen („affect common rules or alter their scope“), französischen („est susceptible d´affecter des règles communes ou d´en altérer la porteé“) und spanischen Sprachfassung („pueda afectar a normas comunes o alterar el alcance de las normas“). So auch: *Metz*, S. 369 f.

b. *Geteilte implizite Vertragschließungskompetenzen, Art. 216 Abs. 1 Alt. 2 AEUV*

Die Regelung der geteilten impliziten Vertragschließungskompetenzen müsste, da sich Art. 3 Abs. 2 AEUV explizit auf ausschließliche Kompetenzen bezieht, in der Generalklausel des Art. 216 Abs. 1 AEUV enthalten sein. Jedoch ist eine Kodifikation der geteilten impliziten Vertragschließungskompetenzen aus dem Wortlaut der Normen nicht klar erkennbar. Somit bedarf es einer systematischen Auslegung des Verhältnisses von Art. 3 Abs. 2 AEUV zu Art. 216 Abs. 1 AEUV.

Diesbezüglich wird die Meinung vertreten, dass die 2. – 4. Alternative des Art. 216 Abs. 1 AEUV trotz unterschiedlicher Formulierungen[177] den Regelungen des Art. 3 Abs. 2 AEUV entsprächen. Folgerichtig würde für die Verortung impliziter geteilter Vertragschließungskompetenzen in Art. 216 Abs. 1 AEUV kein Raum mehr bleiben.[178]

Diese Auslegung der Art. 216 Abs. 1 Alt. 2 und Art. 3 Abs. 2 Alt. 2 AEUV ist abzulehnen. Gemäß Art. 3 Abs. 2 Alt. 2 AEUV besitzt die Union eine ausschließliche implizite Vertragschließungskompetenz,

> „wenn er [= der Abschluss einer Übereinkunft] notwendig ist, damit sie ihre interne Zuständigkeit ausüben kann".

Diese Variante kodifiziert, wie dargestellt, die Stilllegungsfondsdoktrin.

Die 2. Alternative der Generalklausel des Art. 216 Abs. 1 AEUV regelt hingegen, dass die Union eine Vertragschließungskompetenz besitzt,

> „wenn der Abschluss einer Übereinkunft im Rahmen der Politik der Union [...] zur Verwirklichung eines der in den Verträgen festgesetzten Ziele erforderlich [...] ist".[179]

Einen unterschiedlichen Anwendungsbereich beider Normen an den Wörtern „notwendig" und „erforderlich" festzumachen, wäre ein Fehlschluss, denn in anderen authentischen Vertragssprachen wird jeweils

---

177 Siehe aber vorherige Fn.

178 *Vedder*, in: Hummer/Obwexer (Hrg.), S. 267, 275 f. und in: VH, Art. 3 AEUV Rn. 8, der diesbezüglich zu einer berichtigenden Auslegung im Sinne der Rechtsprechung rät; *Kuijper*, S. 17; *Cremona*, in: Dashwood/Maresceau (Hrg.), S. 34, 62; wohl auch: *Schütze*, S. 202. Fälschlicherweise die Existenz geteilter impliziter Vertragschließungskompetenzen an sich ablehnend: *Ruffert*, EuR 2004, 165, 189; *Bischoff*, EuZW 2006, 295, 301.

179 Nach dem Wortlaut der Vorschrift ist diese Variante immer bei Erforderlichkeit einschlägig, unabhängig davon, ob intern eine Zuständigkeit zum Erlass von Rechtsakten gegeben ist. Diese Verknüpfung ist mittels Auslegung herzustellen, siehe dazu: *Mögele*, in: Streinz, Art. 216 AEUV Rn. 30 f.

das gleiche Wort verwendet.[180] Darüber hinaus ist die Formulierung „erforderlich“ in der deutschen Sprachfassung missglückt, weil sie Assoziationen zu Art. 352 Abs. 1 AEUV hervorrufen kann.[181] Art. 352 Abs. 1 AEUV als Kompetenzergänzungklausel nimmt ebensowenig wie Art. 216 Abs. 1 Alt. 2 AEUV Bezug auf eine bestehende interne Rechtsetzungskompetenz und demnach könnte Art. 216 Abs. 1 Alt. 2 AEUV als explizite Kompetenzergänzungsklausel im Außenverhältnis ausgelegt werden.[182] Die Folge solch einer Auslegung wäre eine systemwidrige Parallelität von Außenkompetenz und Unionszielen und ist daher abzulehnen.[183] Aus dieser Alternative ergibt sich demnach keine Kompetenzerweiterung der Union.[184]

Aufgrund des verfolgten Ziels, die Rechtsprechung des EuGH zu den impliziten Vertragschließungskompetenzen zu kodifizieren,[185] ist Art. 216 Abs. 1 Alt. 2 AEUV so auszulegen, dass die Formulierung „erforderlich“ einen Verweis auf den Subsidiaritätsgrundsatz gemäß Art. 5 Abs. 1 S. 2, Abs. 3 EUV darstellt.[186] Eine geteilte Zuständigkeit der Union kann demnach dann extern ausgeübt werden, wenn diese Ausübung erforderlich ist, weil das mit der Rechtsetzung verfolgte Ziel durch die Mitgliedstaaten im Sinne des Art. 5 Abs. 1 S. 2, Abs. 3 EUV nicht ausreichend verwirklicht werden kann. Dies ist unabhängig davon zu beurteilen, ob bereits internes Sekundärrecht erlassen wurde. Demnach kann sich die Frage nach der Notwendigkeit des Abschlusses eines Abkommens, damit im Rahmen der Politiken der Union eines der in den Verträgen festgesetzten Ziele erreicht werden kann, unabhängig von der Notwendigkeit stellen, einen internen Sekundärrechtsakt im Sinne der Stilllegungsfonds-

---

180 „necessary“, „nécessaire“, „necesario“, jeweils in der englischen, französischen und spanischen Sprachfassung. Dies übersieht *Metz*, S. 368.

181 Auch hier werden in der englischen, französischen und spanischen Sprachfassung die in der vorherigen Fn. genannten Wörter verwendet.

182 So ausdrücklich *Terhechte*, in: Schwarze, Art. 216 AEUV Rn. 7; *Schütze*, S. 195 f.

183 *Schmalenbach*, in: CR, Art. 216 AEUV Rn. 12; *Vöneky/Beylage-Haarmann*, in: GHN, 45. EL August 2011, Art. 216 AEUV Rn. 9; *Mögele*, in: Streinz, Art. 216 AEUV Rn. 30; *Pitschas*, S. 152; *Metz*, S. 335; *Streinz*, Rn. 1184. A.A. wohl *Schütze*, S. 195 f.; *Hartley*, S. 186; *Cremona*, in: Craig/de Búrca (Hrg.), S. 217, 226.

184 *Vöneky/Beylage-Haarmann*, in: GHN, 45. EL August 2011, Art. 216 AEUV Rn. 10.

185 Dokument des Europäischen Konvents vom 16. Dezember 2002, CONV 459/02, Final report of Working Group VII on External Action, S. 4.

186 So auch schon: *Neubauer*, S. 156 ff.; *Gilsdorf*, EuR 1996, 145, 150 f. Vgl. auch *K. Kaiser*, S. 138; *Klamert/Nydell*, EuR 2008, 589, 599.

doktrin effektiv zu erlassen.[187] Ein untrennbarer Zusammenhang der Ausübung von Innen- und Außenkompetenz ist für die Anwendung des Art. 216 Abs. 1 Alt. 2 AEUV demnach nicht erforderlich.[188]

Nach alledem ist festzustellen, dass in Art. 216 Abs. 1 Alt. 2 AEUV eine Kodifikation der geteilten impliziten Vertragschließungskompetenzen erfolgt ist.

3. Implizite Vertragschließungskompetenzen unter dem Vertrag von Lissabon

Die Formulierungen der Art. 216 Abs. 1 und Art. 3 Abs. 2 AEUV tragen demnach wenig zu einer Systematisierung der Unionskompetenzen im Sinne einer Parallelität von Innen- und Außenkompetenz bei.[189] Allein die doppelte, unterschiedliche Formulierung an zwei völlig verschiedenen Stellen des Vertrags kann zu Missverständnissen führen.[190] Insbesondere Art. 3 Abs. 2 AEUV vermischt die Frage des Vorliegens von impliziten Kompetenzen mit der Frage deren Ausschließlichkeit.[191] Die Einleitung dieser Bestimmung müsste korrekterweise lauten: „Soweit die Union Kompetenzen zum Abschluss internationaler Übereinkommen hat, sind diese ausschließlich, sofern…"[192]. Zudem finden sich in der deutschen Sprachfassung abweichende Formulierungen, die zur Verwirrung beitragen könnten.[193] Es ist unverständlich, warum diese mangelnde Sorgfalt

---

187 *Mögele*, in: Streinz, Art. 216 AEUV Rn. 32 f.; *Schmalenbach*, in: CR, Art. 216 AEUV Rn. 13; *Fassbender*, AVR 2004, S. 26, 37 f.; *Streinz/Ohler/Herrmann*, S. 134 f.; *Hellmann*, S. 81 f.; *Müller-Ibold*, in: LB, Art. 216 AEUV Rn. 17; *Frenz*, Band 6, Rn. 5182; wohl auch: *Vöneky/Beylage-Haarmann*, in: GHN, 45. EL August 2011, Art. 216 AEUV Rn. 11; *Sattler*, S. 337 f.; *Martenczuk*, in: Hummer/Obwexer (Hrg.), 177, 186; *Klamert*, CLEER Working Papers 2011/6, S. 18 f.

188 *Lenski*, in: LB, Art. 4 AEUV Rn. 17; *Mögele*, in: Streinz, Art. 3 AEUV Rn. 14; *Metz*, S. 340.

189 *F. Kaiser*, S. 32 f.; *Dashwood*, in: Hillion/Koutrakos (Hrg.), S. 351, 365; *Klamert*, CLEER Working Papers 2011/6, S. 19; *Dörr*, in: GHN, 44. EL Mai 2011, Art. 47 EUV Rn. 45.

190 *Thym*, in: Pernice, (Hrg.), S. 173, 187 f.; *Cremona*, in: Dashwood/Maresceau (Hrg.), S. 34, 58; *Hellmann*, S. 80; *Koutrakos*, ELRev. 2008, 666, 683.

191 *Cremona*, in: Dashwood/Maresceau (Hrg.), S. 34, 61; *Rodenhoff*, S. 103; *Craig*, ELRev. 2004, 323, 330 f.; *Dörr*, in: GHN, 44. EL Mai 2011, Art. 47 EUV Rn. 45.

192 *Götz*, in: Schwarze (Hrg.), S. 43, 54.

193 Vgl. *Metz*, S. 370.

bei den Formulierungen, die bereits im EVV vorhanden war, in einem so wichtigen Gebiet wie dem der Außenkompetenzen nicht im Rahmen des Vertrags von Lissabon korrigiert worden ist.[194]

Insgesamt bleibt aber festzuhalten, dass die zentralen Aussagen des EuGH kodifiziert worden sind.[195] Jedoch wurden auch die bisherigen Probleme in den AEUV mitübernommen.[196] Es ist nicht anzunehmen, dass der EuGH hinsichtlich der Existenz impliziter Vertragschließungskompetenzen eine neue, allein an dem Wortlaut der Normen orientierte Auslegung betreibt, sondern seine Rechtsprechung in diesen kodifiziert sieht und diese folglich weiterentwickelt.[197] Diese Aufgabe des EuGH, den Inhalt dieser Normen klarzustellen, zeigte sich bereits in seinen Ausführungen im Gutachten 1/03, in dem er vor der eigentlichen Beantwortung der Frage der Kompetenzverteilung hinsichtlich des neuen Übereinkommens von Lugano seine Rechtsprechung zu den impliziten Vertragschließungskompetenzen zusammenfasste.[198] Dies geschah wohl auch angesichts des bereits feststehenden Normtextes des Verfassungvertrags.

Jedoch ist eine deutlichere Kodifizierung der impliziten geteilten Vertragschließungskompetenzen, welche die Grundkonstellation impliziter Vertragschließungskompetenzen[199] darstellt, wünschenswert.[200]

Ein Vorbild für solch eine Regelung könnte der Art. 101 EAGV sein, der eine klare Parallelität von Innen- und Außenkompetenz bei der EAG vorgibt.[201] Eine solche Regelung fand sich nicht im EWGV und in den Folgeverträgen. Da EAGV und EWGV gleichzeitig ausgehandelt wurden, kann man davon ausgehen, dass die Mitgliedstaaten nicht vorhatten, der EWG generell externe Zuständigkeit zu übertragen.[202] Eine historische Auslegung ist nicht möglich, da die travaux préparatoires nicht veröffent-

---

194 Vgl. *Metz*, S. 371.

195 *Thym*, in: von Bogdandy/Bast (Hrg.), S. 441, 453; *Craig*, ELRev. 2004, 323, 330; *Frenz*, Band 6, Rn. 5162.

196 *Fassbender*, S. 62 f.

197 *Kuijper*, in: Martenczuk/van Thiel (Hrg.), S. 187, 210; *Thym*, in: Pernice, (Hrg.), S. 173, 188; *Klamert*, CLEER Working Papers 2011/6, S. 6.

198 Siehe dazu Teil 1 B. III. 1.

199 *Vedder*, in: Hummer/Obwexer (Hrg.), S. 267, 276.

200 So auch *Fassbender*, AVR 2004, S. 26, 39.

201 *MacLeod/Hendry/Hyett*, S. 44: „Clearest statement in all the Treaties of the doctrine of parallelism"; *Eeckhout*, S. 71; *Vedder*, S. 92; *Fassbender*, S. 63; *Krück*, S. 32; *Metz*, S. 54; *Ehlermann*, in: Zieger/Lebahn (Hrg.), S. 25, 34; *Kuijper*, in: Kapetyn u.a. (Hrg.), S. 1273, 1278.

202 *Eeckhout*, S. 71.

licht sind.[203] Eine Übertragung genereller Vertragschließungskompetenzen auf die EAG und gemäß Art. 6 Abs. 2 EGKSV auf die Montanunion fiel den Autoren der Verträge leichter, da diese beiden Gemeinschaften im Vergleich zur damaligen EWG einen sehr begrenzten Aufgabenkreis haben, beziehungsweise hatten.[204] Generell kann jedoch der Schluss gezogen werden, dass die Regel, dass die Vertragschließungskompetenzen der internen Rechtsetzungsbefugnis folgen, den Gemeinschaften nicht grundsätzlich fremd ist.[205] Diesen Schluss zog der EuGH in seinem Stilllegungsfondsgutachten.[206]

Im Gegensatz dazu, wurden die Vorarbeiten des Europäischen Konvents zur Erarbeitung des Verfassungsvertrags veröffentlicht. Ausdrückliches Ziel der Working Group VII des Europäischen Konvents war es, dass

> „the Treaty should indicate that the Union is competent to conclude agreements dealing with issues falling under its internal competences".[207]

Die Regelung der Art. I-13 Abs. 2 und Art. III-323 Abs. 1 EVV wurden von der Regierungskonferenz 2007[208], die den Vertrag von Lissabon aushandelte, übernommen.[209] Dadurch wurde auch das Ziel des Europäischen Konvents, eine Parallelität von Innen- und Außenkompetenz zu erreichen, von der Regierungskonferenz übernommen.

Konsequenterweise sollte daher Art. 216 Abs. 1 AEUV durch eine Art. 101 EAGV entsprechenden Norm ersetzt werden. Daneben könnte die Regelung des Art. 3 Abs. 2 AEUV weiter bestehen,[210] die dann allein die Frage regeln würde, wann eine gegebene Außenkompetenz ausschließlich werden würde.

---

203 *Vedder*, S. 111.
204 *Vedder*, S. 111.
205 *Vedder*, S. 111.
206 EuGH, Gutachten 1/76, Stillegungsfonds für die Binnenschiffahrt, Slg. 1977, 741, Rn. 3.
207 Dokument des Europäischen Konvents vom 16. Dezember 2002, CONV 459/02, Final report of Working Group VII on External Action, S. 4.
208 Siehe dazu umfassend: *Fischer*, S. 47 ff.
209 Bis auf notwendige terminologische Anpassungen, siehe Teil 1 B. I.
210 Bis auf eine notwendige Umformulierung der letzten Alternative, siehe Teil 1 B. III. 2. a. aa.

IV. Gemischte Vertragschließungskompetenzen von Union und Mitgliedstaaten

Außer den in Art. 3 und 4 AEUV geregelten ausschließlichen und geteilten Kompetenzen besitzt die Union nach dem Kompetenzkatalog der Art. 2 – 6 AEUV noch die Zuständigkeit zur Koordinierung der Wirtschafts-, Beschäftigungs- und Sozialpolitik gemäß Art. 5 AEUV und die Kompetenz zum Erlass von Maßnahmen, um die Maßnahmen der Mitgliedstaaten in den in Art. 6 AEUV aufgezählten Bereichen zu unterstützen, zu koordinieren oder zu ergänzen.

Neben diesen Kompetenzkategorien wurden in der Literatur zum Teil noch die Kategorien geteilte oder parallele Kompetenzen genannt.[211] Damit waren nicht die jetzt in Art. 4 AEUV geregelten geteilten Kompetenzen gemeint. Vielmehr ging es um die Zuständigkeitsverteilung für einen völkerrechtlichen Vertrag. Es kann eine ausschließliche Zuständigkeit der Union vorliegen, oder die konkrete Abschlusskompetenz ist zwischen Mitgliedstaaten und Union geteilt.[212] Die Union allein hat also nicht die erforderliche Vertragschließungskompetenz für den Abschluss dieses Vertrags inne.[213] Die Bezeichnung gemischte Kompetenzen ist für diese Situation daher die bessere Wahl.[214]

Die begriffliche Unterscheidung zwischen geteilten und gemischten Kompetenzen hängt vom Blickwinkel ab: aus der Sicht der Drittstaaten nehmen die Union und die Mitgliedstaaten die Kompetenzen gemeinsam, also gemischt, wahr; aus unionsrechtlicher Sicht sind die Kompetenzen geteilt, besser: aufgeteilt.[215] Es sind daher mehrere Konstellationen denkbar. Zum einen die Konstellation, dass durch einen völkerrechtlichen Vertrag sowohl ausschließliche Kompetenzen der Union als auch

---

211 *F. Kaiser*, S. 25 ff.; *Sattler*, S. 50 ff.; *O'Keeffe*, EFAR 1999, 7, 27; *Hobe/Müller-Sartori*, JuS 2002, 8, 11; *Hofmeister*, JA 2010, 203; *Heintschel von Heinegg*, in: Müller-Graff u.a. (Hrg.), S. 77, 89; *Schwarz*, ZEuS 2003, 51, 60; *MacLeod/Hendry/Hyett*, S. 63 f.

212 EuGH, Gutachten 1/03, Übereinkommen von Lugano, Slg. 2006, I-1145, Rn. 115; EuGH, Rs. C-459/03, Mox Plant, Slg. 2006, I-4635, Rn. 83.

213 *Tomuschat*, in: Bourgeois/Dewost/Gaiffe (Hrg.), S. 65, 67 f.; *Lorenzmeier*, in: GH, 40. EL Oktober 2009, Art. 300 EGV Rn. 19; *K. Kaiser*, EuZW 2006, 464, 471; *Griller/Gamharter*, in: Griller/Weidel (Hrg.), S. 65, 88.

214 Kritisch: *K. Kaiser*, S. 139 f., die die Befürchtung hegt, dass so nicht ausreichend deutlich wird, dass die Union für bestimmte Teile des Vertrags keine Zuständigkeit besitzt.

215 *Vedder*, in: Götz/Martínez Soria (Hrg.), S. 9, 21; *Vedder*, EuR Beiheft 3/2007, 57, 58 f.

ausschließliche der Mitgliedstaaten betroffen sind. Zum anderen die Konstellation, dass Zuständigkeiten der Art. 4 und 6 AEUV betroffen sind, die durch die Verträge nicht vollständig in die Kompetenz der Union übergegangen sind, und die deshalb für den Abschluss völkerrechtlicher Verträge ein gemeinsames Vorgehen verlangen, siehe nur Art. 4 Abs. 2 lit. e i.V.m. Art. 191 Abs. 4 AEUV für die Umweltpolitik und Art. 4 Abs. 3 i.V.m. Art. 210 Abs. 1 AEUV für den Bereich der Entwicklungszusammenarbeit.[216]

Vom EuGH wurde die Formulierung geteilter Vertragschließungskompetenzen auch für den Fall angewandt, dass neben ausschließlichen Unionskompetenzen auch geteilte Kompetenzen betroffen sind, zu deren Ausübung durch Vertragsabschluss die Mitgliedstaaten im Rahmen des Rates nach dem konkreten Sachverhalt nicht bereit waren.[217]

Diese „Kompetenzen" stellen damit keine eigene Kompetenzkategorie dar, sondern geben vielmehr die konkrete Kompetenzverteilung für einen völkerrechtlichen Vertrag wieder, wie sie sich aus einer Analyse der Art. 3 ff. AEUV ergibt. Sie stellen damit Mischformen ausschließlicher und/oder geteilter, also nach früherer Terminologie konkurrierender Kompetenzen dar.[218] Diese Kompetenzen müssen für den Abschluss dieses konkreten Vertrags demnach zusammen ausgeübt werden.[219] In der jüngeren Rechtsprechung hat der EuGH den Begriff gemischte Kompetenzen für diese Konstellation verwendet.[220] Dies ist zu begrüßen, da auf diese Weise Verwechslungen mit den Kompetenzkategorien der Art. 2 ff. AEUV vermieden werden.

---

216 Siehe dazu EuGH, Rs. C-316/91, EEF, Slg. 1994, I-653, Rn. 26; *O'Keeffe*, EFAR 1999, 7, 29 ff.; diese Kompetenzen werden auch als parallele Kompetenzen bezeichnet, so *F. Kaiser*, S. 26, *Heintschel von Heinegg*, in: Rengeling (Hrg.), S. 707, 721.

217 EuGH, Gutachten 1/94, WTO, Slg. 1994, I-5267, Rn. 98, 105; EuGH, Gutachten 2/00, Protokoll von Cartagena, Slg. 2001, I-9717, Rn. 47; *Gilsdorf*, EuR 1996, 145, 156 f; vgl. dazu BVerfGE 123, Lissabon, 267, 417, wo das BVerfG feststellt, dass der EuGH im *WTO*-Gutachten für den Abschluss der überprüften Abkommen eine „gemischte" Zuständigkeit festgestellt hat.

218 *K. Kaiser*, S. 135.

219 *Vranes*, EuR 2009, 44, 57; *Nakanishi*, S. 116; *K. Kaiser*, S. 123.

220 EuGH, Gutachten 1/03, Übereinkommen von Lugano, Slg. 2006, I-1145, Rn. 110, 134; EuGH, Gutachten 1/08, GATS, Slg. 2009, I-11129, Rn. 136, 150; allerdings bezogen auf Art. 133 Abs. 6 UA 2 EGV, in der *PFOS*-Entscheidung wird wieder die Terminologie „geteilt" verwendet, EuGH, Rs. C-246/07, PFOS, Slg. 2010, I-3317, Rn. 72 f.

V. Parallele Vertragschließungskompetenzen

Echte parallele Vertragschließungskompetenzen liegen nur vor, wenn sich die Kompetenz der Union zum Abschluss eines völkerrechtlichen Vertrags als ganzes erstreckt, daraus aber keine Konsequenzen für die Vertragschließungskompetenz der Mitgliedstaaten erwachsen.[221] Sowohl die Union als auch die Mitgliedstaaten besitzen damit die vollständige Vertragschließungskompetenz für einen völkerrechtlichen Vertrag.[222] Es tritt also keine Sperrwirkung gemäß Art. 2 Abs. 1 S. AEUV für die Mitgliedstaaten ein, diese können neben der Union den Vertrag in seiner Gesamtheit abschließen.[223]

Beispiele für solche parallele Kompetenzen sind Menschenrechtsverträge wie die EMRK[224] und das Übereinkommen der Vereinten Nationen über die Rechte von Menschen mit Behinderungen.[225]

---

221 *K. Kaiser*, S. 141; *Schermers*, in: FS Mosler, S. 823, 832; *Huber*, ZöR 2006, 109, 112 f.; *Epiney/Gross*, in: Umweltbundesamt (Hrg.), S. 5, 13.

222 *Dolmans*, S. 40; *Leal-Arcas*, EFAR 2001, 483, 489; BEH/*Haag*, § 33 Rn. 15.

223 *K. Kaiser*, S. 141; *Rosas*, in: Dashwood/Hillion (Hrg.), S. 200, 203; kritisch: *Jarass*, AöR 1996, 173, 190.

224 Vgl. Art. 6 Abs. 2 EUV; siehe auch *Dolmans*, S. 41.

225 Übereinkommen vom 13. Dezember 2006 über die Rechte von Menschen mit Behinderungen, ABl. 2010 L 23/37.

Teil 2 Gemischte Verträge

Die Folge der auswärtigen Kompetenzverteilung zwischen der Union und den Mitgliedstaaten ist die Existenz gemischter Verträge. Insbesondere aus der Rechtsprechung zu den impliziten Vertragschließungskompetenzen folgt die Erforderlichkeit von gemischten Verträgen.[226]

Gemischte Verträge sind völkerrechtliche Verträge, die die Europäische Union gemeinsam mit einem, mehreren oder allen ihren Mitgliedstaaten auf der einen Seite mit einem oder mehreren dritten Völkerrechtssubjekten auf der anderen Seite abschließt.[227] Gemischte Verträge, an denen lediglich ein Teil der Mitgliedstaaten oder nur ein Mitgliedstaat beteiligt sind, sind selten.[228] Diese werden geschlossen, wenn die Anwendung des konkreten Vertrags auf ein geographisches Gebiet beschränkt ist oder nur dort eine besondere Bedeutung aufweist.[229] Gemischte Verträge stellen eine völkerrechtliche Besonderheit des Unionsrechts dar, die darauf beruht, dass weder die Union noch die Mitgliedstaaten vollständige treaty making power besitzen.[230] Im Fortgang der

---

226 *Eeckhout*, in: Poiares Maduro/Azoulai (Hrg.), S. 218, 220.

227 Sogenannte formelle Definition, siehe *Stock*, S. 29. So auch: *Bleckmann*, EuR 1976, 301 f.; *Lorenzmeier*, S. 171; *Vedder*, EuR Beiheft 3/2007, 57, 77; *Khan*, in: GKK, Art. 216 AEUV Rn. 14; *Metz*, S. 145; *McGoldrick*, S. 78; *MacLeod/Hendry/Hyett*, S. 143; *Cremona*, Oxford J. Legal Stud. 1982, 393, 410; *Huber*, ZöR 2006, 109, 110; *Temple Lang*, CMLRev. 1986, 157; *Leal-Arcas*, FJIL 2007, 569, 623; *Streinz*, Rn. 527; *Kaddous*, S. 58; *Barav*, in: Timmermans/Völker (Hrg.), S. 29, 50; *Stein*, S. 21; *Schmalenbach*, in: CR, Art. 216 AEUV Rn. 5. Für eine materielle Definition, die zwingend fehlende Vertragschließungskompetenzen voraussetzt: *Schermers*, in: O´Keeffe/Schermers (Hrg.), S. 23, 25 f.; zustimmend: *Gilsdorf*, EuR 1996, 145, 160; *Heliskoski*, S. 7; *Terhechte*, in: Schwarze, Art. 216 AEUV Rn. 10; *Tomuschat*, in: GS, Art. 300 EGV Rn. 16; *Müller-Ibold*, in: LB, Art. 216 AEUV Rn. 13; *Stock*, S. 30; *K. Kaiser*, S. 221; *Hartley*, S. 196

228 *MacLeod/Hendry/Hyett*, S. 144 f.; siehe dazu: *Dolmans*, S. 63 ff.

229 *MacLeod/Hendry/Hyett*, S. 145; *Groux/Manin*, S. 62. So z.B. das Übereinkommen vom 16. Februar 1976 zum Schutz des Mittelmeers vor Verschmutzung, ABl. 1977 L 240/3, dem seitens der Mitgliedstaaten nur die Mittelmeeranrainer beigetreten sind.

230 *Schütze*, in: Hillion/Koutrakos (Hrg.), S. 57, 74, 79; *Lorenzmeier*, in: GH, 40. EL Oktober 2009, Art. 300 EGV Rn. 32; *Weiler*, in: O´Keeffe/Schermers (Hrg.), S. 35; *Eeckhout*, S. 212.

Arbeit wird die Gemeinschaft von Union und Mitgliedstaaten bei einem gemischten Vertrag als „Unionsgruppe" bezeichnet.[231]

In diesem Teil werden zunächst die Bedeutung und die Zulässigkeit gemischter Verträge dargestellt. Ebenso werden die verschiedenen Gründe genannt, warum gemischte Verträge überhaupt abgeschlossen werden, und deren rechtliche Wirkungen überblicksartig dargestellt.

A. Bedeutung der gemischten Verträge

Über ein fünftel aller von der Union abgeschlossenen völkerrechtlichen Verträge sind gemischte Verträge.[232] Außerhalb der Handelspolitik wurden Verträge häufig gemischt geschlossen.[233] Mittels gemischter Verträge werden meist umfassend die grundlegenden Beziehungen der Union zu einem Drittstaat geregelt.[234] Ebenso sind die Gründungsverträge internationaler Organisationen regelmäßig gemischte Verträge.[235] Daher ergibt sich die große Bedeutung der gemischten Verträge für die Außenbeziehungen der Union.[236]

So sind die bilateralen Beziehungen zu den europäischen Nachbarländern in gemischten Verträgen geregelt, insbesondere mit Norwegen, Liechtenstein und Island durch das Abkommen über den Europäischen Wirtschaftsraum.[237] Die Assoziationsabkommen gemäß Art. 217 AEUV

---

231 vgl. *Stein*, S. 105; *Tomuschat*, in: GS, Art. 300 EGV Rn. 35: „Gemeinschaftsgruppe".

232 Quelle: Datenbank des EAD: http://ec.europa.eu/world/agreements/default.home.do.

233 *Vedder*, EuR Beiheft 3/2007, 57, 77. Vgl. *Smyth*, in: Hillion/Koutrakos (Hrg.), S. 304; *Heliskoski*, S. 2.

234 Vgl. *Rosas*, in: Dashwood/Hillion (Hrg.), S. 200, 201.

235 Z.B. das Übereinkommen vom 15. April 1994 zur Errichtung der Welthandelsorganisation (WTO), ABl. 1994 L 336/3; die Satzung vom 26. Januar 2009 der Internationalen Organisation für erneuerbare Energien (IRENA), ABl. 2010 L 178/18; das Stockholmer Übereinkommen vom 23. Mai 2001 über persistente organische Schadstoffe, ABl. 2006 L 209/3. Siehe dazu Teil 2 D. II. 3.

236 So auch *Huber*, ZöR 2006, 109, 111. Vgl. *Heliskoski*, S. 2 f.; *Leal-Arcas*, EFAR 2001, 483, 485; *Eeckhout*, S. 213; *Kuijper*, S. 11; *Tomuschat*, in: GS, Art. 300 EGV Rn. 17; *Björklund*, NJIL 2001, 373; *F. Kaiser*, S. 2; *Mögele*, in: Streinz, Art. 216 AEUV Rn. 39; *Holdgaard*, S. 147; *MacLeod/Hendry/Hyett*, S. 144.

237 Abkommen vom 2. Mai 1992 über den Europäischen Wirtschaftsraum, ABl. 1994 L 1/3. Weitere Beispiele: Abkommen vom 14. Juni 1994 über Partner-

sind regelmäßig ebenfalls gemischte Verträge.[238] Außerdem sind die Beziehungen zu außereuropäischen wichtigen Partnern regelmäßig in gemischten Verträgen geregelt, so zum Beispiel mit der Gruppe der afrikanischen, karibischen und pazifischen Staaten (AKP-Staaten).[239]

---

schaft und Zusammenarbeit zwischen den Europäischen Gemeinschaften und ihren Mitgliedstaaten und der Ukraine, ABl. 1998, L 49/3; Abkommen vom 24. Juni 1994 über Partnerschaft und Zusammenarbeit zur Gründung einer Partnerschaft zwischen den Europäischen Gemeinschaften und ihren Mitgliedstaaten einerseits und der Russischen Föderation andererseits, ABl. 1997 L 327/3; Abkommen vom 14. Juni 1994 über Partnerschaft und Zusammenarbeit zwischen den Europäischen Gemeinschaften und ihren Mitgliedstaaten und der Ukraine, ABl. 1998, L 49/3; Übereinkommen vom 9. Juni 2006 zwischen der Europäischen Gemeinschaft und ihren Mitgliedstaaten, der Republik Albanien, Bosnien und Herzegowina, der Republik Bulgarien, der ehemaligen jugoslawischen Republik Mazedonien, der Republik Island, der Republik Kroatien, der Republik Montenegro, dem Königreich Norwegen, Rumänien, der Republik Serbien und der Übergangsverwaltung der Vereinten Nationen in Kosovo zur Schaffung eines gemeinsamen europäischen Luftverkehrsraums, ABl. 2006 L 285/3.

238 Z.B. das Stabilisierungs- und Assoziierungsabkommen vom 15. Oktober 2007 zwischen den Europäischen Gemeinschaften und ihren Mitgliedstaaten einerseits und der Republik Montenegro andererseits, ABl. 2010 L 108/3; das Stabilisierungs- und Assoziierungsabkommen vom 12. Juni 2006 zwischen den Europäischen Gemeinschaften und ihren Mitgliedstaaten einerseits und der Republik Albanien andererseits, ABl. 2009 L 107/166; das Abkommen vom 18. November 2002 zur Gründung einer Assoziation zwischen der Europäischen Gemeinschaft und ihren Mitgliedstaaten einerseits und der Republik Chile andererseits, ABl. 2002 L 352/3.

239 Partnerschaftsabkommen zwischen den Mitgliedern der Gruppe der Staaten in Afrika, im Karibischen Raum und im Pazifischen Ozean einerseits und der Europäischen Gemeinschaft und ihren Mitgliedstaaten andererseits, unterzeichnet in Cotonou am 23. Juni 2000, ABl. 2000 L 317/3 geändert und ergänzt in ABl. 2005 L 209/27 und ABl. 2010 L 287/3. Weitere Beispiele: Wirtschaftspartnerschaftsabkommen vom 15. Oktober 2008 zwischen den CARIFORUM-Staaten einerseits und der Europäischen Gemeinschaft und ihren Mitgliedstaaten andererseits, ABl. 2008 L 289/3; Freihandelsabkommen vom 6. Oktober 2010 zwischen der Europäischen Union und ihren Mitgliedstaaten einerseits und der Republik Korea andererseits, ABl. 2011 L 127/6; Abkommen vom 8. Dezember 1997 über wirtschaftliche Partnerschaft, politische Koordinierung und Zusammenarbeit zwischen der Europäischen Gemeinschaft und ihren Mitgliedstaaten einerseits und den Vereinigten mexikanischen Staaten andererseits, ABl. 2000 L 276/45; Abkommen vom 10. November 1999 über Handel, Entwicklung und Zusammenarbeit zwischen der Europäischen Gemeinschaft und ihren Mitgliedstaaten einerseits und der Republik Südafrika andererseits, ABl. 1999 L

B. Rechtliche Zulässigkeit

Eine Regelung zu den gemischten Verträgen findet sich in EUV und AEUV nicht, obwohl diese seit den 1960er Jahren eine unionsrechtliche Praxis darstellen. Die einzige Norm, die ein kumulatives Zusammenwirken von Union und Mitgliedstaaten bei einem völkerrechtlichen Vertrag geregelt hat, war der durch den Vertrag von Nizza aufgenommene Art. 133 Abs. 6 UA 2 EGV[240]. Dieser ist jedoch durch den Vertrag von Lissabon wieder aufgehoben worden, da die in dieser Norm geregelten Arten von Dienstleistungen vollständig in die gemeinsame Handelspolitik gemäß Art. 207 AEUV und damit in die ausschließliche Zuständigkeit der Union übergegangen sind.[241] Allerdings findet sich in Art. 102 EAGV seit jeher eine Norm, die von der Existenz gemischter Verträge ausgeht.[242] Die rechtliche Praxis gemischter Verträge ist in Wissenschaft und Praxis allgemein als zulässig anerkannt.[243]

Eine primärrechtliche Bestätigung erhalten die gemischten Verträge regelmäßig in den Akten über den Beitritt neuer Mitgliedstaaten.[244] In den Beitrittsakten der ersten beiden Erweiterungen findet sich jeweils Art. 4 Abs. 2, der die neuen Mitgliedstaaten dazu verpflichtet, den völkerrechtlichen Verträgen beizutreten, den die bisherigen Mitgliedstaaten gemeinsam mit „einer Gemeinschaft“ geschlossen haben.[245] Bei den nächsten

---

311/3; Interregionales Rahmenabkommen vom 15. Dezember 1995 über die Zusammenarbeit zwischen der Europäischen Gemeinschaft und ihren Mitgliedstaaten einerseits und dem Mercado Común del Sur und seinen Teilnehmerstaaten andererseits, ABl. 1996 L 69/4; Seeverkehrsabkommen vom 6. Dezember 2002 zwischen der Europäischen Gemeinschaft und ihren Mitgliedstaaten einerseits und der Regierung der Volksrepublik China andererseits, ABl. 2008 L 46/25.

240 Siehe zu dieser Norm *Vedder/Lorenzmeier*, in: GH, 35. EL Mai 2008, Art. 133 EGV Rn. 79 ff.

241 *Timmermanns*, in: Hillion/Koutrakos (Hrg.), S. 1, 3; BVerfGE 123, Lissabon, 267, 417 ff.

242 So auch: *Sattler*, S. 32.

243 So bereits 1983 *Ehlermann*, in: O´Keeffe/Schermers (Hrg.), S. 3, 3 f.; *Eeckhout*, S. 215; *Sattler*, S. 72 mit weiteren Nachweisen in Fn. 169; EuGH, Rs. 12/86, Demirel, Slg. 1987, 3719, Rn. 8; EuGH, Rs. C-246/07, PFOS, Slg. 2010, I-3317, Rn. 63 f.

244 Vgl. *Mögele*, in: Streinz, Art. 216 AEUV Rn. 43; *F. Kaiser*, S. 41; *Hillion*, ELRev. 2004, 583, 608.

245 Art. 4 Abs. 2 Akte über die Beitrittsbedingungen und die Anpassungen der Verträge, ABl. 1972 L 73/14; Art. 4 Abs. 2 Akte über die Bedingungen des

beiden Erweiterungen wird diese Verpflichtung noch dadurch ergänzt, dass die EWG und die bisherigen Mitgliedstaaten den neuen Mitgliedstaaten dabei Hilfe gewähren.[246]

Seit der Erweiterungsrunde 2004 wird nicht nur die bisherige Regelung übernommen, sondern auch für eine Vielzahl von bilateralen gemischten Verträgen mit benannten Staaten und internationalen Organisationen die Regelung getroffen, dass die Kommission im Namen der Mitgliedstaaten nach Maßgabe einstimmig im Rat getroffener Verhandlungsrichtlinien die Protokolle des Beitritts der neuen Mitgliedstaaten zu diesen gemischten Verträgen aushandelt. Geschlossen werden diese Protokolle durch den Rat, der einstimmig im Namen der Mitgliedstaaten handelt, und dem betreffenden Staat, beziehungsweise der betreffenden internationalen Organisation.[247] Damit entfallen die nationalen Ratifizierungsprozesse.[248] Für den Beitritt Kroatiens 2013 wurde die Regelung getroffen, dass soweit es der jeweilige gemischte Vertrag erlaubt, der Beitritt Kroatiens zu allen gemischten Verträgen auf diese Weise vollzogen werden soll.[249]

Beitritts der Republik Griechenland und die Anpassungen der Verträge, ABl. 1979 L 291/17.

246 Art. 4 Abs. 2 Akte über die Bedingungen des Beitritts des Königreichs Spanien und der Portugiesischen Republik und die Anpassungen der Verträge, ABl. 1985 L 302/23; Art. 5 Abs. 2 Akte über die Bedingungen des Beitritts der Republik Österreich, der Republik Finnland und des Königreichs Schweden und die Anpassungen der die Europäische Union begründenden Verträge, ABl. 1994 C 241/21 i.d.F. ABl. 1995 L 1/1.

247 Art. 6 Abs. 2 Akte über die Bedingungen des Beitritts der Tschechischen Republik, der Republik Estland, der Republik Zypern, der Republik Lettland, der Republik Litauen, der Republik Ungarn, der Republik Malta, der Republik Polen, der Republik Slowenien und der Slowakischen Republik und die Anpassungen der die Europäische Union begründenden Verträge, ABl. 2003 L 236/33; Art. 6 Abs. 2 Akte über die Bedingungen des Beitritts der Republik Bulgarien und Rumäniens und die Anpassungen der Verträge, auf denen die Europäische Union beruht, ABl. 2005 L 157/203.

248 *Editorial Comments*, CMLRev. 2004, 631; *Czuczai*, in: Hillion/Koutrakos (Hrg.), S. 231, 239 ff.

249 Wobei statt der Kommission gegebenenfalls der Hohe Vertreter der Union für Außen- und Sicherheitspolitik die Verhandlungen führt, Art. 6 Abs. 2 Akte über die Bedingungen des Beitritts der Republik Kroatiens und die Anpassungen des Vertrags über die Europäische Union, des Vertrags über die Arbeitsweise der Europäischen Union und des Vertrags zur Gründung der Europäischen Atomgemeinschaft, ABl. 2012 L 112/21.

C. Gründe für den Abschluss gemischter Verträge

Der Abschluss gemischter Verträge erfolgt aus unterschiedlichen Gründen. Diese stammen eher aus der Unionssphäre, als dass es externe Gründe für den Abschluss gemischter Verträge gibt.[250]

I. Fehlende Kompetenz der Europäischen Union

Hauptsächlich werden gemischte Verträge abgeschlossen, weil die Regelungsmaterien eines völkerrechtlichen Vertrags nicht vollständig von den Kompetenzen der Union umfasst werden, sondern auch in den Zuständigkeitsbereich der Mitgliedstaaten fallen.[251] Vor allem umfassende Regelungswerke auf internationaler Ebene können und werden nicht an die unionsrechtliche Kompetenzaufteilung angepasst, sondern sind auf die Mitgliedschaft von Staaten zugeschnitten.[252] In diesen Fällen müssen sich Union und die Mitgliedstaaten durch den Abschluss gemischter Verträge den Anforderungen des Völkerrechtsverkehrs stellen.[253] Die Kompetenzen der Union und der Mitgliedstaaten ergänzen sich, so dass durch den gemischten Abschluss eine lückenlose Kompetenz für den gesamten Vertrag gegeben ist.[254]

Wird eine ausschließliche Zuständigkeit der Mitgliedstaaten von einem völkerrechtlichen Vertrag berührt, ist der Abschluss eines gemischten Vertrags rechtlich verpflichtend.[255] Ausreichend für das Auslösen die-

---

250 *Ehlermann*, in: O´Keeffe/Schermers (Hrg.), S. 3, 4 f.; *Eeckhout*, S. 220 f.; *McGoldrick*, S. 114.

251 *Kumin/Bittner*, EuR Beiheft 2/2012, 75; *Meessen*, EuR 1980, 36, 41; *Ehlermann*, in: O´Keeffe/Schermers (Hrg.), S. 3, 5; *Bleckmann*, EuR 1976, 301, 303; *Eeckhout*, in: Xenopoulos (Hrg.), S. 275, 283; *Neuwahl*, CMLRev. 1991, 717, 719; *Heintschel von Heinegg*, in: Rengeling (Hrg.), S. 707, 725; *Dauses*, in: Ress (Hrg.), S. 171, 187; *Klamert*, ZöR 2009, 217, 227; *Lorenzmeier*, S. 171.

252 *Heintschel von Heinegg*, in: Rengeling (Hrg.), S. 707, 732; *Bothe*, in: FS Zuleeg, S. 668, 669.

253 *Thym*, in: von Bogdandy/Bast (Hrg.), S. 441, 481 f.; *Balekjian*, in: O´Keeffe/Schermers (Hrg.), S. 141, 144; *Groux/Manin*, S. 60 f.

254 *Dauses*, in: Ress (Hrg.), S. 171, 186.

255 *Lorenzmeier*, in: GH, 40. EL Oktober 2009, Art. 300 EGV Rn. 35; *Rosas*, in: Koskenniemi (Hrg.), S. 125, 129; *Mögele*, in: Streinz, Art. 216 AEUV Rn. 40; *Leal-Arcas*, EFAR 2001, 483, 495.

ser rechtlichen Verpflichtung ist bereits eine Randberührung der mitgliedstaatlichen Kompetenzen, da ansonsten das Prinzip der begrenzten Einzelermächtigung, Art. 5 Abs. 1 S. 1, Abs. 2 EUV, verletzt wäre.[256] Im Wege der Schwerpunktbetrachtung eines völkerrechtlichen Vertrags kann eine alleinige Zuständigkeit der Union nicht begründet werden.[257] Allerdings ist in diesem Zusammenhang auf die AETR-Doktrin zu verweisen,[258] nach der die Union ausschließliche Kompetenzen für einen Bereich besitzt, wenn dieser bereits weitgehend von Unionsnormen erfasst ist. Über den Rat sind die Mitgliedstaaten an der Sekundärrechtssetzung und der Vereinheitlichung der Unionsrechtsordnung beteiligt und akzeptieren durch die Rechtsetzung implizit auch den Kompetenzübergang auf die Union auf externer Ebene.[259]

Erstreckt sich der Regelungsbereich eines völkerrechtlichen Vertrags allein auf ausschließliche und geteilte Regelungskompetenzen der Union, sind also keine ausschließlichen Kompetenzen der Mitgliedstaaten betroffen, ist der Abschluss dieses Vertrags als gemischter Vertrag nicht zwingend, aber möglich.[260] In der Regel bestehen die Mitgliedstaaten auf den Abschluss gemischter Verträge, sobald ihre Zuständigkeiten berührt werden.[261] Dadurch erhalten die Mitgliedstaaten über das Erfordernis einer nationalen Ratifizierung des Vertrags ein effektives Vetorecht.[262] Dies

---

256 *Lorenzmeier*, in: GH, 40. EL Oktober 2009, Art. 300 EGV Rn. 35; *Neuwahl*, CMLRev. 1991, 717, 726; Schlussanträge GA Kokott, Rs. C-13/07, WTO-Beitritt Vietnam, http://curia.europa.eu/juris/document/document.jsf?text=&docid=78975&pageIndex=0&doclang=DE&mode=lst&dir=&occ=first&part=1&cid=575765, Rn. 119, 121; *F. Kaiser*, S. 38 f. A.A. *Mögele*, in: Streinz, Art. 216 AEUV Rn. 40; *Rosas*, in: Dashwood/Hillion (Hrg.), S. 200, 204 f; *Stein*, S. 151; EuGH, Gutachten 1/78, Naturkautschuk, Slg. 1979, 2871, Rn. 56; EuGH, Rs. C-268/94, Portugal/Rat, Slg. 1996, I-6177, Rn. 39.

257 Schlussanträge GA Kokott, Rs. C-13/07, WTO-Beitritt Vietnam, http://curia.europa.eu/juris/document/document.jsf?text=&docid=78975&pageIndex=0&doclang=DE&mode=lst&dir=&occ=first&part=1&cid=575765, Rn. 113 f.

258 *Mögele*, in: Streinz, Art. 216 AEUV Rn. 40.

259 *Schladebach*, Rn. 245.

260 *Mögele*, in: Streinz, Art. 216 AEUV Rn. 40; *Khan*, in: GKK, Art. 216 AEUV Rn. 14; *Gilsdorf*, EuR 1996, 145, 160.

261 *Timmermanns*, in: Hillion/Koutrakos (Hrg.), S. 1, 5; *Lorenzmeier*, in: GH, 40. EL Oktober 2009, Art. 300 EGV Rn. 35; *Rosas*, in: Dashwood/Hillion (Hrg.), S. 200, 205; *Gilsdorf*, EuR 1996, 145, 160; *Arnold*, AVR 1980-81, 419, 424 f.

262 *Rosas*, in: Koskenniemi (Hrg.), S. 125, 128; *Bourgeois*, in: Bourgeois/Dewost/Gaiffe (Hrg.), S. 83, 85; *Müller-Ibold*, in: LB, Art. 216 AEUV Rn. 13; *Geiger*, JZ 1995, 973, 978; *Sattler*, S. 331; *De Baere*, S. 234; *Jaag*,

birgt die Gefahr, dass durch die Hintertür Unionskompetenzen im Bereich der Außenkompetenzen renationalisiert werden, weil praktisch das Einstimmigkeitsprinzip wieder eingeführt wird.[263]

Den Verlust weiterer Außenkompetenzen an die Union können die Mitgliedstaaten auf simple Weise verhindern: durch ihre Beteiligung im Rat am Gesetzgebungsverfahren können sie in einem Sekundärrechtsakt weitreichende Ausnahmeregelungen vorsehen oder ganz die Annahme eines Rechtsaktes abwehren.[264] Als gutes Beispiel dafür kann die Luftverkehrspolitik genannt werden. Solange die Mitgliedstaaten im Rat keinem weiteren Sekundärrechtsakt zustimmen, beziehungsweise der Kommission im Bereich der Außenbeziehungen ein allein auf Unionskompetenzen gestütztes Handlungsmandat erteilt wird, bleibt die Außenkompetenz hinsichtlich klassischer bilateraler Luftverkehrsabkommen weiterhin zwischen der Union und den Mitgliedstaaten gemischt.[265]

II. Finanzierungsverpflichtungen der Mitgliedstaaten

Eine Verpflichtung, einen Vertrag gemischt abzuschließen, besteht ebenfalls, wenn durch ein Abkommen Finanzierungsverpflichtungen der Mitgliedstaaten begründet werden. Dies ist der Fall, wenn die Verpflichtungen von den Mitgliedstaaten aus ihren Haushalten bestritten werden und nicht nur die durch das Abkommen entstandenen Verwaltungskosten decken sollen, sondern darüber hinaus der internationalen Organisation als eigenes Instrument für finanzielles Handeln zur Verfügung stehen.[266] Diese Situation liegt vor allem bei Handelsabkommen, die ausschließlich auf Art. 207 AEUV gestützt werden könnten vor, wenn eine Finanzierung aus dem Unionshaushalt vorläge. Erfolgt für diese Verträge eine Finanzierung aus den Haushalten der Mitgliedstaaten, sind die Abkommen gemischt abzuschließen.[267]

EuR 2012, 309, 321; *Hartley*, S. 174; *Wünschmann*, S. 65; *Neubauer*, S. 40.

263 *Hüwelmeier*, S. 393; *Metz*, S. 146.

264 *Bischoff*, ZEuP 2010, 321, 336.

265 So auch: *Thym*, EuR 2003, 277, 287; siehe dazu Teil 4 C. II.

266 EuGH, Gutachten 1/78, Naturkautschuk, Slg. 1979, 2871, Rn. 60; EuGH, Gutachten 1/94, WTO, Slg. 1994, I-5267, Rn. 21.

267 *Vedder*, in: Grabitz/Hilf, Maastrichter Fassung, 2. GL, Art. 113 EWGV Rn. 212.

III. Vermeidung eines Kompetenzverlustes der Mitgliedstaaten

Häufig wird von den Mitgliedstaaten in Bezug auf einen völkerrechtlichen Vertrag der gemischte Abschluss gefordert, wohingegen die Kommission auf einen alleinigen Abschluss durch die Union besteht.[268]

Diese Forderung der Mitgliedstaaten hat ihren Ursprung oft in der Befürchtung der Mitgliedstaaten, auf dem Gebiet des auswärtigen Handelns, welches zu den Kernaufgaben eines Staats gehört, ihre Kompetenzen zu verlieren.[269] Die Mitgliedstaaten wollen weiterhin auf dem internationalen Parkett als eigenständiger Akteur sichtbar bleiben.[270] Insgesamt wird der Kompetenzübergang von den Mitgliedstaaten auf die Union im Bereich der Außenbeziehungen deutlicher wahrgenommen, als dies bei rein internen Maßnahmen der Fall ist.[271] Deshalb versuchen die Mitgliedstaaten zu begründen, dass die Unionszuständigkeit nicht ausreicht, oder es wird alles unternommen, damit der Vertrag um Regelungsbereiche erweitert wird, die in die ausschließliche Zuständigkeit der Mitgliedstaaten fallen.[272] So reicht das Hinzufügen einer Klausel, die einen politischen Dialog zwischen den Parteien aufstellt, damit der gemischte Abschluss eines Vertrags erforderlich wird.[273]

Sind bei einem völkerrechtlichen Vertrag keine ausschließlichen Zuständigkeiten der Mitgliedstaaten betroffen, jedoch geteilte, intern noch nicht ausgeübte Kompetenzen der Union, vermeiden die Mitgliedstaaten durch ihre Beteiligung an einem völkerrechtlichen Vertrag einen „umge-

---

268 *Ehlermann*, in: O'Keeffe/Schermers (Hrg.), S. 3, 7.

269 *Dashwood*, in: Bourgeois/Dewost/Gaiffe (Hrg.), S. 93, 96; *F. Kaiser*, S. 36; *Geiger*, JZ 1995, 973; *Breier*, EuR 1993, 340, 351; *Sattler*, S. 29; *Hüwelmeier*, S. 390; *Bourgeois*, in: Bourgeois/Dewost/Gaiffe (Hrg.), S. 83, 88 f.; *Heintschel von Heinegg*, in: Rengeling (Hrg.), S. 707, 733.

270 *Ehlermann*, in: O'Keeffe/Schermers (Hrg.), S. 3, 6; *Schütze*, S. 215.

271 *Kuijper*, S. 13.

272 *Tomuschat*, in: Hilf u.a. (Hrg.), S. 139, 146; *Editorial Comments*, CMLRev. 2004, 631, 634; *Neubauer*, S. 42 f. Für den Verbleib in internationalen Organisationen beriefen sich die Mitgliedstaaten häufig auf Forschungs- und Sozialaspekte, *Sack*, in: GS Grabitz, S. 631, 639.

273 Solch eine Hinzufügung einer Vorschrift über einen politischen Dialog erfolgte zum Beispiel mittels Art. 4 des Abkommens vom 11. Oktober 1999 über Handel, Entwicklung und Zusammenarbeit zwischen der Europäischen Gemeinschaft und ihren Mitgliedstaaten einerseits und der Republik Südafrika andererseits, ABl. 1999 L 311/3; *Maresceau*, in: Hillion/Koutrakos (Hrg.), S. 11, 16, 22; *Gilsdorf*, EuR 1996, 145, 164; *De Baere*, S. 236; *Kuijper*, in: Kapetyn u.a. (Hrg.), S. 1273, 1284.

kehrten AETR-Effekt".[274] Dies bedeutet, dass die Kompetenzsperre gemäß Art. 2 Abs. 2 S. 2 AEUV für die Mitgliedstaaten bei jeglicher Ausübung einer geteilten Zuständigkeit eintritt, gleichgültig ob diese zuerst intern oder extern ausgeübt wird, da eine Parallelität von Innen- und Außenkompetenz der Union besteht.[275]

Folglich werden gemischte Verträge abgeschlossen, obwohl deren Materie vollständig in ausschließlicher und – noch nicht ausgeübter – geteilter Kompetenz der Union liegt. Eigentlich könnte die geteilte Kompetenz durch den Vertragsabschluss ausgeübt werden.[276] Aber die Mitgliedstaaten haben es im Rahmen des Rates in der Hand, ob und inwieweit sie die Wahrnehmung einer geteilten Außenkompetenz der Union überlassen wollen, oder ob sie diese selbst ausüben wollen, mit der Folge, dass ein Vertrag gemischt abgeschlossen wird.[277] Der Rat übt demnach nur die Vertragschließungskompetenzen aus, die sich nach der AETR-Doktrin zu ausschließlichen der Union entwickelt haben.[278] Diese Wahrnehmung geteilter Außenzuständigkeiten ist ein politischer Entscheidungsprozess im Rat und kann demnach nicht von der Kommission erzwungen werden.[279] Eine Folge davon ist, dass die Mitgliedstaaten den Versuchen der Kommission, ausschließliche Kompetenzen aus gemischten Verträgen abzuleiten, immer entgegenhalten können, dass das Ab-

---

274 *Dashwood*, in: Bourgeois/Dewost/Gaiffe (Hrg.), S. 93, 96; *Zampini*, in: Bourgeois/Dewost/Gaiffe (Hrg.), S. 27, 42; *Eberle*, S. 241; *Timmermanns*, in: Hillion/Koutrakos (Hrg.), S. 1, 5; *Rosas*, in: Hillion/Koutrakos (Hrg.), S. 367, 370; *Rodenhoff*, S. 79; *Holdgaard*, S. 123.

275 So auch: *Eberle*, S. 241 f.; *Epiney/Gross*, NuR 2005, 353, 361; *Lorenzmeier*, in: GH, 40. EL Oktober 2009, Art. 300 EGV Rn. 38; *Schütze*, S. 215.

276 So auch: *Eeckhout*, S. 214; *Heliskoski*, S. 42; *Gilsdorf*, EuR 1996, 145, 160; *Vedder*, in: FS Ginther, S. 501, 507; *Ehlermann*, in: O'Keeffe/Schermers (Hrg.), S. 3, 5; *F. Kaiser*, S. 102; *Sattler*, S. 184; *Passos*, in: Hillion/Koutrakos (Hrg.), S. 269, 271; *Torrent*, in: Dashwood/Hillion (Hrg.), S. 221, 228 f; *Leal-Arcas*, FJIL 2007, 569, 617; *Kumin/Bittner*, EuR Beiheft 2/2012, 75. A.A. *Sell*, S. 106.

277 *Mögele*, in: Streinz, Art. 216 AEUV Rn. 32; *Vedder*, in: Hummer/Obwexer (Hrg.), S. 267, 276; *Timmermanns*, in: Hillion/Koutrakos (Hrg.), S. 1, 5; *Eeckhout*, in: Xenopoulos (Hrg.), S. 275, 284; *Heliskoski*, S. 42. So auch: EuGH, Rs. C-459/03, Mox Plant, Slg. 2006, I-4635, Rn. 96, 108, 120, in diesem Verfahren prüft der EuGH unter anderem inwieweit geteilte Zuständigkeiten auf die Union übertragen wurden.

278 *Editorial Comments*, CMLRev. 2004, 631 633; *Heliskoski*, S. 47. A.A. *Rodenhoff*, S. 79.

279 *Thym*, EuR 2003, 277, 288. A.A. *Eeckhout*, S. 265; *F. Kaiser*, S. 102; *Geiger*, JZ 1995, 973, 977; *Schütze*, S. 216. Wohl auch: *Heintschel von Heinegg*, in: Rengeling (Hrg.), S. 707, 725.

kommen gerade wegen diesem Bereich von ihnen mitabgeschlossen wurde und folglich die Unionszuständigkeit gerade nicht ausgeübt wurde.[280]

Die Beteiligung der Mitgliedstaaten an solchen gemischten Verträgen ist nachvollziehbar, wenn in dem betroffenen Bereich impliziter Kompetenzen keine internen Harmonisierungsmaßnahmen geplant sind. Denn es ist schwierig nach außen zu handeln, wenn nicht klar ist, welche Regelungen innerhalb der Union gewünscht sind, beziehungsweise ist es schwierig, nach außen eine Politik zu entwickeln, die intern nicht existiert.[281]

IV. Vermeidung eines Gutachtenverfahrens vor dem EuGH

Völkerrechtliche Verträge folgen nicht der unionsrechtlichen Kompetenzverteilung. Deshalb ist häufig auch keine eindeutige Zuweisung der Regelungsmaterien zur Union oder den Mitgliedstaaten möglich, da diese innerhalb des völkerrechtlichen Vertrags ineinandergreifen und sich überlagern.[282]

Um diese Unsicherheit endgültig rechtsverbindlich zu klären, wäre die Erstellung eines Gutachtens des EuGH nach Art. 218 Abs. 11 AEUV notwendig. Die Einholung eines Gutachtens bedeutet aber einen Zeitverlust, der zu einer temporären internationalen Handlungsunfähigkeit führen kann.[283]

Die Ermittlung der Kompetenzverteilung kann bereits bei der Ermittlung, welche Politik einschlägig ist, sehr schwierig sein.[284] Wenn zum Beispiel einem Moratorium des Walfangs zugestimmt werden soll, kann diese Handlung der Fischereipolitik zugeordnet werden, mit der Folge einer ausschließlichen Kompetenz der Union. Ebenfalls möglich wäre jedoch eine Einordnung bei der Umweltpolitik, was eine verbleibende Kompetenz der Mitgliedstaaten zur Folge hat.[285]

---

280 *Hüwelmeier*, S. 391; *Vranes*, EuR 2009, 44, 63.

281 *Torrent*, in: Dashwood/Hillion (Hrg.), S. 221, 229.

282 *Lorenzmeier*, in: GH, 40. EL Oktober 2009, Art. 300 EGV Rn. 35; *Neuwahl*, CMLRev. 1991, 717, 718; *Krück*, S. 105.

283 *Arnold*, AVR 1980-81, 419, 424; *Stein*, S. 168; *F. Kaiser*, S. 36 f.; *Eeckhout*, S. 117; *Jochum*, Rn. 217.

284 *Hüwelmeier*, S. 391; vgl. auch *Metz*, S. 144.

285 Beispiel aus: *van der Steen*, in: Hillion/Koutrakos (Hrg.), S. 295, 297, der zu Recht auch feststellt, dass Wale natürlich keine Fische sind.

Um die Probleme zu vermeiden, die aus der Einholung eines Gutachtens folgen, oder um nicht nach außen ein falsches politisches Signal hinsichtlich einer bestehenden Streitigkeit zu senden,[286] einigen sich die Kommission und die Mitgliedstaaten dann häufig darauf, einen Vertrag gemischt abzuschließen.[287] Somit muss die exakte Verteilung der Zuständigkeiten nicht ermittelt werden.[288] Es kann also der Fokus direkt auf den völkerrechtlichen Vertrag selbst gelegt werden.[289] Weiterhin steht damit für alle Rechte und Pflichten des Vertrags auf der Unionsseite den Drittstaaten ein völkerrechtlich verantwortliches Subjekt gegenüber.[290] Dies ändert jedoch nichts daran, dass die völkerrechtliche Handlungsbefugnis sich nach der nicht geklärten, aber tatsächlich vorliegenden Kompetenzverteilung richtet.[291]

V. Bestehen des Vertragspartners

Weiterhin werden gemischte Verträge abgeschlossen, wenn die Vertragspartner eine Beteiligung der Mitgliedstaaten fordern. Dies kann der Fall sein, wenn sie die Union nicht als Völkerrechtssubjekt anerkennen,[292] oder die ordnungsgemäße Durchführung eines Abkommens allein durch die Union als nicht gewährleistet sehen.[293]

Während des Kalten Krieges hatten insbesondere die Sowjetunion mit den ihr verbündeten Staaten des Warschauer Paktes aus politischen

---

286 Denn der Gang zum EuGH wird in der Regel als Zwangsmittel im Kampf um Kompetenzen angesehen, so *Eeckhout*, S. 221.

287 *Maresceau*, in: Hillion/Koutrakos (Hrg.), S. 11, 12 f.; *Kuijper*, in: Martenczuk/van Thiel (Hrg.), S. 187, 199; *Dashwood*, in: Bourgeois/Dewost/Gaiffe (Hrg.), S. 93, 94; *Bleckmann*, in: O´Keeffe/Schermers (Hrg.), S. 155; *Groux/Manin*, S. 61; *Rodenhoff*, S. 78; *Nettesheim*, in: von Bogdandy/Bast (Hrg.), S. 389, 433; *Neubauer*, S. 33.

288 *Vedder*, S. 253; *Ehlermann*, in: O´Keeffe/Schermers (Hrg.), S. 3, 8; *Weiler*, in: O´Keeffe/Schermers (Hrg.), S. 35, 75; *Eeckhout*, S. 221.

289 *Maresceau*, in: Hillion/Koutrakos (Hrg.), S. 11, 13.

290 *Vedder*, S. 253.

291 *Arnold*, AVR 1980-81, 419, 424.

292 *Bleckmann*, EuR 1976, 301, 302; *Lorenzmeier*, in: GH, 40. EL Oktober 2009, Art. 300 EGV Rn. 33; *Dauses*, in: Ress (Hrg.), S. 171, 189.

293 *Lorenzmeier*, in: GH, 40. EL Oktober 2009, Art. 300 EGV Rn. 33; *Bourgeois*, in: Bourgeois/Dewost/Gaiffe (Hrg.), S. 83, 84 f.; *Bleckmann*, in: O´Keeffe/Schermers (Hrg.), S. 155, 161; *Bothe*, in: FS Zuleeg, S. 668, 672.

Gründen eine offizielle Anerkennung der EWG abgelehnt.[294] Sie sahen die EWG als Verkörperung kapitalistischen Machtstrebens an.[295] Folglich stellte es sich für die EWG als schwierig heraus, in internationalen Organisationen die Stellung zu erreichen, die notwendig gewesen wäre, um ihre Kompetenz vollständig auszuüben.[296] Eine solche Mitgliedschaft hätte ihren internationalen Status gestärkt, was durch die Blockadehaltung verhindert werden sollte.[297]

Noch in den 80er Jahren des letzten Jahrhunderts hatten sich viele Drittstaaten noch nicht an Verhandlungen mit der EWG gewöhnt und zu wenig Kenntnis von ihren Kompetenzen und ihrer Arbeitsweise.[298] Durch den Abschluss auch mit den Mitgliedstaaten hatten die Drittstaaten eine Garantie, dass die EWG den Vertrag ausführen wird und einen völkerrechtlichen Durchgriff auf die Mitgliedstaaten,[299] sowie die Möglichkeit, direkt in einen Dialog mit diesen zu treten.[300]

In der heutigen Zeit, in der die Union als Völkerrechtssubjekt praktisch vollständig anerkannt ist, ist das Misstrauen anderer Staaten gegenüber der Union gesunken.[301] Trotzdem bleibt es für die Vertreter der Union weiterhin ratsam, Staaten(gruppen) gegenüber, die noch Unbehagen gegenüber dem Gebilde Europäische Union hegen, taktisch geschickt und mit Fingerspitzengefühl zu handeln.[302]

D. Typologie

Wie aufgezeigt, werden gemischte Verträge aus unterschiedlichen Gründen abgeschlossen. Gemischte Verträge lassen sich also hinsichtlich des Grundes, warum sie abgeschlossen werden kategorisieren. Darüber hinaus gibt es noch andere Kategorisierungsmöglichkeiten der gemischten Verträge, die an dieser Stelle vorgestellt werden.

---

294 *Thorn*, in: Groux/Manin, S. 3, 4; ausführlich dazu: *Groux/Manin*, S. 20 ff., 72 f.; *Dauses*, in: Ress (Hrg.), S. 171, 189.
295 *Tomuschat*, in: Hilf u.a. (Hrg.), S. 139, 141; *Breier*, EuR 1993, 340, 342.
296 *Burghardt*, in: Zieger/Lebahn (Hrg.), S. 69, 70.
297 *Schermers*, in: O´Keeffe/Schermers (Hrg.), S. 23, 32.
298 *Groux/Manin*, S. 70; *Dauses*, in: Ress (Hrg.), S. 171, 189.
299 *Bleckmann*, in: O´Keeffe/Schermers (Hrg.), S. 155; *Dauses*, EuR 1979, 138, 164; *Krück*, S. 102; *Conze*, S. 74.
300 *Groux/Manin*, S. 70.
301 *Bourgeois*, in: Bourgeois/Dewost/Gaiffe (Hrg.), S. 83, 85.
302 *Sack*, in: GS Grabitz, S. 631, 639; *Smyth*, in: Koutrakos (Hrg.), S. 59, 66.

I. Obligatorische und fakultative gemischte Verträge

Wenn die Kompetenzen der Union nicht ausreichen, um einen Vertrag allein abzuschließen, beziehungsweise durch diesen den Mitgliedstaaten Finanzierungsverpflichtungen aus ihrem Haushalt auferlegt werden, ist der Abschluss eines gemischten Vertrags rechtlich verpflichtend, bei diesen Arten von Verträgen handelt es sich somit um obligatorische gemischte Verträge.[303]

Gemischte Verträge, die allein deshalb als gemischt abgeschlossen werden, um einen Kompetenzverlust der Mitgliedstaaten vorzubeugen, bei denen also keine rechtliche Verpflichtung zu einem gemeinsamen Abschluss besteht, sondern genauso gut durch den alleinigen Abschluss mittels geteilter Kompetenzen der Union ausgeübt werden könnten, erfordern keinen gemischten Abschluss. Sie sind somit fakultative gemischte Verträge.[304]

Bei den Verträgen, die nur deshalb geschlossen werden, um ein Gutachtenverfahren gemäß Art. 218 Abs. 11 AEUV zu vermeiden, ist gerade die Kompetenzverteilung zwischen der Union und den Mitgliedstaaten unklar. Demnach können diese gemischten Verträge sowohl fakultativ als auch obligatorisch sein. Ebenso ist die Situation bei den gemischten Verträgen, die nur auf Drängen des Vertragspartners gemischt abgeschlossen werden.

II. Bilaterale und multilaterale gemischte Verträge

Eine weitere Einteilung gemischter Verträge kann dahingehend vorgenommen werden, ob sie bilateral oder multilateral abgeschlossen werden.[305]

---

303 *Rosas*, in: Koskenniemi (Hrg.), S. 125, 131; *Stock*, S. 31; *Metz*, S. 145; *Leal-Arcas*, EFAR 2001, 483, 494; vgl. auch *Gilsdorf*, EuR 1996, 145, 160 f.

304 *Rosas*, in: Koskenniemi (Hrg.), S. 125, 131; *Stock*, S. 31; *Metz*, S. 145; *Leal-Arcas*, EFAR 2001, 483, 494.

305 So auch: *Kumin/Bittner*, EuR Beiheft 2/2012, 75, 78 f.

1. Bilaterale gemischte Verträge

Gemischte Verträge haben einen bilateralen Charakter, wenn auf einer Seite die Union und die Mitgliedstaaten als eine Vertragspartei stehen, und auf der anderen Seite eine[306] oder ebenfalls mehrere[307] andere Parteien als Gruppe als andere Vertragspartei stehen. Somit haben diese Verträge eine bilaterale Erfüllungsstruktur während die Vertragsnatur multilateral geprägt ist.[308] Dies spiegelt sich im Wortlaut der Abkommen wider, nach denen die Abkommen zwischen der Europäischen Union und ihren Mitgliedstaaten einerseits und dem jeweiligen Vertragspartner andererseits geschlossen werden.[309] Also werden nur Beziehungen zwischen der Unionsgruppe und dem Drittstaat, beziehungsweise einer Gruppe von Drittstaaten, geregelt, und keine innerhalb der Unionsgruppe.[310]

In der Praxis werden vor allem Assoziierungsabkommen,[311] Stabilisierungs- und Assoziierungsabkommen[312] und Freihandelsverträge[313] mit Drittstaaten als bilaterale gemischte Verträge abgeschlossen.

---

306 Z.B. das Abkommen vom 8. Dezember 1997 über wirtschaftliche Partnerschaft, politische Koordinierung und Zusammenarbeit zwischen der Europäischen Gemeinschaft und ihren Mitgliedstaaten einerseits und den Vereinigten mexikanischen Staaten andererseits, ABl. 2000 L 276/45.

307 Z.B. das Partnerschaftsabkommen zwischen den Mitgliedern der Gruppe der Staaten in Afrika, im Karibischen Raum und im Pazifischen Ozean einerseits und der Europäischen Gemeinschaft und ihren Mitgliedstaaten andererseits, unterzeichnet in Cotonou am 23. Juni 2000, ABl. 2000 L 317/3 geändert und ergänzt in ABl. 2005 L 209/27 und ABl. 2010 L 287/3.

308 *Lorenzmeier*, in: GH, 40. EL Oktober 2009, Art. 300 EGV Rn. 34; *Hilpold*, S. 137; *Groux/Manin*, S. 62 f.; *Rosas*, in: Dashwood/Hillion (Hrg.), S. 200, 207.

309 Z.B. das Partnerschafts- und Kooperationsabkommen vom 11. Mai 2012 zwischen der Europäischen Union und ihren Mitgliedstaaten einerseits und der Republik Irak andererseits, ABl. 2012 L 204/20.

310 *Stein*, S. 202.

311 Z.B. das Europa-Mittelmeer-Abkommen vom 22. April 2002 zur Gründung einer Assoziation zwischen der Europäischen Gemeinschaft und ihren Mitgliedstaaten einerseits und der Demokratischen Volksrepublik Algerien andererseits, ABl. 2005 L 265/2.

312 Z.B. das Stabilisierungs- und Assoziierungsabkommen vom 12. Juni 2006 zwischen den Europäischen Gemeinschaften und ihren Mitgliedstaaten einerseits und der Republik Albanien andererseits, ABl. 2009 L 107/166.

313 Z.B. das Freihandelsabkommen vom 6. Oktober 2010 zwischen der Europäischen Union und ihren Mitgliedstaaten einerseits und der Republik Korea andererseits, ABl. 2011 L 127/6.

Assoziierungsabkommen werden meist als gemischte Verträge geschlossen, obwohl die Union eine ausschließliche Kompetenz für diese Abkommen besitzt.[314] Grund dafür ist, dass der Inhalt der Assoziierungsabkommen traditionell über die materiell-rechtlichen Kompetenzen der Union hinausgeht. Dies ändert natürlich nichts daran, dass die Vertragschließungskompetenz als Verbandskompetenz gemäß Art. 217 AEUV ausschließlich bei der Union liegt.[315] Denn die Mitgliedstaaten können von sich aus einen Drittstaat nicht mit der Union assoziieren.[316]

Manche Staaten, darunter wichtige Handelspartner der Union wie die Vereinigten Staaten, Kanada und Australien sehen weiterhin sowohl jeden Mitgliedstaat als auch die Union als vollständigen Vertragspartner gemischter Verträge, und damit gemischte Verträge generell als multilaterale Verträge an und akzeptieren nicht deren bilateralen Charakter.[317]

2. Multilaterale gemischte Verträge

Multilaterale gemischte Verträge sind solche gemischte Verträge, bei denen auf der Vertragspartnerseite mehrere dritte Parteien stehen. Häufig handelt es sich bei solchen Verträgen um Mitgliedschaften bei internationalen Organisationen, wie zum Beispiel der WTO.[318] Multilaterale gemischte Verträge sind dadurch gekennzeichnet, dass die Rechte und Pflichten jeder Vertragspartei gegenüber allen anderen Vertragsparteien gilt, eine Einteilung in Gruppen findet nicht statt.[319]

3. Gründungsverträge internationaler Organisationen

Wird eine internationale Organisation unter anderem auch durch die Union und ihre Mitgliedstaaten gegründet, so stellt der Gründungsvertrag zwangsläufig einen gemischten Vertrag dar.[320] Tritt die Union einer bereits bestehenden internationalen Organisation bei, der bereits alle Mit-

---

314 *Vedder*, S. 58; *O´Keeffe*, EFAR 1999, 7, 12; *Schmalenbach*, in: CR, Art. 217 AEUV Rn. 10; *Kumin/Bittner*, EuR Beiheft 2/2012, 75, 76.

315 *Schmalenbach*, in: CR, Art. 217 AEUV Rn. 10; *Vedder*, S. 58; *Hirsch*, BayVBl. 1997, 449.

316 *Pitschas*, S. 210.

317 *Olsen*, in: Hillion/Koutrakos (Hrg.), S. 331, 332 Fn. 6; *Editorial Comments*, CMLRev. 2004, 631, 632.

318 Übereinkommen vom 15. April 1994 zur Errichtung der Welthandelsorganisation (WTO), ABl. 1994 L 336/3.

319 *Stein*, S. 206; *Kumin/Bittner*, EuR Beiheft 2/2012, 75, 79.

320 *Sattler*, S. 118 f.

gliedstaaten beigetreten sind, so ist der Beitrittsakt der Union kein gemischter Vertrag. Durch den Beitritt sind jedoch die Union und die Mitgliedstaaten Partei eines völkerrechtlichen Vertrags und gleichermaßen daran gebunden. Also sind bei der Umsetzung des Vertrags die bei den gemischten Verträgen zu beachtenden Grundsätze einzuhalten.[321]

III. Unionsdominierte und mitgliedstaatliche gemischte Verträge

Weiterhin können gemischte Verträge nach der materiell-rechtlichen Zuständigkeitsverteilung kategorisiert werden.

Ein unionsdominierter gemischter Vertrag ist einer, dessen Inhalt überwiegend in die Vertragschließungskompetenz der Union fällt, und bei dem die Mitgliedstaaten nur hinsichtlich weniger Bereiche zuständig sind, für die eine Unionskompetenz fehlt.[322]

Mitgliedstaatliche gemischte Verträge sind im Gegensatz dazu solche, deren Inhalt überwiegend den mitgliedstaatlichen Kompetenzen zuzuordnen sind, während die Beteiligung der Union nur marginal ist.[323]

IV. Cross-pillar Verträge

Völkerrechtliche Verträge, an denen die Union sowohl auf supranationaler Ebene als auch im Rahmen der GASP – und damit auf intergouvernementaler Ebene – beteiligt ist, werden cross-pillar, beziehungsweise integrierte[324] Verträge genannt.[325]

Der gemeinsame Abschluss eines Abkommens von Union im Rahmen der GASP, der supranationalen Union und der Mitgliedstaaten fügt zu den bereits bestehenden Problemen bei gemischten Verträgen einige

---

321 So auch: *Sattler*, S. 119 ff.; *Herrmann*, in: Bauschke u.a. (Hrg.), S. 139, 156.

322 *Vedder*, S. 224; so z.B. das Abkommen vom 10. November 1999 über Handel, Entwicklung und Zusammenarbeit zwischen der Europäischen Gemeinschaft und ihren Mitgliedstaaten einerseits und der Republik Südafrika andererseits, ABl. 1999 L 311/3.

323 *Vedder*, S. 225; so z.B. das Übereinkommen vom 20. Dezember 1988 der Vereinten Nationen zur Bekämpfung des illegalen Handels mit Suchtstoffen und psychotropen Substanzen im Namen der Europäischen Wirtschaftsgemeinschaft, ABl. 1990 L 326/56.

324 *Vedder*, EuR Beiheft 3/2007, 57, 75.

325 *Khan*, in: GKK, Art. 216 AEUV Rn. 13.

hinzu.[326] Deshalb haben sich die Mitgliedstaaten bis jetzt dazu entschlossen, bei der „good old mixity" zu bleiben, anstatt eine neue Formel der Gemischtheit anzuwenden,[327] und dies, obwohl bereits einige integrierte Verträge ausgehandelt wurden.[328]

Die einzige Ausnahme sind die Verträge mit der Schweiz, die deren Assoziierung zum Schengen-Besitzstand regeln.[329] Diesen Verträgen ist auch Liechtenstein beigetreten.[330] Diese Ausnahme ist darin begründet,

---

326 Zum Beispiel die Abgrenzung von GASP- zu supranationalen Kompetenzen, *Khan*, in: GKK, Art. 216 AEUV Rn. 13. Siehe dazu: EuGH, Rs. C-91/05, ECOWAS, Slg. 2008, I-3651; oder die Beteiligung des EP, *Hoffmeister*, in: Hillion/Koutrakos (Hrg.), S. 249, 252, mit weiteren Beispielen.

327 *Hoffmeister*, in: Hillion/Koutrakos (Hrg.), S. 249, 252; *Smyth*, in: Koutrakos (Hrg.), S. 59, 61.

328 *Hoffmeister*, in: Hillion/Koutrakos (Hrg.), S. 249, 252; *van der Steen*, in: Hillion/Koutrakos (Hrg.), S. 295, 299.

329 Beschluss 2008/146/EG des Rates vom 28. Januar 2008 über den Abschluss – im Namen der Europäischen Gemeinschaft – des Abkommens zwischen der Europäischen Union, der Europäischen Gemeinschaft und der Schweizerischen Eidgenossenschaft über die Assoziierung der Schweizerischen Eidgenossenschaft bei der Umsetzung, Anwendung und Entwicklung des Schengen-Besitzstandes, ABl. 2008 L 53/1; Beschluss 2008/149/JI des Rates vom 28. Januar 2008 über den Abschluss – im Namen der Europäischen Union – des Abkommens zwischen der Europäischen Union, der Europäischen Gemeinschaft und der Schweizerischen Eidgenossenschaft über die Assoziierung der Schweizerischen Eidgenossenschaft bei der Umsetzung, Anwendung und Entwicklung des Schengen-Besitzstandes, ABl. 2008 L 53/50.

330 Beschluss 2008/261/EG des Rates vom 28. Februar 2008 über die Unterzeichnung – im Namen der Europäischen Gemeinschaft – des Protokolls zwischen der Europäischen Union, der Europäischen Gemeinschaft, der Schweizerischen Eidgenossenschaft und dem Fürstentum Liechtenstein über den Beitritt des Fürstentums Liechtenstein zum Abkommen zwischen der Europäischen Union, der Europäischen Gemeinschaft und der Schweizerischen Eidgenossenschaft über die Assoziierung der Schweizerischen Eidgenossenschaft bei der Umsetzung, Anwendung und Entwicklung des Schengen-Besitzstands und die vorläufige Anwendung einiger Bestimmungen dieses Protokolls, ABl. 2008, L 83/3; Beschluss 2008/262/EG des Rates vom 28. Februar 2008 über die Unterzeichnung – im Namen der Europäischen Union – des Protokolls zwischen der Europäischen Union, der Europäischen Gemeinschaft, der Schweizerischen Eidgenossenschaft und dem Fürstentum Liechtenstein über den Beitritt des Fürstentums Liechtenstein zum Abkommen zwischen der Europäischen Union, der Europäischen Gemeinschaft und der Schweizerischen Eidgenossenschaft über die Assoziierung der Schweizerischen Eidgenossenschaft bei der Umsetzung, An-

dass nach dem Vertrag von Amsterdam die Regelung des Schengenraums auf die erste und dritte Säule aufgeteilt wurde.[331] Damit berührte die Teilnahme der Schweiz am Schengenraum Rechtsakte aus beiden Säulen, folglich wurden sowohl die damalige Union als auch die EG Vertragspartner der Schweiz.[332]

Nach dem Inkrafttreten des Vertrags von Lissabon kann ein cross-pillar Vertrag wegen der Auflösung der Säulenstruktur und der Folge, dass Art. 47 EUV für die gesamte Union gilt, allein von der Union, gegebenenfalls mit Beteiligung der Mitgliedstaaten, geschlossen werden. Die Probleme aus dem Zusammenspiel von intergouvernementalen und supranationalen Kompetenzen der Union bleiben aber erhalten.[333] Somit erscheint der weitere Abschluss von cross-pillar Verträgen sehr unwahrscheinlich.[334]

V. Unterscheidung nach dem Typ des gemischten Vertrags

Im weiteren Verlauf der Arbeit wird nicht näher auf den Typ eines gemischten Vertrags eingegangen. Dies liegt daran, dass, wie gezeigt werden wird, die Rechte und Pflichten die sich aus den gemischten Verträgen für die Union und die Mitgliedstaaten ergeben, für alle gemischten Verträge gelten.[335] Manche Pflichten haben jedoch unterschiedliche Auswirkungen oder werden in der Praxis anders ausgestaltet, je nachdem, ob es sich um einen bilateralen oder multilateralen gemischten Vertrag handelt. Darauf wird dann jeweils gesondert eingegangen.

---

wendung und Entwicklung des Schengen-Besitzstands und die vorläufige Anwendung einiger Bestimmungen dieses Protokolls, ABl. 2008, L 83/5.

331 *Hoffmeister*, in: Hillion/Koutrakos (Hrg.), S. 249, 252; so auch: *Wessel*, in: Hillion/Koutrakos (Hrg.), S. 30, 45.

332 *Hoffmeister*, in: Hillion/Koutrakos (Hrg.), S. 249, 252 f; *Wessel*, in: Hillion/Koutrakos (Hrg.), S. 30, 38.

333 *Wessel*, in: Hillion/Koutrakos (Hrg.), S. 30, 50 f.; *Timmermanns*, in: Hillion/Koutrakos (Hrg.), S. 1, 7.

334 *Wessel*, in: Hillion/Koutrakos (Hrg.), S. 30, 39; *Kuijper*, S. 19. A.A. *Dashwood*, in: Hillion/Koutrakos (Hrg.), S. 351, 355.

335 Siehe Teil 3 B. II.

E. Rechtliche Wirkungen

An die Typologie der gemischten Verträge anschließend, wird zunächst die völkerrechtliche Bindung der Union an die gemischten Verträge analysiert, sodann wird die Wirkung der gemischten Verträge in der Unionsrechtsordnung und in den Rechtsordnungen der Mitgliedstaaten dargestellt. Außerdem wird die Auslegungskompetenz des EuGH für die gemischten Verträge aufgezeigt.

I. Völkerrechtliche Bindung

Die Bindung der Europäischen Union an alle ihre – also auch an gemischte – Verträge richtet sich nach dem Völkerrecht. Einschlägig ist das Wiener Übereinkommen über das Recht der Verträge zwischen Staaten und Internationalen Organisationen oder zwischen Internationalen Organisationen (WVK IO).[336] Diese Konvention ist noch nicht in Kraft getreten, stellt aber weitgehend kodifiziertes Völkergewohnheitsrecht dar und ist damit für die Union bindend.[337]

1. Bindung an den gesamten Vertrag

Art. 27 Abs. 2 WVK IO beinhaltet den allgemeinen Vertrauensgrundsatz im internationalen Rechtsverkehr,[338] der besagt, dass eine internationale Organisation sich nicht auf ihre internen Vorschriften berufen könne, um damit die Nichterfüllung eines Vertrags zu rechtfertigen. In Art. 46 Abs. 2 WVK IO wurde der Grundsatz kodifiziert, dass die Zustimmung einer internationalen Organisation zu einem Vertrag nicht ungültig ist, wenn ihre Vorschriften über ihre Zuständigkeit zum Abschluss von Verträgen verletzt sind. Diese Norm fällt eine Entscheidung für die Frage, wem die Folgen eines ultra-vires Handeln einer internationalen Organisation zur Last fällt.[339] Rechtspolitisch sinnvoll wurde dieses Risiko der internationa-

---

336 Wiener Übereinkommen vom 21. März 1986 über das Recht der Verträge zwischen Staaten und Internationalen Organisationen oder zwischen Internationalen Organisationen, BGBl. 1990 II, 1414.

337 EuGH, Rs. C-386/08, Brita, Slg. 2010, I-1289, Rn. 42; EuGH, Rs. C-162/96, Racke, Slg. 1998, I-3688, Rn. 24, 45 f.; *Heintschel von Heinegg*, in: Ipsen, § 16 Rn. 52; *Lorenzmeier*, in: GHN, 43. EL März 2011, Art. 218 AEUV Rn. 22.

338 *Schmalenbach*, in: CR, Art. 216 AEUV Rn. 7.

339 *Tomuschat*, in: Hilf u.a. (Hrg.), S. 139, 144.

len Organisation überlassen, deren Mitgliedstaaten dafür Sorge zu tragen haben, dass die von ihnen gegründete Organisation auch die ihr übertragenen Kompetenzen einhält.[340] Die Tatsache, einen völkerrechtlichen Vertrag auch mit der Union abzuschließen, soll für Drittstaaten kein spezielles Risiko darstellen.[341]

Demnach ist die Union – und auch die Mitgliedstaaten[342] – grundsätzlich an den gesamten gemischten Vertrag gebunden und für die Erfüllung gesamtschuldnerisch völkerrechtlich verantwortlich, unabhängig von der internen Kompetenzverteilung.[343] Die aufgrund des Primärrechts erfolgte Kompetenzverteilung stellt für dritte Parteien demnach ein res inter alios acta dar.[344] Durch den Abschluss eines gemischten Vertrags han-

---

340 *Tomuschat*, in: Hilf u.a. (Hrg.), S. 139, 144.

341 *Tomuschat*, in: O'Keeffe/Schermers (Hrg.), S. 125, 130; *Eeckhout*, S. 263; *Ott*, in: Kronenberger (Hrg.), S. 95, 102.

342 *Tomuschat*, in: Hilf u.a. (Hrg.), S. 139, 144; *Schmalenbach*, in: CR, Art. 216 AEUV Rn. 7. Im Gegensatz zu der Unionsrechtsordnung genießen die Mitgliedstaaten aus völkerrechtlicher Sicht eine vollständige treaty-making power als ursprüngliche Völkerrechtssubjekte, *Schütze*, in: Hillion/Koutrakos (Hrg.), S. 57, 77.

343 EuGH, Rs. C-316/91, EEF, Slg. 1994, I-653, Rn. 29; *Tomuschat*, in: O'Keeffe/Schermers (Hrg.), S. 125, 130; *Gaja*, in: O'Keeffe/Schermers (Hrg.), S. 133, 137; *Schmalenbach*, in: CR, Art. 216 AEUV Rn. 7; *Lorenzmeier*, in: GH, 40. EL Oktober 2009, Art. 300 EGV Rn. 34; *MacLeod/Hendry/Hyett*, S. 159; *F. Kaiser*, S. 85; *Vedder*, EuR Beiheft 3/2007, 57, 80; *Vöneky/Beylage-Haarmann*, in: GHN, 45. EL August 2011, Art. 216 AEUV Rn. 34; *Geiger*, JZ 1995, 973, 977; *Pache/Bielitz*, EuR 2006, 316, 319; *Sattler*, S. 235; *Hüwelmeier*, S. 392; *Hofmeister*, JA 2010, 203, 205; *Hilpold*, S. 147; *Hix*, in: Martenczuk/van Thiel (Hrg.), S. 211, 244; *Dashwood*, in: Bourgeois/Dewost/Gaiffe (Hrg.), S. 93, 98; *Stein*, S. 131; *Epiney*, EuZW 1999, 5, 7; *Eeckhout*, S. 262; *Groux/Manin*, S. 133; *Fastenrath/Groh*, Rn. 377; *Haratsch/Koenig/Pechstein*, Rn. 446; *Breier*, in: Müller-Graff u.a. (Hrg.), S. 99, 113; *Neframi*, in: Cannizzaro (Hrg.), S. 193, 199; *Rodenhoff*, S. 239 f.; *Bleckmann*, EuR 1976, 301, 303; *Leal-Arcas*, EFAR 2001, 483, 497; *Epiney/Gross*, in: Umweltbundesamt (Hrg.), S. 5, 32; *Steinberger*, EJIL 2006, 837, 854; *Steinbach*, EuZW 2007, 109, 112; *Schweitzer/Hummer/Obwexer*, Rn. 1003; *Bothe*, in: FS Zuleeg, S. 668, 679; *Wünschmann*, S. 66; *Dörr*, in: GHN, 44. EL Mai 2011, Art. 47 EUV Rn. 47. A.A. *Pitschas*, S. 240; *Dolmans*, S. 85; *Krück*, S. 142; *Conze*, S. 82; *Schermers*, in: FS Mosler, S. 823, 831; *Björklund*, NJIL 2001, 373, 401 f.; *Nettesheim*, in: von Bogdandy/Bast (Hrg.), S. 389, 433; *Balekjian*, in: O'Keeffe/Schermers (Hrg.), S. 141, 143 f.

344 *Heintschel von Heinegg*, in: Müller-Graff u.a. (Hrg.), S. 77, 90; *Krück*, in: Ress (Hrg.), S. 155, 163; *F. Kaiser*, S. 84; *Neframi*, S. 520; *Gaja*, in: O'Keeffe/Schermers (Hrg.), S. 133, 137; *Conze*, S. 38 f.; *Streinz*, Rn. 529;

deln und verpflichten sich die Union und die Mitgliedstaaten gerade nicht selbstständig, sondern als Gemeinschaft.[345] Ein Drittstaat kann sich also entweder an die Union oder die Mitgliedstaaten zwecks Erfüllung eines gemischten Vertrags wenden, die tatsächliche Erfüllung leistet dann jedoch der nach dem Unionsrecht Zuständige.[346] Eine offenkundige Erkennbarkeit der Kompetenzüberschreitung der Union für Drittstaaten, also die Anwendung der in Art. 46 Abs. 3 WVK IO geregelte Ausnahme, dürfte für die komplexe Unionsrechtsordnung, „an deren Ausgestaltung Tausende von Juristen emsig schaffen" generell ausgeschlossen werden.[347]

2. Zuständigkeitserklärungen

Diese undifferenzierte völkerrechtliche Bindungswirkung kann dadurch verhindert werden, dass die Union beim Abschluss gemischter völkerrechtlicher Verträge eine Zuständigkeitserklärung abgibt.[348] Häufig werden diese beim Beitritt zu internationalen Organisationen abgegeben. Die Verpflichtung zur Abgabe einer Kompetenzerklärung ist dann Teil des völkerrechtlichen Vertrags.[349] Damit wird dem Vertragspartner gegenüber die unionsinterne Kompetenzverteilung aufgedeckt.[350] Daraus folgt eine alternativ-konkurrierende völkerrechtliche Bindung von Union und den Mitgliedstaaten.[351] Durch Abgabe der Kompetenzerklärungen

---

Vedder, in: Grabitz/Hilf, Maastrichter Fassung, 2. GL, Art. 228 EWGV Rn. 19.

345 *Herrmann*, in: Bauschke u.a. (Hrg.), S. 139, 157; *Neframi*, in: Cannizzaro (Hrg.), S. 193.

346 *Haratsch/Koenig/Pechstein*, Rn. 446; *Neframi*, in: Cannizzaro (Hrg.), S. 193, 203; *Steinberger*, EJIL 2006, 837, 861 f.

347 *Tomuschat*, in: Hilf u.a. (Hrg.), S. 139, 144 f.; bestätigt in: *Tomuschat*, in: Bourgeois/Dewost/Gaiffe (Hrg.), S. 65, 71; ähnlich: *Dauses*, in: Ress (Hrg.), S. 171, 188; *Leal-Arcas*, EFAR 2001, 483, 500; *Bothe*, in: FS Zuleeg, S. 668, 675. A.A. *Björklund*, NJIL 2001, 373, 402; *Arnold*, AVR 1980-81, 419, 454; für den Bereich ausschließlicher Zuständigkeiten der Union: *Pache/Bielitz*, EuR 2006, 316, 320.

348 *Heintschel von Heinegg*, in: Rengeling (Hrg.), S. 707, 729; *Neframi*, in: Cannizzaro (Hrg.), S. 195.

349 Z.B. Art. VI C. der Satzung der Internationalen Organisation für erneuerbare Energien (IRENA) vom 26. Januar 2009, ABl. 2010 L 178/18.

350 *Lorenzmeier*, in: GH, 40. EL Oktober 2009, Art. 300 EGV Rn. 27; *Neframi*, S. 450.

351 *Heintschel von Heinegg*, in: Rengeling (Hrg.), S. 707, 729; dies bekräftigend in: *Heintschel von Heinegg*, in: Müller-Graff u.a. (Hrg.), S. 77, 90.

erhoffen sich die Drittstaaten Rechtssicherheit und eine formelle Erklärung, wer im Falle einer Vertragsverletzung verantwortlich gemacht werden kann.[352] Wenn der oder die dritten Vertragspartner Zuständigkeitserklärungen der Union fordern und diese auch abgegeben werden, akzeptieren diese dritten Vertragspartner die partielle Verantwortlichkeit der Union und der Mitgliedstaaten für den Vertrag.[353]

Die Erklärungen werden seitens der Union als einseitige völkerrechtliche Erklärungen abgegeben.[354] Insgesamt hat die Union zu 40 Verträgen eine Zuständigkeitserklärung abgegeben.[355] Diese sind, bis auf eine Ausnahme,[356] alles multilaterale gemischte Verträge. Ursächlich dafür ist, dass bei multilateralen gemischten Verträgen in der Regel die mitgliedschaftlichen Rechte und Pflichten von Union und den Mitgliedstaaten alternativ ausgeübt werden.[357]

Jedoch sind diese Erklärungen häufig nur grundsätzlicher Natur, und im Gegensatz zu dem sich dynamisch weiterentwickelnden Unionsrecht oft starr und bilden somit nicht immer die aktuelle Kompetenzverteilung ab.[358] Erschwerend kommt dazu, dass eine detaillierte Zuständigkeitserklärung, die umfassend auf ergangenes Sekundärrecht verweist, für Drittstaaten schwer auszulegen und zu verstehen ist.[359] Dies hat seine Ursache darin, dass seitens der Unionsgruppe ein gemischter Abschluss gesucht wird, um Kompetenzstreitigkeiten zu vermeiden, und dass bei komplexen Abkommen es nicht im Vorhinein möglich ist, abstrakt alle Zuständigkeitsfragen erschöpfend zu behandeln.[360] Damit verlieren sie

---

352 *Tomuschat*, in: O´Keeffe/Schermers (Hrg.), S. 125, 127; *Olsen*, in: Hillion/Koutrakos (Hrg.), S. 331, 335; *Sattler*, S. 242; *Groux/Manin*, S. 85; *Klamert*, ZöR 2009, 217, 229.

353 *Neframi*, S. 449; *Tomuschat*, in: O´Keeffe/Schermers (Hrg.), S. 125, 127.

354 *Vedder*, EuR Beiheft 3/2007, 57, 81.

355 Quelle: Übersicht der Abkommen, bei denen die Union eine Kompetenzerklärung abgegeben hat, zu finden in der Treaties Office Database der Kommission unter http://ec.europa.eu/world/agreements/viewCollection.do?fileID=58585 (Stand: 31. Juli 2012).

356 Vertrag vom 1. Dezember 1987 zwischen der Bundesrepublik Deutschland und der Europäischen Wirtschaftsgemeinschaft einerseits und der Republik Österreich andererseits über die wasserwirtschaftliche Zusammenarbeit im Einzugsgebiet der Donau, ABl. 1990 L 90/20.

357 Siehe dazu Teil 3 C. IV. 3.

358 *Vedder*, in: FS Ginther, S. 501, 514; *Schermers*, in: FS Mosler, S. 823, 829.

359 *Marchisio*, in: Cannizzaro (Hrg.), S. 231, 248; *Klamert*, ZöR 2009, 217, 230.

360 *Sattler*, S. 256; *Groux/Manin*, S. 86.

für die dritten Vertragsparteien den Zweck einer Klarstellung.[361] Auch werden in der Praxis die Kompetenzerklärungen nicht an die neue Realität der Unionsrechtsordnung angepasst.[362] Dies kann auch für die Mitgliedstaaten problematisch werden, die nicht feststellen können, wie sie völkerrechtlich unter Berücksichtigung ihrer unionsrechtlichen Pflichten handeln können.[363]

II. Wirkung in der Unionsrechtsordnung

Völkerrechtliche Verträge der Union sind nach Art. 216 Abs. 2 AEUV für deren Organe und ihre Mitgliedstaaten bindend. Sie stellen, wie der EuGH in der *Haegemann II*-Entscheidung bereits 1974 festgestellt hat, einen „integrierenden Teil"[364] der Unionsrechtsordnung dar. Dies bedeutet, dass kein Transformationsakt erforderlich ist, der die Normen eines völkerrechtlichen Vertrags in die Unionsrechtsordnung eingliedert, diese Eingliederung tritt automatisch mit dem völkerrechtlichen Inkrafttreten des Vertrags ein.[365] Der EuGH geht demnach von einem monistischen Konzept für das Verhältnis von Unionsrecht und Völkerrecht aus.[366]

---

361 *Björklund*, NJIL 2001, 373, 382; *Olsen*, in: Hillion/Koutrakos (Hrg.), S. 331, 335 f., 347; *Lorenzmeier*, in: GH, 40. EL Oktober 2009, Art. 300 EGV Rn. 36; *Marchisio*, in: Cannizzaro (Hrg.), S. 231, 248.

362 *Olsen*, in: Hillion/Koutrakos (Hrg.), S. 331, 337. Siehe dazu EuGH, Rs. C-459/03, Mox Plant, Slg. 2006, I-4635, Rn. 109, in denen der EuGH aufgrund der spezifischen Besonderheiten des Seerechtsübereinkommens die dort abgegebene Zuständigkeitserklärung als nicht abschließende „zweckdienliche Bezugsgrundlage" für die Ermittlung der Unionskompetenz bezeichnet.

363 *Koutrakos*, in: Hillion/Koutrakos (Hrg.), S. 116, 129.

364 Ständige Rechtsprechung seit EuGH, Rs. 181/73, Haegemann II, Slg. 1974, 449, Rn. 2/6; EuGH, Rs. C-240/09, Zoskupenie, Slg. 2011, I-1255, Rn. 30.

365 *Schmalenbach*, in: FS Hafner, S. 1045, 1058; *Herrnfeld*, in: Schwarze, Art. 217 AEUV Rn. 16.

366 Das monistische Konzept wird in der Literatur auch anerkannt: *Pescatore*, in: FS Mosler, S. 661, 681 ff.; *Vöneky/Beylage-Haarmann*, in: GHN, 45. EL August 2011, Art. 216 AEUV Rn. 27; *Lorenzmeier*, ZJS 2012, 322, 324; *Herrnfeld*, in: Schwarze, Art. 217 AEUV Rn. 16; *Heintschel von Heinegg*, in: Rengeling (Hrg.), S. 707, 728; *Ott*, S. 73; *Groux/Manin*, S. 120; *Epiney*, NVwZ 2012, 730, 732; *Fastenrath/Groh*, Rn. 522; *Haratsch/Koenig/Pechstein*, Rn. 445; *Schütze*, S. 337; *Kaddous*, in: Cremona/de Witte (Hrg.), S. 291, 293; BEH/*Haag*, § 33 Rn. 29; *Lenaerts/van Nuffel*, Rn. 22-043; *Hobe*, § 10 Rn. 79 f.; A.A. *Wünschmann*, S. 108 f.

1. Rang völkerrechtlicher Verträge

Umstritten ist der Rang, den völkerrechtliche Verträge in der Unionsrechtsordnung einnehmen. Unstrittig ist, dass gemäß Art. 216 Abs. 2 AEUV von der Union abgeschlossene völkerrechtliche Verträge Vorrang vor autonom gesetzten Sekundärrecht besitzen.[367]

Überwiegend wird in der Literatur die Meinung vertreten, dass die völkerrechtlichen Verträge der Union einen Rang zwischen Primär- und Sekundärrecht einnehmen,[368] der auch als Mezzaninrang bezeichnet wird.[369] Begründet wird dies mit dem Wortlaut des Art. 216 Abs. 2 AEUV, der bestimme, dass intern erlassenes Sekundärrecht nicht gegen abgeschlossene völkerrechtliche Verträge verstoßen dürfe.[370] Zudem dürfe keine Handlung der Unionsorgane gegen Primärrecht verstoßen, denn dies würde einer Änderung dieses Primärrechts gleichkommen, welche aber nur nach dem in Art. 48 EUV geregelten Verfahren möglich sei.[371] Aus dem Zusammenspiel dieser beiden Aspekte wird nach dieser Auffassung der Zwischenrang für völkerrechtliche Verträge in der Unionsrechtsordnung abgeleitet.

Diese Schlussfolgerung ist verfehlt. Die völkerrechtlichen Verträge der Union werden nach dem Verfahren des Art. 218 AEUV[372] von Rat und Europäischem Parlament abgeschlossen und stellen Handlungen im

---

367 Ständige Rechtsprechung des EuGH: EuGH, Rs. C-366/10, Air Transport Association of America, Slg. 2011, I-0000, Rn. 50; EuGH, Rs. C-308/06, Intertanko, Slg. 2008, I-4057, Rn. 42; EuGH, verb. Rs. C-402/05 P und C-415/05 P, Kadi/Al Baraakat, Slg. 2008, I-6351, Rn. 307.

368 *Streinz*, Rn. 1192; *Schmalenbach*, in: FS Hafner, S. 1045, 1058; *Khan*, in: GKK, Art. 216 AEUV Rn. 22; *Hobe/Müller-Sartori*, JuS 2002, 8, 12; *Sell*, S. 134; *Stein*, S. 190; *Herrmann*, EuZW 2001, 269, 274; *Terhechte*, in: Schwarze, Art. 216 AEUV Rn. 20; *Stock*, S. 64; *K. Kaiser*, S. 312; *Mendez*, EJIL 2010, 83, 86 f.; *Haratsch/Koenig/Pechstein*, Rn. 447; *Breier*, in: Müller-Graff u.a. (Hrg.), S. 99, 114; *Schweitzer*, Rn. 413; *Nawparwar*, S. 35; *Wünschmann*, S. 86; *Hobe*, § 6 Rn. 81. Wohl auch: *Lenaerts/van Nuffel*, Rn. 22-043; *Müller-Ibold*, in: LB, Art. 216 AEUV Rn. 5. Unklar: *Vöneky/Beylage-Haarmann*, in: GHN, 45. EL August 2011, Art. 216 AEUV Rn. 41. Sogar den Rang primären Unionsrechts annehmend: *Jochum*, Rn. 136.

369 *Hummer*, in: VH, Art. 216 AEUV Rn. 22; *Schweitzer/Hummer/Obwexer*, Rn. 1010; zustimmend: *Hofmeister*, JA 2010, 203, 206; *Fischer*, S. 373.

370 *Hummer*, in: VH, Art. 216 AEUV Rn. 21; *Schweitzer*, Rn. 414.

371 *Schmalenbach*, in: CR, Art. 216 AEUV Rn. 50; *Hummer*, in: VH, Art. 216 AEUV Rn. 21; *Wünschmann*, S. 68.

372 Gegebenenfalls gemäß Art. 207 und 219 AEUV modifiziert.

Sinne der Art. 263 und 267 AEUV dar.[373] Internes Sekundärrecht wird nach Art. 289 Abs. 1 und 2 AEUV ebenfalls durch Rat und Parlament beschlossen, und sind ebenfalls Handlungen im Sinne eben genannter Normen. Handlungen als solche stellen Sekundärrecht dar, der Abschluss eines völkerrechtlichen Vertrags durch die Union ist demnach ein Akt der sekundären Rechtsetzung.[374] Art. 216 Abs. 2 AEUV regelt damit ausschließlich, dass völkerrechtliche Verträge der Union einen höheren Rang als autonom gesetztes Sekundärrecht einnehmen.[375]

Folge dieser Höherrangigkeit ist, dass autonomes Sekundärrecht völkerrechtlichen Verträgen der Union nicht widersprechen darf und völkerrechtskonform auszulegen ist. Also sind völkerrechtliche Verträge Prüfungsmaßstab für die Gültigkeit von autonomem Sekundärrecht.[376] Sie besitzen demnach eine Derogationskraft gegenüber kollidierendem internem Sekundärrecht.[377]

2. Gemischte Verträge

Gegenstand der *Haegemann II*-Entscheidung, in der der EuGH festgestellt hat, dass völkerrechtliche Verträge einen integrierenden Teil der Unionsrechtsordnung darstellen, war ein gemischter Vertrag.[378] Die vom EuGH getroffene Feststellung war auf die „Bestimmungen des Abkommens“[379] bezogen, es erfolgte also keine Unterscheidung zwischen dem mitgliedstaatlichen und dem unionsrechtlichen Teil des gemischten Vertrags.[380]

Jedoch werden gemischte Verträge nur in den Bereichen, die in die Kompetenz der Union fallen, von der Union abgeschlossen und damit

---

373 EuGH, Rs. 181/73, Haegemann II, Slg. 1974, 449, Rn. 2/6; EuGH, Rs. C-386/08, Brita, Slg. 2010, I-1289, Rn. 39; *Vedder*, EuR Beiheft 3/2007, 57, 85.

374 *Vedder*, EuR Beiheft 3/2007, 57, 62; *Fastenrath/Groh*, Rn. 522.

375 *Vedder*, EuR Beiheft 3/2007, 57, 85; *Lorenzmeier*, ZJS 2012, 322, 326; *Heintschel von Heinegg*, in: Rengeling (Hrg.), S. 707, 728; *Groux/Manin*, S. 122. Wohl auch: *Ott*, S. 80. Einen Zwischenrang noch ablehnend: *Nettesheim*, EuR 2006, 737, 762; jetzt aber befürwortend in: Oppermann/Classen/Nettesheim/*Nettesheim*, § 38, Rn. 37.

376 *Vedder*, EuR Beiheft 3/2007, 57, 85; *Lorenzmeier*, in: GH, 40. EL Oktober 2009, Art. 300 EGV Rn. 103; EuGH, Rs. C-308/06, Intertanko, Slg. 2008, I-4057, Rn. 42.

377 *Nettesheim*, EuR 2006, 737, 762.

378 EuGH, Rs. 181/73, Haegemann II, Slg. 1974, 449.

379 EuGH, Rs. 181/73, Haegemann II, Slg. 1974, 449, Rn. 2/6.

380 *Schmalenbach*, in: CR, Art. 216 AEUV Rn. 42.

integrierender Teil der Unionsrechtsordnung.[381] Folglich werden aufgrund der fehlenden Handlungskompetenz der Union die Teile gemischter Verträge, die in die ausschließliche Zuständigkeit der Mitgliedstaaten fallen, nicht integrierender Teil der Unionsrechtsordnung.[382] Wäre dies nicht der Fall, würde durch den Abschluss eines gemischten Vertrags eine Kompetenzverschiebung zu Gunsten der Union stattfinden. Eine Kompetenzverschiebung kann jedoch ausschließlich nach den Verfahren des Art. 48 EUV erfolgen.[383]

Diese notwendige Unterscheidung von unionsrechtlichem und mitgliedstaatlichem Teil eines gemischten Vertrags hat der EuGH in seiner späteren Rechtsprechung bestätigt. Er geht davon aus,

> „dass gemischte Abkommen, die von der Gemeinschaft, ihren Mitgliedstaaten und Drittländern abgeschlossen wurden, in der Gemeinschaftsrechtsordnung denselben Status wie rein gemeinschaftsrechtliche Abkommen haben, soweit es um Bestimmungen geht, die in die Zuständigkeit der Gemeinschaft fallen“[384],

und dass gemischte Verträge durch die Union

> „hinsichtlich der in ihre Zuständigkeiten fallenden Bereiche durch [...] Beschluss [...] genehmigt“ werden.[385]

III. Wirkung in der Rechtsordnung der Mitgliedstaaten

Die Feststellung, dass gemischte Verträge nur insoweit Teil der Unionsrechtsordnung werden, als sie auch in die Zuständigkeit der Union fallen, hat für die Mitgliedstaaten die Konsequenz, dass diese Verträge in deren

---

381 *Vedder*, EuR Beiheft 3/2007, 57, 86; *Terhechte*, in: Schwarze, Art. 216 AEUV Rn. 22; *K. Kaiser*, S. 367; A.A. *Kaddous*, in: Cremona/de Witte (Hrg.), S. 291, 296.

382 *Schmalenbach*, in: CR, Art. 216 AEUV Rn. 43; *Geiger*, JZ 1995, 973, 981; *Gilsdorf*, EuR 1996, 145, 161.

383 *Schmalenbach*, in: CR, Art. 216 AEUV Rn. 43; *Vöneky/Beylage-Haarmann*, in: GHN, 45. EL August 2011, Art. 216 AEUV Rn. 33; *Epiney*, EuZW 1999, 5, 7. A.A. *Bleckmann*, EuR 1976, 301, 305 ff., der eine punktuelle Vertragsdurchbrechung annimmt.

384 EuGH, Rs. C-13/00, Berner Übereinkunft, Slg. 2002, I-2943, Rn. 14; siehe auch: EuGH, verb. Rs. C-300/98 u. C-392/98, Dior/Tuk, Slg. 2000, I-11307, Rn. 48; EuGH, Rs. C-459/03, Mox Plant, Slg. 2006, I-4635, Rn. 84, 93.

385 EuGH, Rs. C-245/02, Anheuser-Busch, Slg. 2004, I-10989, Rn. 1.

Rechtsordnung unterschiedliche Ränge einnehmen, mithin auf mitgliedstaatlicher Seite ein gespaltenes Rechtsregime vorliegt.[386]

Der unionsrechtliche Teil eines gemischten Vertrags stellt Sekundärrecht dar.[387] In der Rechtsordnung der Mitgliedstaaten geht dieser Teil dem nationalen Recht aufgrund des Vorrangs des Unionsrechts dem autonom gesetzten nationalen Recht vor.[388]

Der in die mitgliedstaatliche Kompetenz fallende Teil eines gemischten Abkommens besitzt in den Mitgliedstaaten den Rang, der nach ihren nationalen Verfassungen den völkerrechtlichen Verträgen zugewiesen wurde.[389] In der Bundesrepublik hat folglich der in ihre Kompetenz fallende Teil eines gemischten Vertrags nach Art. 59 Abs. 2 S. 1 GG – ebenso wie autonom abgeschlossene völkerrechtliche Verträge – einfachen Gesetzesrang. In Österreich hat der mitgliedstaatliche Teil gemäß Art. 50 B-VG Gesetzes- oder Verfassungsrang.

IV. Auslegungskompetenz des EuGH

Eine weitere Frage, die sich aus der aufgeteilten Kompetenz von Mitgliedstaaten und der Union für einen gemischten Vertrag stellt, ist die der Auslegungskompetenz des EuGH für diesen Vertrag.[390] Dazu hat der EuGH festgestellt, dass er auf jeden Fall die einzige Instanz sei, die die Zuständigkeitsverteilung zwischen der Union und den Mitgliedstaaten hinsichtlich eines gemischten Vertrags verbindlich feststellen könne.[391] Denn diese Frage betrifft die Wahrung der Rechtsordnung unmittelbar,

---

386 *Vedder*, in: Hummer/Obwexer (Hrg.), S. 267, 297; *Ehlermann*, in: O'Keeffe/Schermers (Hrg.), S. 3, 18; *Bleckmann*, DÖV 1996, 137, 138; *Schweitzer*, Rn. 416; *Huber*, ZöR 2006, 109, 142 ff.; *Neubauer*, S. 36.

387 Siehe Teil 2 E. II. 1.

388 Ständige Rechtsprechung seit EuGH, Rs. 6/64, Costa/E.N.E.L., Slg. 1964, S. 1251. Siehe dazu Teil 3 B. II. 1. a.

389 *Meessen*, EuR 1980, 36, 44; *Arnold*, AVR 1980-81, 419, 455; *Lecheler*, AVR 1994, 1, 4 f.; *Schmalenbach*, in: CR, Art. 216 AEUV Rn. 52; *Vedder*, EuR Beiheft 3/2007, 57, 78; *Ott*, S. 214; *K. Kaiser*, S. 371; *Epiney/Gross*, in: Umweltbundesamt (Hrg.), S. 5, 35; *Streinz*, Rn. 1202; *Wünschmann*, S. 79 f. A.A. *Stein*, S. 187.

390 Vom EuGH noch offen gelassen bezüglich der Frage der Auslegung des mitgliedstaatlichen Teil des Abkommens: EuGH, Rs. 12/86, Demirel, Slg. 1987, 3719, Rn. 9.

391 EuGH, Rs. C-431/05, Merck Genéricos, Slg. 2007, I-7026, Rn. 33; EuGH, Rs. C-240/09, Zoskupenie, Slg. 2011, I-1255, Rn. 31.

die Antwort darauf kann folglich gemäß Art. 19 Abs. 1 S. 2 EUV nur der EuGH geben.[392]

Um die Kompetenzverteilung bei einem gemischten Vertrag festzustellen, kann, beziehungsweise muss der EuGH im Wege eines Vorabentscheidungsverfahrens gemäß Art. 267 Abs. 2 oder 3 AEUV von den nationalen Gerichten angerufen werden.[393] Die Vorlagepflicht der nationalen Gerichte für die Auslegung von Normen gemischter Verträge endet erst dann, wenn eindeutig festgestellt werden kann, dass eine Norm nicht in die Zuständigkeit der Union fällt.[394]

Zuerst muss die Unionszuständigkeit für eine Norm festgestellt werden. Um den genauen Grenzverlauf der Zuständigkeiten feststellen zu können, ist es erforderlich, dass der EuGH den gemischten Vertrag im Gesamtzusammenhang auslegt.[395] Erst nach der Ermittlung einer Unionszuständigkeit kann der EuGH dann in einem zweiten Schritt diese auch inhaltlich auslegen.[396] Ist die Union nicht zuständig, ist es Aufgabe der nationalen Gerichte, die entsprechenden Normen auszulegen.[397] Bei Normen, die in die geteilte Kompetenz der Union fallen, ist der EuGH zuständig für die inhaltliche Auslegung, wenn in diesem Bereich die Union ihre Zuständigkeiten ausgeübt hat, also bereits internes Sekundärrecht erlassen worden ist.[398] Ansonsten ist davon auszugehen, dass die Mitgliedstaaten diese Kompetenz durch den Vertragsschluss selbst ausüben wollten. Es ist dann ebenfalls Sache der Gerichte der Mitgliedstaaten, diese Normen auszulegen, und, gegebenenfalls, eine unmittelbare Wirkung festzustellen.[399]

Zuständig ist der EuGH jedoch für die Auslegung von Verfahrensvorschriften, die sowohl auf nationale als auch auf Sachverhalte der Union

---

392 *Hüwelmeier*, S. 400; *Tomuschat*, in: GS, Art. 300 EGV Rn. 100.

393 EuGH, verb. Rs. C-300/98 u. C-392/98, Dior/Tuk, Slg. 2000, I-11307, Rn. 38.

394 *Tomuschat*, in: GS, Art. 300 EGV Rn. 100. Vgl. EuGH, Rs. 283/81, CILFIT, Slg. 1982, 3415, Rn. 16.

395 EuGH, Rs. C-431/05, Merck Genéricos, Slg. 2007, I-7026, Rn. 33; *Tomuschat*, in: GS, Art. 300 EGV Rn. 100; *Epiney/Gross*, in: Umweltbundesamt (Hrg.), S. 5, 35; Oppermann/Classen/Nettesheim/*Nettesheim*, § 38, Rn. 20.

396 EuGH, Rs. C-240/09, Zoskupenie, Slg. 2011, I-1255, Rn. 32; *Sell*, S. 183.

397 EuGH, Rs. C-240/09, Zoskupenie, Slg. 2011, I-1255, Rn. 32; EuGH, Rs. C-431/05, Merck Genéricos, Slg. 2007, I-7026, Rn. 34; EuGH, verb. Rs. C-300/98 u. C-392/98, Dior/Tuk, Slg. 2000, I-11307, Rn. 48; *Ott*, S. 218.

398 EuGH, Rs. C-240/09, Zoskupenie, Slg. 2011, I-1255, Rn. 32; *Sell*, S. 191; *K. Kaiser*, S. 368.

399 EuGH, Rs. C-240/09, Zoskupenie, Slg. 2011, I-1255, Rn. 32.

anwendbar sind, um diese Vorschriften einheitlich auszulegen und somit eine einheitliche völkerrechtliche Vertretung der Union nach außen zu gewährleisten.[400] Besteht solch eine Verbindung der in Frage stehender Vorschrift mit dem Unionsrecht nicht, so bleiben die mitgliedstaatlichen Gerichte für die Auslegung zuständig.[401]

Der EuGH ist auch für die Überwachung der Einhaltung der Teile eines gemischten Vertrags zuständig, zu denen noch keine Rechtsvorschriften der Union ergangen sind, wenn diese einen weitgehend vom Unionsrecht erfassten Bereich betreffen. Denn in solchen Fällen besteht ein Unionsinteresse an den Einhaltungen der Verpflichtungen des Vertrags durch sowohl der Union als auch den Mitgliedstaaten.[402] Dann besteht ein ausreichender „Community link" für die Jurisdiktion des EuGH.[403] Ansonsten könnte die Union ihrerseits nicht den Vertrag erfüllen.[404]

Aus den Entscheidungen, die der EuGH getroffen hat, ist also abzuleiten, dass er nicht dazu befähigt ist, diejenigen Bestimmungen eines gemischten Vertrags auszulegen, die nicht in der Kompetenz der Union liegen.[405]

Eine umfassende Zuständigkeit des EuGH für alle Normen eines gemischten Abkommens[406] würde dazu führen, dass – zumindest indirekt – der EuGH über die nationale Umsetzungsgesetzgebung entscheidet

---

400 EuGH, Rs. C-53/96, Hermès, Slg. 1998, I-3603, Rn. 32; EuGH, verb. Rs. C-300/98 u. C-392/98, Dior/Tuk, Slg. 2000, I-11307, Rn. 36 ff.; EuGH, Rs. C-89/99, Schieving-Nijstad, Slg. 2001, I-5851, Rn. 31; A.A. *Sell*, S. 191.

401 *Bungenberg*, in: FS Folz, S. 13, 18; *Holdgaard*, S. 219; *Hirsch*, BayVBl. 1997, 449, 450; *Huber*, ZöR 2006, 109, 123.

402 EuGH, Rs. C-239/03, Étang de Berre, Slg. 2004, I-9328, Rn. 29 ff.; EuGH, Rs. C-13/00, Berner Übereinkunft, Slg. 2002, I-2943, Rn. 20; EuGH, Rs. C-240/09, Zoskupenie, Slg. 2011, I-1255, Rn. 36; vgl. die Übersicht bei *Holdgaard*, S. 234

403 *Holdgaard*, S. 230 ff.

404 Vgl. dazu Schlussanträge GA Poiares Maduro, Rs. C-459/03, Mox Plant, Slg. 2006, I-4635, Rn. 30.

405 *Heliskoski*, S. 59; *Hix*, in: Martenczuk/van Thiel (Hrg.), S. 211, 252; *Ehlermann*, in: O´Keeffe/Schermers (Hrg.), S. 3, 19; *Sell*, S. 128 f.; *Herrnfeld*, in: Schwarze, Art. 217 AEUV Rn. 20; *Stock*, S. 98 f.; *Ott*, S. 218; *Gaja*, in: Cannizzaro (Hrg.), S. 117, 119.; *Neubauer*, S. 40. A.A. *Osteneck*, in: Schwarze, Art. 207 AEUV Rn. 196; *Schweitzer/Hummer/Obwexer*, Rn. 1004; *Wünschmann*, S. 76.

406 So aber gefordert von *Stein*, S. 188; Schlussanträge GA Ruiz Jarabo Colomer, Rs. C-431/05, Merck Genéricos, Slg. 2007, I-7026, Rn. 55 ff.; *Kaddous*, in: Cremona/de Witte (Hrg.), S. 291, 296; *Neuwahl*, CMLRev. 1991, 717, 734 f.

und damit in die Kompetenz der Mitgliedstaaten zu eigenständiger Umsetzung des in ihre Zuständigkeit fallenden Teils eines gemischten Vertrags eingreift.[407] Ein Kompetenzübergriff durch die Union, der durch den Abschluss eines gemischten Vertrags vermieden wurde, würde durch die Entscheidungen des EuGH nachgeholt.[408] Die Folge solch einer umfassender Zuständigkeit wäre der Verlust der Auslegungsautonomie der nationalen Gerichte und damit auch an staatlicher Hoheitsgewalt.[409]

407 *Kreibich*, S. 125; *Epiney/Gross*, in: Umweltbundesamt (Hrg.), S. 5, 35.
408 *Meessen*, EuR 1980, 36, 48.
409 *Kreibich*, S. 125.

Teil 3 Die Zusammenarbeit von Union und Mitgliedstaaten im Rahmen gemischter Verträge

Nachdem aufgezeigt wurde, warum gemischte Verträge abgeschlossen werden, und welche rechtlichen Wirkungen diese haben, wird nun der Fokus auf die Zusammenarbeit von Union und Mitgliedstaaten im Rahmen der gemischten Verträge gelegt. Alleine der Umstand, dass die Union und die Mitgliedstaaten gemeinsam auf einer Seite eines völkerrechtlichen Vertrags stehen, zeigt, dass eine Zusammenarbeit notwendig ist.

A. Die Kooperationsverpflichtung

In ständiger Rechtsprechung stellt der EuGH eine Pflicht zur engen Zusammenarbeit zwischen den Unionsorganen und den Mitgliedstaaten bei gemischter Zuständigkeit für den Abschluss eines völkerrechtlichen Vertrags fest.[410] Diese sei nach dieser Rechtsprechung notwendig, um eine einheitliche völkerrechtliche Vertretung der Union und ihrer Mitgliedstaaten sicherzustellen. Die Zusammenarbeitspflicht erstrecke sich von der Aushandlung über den Abschluss bis zur Erfüllung der Verträge.[411]

Die Existenz der Kooperationsverpflichtung bei gemischter Zuständigkeit für einen völkerrechtlichen Vertrag wurde vom EuGH zum ersten Mal in seinem Beschluß 1/78 festgestellt.[412] Dieses Verfahren betraf die EAG, im Gutachten 2/91 hat der EuGH diesen Grundsatz auf völkerrechtliche Verträge im Rahmen der EWG übertragen.[413]

---

410 EuGH, Beschluß 1/78, Objektschutzübereinkommen, Slg. 1978, 2151, Rn. 34 ff. (im Rahmen der EAG); bestätigt für die damalige EWG: EuGH, Gutachten 2/91, ILO-Konvention Nr. 170, Slg. 1993, I-1061, Rn. 36, EuGH, Gutachten 1/94, WTO, Slg. 1994, I-5267, Rn. 108; EuGH, Rs. C-25/94, FAO, Slg. 1996, I-1469, Rn. 48, EuGH, Rs. C-246/07, PFOS, Slg. 2010, I-3317, Rn. 73; EuGH, verb. Rs. C-300/98 u. C-392/98, Dior/Tuk, Slg. 2000, I-11307, Rn. 36; EuGH, Rs. C-459/03, Mox Plant, Slg. 2006, I-4635, Rn. 175; Gutachten 2/00, Protokoll von Cartagena, Slg. 2001, I-9717, Rn. 18; EuGH, Gutachten 1/08, GATS, Slg. 2009, I-11129, Rn. 136.

411 zuletzt: EuGH, Rs. C-246/07, PFOS, Slg. 2010, I-3317, Rn. 73.

412 EuGH, Beschluß 1/78, Objektschutzübereinkommen, Slg. 1978, 2151.

413 EuGH, Gutachten 2/91, ILO-Konvention Nr. 170, Slg. 1993, I-1061, Rn. 36

Im Gutachten 1/94 hat der EuGH der Kooperationsverpflichtung endgültig Konturen gegeben, der Grundsatz lautet, dass

> „eine enge Zusammenarbeit zwischen den Mitgliedstaaten und den Gemeinschaftsorganen sowohl bei der Aushandlung und dem Abschluß eines Übereinkommens wie bei dessen Durchführung sicherzustellen ist, wenn sein Gegenstand teils in die Zuständigkeit der Gemeinschaft, teils in diejenige der Mitgliedstaaten fällt. Diese Pflicht ergibt sich aus der Notwendigkeit einer geschlossenen völkerrechtlichen Vertretung der Gemeinschaft“[414]

In diesen drei Verfahren hat der EuGH eine Kooperationsverpflichtung von Union und den Mitgliedstaaten bei gemischter Zuständigkeit für einen völkerrechtlichen Vertrag festgestellt. Im Beschluß 1/78 kam er zum ersten Mal überhaupt zu dem Ergebnis, dass ein Abkommen in die gemischte Zuständigkeit von Union und den Mitgliedstaaten fällt. In den vorherigen erstellten Gutachten und entschiedenen Verfahren über die Vertragschließungskompetenzen war jeweils eine ausschließliche Zuständigkeit der EWG gegeben.[415] Deshalb war es auch nicht nötig festzustellen, wie die Verhandlungen, der Abschluss und die Durchführung der in Frage stehenden Verträge vorzunehmen sind, da für diese Verträge folglich die diesbezüglichen Regelungen des Unionsrechts anzuwenden waren.

Im Beschluß 1/78 wurde die Kooperationsverpflichtung als solche nicht ausdrücklich erwähnt, sondern nur, dass eine enge Zusammenarbeit zwischen den Unionsorganen und den Mitgliedstaaten notwendig sei, damit das Abkommen in Kraft gesetzt werden könne.[416] Die erste ausdrückliche Erwähnung als Pflicht zur Zusammenarbeit, wie die Kooperationsverpflichtung vom EuGH genannt wird, erfolgte im Gutachten 2/91, aber durch den expliziten Verweis auf die Randnummern 34-36 des Beschlusses 1/78 und die darauffolgende Formulierung „Diese Pflicht zur Zusammenarbeit“[417] stellt der EuGH klar, dass die Feststellung der Kooperationsverpflichtung nur deklaratorisch sei, und begründet sie dann mit der Notwendigkeit einer geschlossenen völkerrechtlichen Ver-

---

414 EuGH, Gutachten 1/94, WTO, Slg. 1994, I-5267, Rn. 108.

415 EuGH, Rs. 22/70, AETR, Slg. 1971, S. 263; EuGH, Gutachten 1/76, Stillegungsfonds für die Binnenschiffahrt, Slg. 1977, 741; EuGH, verb. Rs 3, 4 u. 6/76, Kramer-Biologische Schätze des Meeres, Slg. 1976, 1279.

416 EuGH, Beschluß 1/78, Objektschutzübereinkommen, Slg. 1978, 2151, Rn. 34.

417 EuGH, Gutachten 2/91, ILO-Konvention Nr. 170, Slg. 1993, I-1061, Rn. 36 (Hervorhebung durch den Verfasser).

tretung der Union.[418] Zusammenfassend kann man feststellen, dass die Union und die Mitgliedstaaten eine Pflicht zur Zusammenarbeit bei einer gemischten Zuständigkeit für einen völkerrechtlichen Vertrag haben, die durch eine enge Zusammenarbeit in allen Phasen des Vertrags – also bei den Verhandlungen, beim Abschluss und bei der Anwendung des Vertrags[419] – erfüllt wird.[420]

Eine dogmatische Begründung und Einordnung dieser Kooperationsverpflichtung nimmt der EuGH nicht vor.[421] Insbesondere wird Art. 10 E(W)GV, der ansonsten häufig vom EuGH erwähnt wird,[422] nicht zitiert. Im Beschluß 1/78 und den Gutachten 2/91 und 1/94 waren keine konkreten Anwendungsfälle der Kooperationsverpflichtung Gegenstand der Entscheidungen. Vielmehr war Ziel dieser Verfahren, die etwaige Zuständigkeit der Union für konkrete völkerrechtliche Verträge festzustellen. Daneben erwähnt der EuGH jeweils in einem *obiter dictum* die Kooperationsverpflichtung, und zeigt damit auf, wie die Union und die Mit-

418 EuGH, Gutachten 2/91, ILO-Konvention Nr. 170, Slg. 1993, I-1061, Rn. 36. Seit der FAO-Entscheidung spricht der EuGH von der „Notwendigkeit einer einheitlichen völkerrechtlichen Vertretung der Gemeinschaft, EuGH, Rs. C-25/94, FAO, Slg. 1996, I-1469, Rn. 48 (Hervorhebung durch den Verfasser). In der folgenden Rechtsprechung verwendet der EuGH nur noch in seinem Gutachten 2/00, Protokoll von Cartagena, Slg. 2001, I-9717, Rn. 18 den Begriff „geschlossene völkerrechtliche Vertretung“, vermutlich deshalb, weil der EuGH dort nur den Beschluß 1/78 und die Gutachten 2/91 und 1/94 zitiert.

419 EuGH, Beschluß 1/78, Objektschutzübereinkommen, Slg. 1978, 2151, Rn. 34; EuGH, Gutachten 2/91, ILO-Konvention Nr. 170, Slg. 1993, I-1061, Rn. 36; EuGH, Gutachten 1/94, WTO, Slg. 1994, I-5267, Rn. 108; zuletzt: EuGH, Rs. C-246/07, PFOS, Slg. 2010, I-3317, Rn. 73.

420 Im Gutachten 2/91 wird diese enge Zusammenarbeit als „erforderlich“ bezeichnet, während im Gutachten 1/94 diese „sicherzustellen“ ist. Diese unterschiedlichen Formulierungen ändern nichts daran, dass durch diese enge Zusammenarbeit die Kooperationsverpflichtung erfüllt wird. Dies wird auch durch andere Sprachfassungen beider Gutachten untermauert. Während die englische Sprachfassungen auch unterschiedliche Formulierungen benutzen: „it is important to ensure“ (Gutachten 2/91) und „it is essential to ensure“ (Gutachten 1/94), werden in der französischen und spanischen Fassung die gleichen Formulierungen verwendet: „il importe d´assurer“ (französisch) und „es necesario garantizar“ in der spanischen Sprachfassung.

421 So auch: *Hüwelmeier*, S. 394; *Auvret-Finck*, RTDE 1995, 322, 334 f.; *Kreibich*, S. 125; *Kuijper*, in: FS Slot, S. 291, 296.

422 *Temple Lang*, FDMILJ 2008, 1483, 1516.

gliedstaaten mit der festgestellten gemischten Zuständigkeit für den in Frage stehenden völkerrechtlichen Vertrag umzugehen haben.

Erst in den darauffolgenden Verfahren über die *FAO*,[423] *Dior/Tuk*,[424] *Mox Plant*[425] und *PFOS*[426] hatte der EuGH die Gelegenheit, auf die Auswirkungen der Kooperationsverpflichtung auf konkretes Handeln der Union und der Mitgliedstaaten bei einem bereits abgeschlossenen gemischten Vertrag einzugehen.

Aber auch in diesen Entscheidungen findet sich kein ausdrücklicher Hinweis auf die dogmatische Einordnung der Kooperationsverpflichtung durch den EuGH. In den Entscheidungen *Mox Plant* und *PFOS* stellt der EuGH jeweils einen Verstoß gegen Art. 10 EGV, die Pflicht zur loyalen Zusammenarbeit fest. Die Kooperationsverpflichtung wird damit jedoch nicht begründet.[427]

In zwei weiteren Gutachten, in denen gemischte Vertragschließungskompetenzen für einen völkerrechtlichen Vertrag festgestellt wurden, wies der EuGH kurz auf die Kooperationsverpflichtung hin, ebenfalls ohne diese dogmatisch zu begründen oder diese Pflicht in einer geschriebenen Norm der Verträge zu verorten.[428]

B. Dogmatische Einordnung der Kooperationsverpflichtung

Demnach ist festzuhalten, dass der EuGH keine allumfassende Theorie aufgestellt hat, wo genau in den Verträgen die Kooperationsverpflichtung rechtlich zu verorten ist, wie weit deren Anwendung geht und die Art der Verpflichtungen, die durch diese aufgestellt werden.[429]

In der Literatur wurde der Versuch unternommen, die Kooperationsverpflichtung dogmatisch einzuordnen. Eine Verortung im aufgehobenen

423 EuGH, Rs. C-25/94, FAO, Slg. 1996, I-1469.
424 EuGH, verb. Rs. C-300/98 u. C-392/98, Dior/Tuk, Slg. 2000, I-11307.
425 EuGH, Rs. C-459/03, Mox Plant, Slg. 2006, I-4635.
426 EuGH, Rs. C-246/07, PFOS, Slg. 2010, I-3317.
427 Siehe dazu Teil 3 B. I. 5. f. und g.
428 EuGH, Gutachten 2/00, Protokoll von Cartagena, Slg. 2001, I-9717, Rn. 18; EuGH, Gutachten 1/08, GATS, Slg. 2009, I-11129, Rn. 136.
429 *Cremona*, CMLRev. 2011, 1639, 1650; *Heliskoski*, in: Koskenniemi (Hrg.), S. 273, 274; *MacLeod/Hendry/Hyett*, S. 145; *Klabbers*, in: Cannizzaro (Hrg.), S. 151, 168; *Dutzler*, in: Griller/Weidel (Hrg.), S. 151, 170; *Sack*, CMLRev. 1995, 1227, 1253.

Art. 116 EWGV[430] kann abgelehnt werden, denn diese Norm hätte für die Erstattung des Gutachtens 2/91 noch herangezogen werden können, gleichwohl ging der EuGH überhaupt nicht auf diese Norm ein.[431] Zudem war der Anwendungsbereich des Art. 116 EWGV auf die mitgliedstaatliche Kompetenz beschränkt, und nur eine Verpflichtung für die Mitgliedstaaten, während die Kooperationsverpflichtung sowohl an die Mitgliedstaaten als auch an Unionsorgane gerichtet ist.[432]

Ganz überwiegend wird in der Literatur die Kooperationsverpflichtung als Ausprägung der Pflicht zur loyalen Zusammenarbeit aus (jetzt) Art. 4 Abs. 3 EUV angesehen. Deshalb werden zuerst summarisch die allgemeinen Bedeutungen und die Ausprägungen des Grundsatzes der loyalen Zusammenarbeit im Unionsrecht aufgezeigt. Daran anschließend wird die Auffassung dargestellt, die die Kooperationsverpflichtung als Ausprägung dieser Pflicht zur loyalen Zusammenarbeit ansieht.

Die Gegenüberstellung des Anwendungsbereichs von Art. 4 Abs. 3 EUV und der der Kooperationsverpflichtung wird zeigen, dass diese nicht deckungsgleich sind. Eine darauffolgende ausführliche Analyse der EuGH-Rechtsprechung wird dieses Ergebnis bestätigen, und alsdann ein eigener dogmatischer Ansatz für die Existenz und die Natur der Kooperationsverpflichtung entwickelt.

Wie die Realität der Ausgestaltung der Kooperationsverpflichtung bei den Verhandlungen, bei Abschluss und Durchführung der gemischten Verträge in der Praxis aussieht, wird anschließend dargestellt.

Als Ergebnis dieses Teils der Arbeit wird schließlich ein Vorschlag formuliert, wie die Kooperationsverpflichtung im Primärrecht kodifiziert werden könnte.

I. Der Grundsatz der loyalen Zusammenarbeit, Art. 4 Abs. 3 EUV

Der Grundsatz der loyalen Zusammenarbeit findet sich seit dem Inkrafttreten des Vertrags von Lissabon in Art. 4 Abs. 3 EUV. Dieser Grundsatz regelt die Beziehungen zwischen den nationalen Rechtsordnungen und der Unionsrechtsordnung, aus Staaten werden Mitgliedstaaten der Uni-

---

430 Vgl. *Stein*, S. 175.

431 *Heliskoski*, in: Koskenniemi (Hrg.), S. 273, 277. A.A. *Tridimas*, in: Dashwood/Hillion (Hrg.), S. 48, 59.

432 *Heliskoski*, in: Koskenniemi (Hrg.), S. 273, 276.

on.[433] Diese Bestimmung ist für die Union elementar, da sie mehr als die meisten anderen föderalen Gebilde davon abhängig ist, dass ihre Politiken von den Mitgliedstaaten ausgeübt werden.[434] Dieser Grundsatz wird sogar als „Geschäftsgrundlage des gesamten Integrationsprojekts“[435] bezeichnet. Ziel von Art. 4 Abs. 3 EUV ist die Garantie einer funktionsfähigen Union, die ohne mitgliedstaatlicher Unterstützung ihre Aufgaben nicht erfüllen kann.[436]

Der Grundsatz der loyalen Zusammenarbeit war vor dem Inkrafttreten des Vertrags von Lissabon, also seit dem Inkrafttreten der Römischen Verträge am 1. Januar 1958, und damit seit Gründung der EWG, sprachlich unverändert in Art. 5 EWGV bzw. Art. 5 EGV/Maastricht bzw. Art. 10 EGV zu finden.

1. Änderungen durch den Vertrag von Lissabon

Art. 4 Abs. 3 EUV weist im Gegensatz zu Art. 10 EGV einige Änderungen auf. Inhaltlich sollte durch die Neuformulierung in Art. 4 Abs. 3 EUV[437] an dem Gehalt des Grundsatzes der loyalen Zusammenarbeit nichts verändert werden, insbesondere die Rechtslage, die sich durch Rechtsfortbildung durch den EuGH und die Literatur ergeben hat, sollte übernommen werden und ist für die Auslegung des Art. 4 Abs. 3 EUV weiterhin maßgeblich.[438]

a. Sprachliche Änderungen

Mit dem Vertrag von Lissabon hat der „alte“ Art. 10 EGV einige sprachliche Änderungen erfahren.

aa. Kodifizierung des Begriffs „Grundsatz der loyalen Zusammenarbeit“

Neu ist die Festlegung auf den Begriff „Grundsatz der loyalen Zusammenarbeit“. Der Begriff der loyalen Zusammenarbeit wurde vom EuGH

---

433 *Neframi*, CMLRev. 2010, 323; ähnlich: *Streinz*, in: Streinz, Art. 4 EUV Rn. 30.

434 *Temple Lang*, CMLRev 1990, 645, 647.

435 *Kahl*, in: CR, Art. 4 EUV Rn. 35.

436 *Hatje*, in: Schwarze, Art. 4 EUV Rn. 22.

437 Die Neuformulierung in Art. 4 Abs. 3 EUV war, bis auf die notwendigen redaktionellen Änderungen, bereits in Art. I-5 Abs. 2 EVV zu finden.

438 *von Bogdandy/Schill*, in: GHN, 41. EL Juli 2010, Art. 4 EUV Rn. 48; *Kahl*, in: CR, Art. 4 EUV Rn. 26; BEH/*Epiney*, § 2 Rn. 54.

geprägt und in ständiger Rechtsprechung bemüht.[439] In der deutschen Literatur wurde der Begriff „Gemeinschaftstreue" bevorzugt verwendet.[440] In früheren Entscheidungen ging auch das Bundesverfassungsgericht von diesem Begriff aus,[441] aber bereits in der *Maastricht*-Entscheidung wurden beide Begriffe verwendet.[442] In seiner *Lissabon*-Entscheidung spricht das Bundesverfassungsgericht nunmehr nur noch vom Grundsatz der loyalen Zusammenarbeit.[443] Letztlich handelt es sich dabei nur um sprachliche Spitzfindigkeiten.[444] In dieser Arbeit wird der Begriff „Grundsatz der loyalen Zusammenarbeit" verwendet, zum einen, weil dieser Begriff kodifiziert wurde, zum anderen, da es sich um einen eigenständigen europarechtlichen Begriff handelt. Die „Unionstreue" hingegen ist eng an die „Bundestreue" als dogmatischen Begriff aus der deutschen Verfassungslehre angelehnt.[445]

bb. Weitere sprachliche Änderungen

Ebenfalls neu ist die in Art. 4 Abs. 3 UA 1 EUV erfolgte Kodifizierung, dass der Grundsatz der loyalen Zusammenarbeit auch für die Union gegenüber den Mitgliedstaaten gilt. Dies ist eine rein deklaratorische Feststellung, denn diese Verpflichtung bestand für die Union auch schon zuvor, ohne dass eine primärrechtliche Verankerung nötig gewesen wäre,[446]

---

439 So z.B. in EuGH, Rs. C-374/89, Kommission/Belgien, Slg. 1991, I-367, Rn. 15; EuGH Rs. C-433/03, Kommission/Deutschland, Slg. 2005, I-6985, Rn. 64. Insgesamt war die Terminologie des EuGH jedoch uneinheitlich, so sprach er z.B. von der „Pflicht zur loyalen Zusammenarbeit" und dem „Grundsatz der (loyalen) Zusammenarbeit"; vgl. die Nachweise bei *Kahl*, in: CR, Art. 4 EUV Rn. 29.

440 Z.B. *Lück*, S. 130; *Zuleeg*, in: GS, Art. 10 EGV Rn. 1; vgl. weiter die Nachweise bei *Kahl*, in: CR, Art. 4 EUV, Fn. 88 f.

441 BVerfGE 75, EuGH als gesetzlicher Richter, 223, 237.

442 BVerfGE 89, Maastricht, 155. Die Gemeinschaftstreue wird ohne Erwähnung von Art. 5 EWGV auf S. 184 erwähnt, in dem Zusammenhang, dass aus ihr das Gebot der wechselseitigen Rücksichtnahme folgt. Auf S. 202 stellt das BVerfGE fest, dass die damalige EG „eine Rechtsgemeinschaft ist und in dieser gemäß Art. 5 EWGV der Grundsatz der loyalen Zusammenarbeit gilt."

443 BVerfGE 123, Lissabon, 267, 354, 383.

444 So auch *Kahl*, in: CR, Art. 4 EUV Rn. 33.

445 *Ipsen*, § 9 Rn. 22; *Vedder*, in: Vedder/Heintschel von Heinegg, Art. I-5 EVV Rn. 19.

446 EuGH, Rs. 230/81, Luxemburg/Parlament, Slg. 1983, 255, Rn. 37. Seitdem ständige Rechtsprechung, dies wurde auch in der Literatur bestätigt, siehe

denn eine Loyalitätspflicht kann nur gegenseitig wirken.[447] Die beiden UA 2 und 3, die die Loyalitätsverpflichtungen der Mitgliedstaaten gegenüber der Union regeln, sind, von sprachlichen Anpassungen an die neue Vertragssituation abgesehen, fast wörtlich identisch mit Art. 10 EGV.

b. *Unterabsatz 1 als Generalklausel*

Gänzlich neu ist der UA 1 als Obersatz des Abs. 3. Er kodifiziert den Begriff „Grundsatz der loyalen Zusammenarbeit" und stellt die Generalklausel dieses Grundsatzes dar. Die UA 2 und 3 sind nunmehr nur spezielle Ausprägungen dieses Prinzips.[448]

c. *Geltung des Grundsatzes für die gesamte Union*

Durch die Auflösung der Säulenstruktur und die Verankerung des Grundsatzes der loyalen Zusammenarbeit in den EUV gilt der Grundsatz nunmehr für alle Politikbereiche der Union.[449] Art. 10 EGV galt hingegen nur für die EG. Jedoch hatte der EuGH bereits den Grundsatz der loyalen Zusammenarbeit im Wege richterlicher Rechtsfortbildung auch auf den Bereich der polizeilichen und justiziellen Zusammenarbeit ausgedehnt.[450]

2. Ausprägungen der Pflicht zur loyalen Zusammenarbeit

Die Pflicht zur loyalen Zusammenarbeit legt fest, dass die Union und die Mitgliedstaaten, über den völkerrechtlichen Grundsatz *pacta sunt servanda* hinaus, zusammenarbeiten müssen, damit die Zielsetzungen der Union nicht unterlaufen werden und die Effektivität des Unionsrechts gewahrt bleibt.[451] Die Mitgliedstaaten müssen demnach wie die Unions-

---

nur: *Kahl*, in: CR, Art. 4 EUV Rn. 104 (mit weiteren Nachweisen in Fn. 492 f.).

447 *Streinz*, in: Streinz, Art. 4 EUV Rn. 30; EuGH, Rs. C-339/00, Irland/Kommission, Slg. 2003, I-11782, Rn. 72.

448 *Vedder*, in: VH, Art. 4 EUV Rn. 22.

449 *Vedder*, in: VH, Art. 4 EUV Rn. 1; *Kahl*, in: CR, Art. 4 EUV Rn. 24.

450 EuGH, Rs. C-105/03, Pupino, Slg. 2005, I-5285, Rn. 42 ff.; *von Bogdandy/Schill*, in: GHN, 41. EL Juli 2010, Art. 4 EUV Rn. 48; *Temple Lang*, FDMILJ 2008, 1483, 1523 f.; umfassend dazu: *Hatje*, S. 43 ff.

451 *Lenz*, in: LB, Art. 4 EUV Rn. 11; *Epiney*, in: FS Ress, S. 441, 444; *Streinz*, Rn. 166; *Haratsch/Koenig/Pechstein*, Rn. 191; *Lenaerts/van Nuffel*, Rn. 7-042.

organe eine tragende Rolle bei der Fortentwicklung der Union ausüben.[452]

Die Loyalitätsverpflichtung begründet eine allgemeine Verpflichtung, wirkt jedoch nur im Zusammenhang mit konkreten Aufgaben, Pflichten oder der Wahrnehmung von Rechten, die in den Verträgen oder im Sekundärrecht geregelt sind, sie begründet also keine Kompetenzen aus sich heraus.[453] Die Pflichten aus Art. 4 Abs. 3 EUV sind damit immer abgeleitet, zumindest aus der „Sphäre" der Verträge.[454] Sie wirkt als Lückenfüller für die in den Verträgen nicht geregelten, aber unionsrechtlich ermittelbaren Verpflichtungen.[455] Der Inhalt der Verpflichtung ergibt sich aus den anderen Normen und Zielen der Verträge.[456] Im Bereich der ausschließlichen Zuständigkeiten der Union ergeben sich jedoch aus dem Grundsatz der Loyalität Handlungs- und Unterlassungspflichten, ohne dass andere Anhaltspunkte aus der Unionrechtsordnung bemüht werden müssen.[457]

Aus diesem Grundsatz heraus hat der EuGH in umfangreicher Rechtsprechung verschiedene Pflichten der Mitgliedstaaten und der Union entwickelt und durch zahlreiche richterrechtliche Rechtsinstitute Vorgaben gemacht.[458] Eine umfassende Darstellung aller Ausprägungen dieses Prinzips würde über das Ziel dieser Arbeit hinausgehen. Deshalb erfolgt nur eine knappe Darstellung des Prinzips hinsichtlich der Pflichten, die die Mitgliedstaaten der Union gegenüber und umgekehrt haben, sowie bezüglich derjenigen Pflichten, die die Mitgliedstaaten untereinander haben.[459] Diejenigen Ausprägungen der Pflicht, die auch Auswirkungen auf das auswärtige Handeln der Mitgliedstaaten und/oder der Union haben, werden kurz dargestellt.

---

452 *Lenz*, in: LB, Art. 4 EUV Rn. 11.

453 EuGH, Rs. 78/70, Deutsche Grammophon/Metro, Slg. 1971, 487, Rn. 5; *Kahl*, in: CR, Art. 4 EUV Rn. 43; *Vedder*, in: VH, Art. 4 EUV Rn. 26; *Streinz*, in: Streinz, Art. 4 EUV Rn. 25; *Zuleeg*, in: GS, Art. 10 EGV Rn. 4; *Sell*, S. 175; *Kreibich*, S. 128; *Hatje*, S. 38; *Lück*, S. 165; *Marauhn*, in: Schulze/Zuleeg/Kadelbach (Hrg.), § 7 Rn. 16.

454 *Heliskoski*, in: Koskenniemi (Hrg.), S. 273, 279 f.; *Temple Lang*, FDMILJ 2008, 1483, 1517; *Lenaerts/van Nuffel*, Rn. 7-042.

455 *Wille*, S. 22.

456 *Temple Lang*, FDMILJ 2008, 1483, 1517.

457 *Zuleeg*, in: GS, Art. 10 EGV Rn. 2.

458 *von Bogdandy/Schill*, in: GHN, 41. EL Juli 2010, Art. 4 EUV Rn. 54.

459 Der Grundsatz der loyalen Zusammenarbeit der EU-Organe untereinander ist in Art. 13 Abs. 2 S. 2 EUV geregelt.

a. *Pflichten der Mitgliedstaaten gegenüber der Union*

An dieser Stelle werden die Pflichten, die die Mitgliedstaaten gegenüber der Union erfüllen müssen, dargestellt.

aa. Allgemeine Pflichten

Allgemein kann gesagt werden, dass die Mitgliedstaaten alle notwendigen Maßnahmen zur Verwirklichung der effektiven Wirksamkeit („*effet utile*“[460]) des Unionsrechts zu treffen haben, und alles zu unterlassen haben, was diese effektive Wirksamkeit beeinträchtigen könnte.[461] Die Mitgliedstaaten haben demnach alle geeigneten Maßnahmen allgemeiner oder besonderer Art zur Erfüllung ihrer Verpflichtungen nach dem Unionsrecht zu treffen,[462] unter mehreren Handlungsmöglichkeiten ist die zu wählen, die die unionsrechtliche Verpflichtung am besten erfüllt.[463] Verpflichtet sind alle Träger der öffentlichen Gewalt, also nicht nur der Zentralstaat, sondern darüber hinaus auch alle Gebietskörperschaften.[464]

Insbesondere besteht die Pflicht, dem Unionsrecht in den Mitgliedstaaten Geltung zu verschaffen, und den Vorrang des Unionsrechts zu beachten und durchzusetzen.[465]

Abs. 3 UA 2 legt den Mitgliedstaaten Förderungspflichten auf, um die Union bei der Erfüllung ihrer Aufgaben zu unterstützen. Abs. 3 UA 3 hingegen legt den Mitgliedstaaten Unterlassungspflichten auf in der Hinsicht, dass ihre Handlungen nicht die Zielverwirklichung der Verträge behindern dürfen.[466] Die Mitgliedstaaten sind demnach verpflichtet, alles zu tun, dass die unionsrechtlichen Vorgaben tatsächlich beachtet und die unionsrechtlichen Zielsetzungen tatsächlich erreicht werden können.[467]

Dieser Grundsatz wurde vom EuGH in verschiedenen Bereichen konkretisiert, [468] gerade auch aufgrund der umfangreichen Kasuistik zu

---

460 Ständige Rechtsprechung des EuGH seit Rs. 41/74, van Duyn, Slg. 1974, 1337, Rn. 12.

461 *Epiney*, in: FS Ress, S. 441, 444; *Ipsen*, § 9 Rn. 18 ff.; *Hatje*, in: Schwarze, Art. 4 EUV Rn. 36; *Lück*, S. 64; *Lenaerts/van Nuffel*, Rn. 7-048.

462 EuGH, Rs. C-105/03, Pupino, Slg. 2005, I-5285, Rn. 42.

463 *Vedder*, in: VH, Art. 4 EUV Rn. 19.

464 *Kahl*, in: CR, Art. 4 EUV Rn. 45; *Hatje*, in: Schwarze, Art. 4 EUV Rn. 24.

465 *Fastenrath/Groh*, Rn. 49.

466 *Lenz*, in: LB, Art. 4 EUV Rn. 10.

467 BEH/*Epiney*, § 2 Rn. 64.

468 So hat der EuGH zum Beispiel die unmittelbare Wirkung von Richtlinien, das Äquivalenz- und Effektivitätsprinzip im nationalen Verwaltungsverfahren sowie die Staatshaftung der Mitgliedstaaten für die fehlerhafte Umsetzung von Unionsrecht aus diesem Prinzip begründet. Vgl. bezüglich dieser

Art. 5 E(W)GV/Art. 10 EGV ist der Ruf des EuGH als Motor der Integration begründet.[469] Aus der Verpflichtung zur loyalen Zusammenarbeit können materielle und verfahrensrechtliche Pflichten generiert werden.[470]

bb. Insbesondere: Pflichten bei der Kompetenzwahrnehmung

Der Grundsatz der loyalen Zusammenarbeit begründet selbst keine Zuständigkeiten,[471] sondern regelt die Art und Weise der Ausübung von in den Verträgen gewährten Zuständigkeiten und stellt damit eine Kompetenzausübungsschranke dar.[472] Ansonsten würde eine Kompetenzverschiebung zugunsten der Union, und damit ein Verstoß gegen den Grundsatz der begrenzten Einzelermächtigung aus Art. 5 Abs. 1 S. 1 und Abs. 2 EUV vorliegen.[473]

Aus ihm können sich Stillhalteverpflichtungen der Mitgliedstaaten ergeben,[474] wenn der Rechtsetzungsprozess innerhalb der Union oder die spätere Umsetzung erheblich beeinträchtigt werden könnten.[475]

Ebenso besteht die Verpflichtung der Mitgliedstaaten, als Sachwalter des Unionsinteresses tätig zu werden.[476] Die Verpflichtung, als Sachwalter in Zusammenarbeit mit der Kommission tätig zu werden, besteht für die Mitgliedstaaten dann, wenn die Union in einem ihr zugewiesenen Kompetenzbereich nicht selbst handeln kann, beziehungsweise noch nicht gehandelt hat.[477]

---

und weiterer Ausprägungen des Grundsatzes der loyalen Zusammenarbeit mit umfangreichen Hinweisen auf Literatur und Rechtsprechung *Kahl*, in: CR, Art. 4 EUV Rn. 54 ff.; *Vedder*, in: VH, Art. 4 EUV Rn. 25 ff.; *von Bogdandy/Schill*, in: GHN, 41. EL Juli 2010, Art. 4 EUV Rn. 55 ff.

469 *Wille*, S. 159; *Kahl*, in: CR, Art. 4 EUV Rn. 38.

470 *Epiney*, in: FS Ress, S. 441, 444; *Vedder*, in: VH, Art. 4 EUV Rn. 26.

471 *Kahl*, in: CR, Art. 4 EUV Rn. 86.

472 *Epiney*, in: FS Ress, S. 441, 453; *Marauhn*, in: Schulze/Zuleeg/Kadelbach (Hrg.), § 7 Rn. 15; *Jarass*, AöR 1996, 173, 195 f.; *Unruh*, EuR 2002, 41, 64. In der Lissabon-Entscheidung des Bundesverfassungsgericht wird Art. 4 Abs. 3 EUV als Kompetenzausübungsregel bezeichnet, BVerfGE 123, Lissabon, 267, 383; so wohl auch: *Kahl*, in: CR, Art. 4 EUV Rn. 86.

473 *von Bogdandy/Schill*, in: GHN, 41. EL Juli 2010, Art. 4 EUV Rn. 95; *Kahl*, in: CR, Art. 4 EUV Rn. 86.

474 EuGH, verb. Rs 3, 4 u. 6/76, Kramer-Biologische Schätze des Meeres, Slg. 1976, 1279, Rn. 44/45.

475 *von Bogdandy/Schill*, in: GHN, 41. EL Juli 2010, Art. 4 EUV Rn. 102.

476 *Streinz*, in: Streinz, Art. 4 EUV Rn. 45; *Marauhn*, in: Schulze/Zuleeg/Kadelbach (Hrg.), § 7 Rn. 31. Siehe dazu ausführlich Teil 4 D. III.

477 EuGH, Rs. 804/79, Seefischerei-Erhaltungsmaßnahmen, Slg. 1981, 1045, Rn. 30; EuGH, Gutachten 2/91, ILO-Konvention Nr. 170, Slg. 1993, I-1061,

Zusammenfassend ist zu sagen, dass die Mitgliedstaaten ihre Kompetenzen rücksichtsvoll wahrzunehmen haben.[478]

cc. Insbesondere: Unterlassungspflichten/Beeinträchtigungsverbot

Für die Mitgliedstaaten ergibt sich aus Abs. 3 UA 3 die Pflicht, eigene Maßnahmen zu unterlassen, falls diese die Effektivität der Unionsrechtsordnung beeinträchtigen könnten.[479] Diese Unterlassungspflicht kann als allgemeines Beeinträchtigungsverbot bezeichnet werden.[480] Ziel dieser Unterlassungspflicht ist, die Nichtbehinderung der Union bei der Erreichung ihrer Ziele und Erfüllung ihrer Aufgaben.[481] Zur Sicherung des Vorrangs des Unionsrechts dürfen dem Unionsrecht entgegenstehende Vorschriften nicht erlassen und bereits bestehende nicht angewandt werden.[482]

b. Pflichten der Mitgliedstaaten untereinander

Im Rahmen des Unionsrechts sind auch die Mitgliedstaaten und ihre Organe untereinander zur Kooperation und Rücksichtnahme verpflichtet.[483] So müssen die Mitgliedstaaten bei der Binnenmarktverwirklichung eng zusammenarbeiten, und es hat eine vertrauensgestützte Kooperation der Verwaltungen und Gerichte im Raum der Freiheit, der Sicherheit und des Rechts zu erfolgen.[484] Wenn durch die Anwendung bilateraler Verträge zwischen zwei Mitgliedstaaten Unionsrecht beeinträchtigt werden kann, sind die Mitgliedstaaten verpflichtet, die Anwendung des Unionsrechts zu erleichtern und sich gegenseitig bei der Erfüllung einer Verpflichtung aus dem Unionsrecht zu unterstützen.[485] Regelt das völkerrechtliche Abkommen jedoch Sachbereiche, die außerhalb der Unionsrechtsordnung stehen, und wird bei der Durchführung die Unionsrechtsordnung nicht berührt, ist der Anwendungsbereich von Art. 4 Abs. 3 EUV nicht eröffnet.[486] Ansonsten würde diesen völkerrechtlichen Verträgen, die die Mitglied-

---

Rn. 5; EuGH, Rs. C-45/07, Kommission/Griechenland, Slg. 2009, I-701, Rn. 31. Siehe dazu Teile 4 D. I. und II.

478 *Vedder*, in: Vedder/Heintschel von Heinegg, Art. I-5 EVV Rn. 21.

479 *Vedder*, in: VH, Art. 4 EUV Rn. 20.

480 *Kahl*, in: CR, Art. 4 EUV Rn. 96; *Epiney*, in: FS Ress, S. 441, 452; *Unruh*, EuR 2002, 41, 64.

481 *Vedder*, in: VH, Art. 4 EUV Rn. 20.

482 *Kahl*, in: CR, Art. 4 EUV Rn. 98; *Temple Lang*, CMLRev. 1990, 645, 649.

483 *Kahl*, in: CR, Art. 4 EUV Rn. 111.

484 *Kahl*, in: CR, Art. 4 EUV Rn. 112; *Temple Lang*, CMLRev. 1990, 645, 671.

485 EuGH, Rs. 235/87, Matteucci, Slg. 1988, S. 5589, Rn. 19

486 EuGH, Rs. 44/84, Hurd, Slg. 1986, 47, Rn. 38 f.

staaten aus eigener Kompetenz eingegangen sind, praktisch verbindlicher Unionsrechtscharakter zugesprochen.[487]

Völkerrechtlich erlaubte Handlungen der Mitgliedstaaten untereinander stellen somit nur dann einen Verstoß gegen Art. 4 Abs. 3 EUV dar, wenn dadurch die Funktionsfähigkeit der Unionsrechtsordnung beeinträchtigt wird.[488]

c. *Pflichten der Union gegenüber den Mitgliedstaaten*

Für die Union bedeutet die Pflicht zur loyalen Zusammenarbeit, dass sie bei der Wahrnehmung ihrer Kompetenzen die elementaren Interessen der Mitgliedstaaten zu berücksichtigen hat.[489] Diese Interessen können jeglicher Natur sein, die überragende Bedeutung für einen Mitgliedstaat muss jedoch objektiv zu begründen sein.[490] Hinweise der Mitgliedstaaten auf entgegenstehendes Verfassungsrecht müssen ernst genommen werden, und die Unionsorgane sich dann um eine Lösung bemühen, die das Verfassungsrecht des Mitgliedstaats achtet.[491] Es handelt sich um eine Rücksichtnahmepflicht, um einen Ausgleich zwischen den Interessen und Zielen der Union und den der Mitgliedstaaten zu erreichen.[492] Des Weiteren muss die Union die Mitgliedstaaten bei der Erfüllung deren unionsrechtlichen Verpflichtungen unterstützen.[493]

d. *Sicherung des Unionsrechts*

Eine eigenständige Bedeutung entwickelt der Grundsatz der loyalen Zusammenarbeit immer dann, wenn es keine ausdrücklichen Bestimmungen im Unionsrecht gibt. Dabei müssen aber entweder der *effet utile*, also die Funktionsfähigkeit der Union und/oder die Effektivität der Unionsziele, oder wichtige Interessen der Mitgliedstaaten betroffen sein.[494] Meist geht es um einen Interessenausgleich, grundsätzlich kann eine Maßnahme – in der Rechtsprechungspraxis meist die eines Mitgliedstaats – erlassen werden, ansonsten würde schon ein Kompetenzverstoß und damit ein Verstoß gegen das Unionsrecht vorliegen, und ein

---

487 *Lück*, S. 65.
488 *Unruh*, EuR 2002, 41, 64.
489 BVerfGE 89, Maastricht, 155, 184; *Epiney*, in: FS Ress, S. 441, 445; BEH/*Epiney*, § 2 Rn. 61; *Hatje*, in: Schwarze, Art. 4 EUV Rn. 76.
490 *Epiney*, in: FS Ress, S. 441, 445.
491 BVerfGE 89, Maastricht, 155, 202.
492 BEH/*Epiney*, § 2 Rn. 54.
493 BEH/*Epiney*, § 2 Rn. 54; *Fastenrath*/*Groh*, Rn. 49.
494 *Epiney*, in: FS Ress, S. 441, 445.

Rückgriff auf Art. 4 Abs. 3 EUV wäre nicht nötig. Jedoch wird die Art der Ausführung der Maßnahme durch den nicht antastbaren *effet utile* begrenzt.[495] In den Fällen, in denen das Handeln der Mitgliedstaaten nicht gegen den Wortlaut der Verträge verstoßen würde, aber die effektive Wirksamkeit des Unionsrechts betroffen ist, besteht demnach eine allgemeine Förderpflicht der Mitgliedstaaten.[496] Allgemein ausgedrückt, sollen die aufgestellten Prinzipien das Unionsrecht sichern.[497]

3. Der Anwendungsbereich der Pflicht zur loyalen Zusammenarbeit

Art. 4 Abs. 3 EUV regelt, dass die Union und die Mitgliedstaaten sich „gegenseitig bei der Erfüllung der Aufgaben, die sich aus den Verträgen ergeben", achten und unterstützen. Damit sind die gemeinsamen Politiken und alle Gebiete, die den Zielen der Verträge entsprechen, siehe Art. 3 EUV, umfasst.[498] Folglich ist der Grundsatz der loyalen Zusammenarbeit nur im Anwendungsbereich der primärrechtlichen Verträge anwendbar.[499] Eine Pflichtenbegründung außerhalb dieses Anwendungsbereichs würde dem Grundsatz der begrenzten Einzelermächtigung widersprechen.[500] Es besteht also eine Vertragsakzessorietät, es muss zumindest eine indirekte Anknüpfung an den Anwendungsbereich der Verträge gegeben sein.[501] Folglich entfaltet die Pflicht zur loyalen Zusammenarbeit erst im Zusammenspiel mit anderen Unionsnormen Wirkung.[502]

Demnach kann die Pflicht zur loyalen Zusammenarbeit den Anwendungsbereich des Unionsrechts nicht durch Analogie über den Wortlaut hinaus erweitern.[503] Es ist nicht möglich, die Mitgliedstaaten zu einer Durchführung von Bestimmungen außerhalb der Verträge zu verpflichten, auch wenn eine diesbezügliche Verpflichtung den Integrationszielen

---

495 *Epiney*, in: FS Ress, S. 441, 445; *von Bogdandy/Schill*, in: GHN, 41. EL Juli 2010, Art. 4 EUV Rn. 53.
496 BEH/*Epiney*, § 2 Rn. 64.
497 *Streinz*, in: Streinz, Art. 4 EUV Rn. 33; *Wille*, S. 73.
498 *Kahl*, in: CR, Art. 4 EUV Rn. 46.
499 EuGH, Rs. 44/84, Hurd, Slg. 1986, 47, Rn. 38.
500 *Wille*, S. 22.
501 *Kahl*, in: CR, Art. 4 EUV Rn. 46.
502 Schlussanträge GA Poiares Maduro, Rs. C-205/06, Kommission/Österreich und Rs. C-249/06, Kommission/Schweden, Slg. 2009, I-1301, Rn. 34.
503 EuGH, Rs. C-379/98, PreussenElektra, Slg. 2001, I-2099, Rn. 65; *Temple Lang*, FDMILJ 2008, 1483, 1519.

förderlich erscheint.[504] Voraussetzung für das Eingreifen der Pflicht zur loyalen Zusammenarbeit ist ein konkreter Integrationsstand. Demnach kann Art. 4 Abs. 3 EUV nicht zur Begründung von Pflichten dienen, die über den momentanen Integrationsstand hinausgehen,[505] ansonsten würden politische Entscheidungen vorweggenommen werden.[506]

4. Einordnung der Kooperationsverpflichtung in Art. 4 Abs. 3 EUV durch die Literatur

In der Literatur wird die Kooperationsverpflichtung bei gemischten Verträgen nach der ganz herrschenden Meinung als Ausprägung des Art. 4 Abs. 3 EUV angesehen. Zur Unterstützung dieser These wird vorgebracht, dass der EuGH im Beschluß 1/78 sich auf Art. 192 EAGV berufen habe.[507] Und dass daher, obwohl der EuGH in den folgenden Verfahren im Rahmen der E(W)G sich nicht ausdrücklich auf Art. 10 EGV berufen habe, die rechtliche Basis der Kooperationsverpflichtung dort zu finden sei.[508] Dies wird damit begründet, dass der EuGH im Gutachten 2/91 ausdrücklich die Kooperationsverpflichtung, die bisher nur bei der EAG festgestellt worden war, auf die EWG übertragen habe.[509] Ein anderer Begründungsansatz sieht das Ziel der Kooperationsverpflichtung stets darin, der Union ein Handeln im Rahmen der Verträge zu ermöglichen.[510]

Ansonsten verweisen viele Autoren, meist ohne nähere Begründung, im Zusammenhang mit der Kooperationsverpflichtung bei den gemischten Verträgen auf Art. 4 Abs. 3 EUV, beziehungsweise dessen Vorgängernormen.[511] Jedoch wird durch diese Ansicht das Problem der fehlen-

---

504 *Lück*, S. 65.
505 *Kreibich*, S. 128.
506 *Lück*, S. 165.
507 *Hillion*, in: Hillion/Koutrakos (Hrg.), S. 87, 88 f.; *F. Kaiser*, S. 48; *Eberle*, S. 148; *De Baere*, S. 253; *K. Kaiser*, S. 165.
508 *Hillion*, in: Hillion/Koutrakos (Hrg.), S. 87, 89; *Kahl*, in: CR, Art. 4 EUV Rn. 90; *Rodenhoff*, S. 277.
509 *Hillion*, in: Hillion/Koutrakos (Hrg.), S. 87, 89.
510 *Hüwelmeier*, S. 397.
511 So z.B. *Schmalenbach*, in: CR, Art. 218 AEUV Rn. 27; *Breier*, EuZW 1999, 11, 15; *Cremona*, in: Cremona/de Witte (Hrg.), S. 125, 157; *Bischoff*, S. 222; *von Horstig*, S. 237; *Frid*, S. 149; *Mögele*, in: Streinz, Art. 216 AEUV Rn. 32; *Lorenzmeier*, in: GHN, 43. EL März 2011, Art. 218 AEUV Rn. 51; *Tomuschat*, in: GS, Art. 300 EGV Rn. 34; *MacLeod/Hendry/Hyett*, S. 145; *Hoffmeister*, in: Hillion/Koutrakos (Hrg.), S. 249, 262; *Geiger*, JZ 1995, 973 981; *Sattler*, S. 131 ff.; *Nakanishi*, S. 161; *Hilpold*, S. 220; *Hix*, in: Martenczuk/van Thiel (Hrg.), S. 211, 214; *Govaere*, in: Hillion/Koutrakos (Hrg.),

den dogmatischen Einordnung durch den EuGH vereinfacht und die rechtliche Komplexität des Art. 4 Abs. 3 EUV nicht gebührend berücksichtigt.[512]

a. *Die Ansicht der völkerrechtlichen Verpflichtung der Union*

Neframi vertritt die These, dass auch die Durchführung von Bestimmungen eines gemischten Abkommens, die in die Zuständigkeit der Mitgliedstaaten fallen, eine Verpflichtung aus dem Unionsrecht für die Mitgliedstaaten darstellten, und stützt ihre These auf Art. 4 Abs. 3 UA 3 EUV. Nach ihrer Ansicht habe die Unionsgruppe als Ganzes die völkerrechtlichen Verpflichtungen aus dem Vertrag übernommen, und daher könne die Ausführung aller Bestimmungen des gemischten Vertrags als eine Verpflichtung der Union angesehen werden, zu deren Erfüllung die Mitgliedstaaten beitragen müssten.[513] Folglich werden gemischte Verträge den gewöhnlichen Unionsabkommen, die gemäß Art. 216 Abs. 2 AEUV einen Teil der Unionsrechtsordnung darstellen, gleichgestellt.[514] Ihre These sieht *Neframi* durch die *Hermès*- und *Dior/TuK*-Entscheidung des EuGH gestützt, sie schließt daraus, dass der EuGH alle Bestimmungen eines gemischten Vertrags auslegen könne.[515] Den Mitgliedstaaten bleibe, analog zur Regelung in der internen Unionsrechtsordnung, nur der Weg der Umsetzung der Verpflichtungen überlassen.[516]

b. *Die Ansicht der Einheit der Gemeinschaften*

Hillion vertritt die These, dass die Formulierung

> „die Notwendigkeit einer geschlossenen völkerrechtlichen Vertretung der Gemeinschaft“

S. 187, 205; *Delgado Casteleiro/Larik*, ELRev. 2011, 524, 526; *Stock*, S. 40; *Wille*, S. 140; *Schütze*, S. 216; *Dutzler*, in: Griller/Weidel (Hrg.), S. 151, 167; *Leal-Arcas*, FJIL 2007, 569, 651; *Streinz*, Rn. 530; *Nettesheim*, in: von Bogdandy/Bast (Hrg.), S. 389, 432; *Marauhn*, in: Schulze/Zuleeg/Kadelbach (Hrg.), § 7 Rn. 18 Fn. 95; *Dörr*, in: GHN, 44. EL Mai 2011, Art. 47 EUV Rn. 49.

512 *Heliskoski*, in: Koskenniemi (Hrg.), S. 273, 277.

513 *Neframi*, CMLRev. 2010, 323, 336 f.; *Neframi*, S. 629 f.; ähnlich: *F. Kaiser*, S. 56.

514 *Neframi*, CMLRev. 2010, 323, 335, 337.

515 *Neframi*, CMLRev. 2010, 323, 332 f.; *Neframi*, S. 629 f.

516 *Neframi*, CMLRev. 2010, 323, 337.

nicht eine Grundlage der Kooperationsverpflichtung darstelle.[517] Er ist der Auffassung, dass diese Formulierung zumindest ursprünglich eine andere Bedeutung hatte, dabei bezieht er sich auf die englischen Sprachfassungen der Entscheidungen:

> „the requirement of unity in the international representation of the Community“[518].

Er geht davon aus, dass das Wort „unity“ sich auf eine einheitliche völkerrechtliche Vertretung der Unionsrechtsordnung, die aus den früheren drei Gemeinschaften bestehe, aber auf einheitlichen Grundsätzen und Prinzipien beruhe, beziehe.[519] Dies bedeute, dass diese Formulierung sich ursprünglich gerade nicht auf eine Einheit von Gemeinschaft und der Mitgliedstaaten beziehe, die durch eine Zusammenarbeit zu vollziehen sein werde, sondern auf eine Einheit der Gemeinschaften.[520] Damit sei diese „requirement of unity“ nicht die Basis der Kooperationsverpflichtung zwischen der Union und ihrer Mitgliedstaaten, sondern ein Mittel diesen Grundsatz, der innerhalb der EAG zuerst formuliert wurde, auf die EWG zu übertragen, dessen Wurzeln im gleichen Grundsatz wie bei der EAG zu suchen seien, nämlich im Grundsatz der loyalen Zusammenarbeit, und deshalb Ausdruck dieses Grundsatzes sei.[521]

Bestätigt sieht er seine These durch die *Mox Plant*-Entscheidung des EuGH,[522] in der der EuGH in Rn. 174 zuerst auf die allgemeine Verpflichtung aus Art. 10 EGV eingehe und dann in der darauffolgenden Rn. 175 auf die Kooperationsverpflichtung bei gemischten Verträgen hinweise. Richtigerweise stellt *Hillion* fest, dass der EuGH zum ersten Mal auf das Prinzip der loyalen Zusammenarbeit im Zusammenhang mit der Kooperationsverpflichtung bei gemischten Verträgen verweise.[523] Er zieht daraus und aus der Tatsache, dass der EuGH sich diesmal nicht auf „requirement of unity“ beziehe, den Schluss, dass das allgemeine Prinzip der loyalen Zusammenarbeit und die Kooperationsverpflichtung bei gemischten Verträgen eng miteinander verbunden seien, und dass die Kooperationsverpflichtung eine spezielle Ausformung der Pflicht zur loyalen Zu-

---

517 *Hillion*, in: Hillion/Koutrakos (Hrg.), S. 87, 90.

518 EuGH, Gutachten 2/91, ILO-Konvention Nr. 170, Slg. 1993, I-1061, Rn. 36; EuGH, Gutachten 1/94, WTO, Slg. 1994, I-5267, Rn. 108 (jeweils in der englischen Sprachfassung).

519 *Hillion*, in: Hillion/Koutrakos (Hrg.), S. 87, 91.

520 *Hillion*, in: Hillion/Koutrakos (Hrg.), S. 87, 91.

521 *Hillion*, in: Hillion/Koutrakos (Hrg.), S. 87, 91. Zustimmend: Schlussanträge GA Poiares Maduro, Rs. C-246/07, PFOS, Slg. 2010, I-3317, Rn. 37.

522 EuGH, Rs. C-459/03, Mox Plant, Slg. 2006, I-4635.

523 *Hillion*, in: Hillion/Koutrakos (Hrg.), S. 87, 91.

sammenarbeit sei, was schon Aussage des Beschluß 1/78 des EuGH gewesen sei.[524]

Folge der Verortung der Kooperationsverpflichtung im Prinzip der loyalen Zusammenarbeit sei, deren Ziel, nämlich

> "to facilitate the achievement of the Community tasks and to ensure the coherence and consistency of the action and its international representation"[525]

zu gewährleisten.[526] Damit wird aus seiner Sicht die Pluralität im internationalen Handeln abgeschafft, mit der Begründung, dass diese die völkerrechtliche Stellung der Union untergrabe.[527]

Er räumt jedoch ein, dass wenn man die Kooperationsverpflichtung als Folge der „unity in the international representation of the Community" sehe, folglich die Pluralität anerkannt werde und es deshalb zwingend einer Koordination bedürfe, damit sichergestellt werde, dass nach außen einheitlich gesprochen werde.[528]

5. Die Rechtsprechung des EuGH

Nachdem die Ansichten in der Literatur, die die Kooperationsverpflichtung als Element der Pflicht zur loyalen Zusammenarbeit gemäß Art. 4 Abs. 3 EUV ansehen, dargestellt wurden, wird nun der Fokus auf die Rechtsprechung des EuGH gelegt.

a. *Beschluß 1/78, Objektschutzübereinkommen*

Die erste Entscheidung, in der der EuGH die Kooperationspflicht feststellte, war der Beschluß 1/78.[529] Streitpunkt war die Zuständigkeitsverteilung für einen Entwurf der Internationalen Atomenergieorganisation für ein Übereinkommen über den Objektschutz von Kernmaterial, kerntechnischen Anlagen und Nukleartransporten.

Während die Kommission für den gemischten Abschluss dieses Übereinkommens plädierte, vertrat der Juristische Dienst des Rates die Auf-

---

524 *Hillion*, in: Hillion/Koutrakos (Hrg.), S. 87, 91 f.

525 EuGH, Rs. C-266/03, Kommission/Luxemburg, Slg. 2005, I-4805, Rn. 60; dieses Zitat findet sich bei *Hillion*. In der deutschen Fassung des Urteils: „die Einheitlichkeit und Kohärenz des völkerrechtlichen Gemeinschaftshandeln und der völkerrechtlichen Vertretung der Gemeinschaft".

526 *Hillion*, in: Hillion/Koutrakos (Hrg.), S. 87, 92.

527 *Hillion*, in: Hillion/Koutrakos (Hrg.), S. 87, 92.

528 *Hillion*, in: Hillion/Koutrakos (Hrg.), S. 87, 92.

529 EuGH, Beschluß 1/78, Objektschutzübereinkommen, Slg. 1978, 2151.

fassung, dass die Kompetenzen der Mitgliedstaaten für einen alleinigen Abschluss durch diese ausreichten, und damit keine Beteiligung der EAG notwendig war.

Aufgrund dieser Unstimmigkeiten leitete Belgien das Verfahren gemäß Art. 103 EAGV ein, um einen verbindlichen Beschluss des EuGH über die Vereinbarkeit des Übereinkommens mit dem EAGV, und damit über die Frage der Zuständigkeit für den Vertragsabschluss zu erhalten.

Nach einer genauen Analyse des fraglichen Entwurfs und der Regelungen des EAGV stellt der EuGH im Beschluß 1/78 eine gemischte Zuständigkeit für den Abschluss des Übereinkommens fest.[530] Zudem betont er, dass die Zuständigkeiten der EAG und der Mitgliedstaaten bei manchen Regelungen des Übereinkommens eng ineinandergriffen.[531]

Aufgrund dieser engen Verzahnung der Zuständigkeiten fügt der Gerichtshof einen, wie er es selbst nennt, „juristischen Hinweis“[532] hinzu, der sich nicht auf die Frage der Zuständigkeit bezieht, sondern auf die Folgen der festgestellten gemischten Zuständigkeit gerichtet ist. Soweit der EAG durch die Mitgliedstaaten Zuständigkeiten und Befugnisse übertragen seien, die durch das in Frage stehende Übereinkommen betroffen seien, müsse sie das Objektschutzsystem bei ihrer Tätigkeit beachten, ebenso sei es gemäß Art. 101 EAGV ihre Aufgabe, sich an das Übereinkommen zu binden.[533]

In diesem Zusammenhang erwähnt der EuGH Art. 192 EAGV,[534] der mit Art. 5 EWGV und 10 EGV identisch ist. Es wird dargelegt, dass falls ein Abschluss des fraglichen Übereinkommens allein durch die Mitgliedstaaten ohne die Beteiligung der EAG erfolge, dieser Alleingang der Mitgliedstaaten einen Verstoß gegen das Prinzip der loyalen Zusammenarbeit darstelle. Durch solch einen Alleingang wäre demnach zwangsläufig die Funktionsfähigkeit und außenrechtliche Handlungsautonomie der EAG in den Regelungsbereichen, die in ihre Zuständigkeit fallen, beeinträchtigt, selbst wenn ein Vorgehen der Mitgliedstaaten gemeinsam und

530 EuGH, Beschluß 1/78, Objektschutzübereinkommen, Slg. 1978, 2151, Rn. 31.
531 EuGH, Beschluß 1/78, Objektschutzübereinkommen, Slg. 1978, 2151, Rn. 31.
532 EuGH, Beschluß 1/78, Objektschutzübereinkommen, Slg. 1978, 2151, Rn. 32.
533 EuGH, Beschluß 1/78, Objektschutzübereinkommen, Slg. 1978, 2151, Rn. 32.
534 EuGH, Beschluß 1/78, Objektschutzübereinkommen, Slg. 1978, 2151, Rn. 33.

abgestimmt erfolgen sollte.[535] Die Berufung auf Art. 192 EAGV verstärkt damit nur die Feststellung der gemischten Kompetenz für das Übereinkommen.

„Aus alledem" folgert der EuGH, dass das Objektschutzübereinkommen

> „hinsichtlich der Gemeinschaft nur aufgrund einer engen Zusammenarbeit zwischen den Gemeinschaftsorganen und den Mitgliedstaaten bei der Aushandlung und dem Abschluß wie auch bei der Erfüllung der übernommenen Verpflichtungen in Kraft gesetzt werden kann."[536]

Weiterhin stellt der EuGH fest, dass diese enge Zusammenarbeit vor allem beim Vollzug des Übereinkommens zu erfolgen habe; wobei das Abkommen gemäß der internen Zuständigkeit entweder durch die EAG oder durch die Mitgliedstaaten zu vollziehen sei, und diese strikte Trennung nach der Struktur dieses Abkommens auch möglich sei.[537] Ausdrücklich wird auf das *AETR*-Urteil[538] verwiesen und festgestellt, dass damit der dort geforderten Kohärenz zwischen der internationalen Tätigkeit der Gemeinschaft und der Verteilung der Zuständigkeiten und Befugnisse im internen Bereich Genüge getan werde.[539] Ziel dieser Kooperationsverpflichtung sei folglich, dass die EAG und die Mitgliedstaaten fähig seien, vollständig die Verpflichtungen aus einem gemischten Vertrag zu erfüllen.[540]

Die vom EuGH angedeutete Situation eines mitgliedstaatlichen Alleingangs ist damit unabhängig von der geforderten Kooperation bei den gemischten Verträgen zu sehen. Bei einem alleinigen Abschluss eines völkerrechtlichen Vertrags durch die Mitgliedstaaten, bei dem die Zuständigkeit teilweise in die Kompetenz der Union und teilweise in die der Mitgliedstaaten fällt, wird zwangsläufig die Unionsrechtsordnung beeinträchtigt, weil die Mitgliedstaaten sich in einem Bereich völkerrechtlich binden, in denen ihnen die Gesetzgebungskompetenz fehlt, es handelte sich insoweit um ausschließliche Zuständigkeiten der Union.

---

535 EuGH, Beschluß 1/78, Objektschutzübereinkommen, Slg. 1978, 2151, Rn. 33.
536 EuGH, Beschluß 1/78, Objektschutzübereinkommen, Slg. 1978, 2151, Rn. 34.
537 EuGH, Beschluß 1/78, Objektschutzübereinkommen, Slg. 1978, 2151, Rn. 36.
538 EuGH, Rs. 22/70, AETR, Slg. 1971, S. 263.
539 EuGH, Beschluß 1/78, Objektschutzübereinkommen, Slg. 1978, 2151, Rn. 36.
540 *Holdgaard*, S. 163.

Für eine Offen- und Festlegung der internen Zuständigkeitsverteilung gegenüber den Vertragspartnern bestehe keine Notwendigkeit, auch, weil diese sich dynamisch weiterentwickle und damit ändern könne.[541] Etwas drastisch stellt der EuGH fest, dass „sich die dritten Länder nicht [in die interne Zuständigkeitsverteilung] einzumischen haben".[542] Damit wird betont, dass die Union und die Mitgliedstaaten nach außen als Einheit von den Vertragspartnern wahrgenommen werden sollen.

b. Gutachten 2/91, ILO-Konvention Nr. 170

Erst fünfzehn Jahre später konnte der EuGH in einem Verfahren wieder auf die Kooperationsverpflichtung eingehen. Dies erfolgte in seinem Gutachten bezüglich der Zuständigkeit für den Abschluss der ILO-Konvention Nr. 170 über Sicherheit bei der Verwendung chemischer Stoffe bei der Arbeit.[543]

Dieser Konvention können nur Mitglieder der ILO beitreten und damit war der Union als Nichtstaat ein Beitritt verwehrt, denn gemäß Art. 1 Abs. 2 und 3 der Verfassung der ILO[544] können nur Staaten deren Mitglied sein.

Vor der Prüfung der Zuständigkeitsverteilung für diese Konvention stellt der EuGH deshalb fest, dass er diese Überprüfung im Rahmen eines Gutachtens gemäß Art. 228 Abs. 1 UA 2 EWGV überhaupt durchführen könne. Da gemäß dem Gutachtenantrag nur die Frage zu klären sei, ob nach dem damaligen Stand des Unionsrechts der Abschluss der Übereinkunft in die Zuständigkeit der EWG falle, und diese Frage unabhängig davon beantwortet werden könne, ob formelle Hindernisse einen Beitritt der Union verhindern, sei der Gutachtenantrag zulässig.[545] Zugleich stellt der EuGH dar, wie eine eventuelle gegebene Zuständigkeit der Union ausgeübt werden könne: durch die Mitgliedstaaten, die im Rahmen des Abkommens im Interesse der Union handelten.[546]

An diesem Punkt stellt der EuGH damit fest, dass die Mitgliedstaaten verpflichtet sein können, die auswärtige Gewalt der Union auszuüben,

541 EuGH, Beschluß 1/78, Objektschutzübereinkommen, Slg. 1978, 2151, Rn. 35.

542 EuGH, Beschluß 1/78, Objektschutzübereinkommen, Slg. 1978, 2151, Rn. 35 (Einfügung der Klammer durch den Verfasser).

543 EuGH, Gutachten 2/91, ILO-Konvention Nr. 170, Slg. 1993, I-1061.

544 Verfassung der Internationalen Arbeitsorganisation vom 9. Oktober 1946 in der Fassung vom 25. Juni 1953, BGBl. 1957 II, S. 317, zuletzt geändert am 22. Juni 1972, BGBl. 1975 II, S. 2206.

545 EuGH, Gutachten 2/91, ILO-Konvention Nr. 170, Slg. 1993, I-1061, Rn. 3 f.

546 EuGH, Gutachten 2/91, ILO-Konvention Nr. 170, Slg. 1993, I-1061, Rn. 5.

wenn aus externen Gründen die Union diese nicht selbst ausüben könne. Es werde demnach eine Sachwalterschaft durch die Mitgliedstaaten begründet, die im Interesse der Union ausgeübt werden müsse. Der EuGH stellt dies bei der Beantwortung der Zulässigkeit des Gutachtenantrags fest, vor der Prüfung in der Sache, also vor Prüfung der konkreten Zuständigkeitsverteilung. Daraus lässt sich schließen, dass der EuGH diese Feststellung generell auf die ausschließlichen und geteilten Außenkompetenzen der Union bezogen hat.

Nachdem der EuGH nach einer umfassenden Analyse des ergangenen Sekundärrechts eine gemischte Zuständigkeit für den Abschluss des Übereinkommens feststellt, erfolgt ein Verweis auf die Ausführungen im Beschluß 1/78:

> „daß eine enge Zusammenarbeit zwischen den Mitgliedstaaten und den Gemeinschaftsorganen sowohl bei der Aushandlung und dem Abschluß eines Übereinkommens wie bei dessen Durchführung erforderlich ist, wenn sein Gegenstand teils in die Zuständigkeit der Gemeinschaft, teils in diejenige der Mitgliedstaaten fällt."[547]

Damit überträgt der EuGH die vorher nur bei der EAG festgestellte Kooperationsverpflichtung erstmals auch auf die EWG. Allerdings ist diese Feststellung nur deklaratorischer Natur. Denn der EuGH begründet die Kooperationsverpflichtung damit, dass sie sich aus der

> „Notwendigkeit einer geschlossenen völkerrechtlichen Vertretung der Gemeinschaft ergibt",

unabhängig davon, ob im konkreten Fall die EAG oder die EWG für den Vertrag zuständig sei.[548] Damit wird das bereits im Beschluß 1/78 angedeutete gemeinsame Auftreten der Union und der Mitgliedstaaten erstmals ausdrücklich vom EuGH erwähnt.

Im konkreten Fall der ILO-Konvention Nr. 170 sei diese Zusammenarbeit deshalb unumgänglich, weil die Union den Vertrag nur durch ihre Mitgliedstaaten abschließen könne und deswegen die Unionsorgane und die Mitgliedstaaten alle erforderlichen Maßnahmen treffen müssten, um die Zusammenarbeit bei dieser Konvention sicherzustellen.[549]

---

547 EuGH, Gutachten 2/91, ILO-Konvention Nr. 170, Slg. 1993, I-1061, Rn. 36.

548 EuGH, Gutachten 2/91, ILO-Konvention Nr. 170, Slg. 1993, I-1061, Rn. 36.

549 EuGH, Gutachten 2/91, ILO-Konvention Nr. 170, Slg. 1993, I-1061, Rn. 37 f. In der Praxis findet jedoch keine nennenswerte Kooperation zwischen den Mitgliedstaaten und der Kommission innerhalb der ILO statt, *Cavicchioli*, in: Cannizzaro (Hrg.), S. 260.

In diesem Gutachten wird damit klargestellt, dass die Kooperationsverpflichtung bei einem völkerrechtlichen Vertrag sich aus der gemischten Zuständigkeit für eben diesen ergebe, auch wenn er, wie der in Frage stehende Vertrag, nicht von der Union, und damit auch nicht gemischt abgeschlossen werden könne.[550]

Es ist zu sehen, dass der EuGH diese geschlossene völkerrechtliche Vertretung auf das gesamte Abkommen bezieht, denn in dessen Rahmen können nur die Mitgliedstaaten handeln. Die Kooperationsverpflichtung erstreckt sich damit auf das gesamten Abkommen, unabhängig von der konkreten Kompetenzverteilung. Aus Unionssicht ist es wiederum nicht nötig, den Vertragspartnern die konkrete Kompetenzverteilung mitzuteilen, wichtig ist nur, dass die Mitgliedstaaten im Rahmen des Abkommens abgestimmt handeln.

c. *Gutachten 1/94, WTO*

Im Gutachten bezüglich der Vertragschließungskompetenz für die dem Abkommen zur Errichtung der WTO angehängten Abkommen über den Dienstleistungsverkehr (GATS) und über die handelsbezogenen Rechte an geistigem Eigentum einschließlich des Handels mit nachgeahmten Waren (TRIPS) kommt der EuGH zu dem Ergebnis, dass diese zwischen EG und den Mitgliedstaaten geteilt seien.[551]

An dieses Ergebnis anschließend, widmet der EuGH im Gutachten 1/94 das letzte Kapitel der Verpflichtung von Mitgliedstaaten und Unionsorganen zur Zusammenarbeit. Konkreter Anlass war das Vorbringen der Kommission, dass sich aus einer aufgeteilten Kompetenz zum Abschluss des GATS- und des TRIPS-Abkommens Schwierigkeiten bei der Durchführung beider Abkommen ergäben. Sie befürchtete bei fehlendem Konsens ein individuelles Vorgehen der Mitgliedstaaten in einem ihnen verbliebenen Bereich, und dass es zu „endlose(n) Diskussionen" kommen würde, in welche Zuständigkeit eine bei Durchführung der Abkommen aufkommende Frage falle, und damit, dass das einheitliche Auftreten der Union nach außen untergraben und ihre Verhandlungsmacht geschwächt würde.[552] Deshalb sollte nach Auffassung der Kommission der

550 So auch: *MacLeod/Hendry/Hyett*, S. 147.

551 EuGH, Gutachten 1/94, WTO, Slg. 1994, I-5267, Rn. 98, 105.

552 EuGH, Gutachten 1/94, WTO, Slg. 1994, I-5267, Rn. 106. Im Gegensatz zu dieser Befürchtung hat sich in der Praxis ergeben, dass die Mitgliedstaaten die Rolle der Kommission als alleinige Verhandlungsführerin und Sprecherin akzeptiert haben, *Eeckhout*, in: Xenopoulos (Hrg.), S. 275, 285 f.

Abschluss beider Abkommen in die ausschließliche Zuständigkeit der Union fallen.

Dieses Vorbringen der Kommission wird vom EuGH zutreffenderweise zurückgewiesen. Die vorgebrachte Besorgnis sei zwar vollkommen legitim, wird dann aber durch den Hinweis entkräftet, dass Schwierigkeiten, die bei der Durchführung der Abkommen auftreten könnten, vollkommen unabhängig von der Frage der Zuständigkeit seien. Vielmehr seien solche Schwierigkeiten Folge der konkreten Zuständigkeitsverteilung.[553]

Jedoch könne der Besorgnis eines uneinheitlichen Auftretens der Union die Kooperationsverpflichtung entgegengehalten werden, die sich aus der Notwendigkeit einer einheitlichen völkerrechtlichen Vertretung der Union ergebe. Demnach sei

> „eine enge Zusammenarbeit zwischen den Mitgliedstaaten und den Gemeinschaftsorganen sowohl bei der Aushandlung und dem Abschluß eines Übereinkommens wie bei dessen Durchführung sicherzustellen [ist], wenn sein Gegenstand teils in die Zuständigkeit der Gemeinschaft, teils in diejenige der Mitgliedstaaten fällt. Diese Pflicht ergibt sich aus der Notwendigkeit einer geschlossenen völkerrechtlichen Vertretung der Gemeinschaft“[554]

Diese Kooperationsverpflichtung sei speziell bei dem WTO-Abkommen mit seinen angehängten Abkommen um so zwingender, weil diese Abkommen unauflöslich zusammenhingen und weil durch die Streitbeilegungsmechanismen innerhalb der WTO ein Mechanismus wechselseitiger Retorsion geschaffen worden sei.[555] Der Union und den Mitgliedstaaten müsse die Möglichkeit gegeben sein, diejenige durch das Abkommen erlaubte Retorsionsmaßnahme zu ergreifen, die ihr dem Retorsionsgegner gegenüber am wirkungsvollsten erscheine, auch wenn diese Maßnahmen nicht in ihre Zuständigkeit falle.[556]

---

553 EuGH, Gutachten 1/94, WTO, Slg. 1994, I-5267, Rn. 107; bestätigt in: EuGH, Gutachten 2/00, Protokoll von Cartagena, Slg. 2001, I-9717, Rn. 41; dasselbe gilt auch für etwaige Schwierigkeiten bei dem Abschluss eines Abkommens: EuGH, Gutachten 1/08, GATS, Slg. 2009, I-11129, Rn. 127. So auch: Schlussanträge GA Kokott, Rs. C-13/07, WTO-Beitritt Vietnam, http://curia.europa.eu/juris/document/document.jsf?text=&docid=78975&pageIndex=0&doclang=DE&mode=lst&dir=&occ=first&part=1&cid=575765, Rn. 124.

554 EuGH, Gutachten 1/94, WTO, Slg. 1994, I-5267, Rn. 108 (Einfügung der Klammer durch den Verfasser).

555 EuGH, Gutachten 1/94, WTO, Slg. 1994, I-5267, Rn. 109.

556 EuGH, Gutachten 1/94, WTO, Slg. 1994, I-5267, Rn. 109.

Dieser Hinweis des EuGH auf die Kooperationsverpflichtung ist die direkte Antwort auf die vorgetragenen Bedenken der Kommission. Er bezieht sich auch auf das von der Kommission befürchtete einseitige Handeln der Mitgliedstaaten in den ihnen verbliebenen Zuständigkeitsbereichen. Daraus ist zu schließen, dass auch in diesen Zuständigkeitsbereichen eine enge Zusammenarbeit der Mitgliedstaaten untereinander und mit der Kommission erforderlich ist, um nach außen einheitlich zu handeln.

Dies wird bekräftigt durch die Aussage, dass ohne diese Kooperationsverpflichtung eine wirkungsvolle Retorsion nicht möglich sei. Sowohl die Union als auch die Mitgliedstaaten könnten ohne diese Zusammenarbeit nicht, nach einer in ihrem Zuständigkeitsbereich liegenden ordnungsgemäßen Ermächtigung, diejenige Retorsionsmaßnahmen ergreifen, die für den Zweck der Ermächtigung am wirkungsvollsten erscheine, jedoch nicht in ihrer Kompetenz liege.[557]

Dies bedeutet, dass die Mitgliedstaaten und die Union gegenseitig auch in einem Bereich, der in die Zuständigkeit des jeweils anderen fällt, Handlungen zulassen müssen, um das jeweils optimale Ergebnis zu erzielen.

d. Rs. C-25/94, FAO

Nachdem der EuGH in den vorherigen Entscheidungen nur generell Stellung zur Kooperationsverpflichtung nehmen konnte, ist in der Rs. C-25/94[558] erstmals die konkrete Tragweite der Kooperationsverpflichtung Gegenstand der Entscheidung. Strittig war die Auslegung von Punkt 2.3. der interinstitutionellen Vereinbarung zwischen Rat und Kommission für das gemeinsame Vorgehen der Union und der Mitgliedstaaten bei der Ernährungs- und Landwirtschaftsorganisation der Vereinten Nationen[559] (FAO). Mitglied der FAO sind sowohl die Union als auch die Mitgliedstaaten.[560]

Die dortige Regelung sieht vor, dass bei einem Tagesordnungspunkt innerhalb der FAO, der in die gemischte Zuständigkeit falle, ein gemeinsamer Standpunkt erreicht werden solle. Dieser Standpunkt wird vom Vorsitz des Rates vertreten, wenn der Schwerpunkt des Tagesord-

---

557 EuGH, Gutachten 1/94, WTO, Slg. 1994, I-5267, Rn. 109.

558 EuGH, Rs. C-25/94, FAO, Slg. 1996, I-1469.

559 BGBl. 1971 II, S. 1033.

560 Diese Vereinbarung und die Entscheidung werden in Teil 3 C. IV. 4. d. genauer analysiert. An dieser Stelle wird nur auf den Ertrag der Entscheidung hinsichtlich der dogmatischen Einordnung der Kooperationsverpflichtung eingegangen.

nungspunktes in die ausschließliche Zuständigkeit der Mitgliedstaaten fällt, und die Mitgliedstaaten stimmen darüber gemäß den gemeinsamen Standpunkt ab. Fällt der Schwerpunkt des Tagesordnungspunktes in die ausschließliche Zuständigkeit der Union, trägt die Kommission den gemeinsamen Standpunkt vor, und stimmt im Einklang mit diesem ab.

Der Ausschuss der Ständigen Vertreter der Regierungen der Mitgliedstaaten gemäß Art. 16 Abs. 7 EUV und 240 AEUV (COREPER[561]), der nach der Vereinbarung das Letztentscheidungsrecht bezüglich der Zuständigkeiten hat, hatte für einen Tagesordnungspunkt die gemischte Zuständigkeit mit Schwerpunkt mitgliedstaatlicher Kompetenzen angenommen, und dementsprechend das Rede- und Stimmrecht diesbezüglich dem Ratsvorsitz übertragen. Auf der FAO-Konferenz stimmten die Mitgliedstaaten einheitlich gemäß einen mit den Unionsorganen erarbeiteten gemeinsamen Standpunkt ab. Über die gemischte Zuständigkeit für den Tagesordnungspunkt waren sich die Kommission und der Rat als Prozessbeteiligte einig.[562] Die Kommission ging gegen diesen Beschluss des COREPER vor dem EuGH hinsichtlich der Einschätzung der überwiegenden mitgliedstaatlichen Zuständigkeit vor.

Der EuGH kommt in seiner Analyse zum Ergebnis, dass der Schwerpunkt des Tagesordnungspunktes in die ausschließliche Zuständigkeit der Union falle.[563] Damit liege ein Verstoß des Rates gegen Punkt 2.3. vor. Weiterhin erfülle Punkt 2.3. der Vereinbarung im Rahmen der FAO die Kooperationsverpflichtung zwischen Union und ihren Mitgliedstaaten, zudem sei diese Vereinbarung ihrem Wortlaut nach rechtlich verbindlich.[564]

Der Verstoß des Rates gegen die Vereinbarung stelle damit gleichzeitig einen Verstoß gegen die Kooperationsverpflichtung dar, weshalb der Ratsbeschluss für nichtig erklärt wurde.[565]

---

561 Nach der französischen Bezeichnung für diesen Ausschuss: COmité des REprésentants PERrmanents des gouvernements des États membres.

562 EuGH, Rs. C-25/94, FAO, Slg. 1996, I-1469, Rn. 20, 40.

563 EuGH, Rs. C-25/94, FAO, Slg. 1996, I-1469, Rn. 46 f.

564 EuGH, Rs. C-25/94, FAO, Slg. 1996, I-1469, Rn. 49.

565 EuGH, Rs. C-25/94, FAO, Slg. 1996, I-1469, Rn. 51. Der EuGH hat damit anders entschieden, als von GA Jacobs in seinen Schlussanträgen vorgeschlagen. Dieser berief sich darauf, dass ein gemeinsamer Standpunkt gefunden wurde, und dieser auch von den Mitgliedstaaten so vertreten wurde, und damit keine Streitfrage vorlag. Damit war seiner Meinung nach die Klage unzulässig, zumal es schwierig sei, die Zuständigkeit zur Stimmabgabe nach dem Schwerpunkt der Erörterungen zu bestimmen, Schlussanträge GA Jacobs, Rs. C-25/94, FAO, Slg. 1996, I-1469, Rn. 59, 72 f.

Es lag damit keine Frage einer Beeinträchtigung autonomen Unionsrechts seitens der Mitgliedstaaten vor, denn es wurde von den Mitgliedstaaten gemäß einem mit der Kommission erarbeiteten gemeinsamen Standpunkt abgestimmt. Da die Mitgliedstaaten einheitlich abgestimmt haben, wurde auch die Union geschlossen völkerrechtlich vertreten. Dies alles geschah im Einklang mit der von Kommission und den Mitgliedstaaten getroffenen bindenden FAO-Vereinbarung, die eine Erfüllung der Kooperationsverpflichtung darstellt.[566]

Damit war die einzige gerichtlich zu klärende Frage, ob die Kompetenz für das geplante Übereinkommen überwiegend in die ausschließliche Kompetenz der Union fällt, denn dann hätte gemäß der FAO-Vereinbarung das Mandat zur Stimmabgabe der Kommission übertragen werden müssen. Dies war eine rein interne Frage: ob der Rat, der durch den COREPER das Stimmrecht an die Mitgliedstaaten übertragen, und dies durch einen Beschluss bestätigt hatte, damit gegen eine rechtliche Verpflichtung verstoßen hatte, mithin, ob eine fehlerhafte Auslegung der interinstitutionellen Vereinbarung vorlag.

Die Kooperationsverpflichtung war insoweit nur Gegenstand des Verfahrens, als dass festgestellt wurde, dass die FAO-Vereinbarung diese erfülle, und dass diese Erfüllung der Verpflichtung mittels einer interinstitutionellen Vereinbarung Rechtswirkungen erzeuge, die für die abschließenden Parteien Verpflichtungen mit sich bringe, sowie dass die Verpflichtungen geltend gemacht und durchgesetzt werden könnten.[567]

Auch in dieser Entscheidung wird vom EuGH wiederum nicht das Prinzip der loyalen Zusammenarbeit bemüht, das damals in Art. 5 EWGV verankert war. Und dies, obwohl GA *Jacobs* in seinen Schlussanträgen die Kooperationsverpflichtung in dieser Norm verortet.[568] Die rechtliche Verbindlichkeit der Kooperationsverpflichtung wird allein auf die Selbstbindung der Organe gestützt.

e. Rs. C-53/96, Hermès und verb. Rs. C-300/98 und Rs. C-302/98, Dior/Tuk

Gegenstand der Entscheidungen *Hermès*[569] und *Dior/Tuk*[570] ist die Zuständigkeit des EuGH hinsichtlich der Auslegung von Art. 50 TRIPS. Das TRIPS-Übereinkommen fiel zum Zeitpunkt der Entscheidungen in die

566 EuGH, Rs. C-25/94, FAO, Slg. 1996, I-1469, Rn. 49.
567 *Hillion*, in: Hillion/Koutrakos (Hrg.), S. 87, 94.
568 Schlussanträge GA Jacobs, Rs. C-25/94, FAO, Slg. 1996, I-1469, Rn. 71.
569 EuGH, Rs. C-53/96, Hermès, Slg. 1998, I-3603.
570 EuGH, verb. Rs. C-300/98 u. C-392/98, Dior/Tuk, Slg. 2000, I-11307.

gemischte Zuständigkeit von Union und Mitgliedstaaten.[571] Nach Art. 50 Abs. 1 TRIPS sind die Gerichte der Vertragsstaaten befugt, einstweilige Maßnahmen zu erlassen, um die Verletzung eines Rechts an geistigem Eigentum zu verhindern und einschlägige Beweise zu sichern.

Diese Vorschrift ist sowohl auf innerstaatliche als auch dem Unionsrecht unterliegende Sachverhalte anwendbar. Der EuGH entschied in beiden Urteilen, dass er für die Auslegung solcher Normen immer zuständig sei, unabhängig von der konkreten Zuständigkeit für die materielle Frage, damit die Norm einheitlich ausgelegt werde und damit voneinander abweichende Auslegungen im Unionsraum verhindert würden.[572]

Während diese Auslegungszuständigkeit in der *Hermès*-Entscheidung nicht näher begründet wird, stellt der EuGH bei *Dior/ Tuk* auf die Kooperationsverpflichtung bei der Erfüllung des gemischt abgeschlossenen TRIPS-Übereinkommen ab.[573]

In diesem Verfahren betraf die Auslegungsfrage des vorlegenden Gerichts über die Anwendung des Art. 50 TRIPS einen Bereich des geistigen Eigentums, für welchen die Mitgliedstaaten zuständig waren. Gleichwohl wies der EuGH die Vorlage nicht als unzulässig zurück, sondern argumentiert, dass Art. 50 TRIPS eine Verfahrensvorschrift darstelle, die gleichermaßen im gesamten Geltungsbereich des Abkommens gelte und auf mitgliedstaatliche und unionsrechtliche Sachverhalte anwendbar sei, und deshalb verlange die Kooperationsverpflichtung aus praktischen und rechtlichen Gründen, dass die Norm in der Union und in den Mitgliedstaaten einheitlich auszulegen sei, wozu nur der EuGH im Vorabentscheidungsverfahren in Zusammenarbeit mit den mitgliedstaatlichen Gerichten in der Lage sei.[574] Denn ansonsten könnten bereits von der Union und den Mitgliedstaaten getroffene Vereinbarungen bezüglich der Durchführung des Abkommens nicht umgesetzt werden, wenn die (inzwischen) 28 nationalen Gerichte dieselben Normen unterschiedlich auslegten.[575]

---

571 EuGH, Gutachten 1/94, WTO, Slg. 1994, I-5267, Rn. 105.

572 EuGH, Rs. C-53/96, Hermès, Slg. 1998, I-3603, Rn. 32; EuGH, verb. Rs. C-300/98 u. C-392/98, Dior/Tuk, Slg. 2000, I-11307, Rn. 35.

573 EuGH, verb. Rs. C-300/98 u. C-392/98, Dior/Tuk, Slg. 2000, I-11307, Rn. 36; so auch bereits Schlussanträge GA Tesauro, Rs. C-53/96, Hermès, Slg. 1997, I-3603, Rn. 21.

574 EuGH, verb. Rs. C-300/98 u. C-392/98, Dior/Tuk, Slg. 2000, I-11307, Rn. 37 f.

575 Schlussanträge GA Tesauro, Rs. C-53/96, Hermès, Slg. 1997, I-3603, Rn. 21.

Damit zeigt diese Entscheidung deutlich, dass die Kooperationsverpflichtung auch im Bereich der mitgliedstaatlichen Kompetenzen anwendbar ist, hier ist es der Aspekt der einheitlichen Auslegung einer verfahrensrechtlichen Norm eines Übereinkommens durch einen Vertragspartner. Denn die Union und die Mitgliedstaaten sind zusammen eine Vertragspartei der WTO.

Bei einer uneinheitlichen Auslegung des Art. 50 TRIPS wäre die Pflicht zur loyalen Zusammenarbeit nicht beeinträchtigt. Die nationalen Gerichte müssten der Auslegung des EuGH nur folgen, wenn sie ihre nationalen Vorschriften bei dem Schutz von Rechten aus unionsrechtlichen Vorschriften, die zum Anwendungsbereich des TRIPS gehören, anwenden müssten.[576] Bei der Anwendung des Art. 50 TRIPS für den Schutz von Rechten aus nationalen Vorschriften wären sie nicht an die Auslegung des EuGH gebunden, denn es erfolgt keine Beeinträchtigung des Unionsrechts.

Die Folge wäre allerdings eine uneinheitliche Auslegung einer verfahrensrechtlichen Norm des Abkommens innerhalb einer Vertragspartei. Um dies zu verhindern, ist der EuGH sowohl für die Auslegung von TRIPS bei innerstaatlichen als auch bei unionsrechtlichen Sachverhalten zuständig.[577] Begründet werden kann diese Zuständigkeit des EuGH aber nur mit der Kooperationsverpflichtung bei der Durchführung des gemischten Abkommens.[578] Art. 50 TRIPS ist als Verfahrensvorschrift für alle unter dem TRIPS-Übereinkommen fallende Sachverhalte anwendbar, demnach muss diese Norm „sowohl aus praktischen wie aus rechtlichen Gründen" innerhalb des Unionsraums einheitlich ausgelegt werden.[579]

Alle anderen Vertragsstaaten der WTO sind für das gesamte Abkommen zuständig, und dementsprechend muss Art. 50 TRIPS in allen Streitigkeiten von den jeweils staatlichen Gerichten ausgelegt werden. Für eine einheitliche Auslegung der Norm innerhalb des Mitgliedstaats müssen die jeweiligen nationalen obersten Gerichte sorgen. Die Kooperationsverpflichtung der EU-Mitgliedstaaten wird durch ihre nationalen Gerichte erfüllt, die ein Vorabentscheidungsverfahren einleiten, die dann

---

576 EuGH, verb. Rs. C-300/98 u. C-392/98, Dior/Tuk, Slg. 2000, I-11307 Rn. 34.

577 EuGH, verb. Rs. C-300/98 u. C-392/98, Dior/Tuk, Slg. 2000, I-11307 Rn. 35.

578 EuGH, verb. Rs. C-300/98 u. C-392/98, Dior/Tuk, Slg. 2000, I-11307 Rn. 36.

579 EuGH, verb. Rs. C-300/98 u. C-392/98, Dior/Tuk, Slg. 2000, I-11307 Rn. 37; zustimmend: *Epiney*, EuZW 1999, 5, 9.

erfolgende Auslegung des EuGH, die für eine Einheitlichkeit in der Union sorgen soll, stellt die Erfüllung dieser Verpflichtung durch die Unionsorgane dar.[580]

Die Entscheidungen zeigen auch auf, dass aus der Kooperationsverpflichtung rechtliche Pflichten erwachsen können, die nicht notwendigerweise in einer interinstitutionellen Vereinbarung wie bei der FAO festgehalten werden müssen, sondern aus sich heraus generiert werden.[581] Außerdem wird vom EuGH deutlich gemacht, dass die Erfüllung der Kooperationsverpflichtung nicht nur an die Exekutive gerichtet sei, sondern an alle Gewalten eines Mitgliedstaats.[582]

Jedoch können Normen des TRIPS-Abkommens, die vollständig in die Zuständigkeit der Mitgliedstaaten fallen, weiterhin von den dortigen Gerichten autonom nach den im nationalen Recht vorgesehenen Voraussetzungen ausgelegt werden.[583]

f. Rs. C-459/03, Mox Plant

In der *Mox Plant*-Entscheidung erwähnt der EuGH zum ersten Mal seit dem Beschluß 1/78 im Zusammenhang mit der Kooperationsverpflichtung auch die allgemeine Pflicht zur loyalen Zusammenarbeit aus Art. 10 EGV und Art. 192 EAGV.[584]

Gegenstand dieses Verfahrens war ein Schiedsverfahren, das Irland im Rahmen des gemischt abgeschlossenen UN-Seerechtsübereinkommens (UNCLOS)[585] gemäß dessen Art. 287 gegen das Vereinigte Königreich wegen des Betriebs einer Wiederaufbereitungsanlage von nuklearen Stoffen (Mox Plant) in Sellafield an der Irischen See eingeleitet hatte. Einem Schiedsverfahren zwischen zwei Vertragsstaaten eines Übereinkommens steht normalerweise nichts im Wege. Hier ist aber die Besonderheit gegeben, dass Irland und das Vereinigte Königreich Mitglied der Union sind, und Irland dem Schiedsgericht Unionsrecht als anzuwendendes und auszulegendes Recht vorlegte.[586] Da zudem die streitigen Normen des Seerechtsübereinkommens in die ausschließliche

---

580 Schlussanträge GA Tesauro, Rs. C-53/96, Hermès, Slg. 1997, I-3603, Rn. 21.

581 *Hillion*, in: Hillion/Koutrakos (Hrg.), S. 87, 95 f.

582 *Hillion*, in: Hillion/Koutrakos (Hrg.), S. 87, 96; *Holdgaard*, S. 215.

583 EuGH, Rs. C-431/05, Merck Genéricos, Slg. 2007, I-7026, Rn. 48; *Koutrakos*, S. 202. Siehe dazu Teil 2 E. IV.

584 EuGH, Rs. C-459/03, Mox Plant, Slg. 2006, I-4635, Rn. 174 f.

585 Seerechtsübereinkommen der Vereinten Nationen vom 10. Dezember 1982, ABl. 1994 L 179/3.

586 EuGH, Rs. C-459/03, Mox Plant, Slg. 2006, I-4635, Rn. 36 f.

Zuständigkeit der Union fallen, nimmt der EuGH einen doppelten Verstoß gegen seine Alleinentscheidungskompetenz bei Streitigkeiten der Mitgliedstaaten über die Auslegung und Anwendung des Unionsrechts nach Art. 292 EGV und Art. 193 EAGV an.[587]

Daneben wurde von der Kommission gerügt, dass Irland „gegen die sich aus Artikel 10 EG und Artikel 192 EA ergebende Verpflichtung zur Zusammenarbeit" verstoßen habe, weil Irland das Schiedsverfahren eingeleitet hatte, ohne die zuständigen Unionsorgane vorher informiert und konsultiert zu haben.[588]

In der Würdigung der Rüge verweist der EuGH erst auf den materiellen Inhalt der Art. 10 EGV und 192 EAGV,[589] und dann auf die Kooperationsverpflichtung bei der Erfüllung eines aufgrund gemischter Zuständigkeit abgeschlossenen Abkommens.[590] Sodann betont er, dass diese Verpflichtung besonders in Fällen wie dem vorliegendem bestehe, wenn also die streitigen Normen zu einem Gebiet gehörten, in denen die Zuständigkeiten zwischen der Union und den Mitgliedstaaten eng miteinander verwoben seien.[591]

Der Kooperationsverpflichtung wäre in diesem Fall von Irland nur Genüge getan geworden, wenn Irland vor Einleitung des Streitbeilegungsverfahrens nach dem UNCLOS die zuständigen Unionsorgane unterrichtet und konsultiert hätte.[592] Denn es hätte die Gefahr bestanden, dass ein anderes Gericht als der EuGH die Tragweite des Unionsrechts bestimmte, außerdem hatte die Kommission schon vor Einleitung des Schiedsverfahrens ein Schreiben an Irland gerichtet, in dem sie betonte, dass die Streitigkeit in die ausschließliche Zuständigkeit des EuGH falle.[593] Sodann gibt der EuGH der Rüge der Kommission statt,

> „soweit sie auf die Feststellung abzielt, dass Irland die Pflicht zur Zusammenarbeit aus den Artikeln 10 EG und Art. 192 EA verletzt hat [...]"[594].

---

587 EuGH, Rs. C-459/03, Mox Plant, Slg. 2006, I-4635, Rn. 120 f., 139, 151 f. Da auch EAG-Sekundärrecht vorgelegt wurde, wurde auch ein Verstoß gegen Art. 193 EAGV festgestellt. Umfassend zum Verstoß gegen Art. 292 EGV: *Schmalenbach*, in: FS Hafner, S. 1045, 1053 ff.
588 EuGH, Rs. C-459/03, Mox Plant, Slg. 2006, I-4635, Rn. 158.
589 EuGH, Rs. C-459/03, Mox Plant, Slg. 2006, I-4635, Rn. 174.
590 EuGH, Rs. C-459/03, Mox Plant, Slg. 2006, I-4635, Rn. 175.
591 EuGH, Rs. C-459/03, Mox Plant, Slg. 2006, I-4635, Rn. 176.
592 EuGH, Rs. C-459/03, Mox Plant, Slg. 2006, I-4635, Rn. 179.
593 EuGH, Rs. C-459/03, Mox Plant, Slg. 2006, I-4635, Rn. 177 f.
594 EuGH, Rs. C-459/03, Mox Plant, Slg. 2006, I-4635, Rn. 182.

Demnach stellt der EuGH sowohl einen Verstoß gegen die Kooperationsverpflichtung als auch gegen die Pflicht zur loyalen Zusammenarbeit fest. Diese Verstöße wurden durch die gleiche Handlung begangen, der Einleitung des Schiedsverfahren, ohne vorher die zuständigen Unionsorgane unterrichtet und konsultiert zu haben.[595]

Jedoch setzen die beiden Verstöße an unterschiedlichen Stellen an. Der Verstoß gegen die Pflicht zur loyalen Zusammenarbeit liegt darin, dass durch die Einleitung des Schiedsverfahrens durch Irland in einem Bereich des Seerechtsübereinkommens, in dem die Zuständigkeiten eng verwoben sein können, die Gefahr bestand, dass ein anderes Gericht als der EuGH sich zu den Verpflichtungen, die sich für die Mitgliedstaaten aus dem Unionsrecht ergeben, für die beiden Vertragsparteien verbindlich äußert,[596] siehe Art. 296 UNCLOS.

Der Ständige Schiedshof (PCA) als angerufenes Schiedsgericht im Rahmen des Verfahrens nach UNCLOS erklärte sich für die Entscheidung des eingeleiteten Verfahrens zuständig.[597] Gleichzeitig stellte er fest, dass nicht das Vereinigte Königreich und Irland als Streitparteien die Reichweite des Unionsrechts bezüglich der Seerechtskonvention endgültig feststellen könnten, vielmehr sei dies Aufgabe des EuGH.[598] Der PCA müsse aber ebenfalls im Rahmen des ihm vorgelegten Verfahrens über die Zuständigkeitsfrage entscheiden, es bestehe also die reelle Gefahr, dass die beiden Streitparteien bezüglich ihrer Streitigkeit über die Anlage zwei sich widersprechende Entscheidungen erhalten würden, die aber beide für sie bindend wären.[599] Diese Situation würde jedoch aus Sicht des PCA dem gegenseitigen Respekt und Höflichkeit, dem sich zwei richterliche Institutionen, die über Rechte und Pflichten zwischen Staaten entscheiden, entgegenbringten und ihrer Aufgabe, der fried-

---

595 EuGH, Rs. C-459/03, Mox Plant, Slg. 2006, I-4635, Rn. 179.

596 EuGH, Rs. C-459/03, Mox Plant, Slg. 2006, I-4635, Rn. 177.

597 Permanent Court of Arbitration, Arbitral Tribunal Constituted Pursuant to Article 287, and Article 1 of Annex VII, of the United Nations Convention on the Law of the Sea for the Dispute Concerning the MOX Plant, International Movements of Radioactive Materials, and the Protection of the Marine Environment of the Irish Sea, The MOX Plant Case, Ireland v. United Kingdom, Order No 3 from 24 June 2003, Suspension of Proceedings on Jurisdiction and Merits, and Request for Further Provisional Measures, http://www.pca-cpa.org/upload/files/MOX%20Order %20no3.pdf, Nr. 17, Statement by the President of June 13, 2003, http://www.pca-cpa.org/ upload/files/STATEMENT%20BY%20THE%20 PRESIDENT.pdf, Nr. 4 f.

598 Order No. 3, Nr. 26.

599 Order No. 3, Nr. 27; Statement by the President, Nr. 9 f.

lichen Streitbeilegung, widersprechen.[600] Aus diesen Gründen wurde das Verfahren durch den PCA ausgesetzt.[601] Das Verfahren vor dem PCA wurde schließlich nach der EuGH-Entscheidung von Irland zurückgezogen und vom PCA eingestellt.[602]

Bezüglich der Kooperationsverpflichtung ist Gegenstand der Entscheidung deren interne Seite, und nicht eine Kompetenzfrage.[603] Als Vertragsstaat eines gemischten Vertrags können Mitgliedstaaten Dritten gegenüber in Bereichen handeln, die nicht in ihre Zuständigkeiten fallen. Dies zu verhindern, ist Ziel der Kooperationsverpflichtung. Im konkreten Fall des UNCLOS muss ein Mitgliedstaat immer, bevor er in dessen Rahmen ein Schiedsverfahren einleitet, die zuständigen Unionsorgane informieren und konsultieren. Diese Verpflichtung besteht auch bei einem Verfahren gegen einen Drittstaat, denn es könnten ebenfalls die Normen des UNCLOS betroffen sein, die in die Zuständigkeit der Union fallen.[604] In solch einem Fall ist unionsrechtlich allein die Union selbst berechtigt, ein Schiedsverfahren einzuleiten. Bei einem berechtigten Anliegen des konsultierenden Mitgliedstaats besteht dann seitens der Union, analog zu den Feststellungen des EuGH zu den dispute settlement-Verfahren im Rahmen der WTO,[605] die Pflicht, selbst ein Verfahren einzuleiten oder einem Verfahren des Mitgliedstaats zuzustimmen.[606]

Diese Unterrichtungs- und Konsultationspflicht besteht auch, wenn der Gegenstand des geplanten Schiedsverfahren in die Zuständigkeit der Mitgliedstaaten fällt, aufgrund der beim UNCLOS eng miteinander

---

600 Order No. 3, Nr. 28, Statement by the President, Nr. 11.

601 Order No. 3, Nr. 29, Statement by the President, Nr. 12.

602 Permanent Court of Arbitration, Arbitral Tribunal Constituted Pursuant to Article 287, and Article 1 of Annex VII, of the United Nations Convention on the Law of the Sea for the Dispute Concerning the MOX Plant, International Movements of Radioactive Materials, and the Protection of the Marine Environment of the Irish Sea, The MOX Plant Case, Ireland v. United Kingdom, Order No. 6 from 6 June 2008, Termination of Proceedings, http://www.pca-cpa.org/upload/files/MOX%20Plant%20Order%20No.%206.pdf, S. 2.

603 *Heliskoski*, in: Hillion/Koutrakos (Hrg.), S. 138, 158; *Vranes*, EuR 2009, 44, 76.

604 So auch: *Govaere*, in: Hillion/Koutrakos (Hrg.), S. 187, 206; *Eeckhout*, S. 240. Wohl auch: *Oen*, AVR 2007, 136, 146.

605 EuGH, Gutachten 1/94, WTO, Slg. 1994, I-5267, Rn. 109. So auch: *Cremona*, in: Cremona/de Witte (Hrg.), S. 125, 167. Siehe dazu Teil 3 B. I. 5. c.

606 So wohl auch *Eeckhout*, S. 240.

verwobenen Zuständigkeiten von Union und Mitgliedstaaten.[607] Beratungen mit der Kommission sind dann nützlich, um festzustellen, inwieweit das Unionsrecht, und damit die ausschließliche Zuständigkeit des EuGH betroffen ist.[608] Je nach Kompetenzverteilung könnte sich, als Ergebnis der Unterrichtung und Konsultation mit der Kommission, eine Pflicht des Mitgliedstaats erwachsen, die Einleitung eines Verfahrens zu unterlassen.[609]

Nach alledem liegt im Rahmen des Seerechtsübereinkommens ein Verstoß gegen die Kooperationsverpflichtung vor, wenn die zuständigen Unionsorgane vor Einleitung eines Schiedsverfahrens durch einen Mitgliedstaat nicht informiert und konsultiert werden. Zusätzlich liegt ein Verstoß gegen die Pflicht zur loyalen Zusammenarbeit vor, weil aufgrund der eng verwobenen Zuständigkeiten die Gefahr besteht, dass ein anderes Gericht als der EuGH sich zu den Verpflichtungen äußert, die sich für die Mitgliedstaaten aus dem Unionsrecht ergeben.

g. Rs. C-246/07, PFOS

In seinem Urteil zu dem Stockholmer Übereinkommen über persistente Schadstoffe[610] ist der EuGH zuletzt auf die Kooperationsverpflichtung bei gemischter Zuständigkeit für einen völkerrechtlichen Vertrag eingegangen.[611]

Im Rat sprach Schweden sich für einen gemeinsamen Vorschlag von Union und Mitgliedstaaten aus, den Stoff Perflouroctansulfonat (PFOS) in die einschlägige Anlage A des Stockholmer Übereinkommens aufzunehmen. Der Rat empfahl jedoch, dass vorrangig die Stoffe, deren Verwendung bereits durch das Protokoll von Aarhus[612] beschränkt seien, vorzuschlagen seien, da diese in der Union bereits den Bestimmungen für persistente Schadstoffe (POP) unterliegten.

Hinsichtlich der Stoffe, die bei der Vertragsparteienkonferenz für die Aufnahme in die Anlage vorgeschlagen werden sollten, kam es zu keiner

607 *Heliskoski*, in: Hillion/Koutrakos (Hrg.), S. 138, 158; *Eeckhout*, S. 238; vgl. EuGH, Rs. C-459/03, Mox Plant, Slg. 2006, I-4635, Rn. 176.

608 Schlussanträge GA Poiares Maduro, Rs. C-459/03, Mox Plant, Slg. 2006, I-4635, Rn. 58; *Vranes*, JBl. 2011, 11, 18.

609 *Hillion*, in: Hillion/Koutrakos (Hrg.), S. 87, 102.

610 Stockholmer Übereinkommen vom 23. Mai 2001 über persistente organische Schadstoffe, ABl. 2006 L 209/3.

611 EuGH, Rs. C-246/07, PFOS, Slg. 2010, I-3317.

612 Protokoll vom 24. Juni 1998 zum Übereinkommen von 1979 über weiträumige grenzüberschreitende Luftverunreinigung betreffend persistente organische Schadstoffe, ABl. 2004 L 81/37.

Einigung im Rat, sondern nur diesbezüglich, dass die Konkretisierung zu einem späteren Zeitpunkt erfolgen sollte. Hinsichtlich PFOS wurde festgestellt, dass an der Festlegung von Kontrollmaßnahmen auf Unionsebene gearbeitet werde und die Aufnahme des Stoffes in das Protokoll von Aarhus vorgeschlagen werden sollte.

Daraufhin schlug Schweden im eigenen Namen beim Sekretariat des Stockholmer Übereinkommens die Aufnahme von PFOS in die Anlage A vor. Gegen dieses Verhalten Schwedens erhob die Kommission eine Vertragsverletzungsklage gemäß Art. 226 EGV wegen eines Verstoßes gegen Art. 10 EGV.

Zum Zeitpunkt des schwedischen Vorstoßes unterlag PFOS noch keiner Unionsregelung.[613] Deshalb, und weil die Kommission sich nicht auf eine ausschließliche Kompetenz berief, geht der EuGH in der Entscheidung von einer zwischen der Union und den Mitgliedstaaten gemischten Zuständigkeit für die Einbringung des Vorschlags aus.[614] An diese Erkenntnis anschließend, wird auf die Kooperationsverpflichtung verwiesen, und dass sich diese aus der Notwendigkeit einer einheitlichen völkerrechtlichen Verpflichtung der Union ergebe.[615]

Des Weiteren verweist der EuGH auf den Grundsatz, dass für die Mitgliedstaaten besondere Handlungs- und Unterlassungspflichten bestehen, wenn die Kommission dem Rat Vorschläge unterbreitet habe, die, auch wenn diese nicht vom Rat angenommen worden seien, den Ausgangspunkt eines abgestimmten Vorgehens der Union darstellten.[616]

Anschließend stellt der EuGH fest, dass zum Zeitpunkt der Einreichung von Schwedens Vorschlag noch keine förmliche Entscheidung des Rates getroffen worden sei, die Aufnahme von Stoffen in die Anlage A des Stockholmer Übereinkommens vorzuschlagen. Daraufhin prüft er aber, ob es hinsichtlich PFOS bereits eine gemeinsame Strategie[617] gebe, die Aufnahme dieses Stoffes nicht sofort vorzuschlagen.[618] Sodann verweist der EuGH auf die *FAO*-Entscheidung und dass dort entschie-

---

613 EuGH, Rs. C-246/07, PFOS, Slg. 2010, I-3317, Rn. 61.

614 EuGH, Rs. C-246/07, PFOS, Slg. 2010, I-3317, Rn. 72.

615 EuGH, Rs. C-246/07, PFOS, Slg. 2010, I-3317, Rn. 73 mit weiteren Nachweisen.

616 EuGH, Rs. C-246/07, PFOS, Slg. 2010, I-3317, Rn. 74 mit weiteren Nachweisen.

617 Die Erwähnung der „gemeinsamen Strategie" ist eine Bezugnahme auf das „abgestimmte gemeinschaftliche Vorgehens" in den beiden Binnenschifffahrts-Entscheidungen; *Cremona*, CMLRev. 2011, 1639, 1648. Siehe dazu Teil 4 B. IV.

618 EuGH, Rs. C-246/07, PFOS, Slg. 2010, I-3317, Rn. 76.

den worden sei, dass für das Vorliegen eines gemeinsamen Standpunkts es nicht erforderlich sei, dass dieser Standpunkt eine bestimmte Form aufweise, soweit dessen Inhalt rechtlich hinreichend deutlich sei.[619]

In der Ratssitzung, in der diskutiert worden sei, welche Stoffe im Rahmen des Protokolls von Aarhus und welche im Rahmen des POP-Übereinkommens vorgeschlagen werden sollten, sei entschieden worden, dass die Aufnahme von PFOS in das Protokoll von Aarhus vorgeschlagen werden sollte, sobald die Kommission einen Vorschlag für eine Regelung der Kontrollmaßnahmen innerhalb der Union vorgelegt haben würde.[620]

Ein „Entscheidungsvakuum" oder eine dem Fehlen einer Entscheidung gleichkommenden Situation des Abwartens lege demnach nicht vor, denn es spreche Einiges dafür, dass sich der Rat zu den Stoffen, deren Aufnahme in das POP-Abkommen vorgeschlagen werden sollte, hätte äußern wollen. Zunächst sei es jedoch dringlicher gewesen, die Stoffe zu bestimmen, die im Rahmen des Protokolls von Aarhus hätten vorgeschlagen werden sollen.[621]

Daraus zieht der EuGH den Schluss, dass zum Zeitpunkt des schwedischen Vorstoß es die gemeinsame Strategie gegeben habe, nicht die Aufnahme von PFOS in die Anlage A des POP-Übereinkommens vorzuschlagen, da die Mitgliedstaaten und die Union aus den Stoffen, die bereits unter das Protokoll von Aarhus fielen, die für das Stockholmer Übereinkommen vorzuschlagenden Stoffe auswählen sollten und zu diesem Zeitpunkt PFOS nicht zu diesen Stoffen gehörte.[622]

Folglich sei Schwedens einseitiger Vorschlag, PFOS in die Anlage A des Stockholmer Übereinkommens aufzunehmen, eine Abweichung von einer im Rat abgestimmten gemeinsamen Strategie gewesen.[623]

Zudem kommt der EuGH zu dem Ergebnis, dass gemäß dem im Stockholmer Übereinkommen vorgesehenen Entscheidungsprozesses durch den von Schweden einseitig eingebrachten Vorschlag Konse-

---

619 EuGH, Rs. C-246/07, PFOS, Slg. 2010, I-3317, Rn. 77.

620 EuGH, Rs. C-246/07, PFOS, Slg. 2010, I-3317, Rn. 85.

621 EuGH, Rs. C-246/07, PFOS, Slg. 2010, I-3317, Rn. 87.

622 EuGH, Rs. C-246/07, PFOS, Slg. 2010, I-3317, Rn. 89. A.A. GA Poiares Maduro, nach dessen Meinung es zum Zeitpunkt des schwedischen Vorschlags noch keine Einigung innerhalb der Union über einen etwaigen Vorschlag PFOS´ in die Anlage A des Übereinkommens aufzunehmen gegeben habe, Schlussanträge GA Poiares Maduro, Rs. C-246/07, PFOS, Slg. 2010, I-3317, Rn. 51, 53, 59.

623 EuGH, Rs. C-246/07, PFOS, Slg. 2010, I-3317, Rn. 91.

quenzen für die Union erwachsen könnten.[624] Denn gemäß Art. 23 Abs. 2 und Art. 25 Abs. 2 des Übereinkommens könnten die Union und die Mitgliedstaaten ihre Rechte aus dem Übereinkommen nur alternativ ausüben.[625]

Selbst wenn die Union innerhalb der Vertragsstaatenkonferenz über den Vorschlag abstimmen würde, reichten die auf sie entfallenden Stimmen nicht aus, um den Erlass einer Änderung einer Anlage zum Stockholmer Übereinkommen abzuwenden, zudem sei ihr die Möglichkeit versperrt, von einer nach dem Übereinkommen prinzipiell möglichen „Opting-out-Option" Gebrauch zu machen, also eine von einem oder mehreren Mitgliedstaaten zur Abstimmung gebrachten Änderung nicht zu akzeptieren. Denn die Union und ihre Mitgliedstaaten seien nicht berechtigt, ihre Rechte aus dem Übereinkommen gleichzeitig auszuüben.[626] Damit sei die Union bei einer Änderung der Anlage an diese rechtlich gebunden.[627]

Ebensowenig stelle dieser Vorschlag eine nach Art. 176 EGV (jetzt Art. 193 AEUV) zulässige strengere nationale Maßnahme dar,[628] denn durch eine Änderung der Anlage des Stockholmer Übereinkommens könne die Union gebunden sein.[629] Im Gegensatz dazu sei eine rechtliche Bindung der Union durch rein nationale Maßnahmen nicht möglich.[630]

Aufbautechnisch verwirrend, wendet sich der EuGH wiederum dem Abweichen Schwedens von der gemeinsamen Strategie zu.[631] Dieses Abweichen stelle zugleich einen Verstoß gegen die besonderen Handlungs- und Unterlassungspflichten dar, die für die Mitgliedstaaten beste-

---

624 EuGH, Rs. C-246/07, PFOS, Slg. 2010, I-3317, Rn. 101.

625 EuGH, Rs. C-246/07, PFOS, Slg. 2010, I-3317, Rn. 92 f.

626 EuGH, Rs. C-246/07, PFOS, Slg. 2010, I-3317, Rn. 96 ff. Auch wenn die Union eine Erklärung abgeben könnte, eine von einem Mitgliedstaat vorgeschlagene und zur Abstimmung gebrachte Änderung nicht zu akzeptieren, könnte dies für die Mitgliedstaaten, für das Sekretariat des Stockholmer Übereinkommens und für Drittstaaten, die Vertragsparteien des Stockholmer Übereinkommens sind, zu Rechtsunsicherheiten führen: EuGH, Rs. C-246/07, PFOS, Slg. 2010, I-3317, Rn. 99.

627 EuGH, Rs. C-246/07, PFOS, Slg. 2010, I-3317, Rn. 96 ff.

628 EuGH, Rs. C-246/07, PFOS, Slg. 2010, I-3317, Rn. 102. A.A. *Lorenzmeier*, in: GHN, 43. EL März 2011, Art. 218 AEUV Rn. 54.

629 Daraus könnte man aber a contrario den Schluss ziehen, dass wenn die Union durch eine strengere Maßnahme nicht gebunden ist, ein alleiniges Vorgehen der Mitgliedstaaten in internationalen Fora möglich wäre, so *De Baere*, ELRev. 2011, 405, 413.

630 EuGH, Rs. C-246/07, PFOS, Slg. 2010, I-3317, Rn. 102.

631 EuGH, Rs. C-246/07, PFOS, Slg. 2010, I-3317, Rn. 103.

henn, wenn die Kommission dem Rat Vorschläge unterbreitet habe, die den Ausgangspunkt eines abgestimmten Vorgehens der Union darstellten.[632] Diese Pflichten würden durch die Existenz einer gemeinsamen Strategie ebenso verstärkt wie durch die Tatsache, dass Schwedens Vorschlag innerhalb eines institutionellen und verfahrensmäßigen Rahmens erfolgt sei.[633]

Schließlich kommt der EuGH zu dem Ergebnis, dass Schweden durch den einseitigen Vorschlag, PFOS in die Anlage A des Stockholmer Übereinkommens aufzunehmen, gegen seine Verpflichtungen aus Art. 10 EGV verstoßen habe.[634]

Festzuhalten ist, dass der EuGH diesen Verstoß gegen das Prinzip der loyalen Zusammenarbeit an zwei unterschiedlichen Ausprägungen dieses Prinzips sieht.

Zum einen die der Union erwachsenen rechtlichen Konsequenzen aufgrund Schwedens einseitig unterbreiteten Vorschlags.[635] Dies stellt einen klassischen Verstoß gegen die Pflicht zur loyalen Zusammenarbeit dar. Denn es liegt eine Beeinträchtigung der Unionsrechtsordnung vor, wenn die Union durch das Handeln eines Mitgliedstaats nach außen rechtlich gebunden ist. Folge dieses Handelns wäre auch gewesen, dass die Union die Anhänge der autonomen POP-Verordnung hätte ändern müssen, denn diese sieht in Art. 1 Abs. 1 als Anwendungsbereich unter anderem die Stoffe vor, die dem Stockholmer Übereinkommen unterliegen.

Zum anderen lag ein Verstoß gegen die besonderen Handlungs- und Unterlassungspflichten vor, die für die Mitgliedstaaten bestehen, wenn die Kommission dem Rat Vorschläge unterbreitet hat, die den Ausgangspunkt eines abgestimmten Vorgehens der Union darstellen. Diese Pflichten als Ausprägung der Pflicht zur loyalen Zusammenarbeit gelten bei den geteilten Vertragschließungskompetenzen.[636] Hätte bereits eine unionsrechtliche Regelung bezüglich PFOS bestanden, wäre diesbezüglich die Zuständigkeit generell und damit auch innerhalb des Stockhol-

632 Die Kommission hatte dem Rat bereits den Vorschlag für einen Beschluss vorgelegt, mit dem sie ermächtigt werden sollte, Vorschläge für die Aufnahme bestimmter als relevant angesehene Stoffe in die Anhänge des Protokolls von Aarhus und/oder in die Anlagen des Stockholmer Übereinkommens zu unterbreiten; EuGH, Rs. C-246/07, PFOS, Slg. 2010, I-3317, Rn. 29.

633 EuGH, Rs. C-246/07, PFOS, Slg. 2010, I-3317, Rn. 103.

634 EuGH, Rs. C-246/07, PFOS, Slg. 2010, I-3317, Rn. 105.

635 EuGH, Rs. C-246/07, PFOS, Slg. 2010, I-3317, Rn. 92.

636 Siehe dazu Teil 4 B.

mer Übereinkommens auf die Union übergegangen. Zum Zeitpunkt des schwedischen Vorstoßes war bereits eine POP-Verordnung zur Umsetzung der völkerrechtlichen Verpflichtungen in Kraft. Viel spricht dafür, dass wenn die Kommission argumentiert hätte, dass die generelle Regelungskompetenz für POP, und damit auch für PFOS, bereits auf die Union übergegangen war, dies der EuGH auch festgestellt hätte.[637] Kurz nach Schwedens Vorschlag wurde die Verwendung von PFOS sekundärrechtlich geregelt.[638] Dies zeigt, dass es eine Ratsstrategie bezüglich der Ausübung der unionsrechtlichen Kompetenz PFOS´ betreffend gab und durch das Verhalten Schwedens die Union an der Ausübung einer ihr zustehenden Kompetenz gehindert war. Eine reine nationale Maßnahme PFOS´ betreffend wäre gemäß Art. 193 AEUV Schweden möglich gewesen.[639]

Beide oben genannten Aspekte beziehen sich nur auf das Verhältnis von Union und Mitgliedstaaten im Bereich der geteilten Gesetzgebungskompetenzen, und damit auf den Anwendungsbereich der Pflicht zur loyalen Zusammenarbeit aus Art. 4 Abs. 3 EUV.

Hingegen wurde ein Verstoß gegen den Grundsatz der einheitlichen Vertretung der Union nach außen vom EuGH nicht näher erörtert. Ein Verstoß dagegen wird für möglich gehalten,[640] aber nicht untersucht. Es wird nur festgestellt, dass das Abrücken von der gemeinsamen Strategie dem Grundsatz der Einheit im internationalen Auftreten der Union zuwiderlaufen, und ihre Verhandlungsposition gegenüber den anderen Mitgliedstaaten beeinträchtigt sein könnten.[641] In diesem Zusammenhang wird die einheitliche völkerrechtliche Vertretung der Union zum ersten Mal als „Grundsatz", und zwar als „Grundsatz der Einheit im internationalen Auftreten der Union und ihrer Mitgliedstaaten", bezeichnet.[642] Ob der Union aus dem Alleingang Schwedens Nachteile erwachsen sind, in dem Sinne, dass die Union und die Mitgliedstaaten im Rahmen des Stockholmer Übereinkommens tatsächlich uneinheitlich aufgetreten sind und

---

637 Vgl. dazu EuGH, Rs. C-239/03, Étang de Berre, Slg. 2004, I-9328, Rn. 27 ff. So auch: *Eeckhout*, S. 253 f.

638 EuGH, Rs. C-246/07, PFOS, Slg. 2010, I-3317, Rn. 42.

639 *Eeckhout*, S. 254; *Cremona*, CMLRev. 2011, 1639, 1662.

640 EuGH, Rs. C-246/07, PFOS, Slg. 2010, I-3317, Rn. 104.

641 EuGH, Rs. C-246/07, PFOS, Slg. 2010, I-3317, Rn. 104; dies übersieht *Cremona*, CMLRev. 2011, 1639, 1650, die davon ausgeht, dass der EuGH einen Bruch der Einheit im internationalen Auftreten und die Schwächung der Handlungsposition festgestellt hat.

642 *Cremona*, CMLRev. 2011, 1639, 1652.

dadurch ihre Verhandlungsposition geschwächt wurde, ist vom EuGH nicht untersucht worden.

Zu erwähnen ist noch, dass die Existenz einer Ratsstrategie schwierig festzustellen gewesen wäre, hätte sich Schweden nicht auf der Ratsebene dafür eingesetzt, PFOS für die Aufnahme in das Stockholmer Übereinkommen vorzuschlagen, sondern den Vorschlag direkt beim Sekretariat des Stockholmer Abkommens eingereicht hätte. Jedoch läge auch in solch einem Szenario ein Verstoß gegen die Pflicht zur loyalen Zusammenarbeit vor.[643] Denn auch in diesem Fall hätten der Union aus dem Handeln Schwedens rechtliche Konsequenzen erwachsen können, und wären die besonderen Handlungs- und Unterlassungspflichten missachtet worden. Ebenfalls gäbe es aufgrund des Grundsatzes der einheitlichen Vertretung der Union nach außen die Verpflichtung einer Befassung des Rates mit der Angelegenheit, denn durch ein einseitiges Vorgehen wäre ein uneinheitliches Stimmverhalten der Mitgliedstaaten möglich.

6. Stellungnahme

Die Analyse der Entscheidungen zeigt, dass der EuGH die Kooperationsverpflichtung nicht als Ausprägung der Pflicht zur loyalen Zusammenarbeit gemäß Art. 4 Abs. 3 EUV ansieht. Allein die in den meisten Entscheidungen fehlende Heranziehung des Art. 4 Abs. 3 EUV oder der Vorgängernormen spricht schon gegen eine solche Einordnung der Kooperationsverpflichtung, weil es ansonsten unverständlich ist, warum er ihn nicht, wie sonst in anderem Kontext, ausdrücklich nennt.[644] Diese „beharrliche Weigerung" lässt nur den Schluss zu, dass diese Verpflichtung nicht auf Art. 4 Abs. 3 EUV gestützt wird.[645]

In den Entscheidungen, in der der EuGH die loyale Zusammenarbeit im Zusammenhang mit der Kooperationsverpflichtung erwähnt, ist immer eine Beeinträchtigung der Unionsrechtsordnung gegeben.

Solch eine Beeinträchtigung liegt bei der vom EuGH im Beschluß 1/78 aufgezeigten hypothetischen Situation vor, nach der die Mitgliedstaaten sich in einem Bereich der ausschließlichen Kompetenz der EAG völkerrechtlich binden. Ebenso haben die verwobenen Kompetenzen bezüglich UNCLOS immer zu Folge, dass bei Einleitung eines Schiedsverfahrens ein anderes Gericht über die Reichweite des Unionsrechts ent-

643 *Eeckhout*, S. 254; *De Baere*, ELRev. 2011, 405, 418.
644 *Hüwelmeier*, S. 395.
645 *Hüwelmeier*, S. 395.

scheiden kann, so die Feststellung im *Mox Plant*-Verfahren. Schließlich hatte das Verhalten Schwedens im *PFOS*-Verfahren eine potentielle völkerrechtliche Verpflichtung der Union und den Eingriff in einen laufenden Entscheidungsprozess auf Unionsebene zur Folge.

Die anderen Entscheidungen zeigen jedoch, dass die Kooperationsverpflichtung nicht nach innen gerichtet ist wie die Pflicht zur loyalen Zusammenarbeit, die die einheitliche Geltung und Anwendung des Unionsrechts sichern soll. Vielmehr ist die Kooperationsverpflichtung nach außen gerichtet, sie soll ein einheitliches völkerrechtliches Auftreten der Union sichern und ist nicht auf den Bereich der Unionsrechtsordnung beschränkt.[646] Bekanntermaßen ist die Kooperationsverpflichtung bei gemischter Kompetenz für einen völkerrechtlichen Vertrag zu erfüllen. Es sind also auch den Mitgliedstaaten verbliebene Kompetenzen betroffen, auf deren Ausübung der Grundsatz der loyalen Zusammenarbeit jedoch nicht anwendbar ist.[647] Demnach müssen die Mitgliedstaaten im Rahmen der Kooperationsverpflichtung auch in ihnen originär verbliebenen Kompetenzbereichen untereinander und mit den Unionsorganen eng zusammenarbeiten.[648] Ebenso müssen die Unionsorgane im Bereich der ausschließlichen Unionskompetenzen mit den Mitgliedstaaten zusammenarbeiten. Demzufolge sind die Reichweite und Ziele beider Prinzipien nicht deckungsgleich.[649]

Am deutlichsten wird dieser weite Anwendungsbereich der Kooperationsverpflichtung in den Ausführungen des EuGH im *WTO*-Gutachten aufgezeigt. Die Besorgnis eines uneinheitlichen Auftretens der Mitgliedstaaten in den ihnen verbliebenen Zuständigkeiten wird mit einem Hinweis auf die Kooperationsverpflichtung entkräftet. Zudem wird aus der Kooperationsverpflichtung abgeleitet, gegenseitig ein Handeln im Kompetenzbereich des anderen zu erlauben, um eine wirkungsvolle Gegenmaßnahme durchführen zu können.

Nach alledem ist die Ansicht der herrschenden Meinung, die die Kooperationsverpflichtung als Ausprägung der Pflicht zur loyalen Zusammenarbeit ansieht, widerlegt. Der Anwendungsbereich der Kooperationsverpflichtung kann sich jedoch mit dem der Pflicht zur loyalen Zusammenarbeit überschneiden: Wenn durch eigenständiges Handeln der

646 So auch: *Sell*, S. 174.

647 Siehe dazu Teil 3 B. I. 3. So auch: *Auvret-Finck*, RTDE 1995, 322, 335; *Hüwelmeier*, S. 397; *Kreibich*, S. 128; *Huber*, ZöR 2006, 109, 129.

648 So auch: *Neuwahl*, CMLRev. 1996, 667, 678.

649 *Kreibich*, S. 127 f.; *Sell*, S. 174 f.

Mitgliedstaaten die Unionsrechtsordnung gefährdet wird, liegt ein Verstoß gegen beide Verpflichtungen vor.[650]

Auch der Teil der herrschenden Meinung, der etwas ausführlicher die Ansicht begründet, dass die Kooperationsverpflichtung Ausfluss des Art. 4 Abs. 3 EUV sei, sind abzulehnen.

So ist Neframis Ansatz abzulehnen. Sie geht von dem Standpunkt aus, dass die Union sich für das gesamte Abkommen dem Vertragspartner gegenüber gebunden habe und deshalb die Erfüllung des Vertrags ein Ziel der Union darstelle, für dessen Erreichung die Mitgliedstaaten aus Art. 4 Abs. 3 EUV die Union unterstützen müssten. Dabei übersieht sie das Wesen der gemischten Verträge. Diese sind dadurch gekennzeichnet, dass in der Regel sowohl die Union als auch jeder einzelne Mitgliedstaat eine Handlung unter Verstoß gegen die Unionsrechtordnung ausüben würde, wenn der Vertrag jeweils allein geschlossen worden wäre. Gerade aufgrund dieses Mangels an interner Rechtsetzungskompetenz ist ein gemischter Vertrag notwendig und auch geschlossen worden. Aus der erfolgten, da notwendigen Beteiligung der Mitgliedstaaten zu folgern, diese seien damit unionsrechtlich an den gesamten Vertrag gebunden, ist damit ein Trugschluss.

Zudem sind im Anwendungsbereich des Art. 4 Abs. 3 EUV auch die Union gegenüber den Mitgliedstaaten und die Mitgliedstaaten untereinander gebunden. Würde man Neframis These folgen, könnte jeder Mitgliedstaat ebenso aus Art. 4 Abs. 3 EUV behaupten, dass die Union und die anderen Mitgliedstaaten an dessen Auslegung und Anwendung des Vertrags gebunden, und ihm Unterstützung schuldig seien, ist dieser doch genauso dem Drittstaat gegenüber für die Erfüllung des gesamten Vertrags verantwortlich.

Auch Hillions Überlegungen sind abzulehnen. Entgegen seiner Auffassung, hat der EuGH die Kooperationsverpflichtung im Beschluß 1/78 nicht als Ausformung der Pflicht zur loyalen Zusammenarbeit angesehen.

Die Überlegung, dass „unity" sich auf die Einheitlichkeit der Gemeinschaften beziehe, lässt sich nicht auf die deutsche, ebenfalls authentische, Sprachfassung der Entscheidung übertragen. In dieser wird von der „Notwendigkeit einer geschlossenen völkerrechtlichen Vertretung der

650 Zustimmend: *Holdgaard*, S. 159; *Heliskoski*, S. 64 Fn. 154. So auch *Cremona*, CMLRev. 2011, 1639, 1652, die aber trotzdem zu dem Schluss kommt, dass die Kooperationsverpflichtung bei den gemischten Verträgen von der Pflicht zur loyalen Zusammenarbeit gemäß Art. 4 Abs. 3 EUV abgeleitet sei.

Gemeinschaft" gesprochen. Der englische Begriff „unity" ist in der deutschen Sprachfassung in der Formulierung „geschlossenen" zu finden, die sich eindeutig auf die völkerrechtliche Vertretung der in Frage stehenden Gemeinschaft und nicht, wie es nach seiner These heißen müsste, auf alle Gemeinschaften, bezieht. Zudem stellt der EuGH im Gutachten 2/91 explizit fest, dass die Kooperationsverpflichtung sowohl bei der EAG als auch bei der EWG bestehe, diese ergebe sich aus der Notwendigkeit einer einheitlichen völkerrechtlichen Vertretung der jeweiligen handelnden Gemeinschaft.[651] Dieser Schritt des EuGH wäre nach Hillions These überflüssig.

Auch die Überlegung, dass der EuGH in der *Mox Plant*-Entscheidung die Kooperationsverpflichtung nur im Zusammenhang mit der Pflicht zur loyalen Zusammenarbeit genannt habe und es keine Bezugnahme auf die einheitliche völkerrechtliche Vertretung der Union gäbe, unterstützt seine These nicht.[652] Wie dargestellt, war Gegenstand dieser Entscheidung ein eigenmächtiges Handeln eines Mitgliedstaats, das dazu hätte führen können, dass die Unionsrechtsordnung beeinträchtigt werde. In diesem Zusammenhang ist eindeutig die Pflicht zur loyalen Zusammenarbeit berührt, aber eben nur in Kombination mit der Kooperationsverpflichtung, und nicht als Begründung dieser Pflicht. Zudem hat der EuGH in den neueren Entscheidungen wieder auf die einheitliche völkerrechtliche Vertretung der Union Bezug genommen.[653]

Die folgende Bezugnahme auf die Rs. C-266/03 geht ebenfalls fehl. In der englischen Sprachfassung dieser Entscheidung findet sich die Formulierung „to ensure the coherence and consistency of the action and its international representation"[654], in den Gutachten findet sich jeweils die Formulierung „the requirement of unity in the international representation of the Community".[655] Auf diese unterschiedlichen Formulierungen stützt Hillion seine „unity-These". Der Vergleich mit anderen Sprachfassungen zeigt jedoch, dass diese sprachlichen Spitzfindigkeiten nur mit der englischen Sprachfassung der Entscheidungen möglich sind.

651 EuGH, Gutachten 2/91, ILO-Konvention Nr. 170, Slg. 1993, I-1061, Rn. 36.
652 So auch *Cremona*, CMLRev. 2011, 1639, 1652.
653 EuGH, Rs. C-246/07, PFOS, Slg. 2010, I-3317, Rn. 73; EuGH, Gutachten 1/08, GATS, Slg. 2009, I-11129, Rn. 136.
654 EuGH, Rs. C-266/03, Kommission/Luxemburg, Slg. 2005, I-4805, Rn. 60.
655 EuGH, Gutachten 1/94, WTO, Slg. 1994, I-5267, Rn. 108.

In der deutschen Sprachfassung findet sich in der Rs. C-266/03 die Formulierung:

> „damit [...] die Einheitlichkeit und Kohärenz des völkerrechtlichen Gemeinschaftshandelns und der völkerrechtlichen Vertretung der Gemeinschaft gewährleistet sind",

in den Gutachten die Formulierung

> „der Notwendigkeit einer geschlossenen völkerrechtlichen Vertretung der Gemeinschaft",

in der *PFOS*-Entscheidung lautet dieser Grundsatz nun ebenfalls

> „der Notwendigkeit einer einheitlichen völkerrechtlichen Vertretung der Gemeinschaft."[656]

In der französischen und spanischen Sprachfassung wird jeweils sogar genau die gleiche Formulierung verwendet:

> „qu'à garantir l'unité et la cohérence de l'action et de la représentation internationales de cette dernière"

und

> „l´exigence d´une unité de représentation internationale de la Communauté" (französisch)

und

> „se garantice la unidad y la coherencia de la acción y de la representación internacionales de ésta"

und

> „la exigencia de unidad en la representación international de la Comunidad" (spanisch).

Somit kann die Verortung der Kooperationsverpflichtung in Art. 4 Abs. 3 EUV nicht mit den unterschiedlichen Begriffen „coherence and consistency" einerseits und „requirement of unity" andererseits begründet werden. Zudem stellt die englische Sprachfassung in der *Binnenschifffahrts*-Entscheidung eine Übersetzung der ursprünglichen Fassung des Urteils dar, in der jeweils der gleiche Begriff verwendet wird. Dies ist aus der Tatsache zu folgern, dass die Verfahrenssprache ebenso wie die Ar-

656 EuGH, Rs. C-246/07, PFOS, Slg. 2010, I-3317, Rn. 73; EuGH, Gutachten 1/08, GATS, Slg. 2009, I-11129, Rn. 136.

beitssprache am EuGH französisch, und Berichterstatterin der Entscheidungen die spanische Richterin Silva de Lapuerta war.

Verstärkend tritt der Aspekt hinzu, dass in diesem Verfahren nicht ein gemischter Vertrag Gegenstand des Verfahrens war. Vielmehr hatte Luxemburg im Bereich geteilter Kompetenzen völkerrechtliche Verträge mit Drittstaaten unterzeichnet, ratifiziert und in Kraft gesetzt, nachdem die Kommission durch Ratsbeschluss ermächtigt worden war, mit denselben Staaten im gleichen Regelungsbereich Abkommen auszuhandeln.[657] Deshalb bestand die Gefahr einer Präjudizierung der Unionsrechtsordnung, was einen Verstoß gegen das Prinzip der loyalen Zusammenarbeit darstellt, und Luxemburg hätte nicht ohne eine enge Zusammenarbeit mit den Unionsorganen die in Frage stehenden Abkommen abschließen, ratifizieren und in Kraft setzen dürfen. Es ist verfehlt, daraus den Schluss zu ziehen, dass die Kooperationsverpflichtung bei gemischten Verträgen, die sich auch auf ausschließliche Zuständigkeiten der Mitgliedstaaten erstreckt, auf dem Prinzip der loyalen Zusammenarbeit aus Art. 4 Abs. 3 EUV beruhe.

II. Die Kooperationsverpflichtung

Der EuGH stützt demnach die Kooperationsverpflichtung auf das Erfordernis einer einheitlichen völkerrechtlichen Vertretung der Union. Es ist aber noch nicht geklärt, warum dieses Erfordernis so starke Zusammenarbeitspflichten generiert, dass diese sogar Auswirkungen auf das mitgliedstaatliche Handeln in den ihnen originär verbliebenen Zuständigkeitsbereichen hat.

Das dogmatische Fundament der Kooperationsverpflichtung muss sich aus den Primärrechtsverträgen ergeben, ansonsten hätte der EuGH diese Verpflichtung nicht feststellen können. Bekanntermaßen ist die Auslegungskompetenz des EuGH gemäß Art. 19 Abs. 1 UA 1 S. 2 EUV auf die „Auslegung und Anwendung der Verträge“ beschränkt.[658] Falls eine Verankerung in den Verträgen fehlen würde, wäre die Kooperationsverpflichtung keine selbständige Rechtsverpflichtung, sondern letztlich eine unverbindliche Leerformel.[659]

Zunächst ist festzuhalten, welche Bereiche die Kooperationsverpflichtung zwischen Mitgliedstaaten und Unionsorganen umfasst. Die

---

657 Vgl. Teil 4 B. III.

658 So auch: *Heliskoski*, in: Koskenniemi (Hrg.), S. 273, 278 f.

659 *Hüwelmeier*, S. 395.

Kooperationsverpflichtung existiert nicht nur bei gemischten Verträgen, sondern bei allen Verträgen bei denen die Kompetenzen teils in die Zuständigkeit der Mitgliedstaaten und teils in die der Union fallen.[660] Deutlich aufgezeigt wird dies im Gutachten 2/91 zur ILO-Konvention Nr. 171, der nur Staaten beitreten können. Der EuGH hat mit diesem Gutachten die im Beschluß 1/78 aufgestellten Grundsätze auf die EWG übertragen und festgestellt, dass diese Zusammenarbeit „unumgänglich" sei, weil die Union den Vertrag nur durch die Mitgliedstaaten habe abschließen können.[661]

Die Kooperationsverpflichtung erstreckt sich auf die Aushandlung, auf den Abschluss und auf die Umsetzung des völkerrechtlichen Vertrags, und damit auf alle seine Phasen. Eine Beschränkung der Kooperationsverpflichtung auf die Teile eines Vertrags, die nicht nach Kompetenzen trennbar sind, ist nicht erfolgt. Die Mitgliedstaaten und die Union müssen demnach in allen Kompetenzbereichen zusammenarbeiten.

1. Dogmatische Einordnung

Der gemischte völkerrechtliche Vertrag ist eine Neuerung im Völkervertragsrecht, der der Errichtung eines supranationalen[662] Gebildes geschuldet ist, dem Hoheitsrechte durch seine Mitgliedstaaten übertragen worden sind. Die Mitgliedstaaten haben durch die Übertragung dieser Hoheitsrechte intern die Möglichkeit verloren, in allen Bereichen völkerrechtliche Verträge abzuschließen. Die Folge dessen ist die Existenz völkerrechtlicher Verträge, die nicht der internen Regelungsverteilung folgen, sondern Bereiche der Zuständigkeit sowohl der Union als auch der Mitgliedstaaten betreffen. Dabei ergänzen sich nach der Unionsrechtsordnung die Kompetenzen der Union und der Mitgliedstaaten, so dass sie zusammen die Zuständigkeit für den Abschluss solch eines Vertrags besitzen. Deshalb ist eine Kooperation unumgänglich, die dogmatische Begründung der Kooperationsverpflichtung ist demnach in der Existenz des gemischten Vertrags selbst zu finden.

---

660 So auch: *Sattler*, S. 130; *Holdgaard*, S. 150.

661 EuGH, Gutachten 2/91, ILO-Konvention Nr. 170, Slg. 1993, I-1061, Rn. 37.

662 *Ipsen*, § 2 Rn. 48 ff. Der Begriff „supranational" findet sich in Art. 9 Abs. 5 und 6 EGKSV in seiner Urfassung vom 18. April 1951, BGBl. 1952 II, S. 445. Darin werden die Aufgaben, die die einzurichtende Hohe Behörde erhält, als „übernational" bezeichnet, in der französischen Sprachfassung „supranational". Mit Art. 19 des Fusionsvertrags vom 8. April 1965, BGBl. 1965 II, S. 1453 wurde Art. 9 EGKSV aufgehoben. Seitdem wird das Wort übernational nicht mehr in den Verträgen verwendet.

Die Existenz gemischter Verträge und die Kooperationsverpflichtung als Folge der Errichtung eines supranationalen Gebildes sind vergleichbar mit der Stellung des Unionsrechts innerhalb der nationalen Rechtsordnungen.

a. *Der Vorrang des Unionsrechts*

Das Unionsrecht hat Vorrang vor nationalem Recht. Dieser Vorrang ist vom EuGH erstmals in der Rechtssache 6/64, Costa/E.N.E.L.[663] in systematischer Auslegung des EWGV festgestellt worden.[664] Der Vorrang ist ungeschriebenes Primärrecht, weil die Mitgliedstaaten durch die Gründung der EWG eine eigene neue Rechtsordnung geschaffen haben, die auf einer echten Übertragung von Hoheitsrechten aufbaut und damit für sie verbindlich ist.[665] Es wurde also durch einen genuinen Schöpfungsakt eine neue Hoheitsgewalt geschaffen.[666] Der Vorrang ist eine Ausprägung des Grundsatzes der Funktionsfähigkeit des Unionsrechts,[667] und damit ein wesentliches Merkmal dieser neuen Rechtsordnung.[668] Demnach kann eine einseitige Maßnahme eines Mitgliedstaats dem Unionsrecht nicht vorgehen, denn ansonsten wäre die Rechtsgrundlage der Union selbst in Frage gestellt.[669]

Folge dieses Grundsatzes des Unionsrechts ist, dass die Union und die Mitgliedstaaten gemäß der internen Zuständigkeitsverteilung Rechtsakte erlassen, wobei die effektive Wirksamkeit des Unionsrechts durch dessen Vorrang gesichert wird.[670] Die Mitgliedstaaten haben nach dem Grundsatz der loyalen Zusammenarbeit dafür zu sorgen, dass in ihrem Hoheitsbereich das Unionsrecht angewandt und gewahrt wird.[671] Dies zeigt, dass die Pflicht zur loyalen Zusammenarbeit Ausdruck und nicht

---

663 EuGH, Rs. 6/64, Costa/E.N.E.L., Slg. 1964, S. 1251.
664 *Vedder*, in: VH, Art. 288 AEUV Rn. 50.
665 EuGH, Rs. 6/64, Costa/E.N.E.L., Slg. 1964, S. 1251, 1269; EuGH, Gutachten 1/09, Europäisches Patentgerichtssystem, Slg. 2011, I-1137, Rn. 65.
666 *Vedder*, in: VH, Art. 288 AEUV Rn. 53; *Pernice*, in: Poiares Maduro/ Azoulai (Hrg.), S. 47, 48.
667 *Vedder*, S. 121.
668 EuGH, Gutachten 1/09, Europäisches Patentgerichtssystem, Slg. 2011, I-1137, Rn. 65.
669 EuGH, Rs. 6/64, Costa/E.N.E.L., Slg. 1964, S. 1251, 1269 f.
670 Vgl. EuGH, Rs. 6/64, Costa/E.N.E.L., Slg. 1964, S. 1251, 1271.
671 EuGH, Rs. 6/64, Costa/E.N.E.L., Slg. 1964, S. 1251, 1270; EuGH, Gutachten 1/09, Europäisches Patentgerichtssystem, Slg. 2011, I-1137, Rn. 68.

Grundlage des Vorrangs des Unionsrechts ist.[672] Ebenso ist Art. 288 Abs. 2 AEUV, der die unmittelbare Geltung der Verordnungen in den nationalen Rechtsordnungen regelt, Ausdruck (und somit „Bestätigung“[673]) des Vorrangs des Unionsrechts. Diese Norm zeigt, dass die direkte Anwendbarkeit des Europarechts keine Erfindung des EuGH ist, sondern schon im Primärrecht angelegt war.[674] Der Vorrang bezieht sich auch auf das mitgliedstaatliche Verfassungsrecht[675] und drückt sich in einem Anwendungsvorrang aus.[676]

Der Vorrang des Unionsrechts ist damit ein den europäischen Verträgen immanenter, ungeschriebener primärrechtlicher Grundsatz.[677] Er ist ein „Eckpfeiler des Europarechts“[678], dessen systematisches Ziel es ist, die Einheitlichkeit und Funktionsfähigkeit des Unionsrechts zu wahren.[679] Im gescheiterten Verfassungsvertrag war der Vorrang zum ersten und bis jetzt einzigen Mal ausdrücklich primärrechtlich in Art. I-6 EVV verankert. Im aktuellen Unionsrecht nach dem Vertrag von Lissabon ist der Vorrang nicht ausdrücklich geregelt. Allerdings bekräftigt die Vertragsstaatenkonferenz in der Schlussakte des Vertrags von Lissabon in der Erklärung Nr. 17 zum Vorrang,[680] dass das gesamte Unionsrecht unter den von der Rechtsprechung festgelegten Bedingungen Vorrang vor dem Recht der Mitgliedstaaten hat. Der umfassende Vorrang des Unionsrechts vor dem nationalen Recht ist allgemein anerkannt.[681]

---

672 BEH/*Epiney*, § 2 Rn. 64; *Wille*, S. 101 f.; *Streinz*, Rn. 206. Wohl auch: *Hatje*, in: Schwarze, Art. 4 EUV Rn. 40 f.; *Lenaerts/van Nuffel*, Rn. 21-004. A.A. *Geiger*, in: GKK, Art. 4 EUV Rn. 21; *Zuleeg*, in: GS, Art. 10 EGV Rn. 4; *Neframi*, CMLRev. 2010, 323, 325; *Herdegen*, S. 217.

673 EuGH, Rs. 6/64, Costa/E.N.E.L., Slg. 1964, S. 1251, 1270.

674 *Pernice*, in: Poiares Maduro/Azoulai (Hrg.), S. 47, 50.

675 EuGH, Rs. 11/70, Internationale Handelsgesellschaft, Slg. 1970, 1125, Rn. 3.

676 EuGH, Rs. 106/77, Simmenthal II, Slg. 1978, 629, Rn. 21/23; EuGH, verb. Rs. C-10/97 u. C-22/97, IN.CO.GE, Slg. 1998, I-6307, Rn. 21; *Ipsen*, § 10 Rn. 55.

677 So auch BVerfGE 73, Kloppenburg, 223, 244.

678 *Vedder*, in: VH, Art. 288 AEUV Rn. 60; *Lorenzmeier*, S. 91.

679 *Vedder*, in: VH, Art. 288 AEUV Rn. 60.

680 ABl. 2010 C 83/344.

681 Siehe nur: Oppermann/Classen/Nettesheim/*Nettesheim*, § 10 Rn. 1; *Terhechte*, JuS 2008, 403; *Nettesheim*, in: GHN, 41. EL März 2010, Art. 1 AEUV Rn. 71; *Polzin*, JuS 2012, 1, 6; *Hobe*, § 6 Rn. 99; *Lorenzmeier*, S. 92; *Fennely*, in: Poiares Maduro/Azoulai (Hrg.), S. 39, 44; *Rasmussen*, in: Poiares Maduro/Azoulai (Hrg.), S. 69.

Zusammen mit dem Grundsatz der unmittelbaren Anwendbarkeit des Unionsrechts[682] sorgt der Vorrang als allgemeiner Grundsatz des Unionsrechts dafür, dass alle europarechtlichen Fälle auch im Einklang mit der Unionsrechtsordnung entschieden werden.[683]

Die Vorrangregel muss durch das Verfassungsrecht der Mitgliedstaaten akzeptiert werden.[684] Es ist zu beachten, dass die Urteile in denen der Vorrang begründet wird, ergingen, als die EWG aus nur sechs Staaten bestand. Diejenigen Staaten, die später beigetreten sind, haben dies „sehenden Auges" getan und allein durch den Beitritt und der Anerkennung des acquis communautaire den Vorrang des Unionsrechts akzeptiert.[685] In der deutschen Rechtsordnung gibt das Grundgesetz durch die Integrationsöffnungsklausel des Art. 23 Abs. 1 S. 2 GG einen Rechtsanwendungsbefehl zugunsten des Vorrangs und der unmittelbaren Wirkung des Unionsrechts.[686] In Österreich erfolgt die Öffnung gemäß Art. 9 Abs. 2 B-VG.

b. Übertragung der Grundsätze auf die Kooperationsverpflichtung

An die Darstellung der Überlegungen, die zur Anerkennung des Vorrangs des Unionsrechts in den mitgliedstaatlichen Rechtsordnungen geführt haben anschließend, wird nun aufgezeigt, dass diese sich auf die Situation eines gemischten völkerrechtlichen Vertrags übertragen lassen und damit das dogmatische Fundament der Kooperationsverpflichtung bei den gemischten Verträgen darstellen.

Durch Bildung einer supranationalen Organisation unter Übertragung von Hoheitsrechten haben die Mitgliedstaaten die Situation geschaffen, dass sie gemäß der unionsrechtlichen Zuständigkeitsverteilung nicht

---

682 EuGH, Rs. 26/62, van Gend & Loos, Slg. 1963, Rn. 16; EuGH, Rs. 57/65, Lütticke, Slg. 1966, Rn. 5.

683 *Terhechte*, JuS 2008, 403, 404 f; *Nettesheim*, in: GHN, 41. EL März 2010, Art. 1 AEUV Rn. 73.

684 *Ipsen*, § 10 Rn. 53; *Vedder*, in: VH, Art. 288 AEUV Rn. 61; *Streinz*, Rn. 203; *Pernice*, in: Poiares Maduro/Azoulai (Hrg.), S. 47, 54 f. Eine umfangreiche Übersicht darüber, wie die Vorrangregel in den Mitgliedstaaten umgesetzt wird, findet sich bei *Lenaerts/van Nuffel*, Rn. 21-020 ff.

685 *Fennely*, in: Poiares Maduro/Azoulai (Hrg.), S. 39, 44 f.; vgl. *Rasmussen*, in: Poiares Maduro/Azoulai (Hrg.), S. 69, 73.

686 *Vedder*, in: VH, Art. 288 AEUV Rn. 61; BVerfGE 73, Solange II, 339, 375 f.; BVerfGE 123, Lissabon, 267, 402. Zu den drei vom BVerfG festgestellten Ausnahmen (Grundrechtskontrolle, Verfassungsidentitätskontrolle und Ultra-Vires-Kontrolle) des Anwendungsvorrangs siehe *Polzin*, JuS 2012, 1, 2 ff.

mehr unbeschränkt völkerrechtliche Verträge schließen können. Diese Beschränkung ist im Völkervertragsrecht jedoch nicht vorgesehen, nach Art. 6 WVK besitzt jeder Staat ohne Einschränkung in allen Regelungsgebieten die Fähigkeit, völkerrechtliche Verträge abzuschließen. Der Mitgliedstaat kann sich bei einer etwaigen Nichterfüllung des Vertrags gemäß Art. 27 WVK nicht auf eine innerstaatliche Beschränkung berufen, ebenso wenig kann er gemäß Art. 46 Abs. 1 WVK die Ungültigkeit dieses Vertrags aufgrund innerstaatlicher Beschränkungen reklamieren. Entsprechend gelten diese Grundsätze für die Union gemäß Art. 27 Abs. 2 und 46 Abs. 2 WVK IO. Diese Konvention stellt Völkergewohnheitsrecht dar und ist deshalb trotz noch nicht erfolgtem Inkrafttreten für die Mitgliedstaaten und die Union bindend.[687] Die Union und die Mitgliedstaaten sind bei den gemischten Verträgen praktisch gegenseitige „Gefangene“, sie können nicht ohne einander handeln.[688]

Damit ist aus Sicht der Mitgliedstaaten und der Union allein deshalb eine enge Zusammenarbeit bei der Durchführung eines gemischten Vertrags notwendig, und damit diesem immanent, um dem Vertragspartner gegenüber den Vertrag erfüllen zu können. Um das Phänomen der gemeinsamen Ausübung völkerrechtlicher Pflichten durch das Zusammenwirken von Union und Mitgliedstaaten bei gemischten Verträgen darzustellen, wird auch – in Abgrenzung zu dem Begriff Völkerrechtssubjekt – der Begriff „völkerrechtliche Einheit“ verwendet.[689]

Bei Verhandlungen gemischter Verträge und der gemeinsamen Mitgliedschaft in internationalen Organisationen zeigt sich ebenfalls die Notwendigkeit einer Kooperation. Als Konsequenz der Errichtung einer supranationalen Organisation muss deren Funktionieren gewährleistet sein, diese darf nicht durch das eigenmächtige Handeln eines Mitgliedstaats beschränkt werden.[690] Drittstaaten, die mit der Union kooperieren wollen, sehen die Union und die Mitgliedsstaaten als nur einen Partner an.[691] Es stehen deshalb bei bilateralen gemischten Verträgen auf der einen Seite der Drittstaat und auf der anderen Seite die Union und ihre Mitgliedstaaten als Unionsgruppe. Wenn nun bei Verhandlungen die Unionsgruppe nicht eng zusammenarbeitet und mit einer Stimme spricht, ist der Drittstaat in einer besseren Position: Er kann die Union und ihre

---

687 Vgl. Teil 2 E. I.

688 *Editorial Comments*, CMLRev. 1995, 385, 388; *Dutzler*, in: Griller/Weidel (Hrg.), S. 151, 169.

689 *Rodenhoff*, S. 28 ff.

690 EuGH, Rs. 6/64, Costa/E.N.E.L., Slg. 1964, S. 1251, 1269.

691 So auch: *Neframi*, CMLRev. 2010, 323, 353.

Mitgliedstaaten gegeneinander ausspielen,[692] um das für ihn optimale Ergebnis in den Vertrag einfließen zu lassen. Ziel für die Unionsgruppe soll aber sein, das Beste für die Union und ihre Mitgliedstaaten in Verhandlungen zu erreichen und zu kodifizieren.

Deshalb ist eine enge Zusammenarbeit notwendig, um bei den Verhandlungen mit einer Stimme zu sprechen, und damit das beste Verhandlungsergebnis erreichen zu können. Um so eine starke Verhandlungsmacht, wie sie andere große Volkswirtschaften besitzen, aufbauen zu können, ist es wichtig, dass die Union und die Mitgliedstaaten zusammen handeln.[693] Wenn also ein mächtiger Drittstaat als Verhandlungspartner gegenüber steht,[694] ist es bei einem Auftreten als Union einfacher, von diesem Staat bereits gewährte Vergünstigungen auf alle Mitgliedstaaten auszudehnen.[695] Durch ein gemeinsames Auftreten entgehen die Mitgliedstaaten einer Erpressbarkeit, die jeder Mitgliedstaat, wäre er allein gestellt, befürchten müsste.[696] Die Union kann dann ihre Position als eine der stärksten Handelsmächte der Welt ausspielen.[697] Das gemeinsame Ziel von Union und Mitgliedstaaten muss sein, die größtmögliche Effektivität der Union auf dem auswärtigen Parkett zu erreichen.[698] So stellte der erste Präsident des Europäischen Rates, *Herman van Rompuy*, treffend fest: „Our unity is our strength“[699]

Bezüglich des Abschlusses des Vertrags ist in dieser Phase die enge Zusammenarbeit dem gemischten Vertrag deshalb immanent, damit die Union und die Mitgliedstaaten das erreichte Ergebnis umsetzen können. Dadurch wird der Vertrag im gesamten Unionsraum rechtlich verbindlich, ohne dass sich die Union oder die Mitgliedstaaten rechtlich in Angelegenheiten, die sie nicht erfüllen können, binden.

Der EuGH ist demnach sprachlich etwas ungenau, wenn er feststellt, dass sich die Kooperationsverpflichtung aus der Notwendigkeit einer einheitlichen völkerrechtlichen Vertretung der Gemeinschaft (jetzt Union)

---

692 So auch: *Gilsdorf*, EuR 1996, 145, 158; *Bourgeois*, CMLRev. 1995, 763, 786; *Stein*, S. 167; *Schütze*, S. 218; *Pescatore*, CMLRev. 1999, 387, 389 f.; für die USA bestätigend: *Olsen*, in: Hillion/Koutrakos (Hrg.), S. 331, 339.

693 *Torrent*, in: Dashwood/Hillion (Hrg.), S. 221, 234.

694 Vgl. die Situation bei den bilateralen Luftverkehrsabkommen der Mitgliedstaaten mit den USA, Teil 4 C. II.

695 *Cremona*, in: Cremona/de Witte (Hrg.), S. 125, 139.

696 *Tomuschat*, in: FS Eitel, S. 799, 813.

697 Vgl. *Bourgeois*, CMLRev. 1995, 763, 785; *McGoldrick*, S. 103. Negativbeispiel bei: *Groen/Niemann*, in: Cardwell (Hrg.), S. 315, 328.

698 *Smyth*, in: Hillion/Koutrakos (Hrg.), S. 304, 319.

699 *van Rompuy*, S. 10.

ergebe. Vielmehr ist die einheitliche Vertretung der Unionsgruppe notwendig, aus der sich die Kooperationsverpflichtung ergibt. Die einheitliche völkerrechtliche Vertretung der Unionsgruppe steht somit im Interesse der Union und der Mitgliedstaaten, und stellt nicht ein alleiniges Unionsinteresse dar.[700] In seiner letzten Entscheidung zur Kooperationsverpflichtung hat der EuGH diesen Aspekt auch aufgegriffen und spricht vom „Grundsatz der Einheit im internationalen Auftreten der Union und ihrer Mitgliedstaaten".[701]

Somit stellt die Kooperationsverpflichtung zwischen den Unionsorganen und den Mitgliedstaaten bei gemischter Zuständigkeit für einen gemischten Vertrag eine ungeschriebene primärrechtliche Verpflichtung dar, die sich aus dem Wesen der Union als supranationale Organisation ergibt.

2. Die Natur der Kooperationsverpflichtung

An diese Feststellung anschließend, ist die Reichweite der Kooperationsverpflichtung zu klären. Insbesondere bei Verhandlungen zu gemischten Verträgen und bei der Ausübung einer gemeinsamen Mitgliedschaft in internationalen Organisationen stellt sich die Frage, welcher Natur die Kooperationsverpflichtung ist.

Stellt sie eine Verhaltenspflicht dar, müssen die Unionsorgane und die Mitgliedstaaten sich gegenseitig über ihre Positionen informieren und sich bestmöglich bemühen, einen gemeinsamen Standpunkt zu finden und innerhalb einer internationalen Organisation oder Konferenz gemeinsam zu handeln. Diese Aufgaben stellt die Kooperationsverpflichtung als Minimum auf. [702] Stellt die Kooperationsverpflichtung jedoch eine Ergebnispflicht dar, so sind die Unionsorgane und die Mitgliedstaaten rechtlich gezwungen, eine gemeinsame Position zu erarbeiten. Die erforderliche Zusammenarbeit wird im Rat praktiziert, oder im Rahmen des internationalen Forums, an dem die Mitgliedstaaten und die Union teilnehmen.[703]

Festzustellen ist, dass sich die Frage nach der Natur der Kooperationsverpflichtung nur stellt, wenn allein die einheitliche Repräsentation nach außen betroffen ist. Ist zugleich die Pflicht zur loyalen Zusammenarbeit betroffen, müssen die Mitgliedstaaten bestimmte Pflichten zwin-

700 So aber: *Neframi*, CMLRev. 2010, 323, 353.
701 EuGH, Rs. C-246/07, PFOS, Slg. 2010, I-3317, Rn. 104.
702 *MacLeod/Hendry/Hyett*, S. 148; *Epiney/Gross*, NuR 2005, 353, 357.
703 *MacLeod/Hendry/Hyett*, S. 148.

gend erfüllen, also ein Ergebnis liefern. So besteht nach der *Mox Plant*-Entscheidung[704] die Verpflichtung zu Konsultationen mit der Kommission, bevor ein Streitschlichtungsmechanismus im Rahmen des Seerechtsübereinkommens eingeleitet wird. Demnach besteht eine Stillhalteverpflichtung, wenn durch eigenständiges Handeln, wie es Gegenstand der *PFOS*-Entscheidung war, der Union rechtliche Verpflichtungen auferlegt werden.[705]

a. *Die Kooperationsverpflichtung als Verhaltenspflicht?*

Wenn die Kooperationsverpflichtung nur als Verhaltenspflicht angesehen wird, hat das zur Folge, dass die Mitgliedstaaten nur gehalten sind, größtmögliche Anstrengungen zu unternehmen, um eine gemeinsame Position mit der Union zu erreichen.[706] Falls eine Einigung nicht zustande kommt, kann und muss jeder Mitgliedstaat selbst die eigenen Interessen vertreten.[707]

Der EuGH hat festgestellt, dass die Kooperationsverpflichtung „um so zwingender" sei, wenn eine Kompetenzabgrenzung sehr schwierig sei,[708] beziehungsweise, dass die Pflicht „besonders" gelte, wenn die Zuständigkeiten „eng miteinander verwoben" seien.[709] Daraus wird geschlossen, dass eine Pflicht nur dann zwingender sein könne, wenn sie sich von einer Verhaltenspflicht zu einer Ergebnispflicht verstärken könne.[710] Wenn es immer eine Verpflichtung zur Ergebnisfindung gebe, so sei die Pflicht folglich auch immer gleich zwingend.[711] Diese Auffassung geht davon aus, dass die einheitliche völkerrechtliche Vertretung der Union keine Rechtspflicht, sondern nur eine Interpretationshilfe darstelle.[712]

---

704 Siehe Teil 3 B. I. 5. f.

705 *De Baere*, ELRev. 2011, 405, 417.

706 *Hillion*, in: Hillion/Koutrakos (Hrg.), S. 87, 104; *Epiney*, in: FS Ress, S. 441, 451; *Neframi*, CMLRev. 2010, 323, 355; *Holdgaard*, S. 160; *Stock*, S. 41; *K. Kaiser*, S. 167; *Dutzler*, in: Griller/Weidel (Hrg.), S. 151, 171; *Huber*, ZöR 2006, 109, 127; *Leal-Arcas*, FJIL 2007, 569, 657.

707 *MacLeod/Hendry/Hyett*, S. 149; *Huber*, ZöR 2006, 109, 127.

708 EuGH, Gutachten 1/94, WTO, Slg. 1994, I-5267, Rn. 109.

709 EuGH, Rs. C-459/03, Mox Plant, Slg. 2006, I-4635, Rn. 176.

710 *MacLeod/Hendry/Hyett*, S. 149.

711 *Hillion*, in: Hillion/Koutrakos (Hrg.), S. 87, 104; *MacLeod/Hendry/Hyett*, S. 172; *Sattler*, S. 146.

712 *Hillion*, in: Hillion/Koutrakos (Hrg.), S. 87, 104. So wohl auch: *Heliskoski*, in: Hillion/Koutrakos (Hrg.), S. 138, 159.

Wenn also die Kooperationsverpflichtung keine Ergebnispflicht darstellt, gebe es keine weitere Verpflichtung als eine gegenseitige Abstimmung, Kooperation und Rücksichtnahme. Darüber hinaus einheitliche Positionen und Entscheidungen zu treffen, würde zu einer Vergemeinschaftung der Verpflichtung führen.[713] Konsequenterweise wird behauptet, dass ansonsten die gegenseitigen ausschließlichen Kompetenzen missachtet würden,[714] obwohl sowohl die Mitgliedstaaten als auch die Union an den gemischten Verträgen aus eigenem Recht mitwirkten.[715] Als Indiz werden die Zusammenarbeitsvereinbarungen zwischen Union und Mitgliedstaaten in internationalen Organisationen herangezogen,[716] die keine Einigungspflicht vorsehen, sondern nur Regelungen für den Fall, dass keine Einigung zustande komme.[717]

Die Verhaltenspflicht soll darauf abzielen, dass sich die Mitgliedstaaten und die Union um ein einheitliches Einvernehmen bemühten.[718] Wenn solch ein Einvernehmen nicht erreicht werde, solle geklärt werden, ob nicht trotzdem eine gemeinsame Festlegung erfolgen könne, ohne dass diese für die Mitgliedstaaten zwingend sein sollte.[719]

Als Korrektiv wird eine wechselseitige „materielle Berücksichtigungspflicht"[720] angesehen. Diese habe zum Inhalt, dass die Mitgliedstaaten und die Union wichtige Anliegen des jeweils anderen nicht außer Acht lassen dürften, sondern bei der Bildung eigener Positionen gebührend beachten müssten.[721] Es dürften demnach keine Positionen vertreten werden, die es den Mitgliedstaaten oder der Union schwer, beziehungsweise unmöglich machten, ihre Kompetenzen effektiv wahrzunehmen.[722]

Im Ergebnis führt eine Auslegung der Kooperationsverpflichtung als eine reine Verhaltenspflicht dazu, dass wenn keine gemeinsame Position gefunden werden kann, jeder Mitgliedstaat seinen Fokus hauptsächlich auf die eigenen Interessen legt.[723]

---

713 *Rodenhoff*, S. 323.
714 *Epiney/Gross*, NuR 2005, 353, 358; *Kreibich*, S. 130 f.
715 *Frenz*, S. 161.
716 Siehe dazu Teil 3 C. IV. 4.
717 *Rodenhoff*, S. 283.
718 *Epiney*, in: FS Ress, S. 441, 449; *Neuwahl*, CMLRev. 1996, 667, 678.
719 *Frenz*, S. 161.
720 *Epiney/Gross*, NuR 2005, 353, 357.
721 *Epiney/Gross*, NuR 2005, 353, 357; *Epiney*, in: FS Ress, S. 441, 449; *Dutzler*, in: Griller/Weidel (Hrg.), S. 151, 171.
722 *Epiney/Gross*, NuR 2005, 353, 357.
723 *MacLeod/Hendry/Hyett*, S. 149.

b. Die Kooperationsverpflichtung als Ergebnispflicht

Die Kooperationsverpflichtung stellt jedoch vielmehr eine Ergebnispflicht dar, was sich aus ihrem Wesen als ungeschriebene Primärrechtsverpflichtung ergibt.

Dem bereits genannten Konzept der „materiellen Berücksichtigungspflicht“ ist nur insoweit zuzustimmen, als dass bei der Findung eines gemeinsamen Standpunkts die wichtigen Anliegen des jeweils anderen akzeptiert werden müssen, damit diese in den gemeinsamen Standpunkt einfließen können.

Die Bezeichnung der Kooperationsverpflichtung als „umso zwingender“[724] durch den EuGH, und die Feststelllung, dass sie „besonders“[725] gelte, kann auch auf die Weise interpretiert werden, dass sich in diesen zu entscheidenden Sachverhalten die Einhaltung der Kooperationsverpflichtung förmlich aufgedrängt hat.

Bei Verhandlungen zu gemischten Verträgen und für Handlungen innerhalb internationaler Organisationen spielt der Aspekt der einheitlichen völkerrechtlichen Vertretung der Union eine große Rolle. Ziel dieser einheitlichen völkerrechtlichen Vertretung ist es, Dritten gegenüber als Einheit auftreten zu können, um so das optimale Ergebnis für die Unionsgruppe zu erzielen. Damit dieses Ziel erreicht werden kann, ist es zwingend erforderlich, auch in Bereichen, die in die mitgliedstaatliche Kompetenz fallen, eine gemeinsame Position zu erarbeiten, die dann einheitlich nach außen vertreten wird.[726]

So kann eine starke, einheitliche Position der Unionsgruppe dem Auftreten des einzelnen Mitgliedstaats mehr Gewicht geben. Die Union hat dann als Block die Möglichkeit, bei Vertragsverhandlungen mehr Druck auf Drittstaaten auszuüben, als es einem einzelnen Mitgliedstaat möglich wäre.[727] Auch innerhalb internationaler Organisationen ist ein geschlossenes Auftreten am effektivsten. Verbunden mit politischem und wirtschaftlichem Gewicht, kann dies wichtiger sein, als über die Stimmenzahl zu dem gewünschten Ergebnis zu kommen – zumal in internationalen Organisationen meist versucht wird, im Konsens zu entscheiden.[728] Dieses Gewicht effektiv zu nutzen, bringt beiden Seiten Vorteile

---

724 EuGH, Gutachten 1/94, WTO, Slg. 1994, I-5267, Rn. 109.

725 EuGH, Rs. C-459/03, Mox Plant, Slg. 2006, I-4635, Rn. 176.

726 So auch *Eeckhout*, S. 256; *Stein*, S. 174.

727 *von Horstig*, S. 89; *Klabbers*, in: Cannizzaro (Hrg.), S. 151, 152.

728 *Sack*, ZEuS 2001, 267, 278; *Marchisio*, in: Cannizzaro (Hrg.), S. 231, 250; *Leal-Arcas*, FJIL 2007, 569, 597.

und die praktische Anwendung der Kooperationsverpflichtung muss dies auch zum Ausdruck bringen.[729]

In diesem Kontext müssen die Unionsorgane und die Mitgliedstaaten hinsichtlich der Kompetenzverteilung nicht einer Meinung sein. Vielmehr ist es wichtiger, dass die Drittstaaten nicht von unionsinternen Unstimmigkeiten profitieren können.[730] Die Festlegung von Standpunkten erfolgt ohne eine Präjudizierung der Zuständigkeitsverteilung, damit ist es für die Mitgliedstaaten einfacher einer gemeinsamen Position zuzustimmen.[731] Eine Kompetenzverschiebung, beziehungsweise eine Missachtung der ausschließlichen Kompetenzen der Mitgliedstaaten liegt ebenfalls nicht vor, denn die Kooperationsverpflichtung als Ergebnispflicht um die einheitliche Vertretung nach außen zu gewährleisten, stellt ungeschriebenes Primärrecht dar.

Generell sollten keine Debatten über die Natur einer Kompetenz geführt werden.[732] Vielmehr sollte gefragt werden, ob eine Unionskompetenz gegeben ist und welchen Vorteil die Ausübung dieser Kompetenz mit sich bringt. Wenn diese Vorteile offensichtlich sind, sollten die Mitgliedstaaten durch die Union handeln, die sie für ein gemeinsames Handeln auch gegründet haben.[733]

Innerhalb internationaler Organisationen kann jedoch eine von der Kompetenzverteilung losgelöste flexible Stimmrechtsausübung nur dann erfolgen, wenn eine Offenlegung der Kompetenzverteilung nach den Regeln des Gründungvertrags nicht erforderlich ist.[734]

Konsequenterweise dürfen, wenn die Koordinierung nicht zu einer gemeinsamen Position führt, weder Union noch die Mitgliedstaaten eigenständig handeln. Denn die Erlaubnis für die Mitgliedstaaten – aber auch der Union im Bereich ihrer ausschließlichen Kompetenzen – einen eigenen Weg zu gehen, ist unvereinbar mit dem Erfordernis einer einheitlichen Vertretung.[735] Diese Schlußfolgerung verstärkt den Druck auf die Union und die Mitgliedstaaten, eine gemeinsame Position zu erarbeiten.

---

729 *Hyett*, in: Dashwood/Hillion (Hrg.), S. 248, 253; *Hoffmeister*, in: Hillion/Koutrakos (Hrg.), S. 249, 267.

730 *Koutrakos*, S. 164.

731 *Heliskoski*, S. 111.

732 *Timmermanns*, in: Dashwood/Hillion (Hrg.), S. 239, 247.

733 *Timmermanns*, in: Dashwood/Hillion (Hrg.), S. 239, 247. Dem ausdrücklich zustimmend: *Czuczai*, in: Hillion/Koutrakos (Hrg.), S. 231, 248.

734 *Rodenhoff*, S. 289.

735 *Timmermanns*, in: Dashwood/Hillion (Hrg.), S. 239, 242.

Problematisch ist in diesem Zusammenhang, dass wenn eine gemeinsame Lösung gefunden werden muss und es keine Regelung gibt, die einer Instanz ein Letztentscheidungsrecht für den Fall zuspricht, dass trotz allem keine Lösung gefunden wird. Damit besitzen die Union und die Mehrheit der Mitgliedstaaten ein *de facto* Vetorecht. Aus diesem tatsächlichen Problem kann aber nicht geschlossen werden, dass Union und die Mitgliedstaaten nicht auf allen Gebieten eines gemischten Vertrags zusammenarbeiten müssen.[736]

c. *Pflichten bei unterschiedlichen Verhandlungspositionen*

Ausgehend von der festgestellten Ergebnispflicht ist zu untersuchen, welche Auswirkungen die Kooperationsverpflichtung hat, wenn die Mitgliedstaaten und die Union sich entgegen der Verpflichtung nicht auf eine gemeinsame Position einigen können.

aa. Bei ausschließlicher Unionskompetenz

In der Regel beschließt der Rat auf Vorschlag der Kommission eine gemeinsame Unionsposition gemäß dem Abstimmungsmodus, der in den Verträgen für diesen Bereich vorgesehen ist.[737]

Wenn die Union und die Mitgliedstaaten bei Verhandlungen zu gemischten Verträgen in Bereichen ausschließlicher Unionskompetenzen keine gemeinsame Position erarbeiten können, müssen die Mitgliedstaaten und die Union darauf verzichten, ihren eigenen Standpunkt zu vertreten.[738]

Solch eine Situation ist jedoch hypothetischer Natur, denn es erscheint unwahrscheinlich, dass der Rat von vornherein überhaupt dazu in der Lage ist, dem Verhandlungsführer ein Mandat für Verhandlungen und Richtlinien für eine Verhandlungsposition der Union gemäß Art. 218 Abs. 2 und 4 AEUV zu erteilen, vielmehr dürften ohne eine gemeinsame Position meist keine Verhandlungen mit Drittstaaten möglich sein.[739]

Falls solch eine Situation doch auftreten sollte, ist bei Verhandlungen zu bilateralen gemischten Verträgen ein eigenständiges Handeln des Verhandlungsführers der Union dem Stillstand der Verhandlungen vor-

---

736 So aber Schlussanträge GA Tesauro, Rs. C-53/96, Hermès, Slg. 1997, I-3603, Rn. 13.

737 *Smyth*, in: Hillion/Koutrakos (Hrg.), S. 304, 310.

738 *Epiney/Gross*, NuR 2005, 353 358; *Heliskoski*, in: Hillion/Koutrakos (Hrg.), S. 138, 147; *Smyth*, in: Hillion/Koutrakos (Hrg.), S. 304, 310.

739 *MacLeod/Hendry/Hyett*, S. 149; *Epiney/Gross*, NuR 2005, 353, 358.

zuziehen. Allerdings muss die Position des Verhandlungsführers die Vorgaben des Art. 218 Abs. 2 und 4 AEUV beachten.[740]

Innerhalb von internationalen Organisationen muss die Union jedoch darauf verzichten, einen eigenen Standpunkt zu vertreten.

bb. Bei gemischter Kompetenz

Wenn Uneinigkeit hinsichtlich Regelungsbereichen herrscht, die in eine gemischte Kompetenz von Mitgliedstaaten und Union fallen, ist die Erarbeitung einer gemeinsamen Position verpflichtend.[741] Die unterlegenen Mitgliedstaaten müssen sich einer gefundenen Mehrheitsentscheidung im Rat bezüglich einer gemeinsamen Position beugen.[742]

In der Praxis handeln jedoch bei einer fehlenden Einigung die Mitgliedstaaten innerhalb ihrer Kompetenz selbst – wenn sie die Unionsrechtsordnung dadurch nicht beeinträchtigen. Analog handelt die Kommission für die Union innerhalb ihrer ausschließlichen Kompetenz soweit es nötig ist, um die Unionsrechtsordnung zu wahren.[743] Diese Praxis ist jedoch abzulehnen, weil sie der Kooperationsverpflichtung entgegensteht.

cc. Bei ausschließlicher Kompetenz der Mitgliedstaaten

Die Mitgliedstaaten müssen bei ihren ausschließlichen Kompetenzen hohe Anstrengungen unternehmen, um untereinander zu einem gemeinsamen Standpunkt zu gelangen.[744] Zudem muss auch die Kommission in die Koordination miteinbezogen werden, damit ein gemeinsamer Standpunkt der Unionsgruppe gefunden werden kann.[745] Fraglich ist, ob der gemeinsame Standpunkt seitens der Mitgliedstaaten einstimmig gefunden werden muss, oder ob aus der Kooperationsverpflichtung die Mitgliedstaaten in Bereichen ausschließlicher Kompetenzen verpflichtet sind, sich Mehrheitsentscheidungen zu unterwerfen.

---

740 *Rodenhoff*, S. 282.

741 So auch: *Martenczuk*, in: Kronenberger (Hrg.), S. 141, 155. A.A. *MacLeod/Hendry/Hyett*, S. 149; *Rodenhoff*, S. 283; *Smyth*, in: Hillion/Koutrakos (Hrg.), S. 304, 310: nur bestmögliche Anstrengungen.

742 So auch: *Martenczuk*, in: Kronenberger (Hrg.), S. 141, 155. Vgl. dazu die Feststellungen des EuGH in der PFOS-Entscheidung, EuGH, Rs. C-246/07, PFOS, Slg. 2010, I-3317, Rn. 76 – 91.

743 *Smyth*, in: Hillion/Koutrakos (Hrg.), S. 304, 310.

744 *Eberle*, S. 167.

745 So auch: *Heliskoski*, in: Hillion/Koutrakos (Hrg.), S. 138, 159.

Die generelle Entscheidung der Mitgliedstaaten, einen gemischten Vertrag abzuschließen, muss einstimmig erfolgen. Dies umfasst die Mandatierung eines Verhandlungsführers und die Erarbeitung der Verhandlungsleitlinien für den mitgliedstaatlichen Teil des Abkommens.[746] Ansonsten wäre der einzelne Mitgliedstaat im Bereich der ausschließlichen Kompetenzen nicht mehr frei in seiner Entscheidung.

Ist jedoch generell die Entscheidung für einen gemischten Vertrag gefallen, so ist nach Sinn und Zweck der Kooperationsverpflichtung für die Erarbeitung eines gemeinsamen Standpunkts eine qualifizierte Mehrheit im Rat gemäß Art. 16 Abs. 2 EUV ausreichend, da die Kooperationsverpflichtung auch bei ausschließlicher mitgliedstaatlichen Kompetenz eine unionsrechtliche Verpflichtung darstellt.[747] Es liegt damit eine Situation vor, die vergleichbar ist mit der Situation, die in Art. 116 EWG[748] geregelt war. Ausnahmsweise ist bei Verhandlungen Einstimmigkeit für einen gemeinsamen Standpunkt erforderlich, wenn über einen Bereich verhandelt werden soll, der von der ursprünglichen Mandatierung überhaupt nicht mehr umfasst ist.

Ein einzelnes Vorgehen der Mitgliedstaaten ist damit nur möglich, wenn dieses isolierte Vorgehen erforderlich wird, und nicht die Gesamtinteressen der Union und der übrigen Mitgliedstaaten berührt.[749]

3. Der Rat als Organ der Mitgliedstaaten

Die Kooperationsverpflichtung von Mitgliedstaaten und Union wird oft mit einer Kooperationsverpflichtung von Rat und Kommission gleichgestellt. Der Rat ist jedoch, obwohl er sich gemäß Art. 16 Abs. 2 EUV aus je einem Vertreter der Mitgliedstaaten zusammensetzt, ein Organ der Union,

---

746 Siehe dazu Teil 3 C. II. 5. b.

747 So wohl auch *Torrent*, in: Dashwood/Hillion (Hrg.), S. 221, 235. A.A. *Eberle*, S. 167, die als Grund dafür angibt, dass nicht angenommen werden könne, dass Art. 10 EGV die Mitgliedstaaten in Bereichen ihrer ausschließlichen Zuständigkeit verpflichte, sich Mehrheitsentscheidungen zu unterwerfen; *Rodenhoff*, S. 282 f., die davon ausgeht, dass die Mitgliedschaften selber ihre Positionen bestimmen könnten, jedoch vorher die Union und die anderen Mitgliedstaaten konsultieren müssten; *Hyett*, in: Dashwood/Hillion (Hrg.), S. 248, 251; *Sattler*, S. 148; *Smyth*, in: Hillion/Koutrakos (Hrg.), S. 304, 310 f.; *Dashwood*, in: Bourgeois/Dewost/ Gaiffe (Hrg.), S. 93, 98; *McGoldrick*, S. 83; *Leal-Arcas*, FJIL 2007, 569, 658; wohl auch: *Heintschel von Heinegg*, in: Rengeling (Hrg.), S. 707, 740.

748 Siehe dazu Teil 3 C. IV. 4. a.

749 *Hilf*, EuZW 1995, 7, 8.

und nicht eine Vertretung der Mitgliedstaaten, die dazu geschaffen ist, als gleichsam externes Element in Verbindungen mit den originären Organen der Union, wie beispielweise der Kommission, zu treten.

Gleichwohl stellt er, weil dort alle Mitgliedstaaten vertreten sind und er mit anderen Unionsorganen schnell in Kontakt treten kann, die ideale Plattform für die Mitgliedstaaten dar, um bei der Ausführung der gemischten Verträge eine gemeinsame Position untereinander zu entwickeln und diese anschließend mit der Kommission zu beraten, damit schließlich ein gemeinsamer Standpunkt der Mitgliedstaaten und der Union gefunden wird.

Damit tritt der Rat bei der Zusammenarbeit mit der Kommission in seiner Funktion als „die im Rat vereinigten Vertreter der Mitgliedstaaten" zusammen.[750] Die Minister bilden damit eine Konferenz, und sind nicht an die unionsrechtlichen Vorgaben für das Handeln des Rates gebunden.[751]

Dass der Rat als Plattform für diese Aufgabe als ideal angesehen wird, zeigt sich daran, dass bereits bei der PROBA 20-Vereinbarung[752] der Rat für die Mitgliedstaaten gehandelt hat. Ebenso verlief es bei der FAO-Vereinbarung:[753] Der EuGH hat es als selbstverständlich angesehen, dass im Rat die Interessen der Mitgliedstaaten vertreten werden,[754] und dass dieser die Vereinbarung mit der Kommission für die Zusammenarbeit zwischen den Mitgliedstaaten und der Union bei diesem gemischten Vertrag abgeschlossen habe.[755] Damit werden über den Rat die Mitgliedstaaten im Rahmen einer interinstitutionellen Vereinbarung rechtlich gebunden, was seinen Grund darin hat, dass die Kooperationsverpflichtung ein Prinzip des Unionsrechts darstellt.[756]

---

750 *Lorenzmeier*, S. 131; *Torrent*, in: Dashwood/Hillion (Hrg.), S. 221, 227.

751 *Lorenzmeier*, S. 131; *Nicolaysen*, S. 276.

752 Siehe dazu Teil 3 C. IV. 4. b.

753 Siehe dazu Teil 3 C. IV. 4. d.

754 So auch *De Baere*, S. 255.

755 EuGH, Rs. C-25/94, FAO, Slg. 1996, I-1469, Rn. 5 f.

756 *Eeckhout*, S. 246; *Hillion*, in: Hillion/Koutrakos (Hrg.), S. 87, 94; *Timmermanns*, in: Dashwood/Hillion (Hrg.), S. 239, 244; *Hyett*, in: Dashwood/ Hillion (Hrg.), S. 248, 251; *Editorial Comments*, CMLRev. 1995, 385, 387; *Cremona*, in: Xenopoulos (Hrg.), S. 319, 325; *Holdgaard*, S. 215; *Koutrakos*, ELRev. 2008, 666, 685; wohl auch: *Auvret-Finck*, RTDE 1995, 322, 335.

C. Die Kooperationsverpflichtung bei Aushandlung, Abschluss und Anwendung gemischter Verträge

Welche Auswirkungen die Kooperationsverpflichtung in der Praxis auf die Aushandlung, den Abschluss und die Erfüllung gemischter Verträge hatte und hat, wird nun dargestellt. Dabei wird auch die aktuelle Praxis nach dem Vertrag von Lissabon aufgezeigt.

I. Vertragschließungsverfahren der Union, Art. 218 AEUV

Zuerst wird jedoch dargestellt, wie das Vertragschließungsverfahren für den Abschluss völkerrechtlicher Verträge der Union in Art. 218 AEUV geregelt ist. So kann besser nachvollzogen werden, in welchem Stadium und wie die Kooperationsverpflichtung bei gemischter Zuständigkeit für einen völkerrechtlichen Vertrag auf dieses Verfahren einwirkt. Das Verfahren gemäß Art. 218 AEUV wird für Verträge im Rahmen der gemeinsamen Handelspolitik gemäß Art. 207 AEUV und für Verträge im Rahmen der Währungsunion gemäß Art. 219 AEUV modifiziert, diese beiden Vorschriften stellen vorrangige Spezialvorschriften dar.[757] Ansonsten gilt das Verfahren des Art. 218 AEUV für sämtliche völkerrechtlich verbindliche Akte.[758]

1. Vertragsverhandlungen

Das Vertragschließungsverfahren beginnt mit den Vertragsverhandlungen, die, nach einer Ermächtigung durch den Rat, und auf Empfehlung der Kommission, durchgeführt werden, Art. 218 Abs. 2, 3 AEUV. Bei Verträgen, die hauptsächlich die Gemeinsame Außen- und Sicherheitspolitik gemäß Art. 23 ff. EUV betreffen, legt der Hohe Vertreter der Union für Außen- und Sicherheitspolitik dem Rat die Empfehlungen über die Aufnahme von Verhandlungen vor.

---

757 *Lorenzmeier*, in: GHN, 43. EL März 2011, Art. 218 AEUV Rn. 1; *Hummer*, in: VH, Art. 218 AEUV Rn. 5.

758 EuGH, Gutachen 1/75, Lokale Kosten, Slg. 1975, 1355, Rn. 3.

In der Regel finden bereits vor der Einleitung offizieller Verhandlungen Sondierungsgespräche mit potenziellen Vertragspartnern statt.[759] Der Übergang zu formalisierten Gesprächen ist oft fließend.[760] Diese Sondierungsgespräche haben informellen Charakter und können deshalb ohne eine vorherige Zustimmung durch den Rat durchgeführt werden.

Der Rat benennt dann durch Beschluss den Verhandlungsführer oder den Leiter des Verhandlungsteams der Union, dies sind in der Regel hohe Beamte der Kommission[761] oder die Hohen Vertreterin für die GASP, wenn sich der Vertrag zumindest hauptsächlich auf die GASP bezieht.[762] Weiter legt der Rat die Verhandlungsrichtlinien fest und kann dem Verhandlungsführer darüberhinaus Richtlinien erteilen und einen Sonderausschuss bestellen, mit dem der Verhandlungsführer die Verhandlungsführung koordinieren muss, Art. 218 Abs. 2, 4 AEUV.

Im EGV war gemäß Art. 300 Abs. 1 S. 2 geregelt, dass die Kommission die Verhandlungen führt. Bei Verhandlungen zu gemischten Verträgen kam es jedoch zu Abweichungen, so dass z.B. die Ratstroika[763] die Verhandlungen für die EG führte.[764] Diese Abweichung konnte dadurch gerechtfertigt werden, dass Art. 300 Abs. 1 S. 2 EGV im Lichte des Grundsatzes der Kooperationsverpflichtungen auszulegen war, und durch diese abweichende Verhandlungsformen die erforderliche einheitliche Vertretung der EG bei der Aushandlung von gemischten Verträgen erfüllt wurde.[765] Nunmehr ist in Art. 218 Abs. 3 AEUV geregelt, dass der Rat den „Verhandlungsführer“ bzw. den „Leiter des Verhandlungsteams

---

759 *Franklin*, in: Xenopoulos (Hrg.), S. 165, 180.

760 *Tomuschat*, in: GS, Art. 300 EGV Rn. 27.

761 *Tomuschat*, in: GS, Art. 300 EGV Rn. 28.

762 *Khan*, in: GKK, Art. 218 AEUV Rn. 7; *Müller-Ibold*, in: LB, Art. 218 AEUV Rn. 9; *Hummer*, in: VH, Art. 218 AEUV Rn. 13 f.; *Mögele*, in: Streinz, Art. 218 AEUV Rn. 6; *Terhechte*, in: Schwarze, Art. 218 AEUV Rn. 8.

763 Die Ratstroika umfasst die aktuelle, die vorhergehende und die nachfolgende Ratspräsidentschaft. Eine Ermächtigung der Troika erfolgte vor allem bei umweltrechtlichen Abkommen, siehe *Breier*, EuZW 1999, 11, 13; *Schunz*, in: Lieb/von Ondarza/Schwarzer (Hrg.), S. 53, 56 ff. Vgl. dazu den Beschluss des Europäischen Rates vom 1. Dezember 2009 über die Ausübung des Vorsitzes im Rat, ABl. 2009 L 315/50; *AA*, Denkschrift, S. 6 f.

764 So z.B bei den Verhandlungen zu dem Protokoll von Kyoto vom 11. Dezember 1997 zum Rahmenübereinkommen der Vereinten Nationen über Klimaänderungen, ABl. 2002 L 130/4, siehe: *Breier*, EuZW 1999, 11, 13.

765 *Breier*, EuZW 1999, 11, 14, der allerdings die Kooperationsverpflichtung als Element des Grundsatzes der loyalen Zusammenarbeit sieht; dem zustimmend: *Eberle*, S. 170.

der Union benennt". Damit werden die bisher schon praktizierten Verhandlungsformen mitumfasst.

Während des gesamten Vertragschließungsverfahrens beschließt der Rat gemäß Art. 218 Abs. 8 UA 1 AEUV mit qualifizierter Mehrheit. Ein einstimmiger Beschluss des Rates ist jedoch erforderlich, wenn die geplanten Verträge einen Regelungsbereich betreffen, bei dem für den Erlass von Sekundärrecht Einstimmigkeit erforderlich ist. Demnach bei Assoziierungsabkommen nach Art. 217 AEUV, bei Verträgen nach Art. 212 AEUV mit beitrittswilligen Ländern, Art. 218 Abs. 8 UA 2 S. 1 AEUV, und auch beim Vertrag zum Beitritt der Union zur EMRK,[766] Art. 218 Abs. 8 UA 2 S. 2 AEUV.

Am Ende der Verhandlungen erfolgt die Paraphierung des Vertrags durch den Verhandlungsführer.[767]

2. Unterzeichnung des Vertrags

Nach den Verhandlungen genehmigt der Rat gemäß Art. 218 Abs. 5 AEUV durch einen Beschluss auf Vorschlag des Verhandlungsführers die Unterzeichnung des Vertrags. Ebenso kann eine vorläufige Anwendung des Vertrags genehmigt werden.

Mit der Unterzeichnung durch den Verhandlungsführer wird nur der Vertragstext als Ergebnis der Verhandlungen angenommen, ohne dass die Union den Willen nach außen manifestiert, sich völkerrechtlich binden zu wollen.[768] Nach der Unterzeichnung gilt bis zum Inkrafttreten des Vertrags das völkerrechtliche Frustrationsverbot, Art. 18 Abs. WVK IO.[769]

3. Vertragsabschluss

Ein weiterer Ratsbeschluss ist gemäß Art. 218 Abs. 6 UA 1 AEUV notwendig für den Abschluss des Vertrags; dieser erfolgt auf Vorschlag des

---

766 Der nach dem Inkrafttreten des 14. Zusatzprotokolls zur EMRK, BGBl. 2010 II, 1196, mittlerweile nach Art. 59 Abs. 2 EMRK möglich ist.

767 *Müller-Ibold*, in: LB, Art. 218 AEUV Rn. 3; *Lorenzmeier*, in: GHN, 43. EL März 2011, Art. 218 AEUV Rn. 33.

768 *Schmalenbach*, in: CR, Art. 218 AEUV Rn. 5; *Müller-Ibold*, in: LB, Art. 218 AEUV Rn. 4.

769 *Hummer*, in: VH, Art. 218 AEUV Rn. 17; *Mögele*, in: Streinz, Art. 218 AEUV Rn. 12; *Lorenzmeier*, in: GHN, 43. EL März 2011, Art. 218 AEUV Rn. 40.

Verhandlungsführers. Dieser Beschluss ist der entscheidende Annahmeakt der Union.[770]

Der Beschluss kann in den in Art. 218 Abs. 6 UA 2 lit. a AEUV genannten Fällen nur nach Zustimmung des EP geschehen, ansonsten erfolgt eine Anhörung gemäß Art. 218 Abs. 6 UA 2 lit. b AEUV. Da jedoch insbesondere die Zustimmung des Parlaments gemäß Art. 218 Abs. 6 UA 2 lit. a v) AEUV erforderlich ist, wenn ein Regelungsbereich betroffen ist, für den intern Rechtsakte nach dem ordentlichen Gesetzgebungsverfahren erlassen werden, wird das Zustimmungserfordernis des Parlaments zu völkerrechtlichen Verträgen der Union zum Regelfall werden.[771]

Bereits in den vorherigen Phasen des Vertragsschlusses wird das EP gemäß Art. 218 Abs. 10 AEUV unverzüglich und umfassend unterrichtet. Das umfassende Zustimmungserfordernis und die intensive Unterrichtung des EP stellen eine Neuerung durch den Vertrag von Lissabon dar.[772]

Auf Grundlage dieses Beschlusses teilt die Union ihren Vertragspartner förmlich mit, dass sie die Absicht hat, an diesen Vertrag gebunden zu sein. Dieser Beschluss wird im Amtsblatt, mit dem Abkommen als Anlage, veröffentlicht.[773]

4. Völkerrechtliches Inkrafttreten

Die völkerrechtliche Wirkungen der Absichtserklärung der EU richtet sich nach allgemeinem Völkerrecht,[774] siehe Art. 11 Abs. 2 WVK IO. In der

---

770 *Hummer*, in: VH, Art. 218 AEUV Rn. 18; *Terhechte*, in: Schwarze, Art. 218 AEUV Rn. 15.

771 *Khan*, in: GKK, Art. 218 AEUV Rn. 13.

772 So auch *Khan*, in: GKK, Art. 218 AEUV Rn. 2; *Müller-Ibold*, in: LB, Art. 218 AEUV Rn. 1; *Lorenzmeier*, in: GHN, 43. EL März 2011, Art. 218 AEUV Rn. 26; *Mögele*, in: Streinz, Art. 218 AEUV Rn. 2; *Terhechte*, in: Schwarze, Art. 218 AEUV Rn. 16 f.; *Jaag*, EuR 2012, 309, 322; *Vedder*, in: Hummer/Obwexer (Hrg.), S. 267, 292; *Smyth*, in: Koutrakos (Hrg.), S. 59, 61. Ein umfassende Darstellung der neuen Rolle des EP findet sich bei *Passos*, in: Hillion/Koutrakos (Hrg.), S. 269, 284 ff.

773 *Müller-Ibold*, in: LB, Art. 218 AEUV Rn. 5 f.; *Schmalenbach*, in: CR, Art. 218 AEUV Rn. 12.

774 *Müller-Ibold*, in: LB, Art. 218 AEUV Rn. 9; *Schmalenbach*, in: CR, Art. 218 AEUV Rn. 7; *Lorenzmeier*, in: GHN, 43. EL März 2011, Art. 218 AEUV Rn. 43; *Terhechte*, in: Schwarze, Art. 218 AEUV Rn. 26.

Regel erfolgt das völkerrechtliche Inkrafttreten durch den Austausch der Ratifikationsurkunden.[775]

5. Das Verfahren im Rat

An dieser Stelle wird aufgezeigt, wie die Praxis im Rat hinsichtlich geplanter eigenständiger völkerrechtlicher Verträge der Union aussieht, um sicherzustellen, dass keine den Mitgliedstaaten verbliebenen Kompetenzen durch diesen geplanten völkerrechtlichen Vertrag berührt werden.[776]

Die Überprüfung eines beantragten Verhandlungsmandats der Kommission hinsichtlich der Vertragschließungskompetenzen findet im Rahmen des Verfahrens nach Art. 218 AEUV im Rat statt. Ausgehend vom Prinzip der begrenzten Einzelermächtigung wird untersucht, inwieweit die Kompetenzen für den Abschluss des Vertrags auf die Union übergegangen sind. Wenn das Ergebnis der Prüfung ist, dass auch mitgliedstaatliche Kompetenzen berührt sind, wird angestrebt, den Abschluss eines gemischten Vertrags zu mandatieren. Das beantragte Verhandlungsmandat wird im Rat jedoch nicht nur rechtlich beurteilt, sondern auch in seiner Gänze nach der politischen Sinnhaftigkeit beurteilt und fast immer unter Änderungen vom Rat beschlossen.

Dieses Ergebnis – Mandatierung für einen gemischten Vertrag, bei Beantragung eines Mandats für ein alleiniges Unionsabkommen – hat seinen Ursprung darin, dass es vorkommen kann, dass bei Beantragung eines Verhandlungsmandats für den alleinigen Abschluss eines Vertrags durch die Union die Kommission die Regelung der Vertragschließungskompetenzen zu Gunsten der Union auslegt.[777] Sie kann sich etwa auf ergangenes Sekundärrecht berufen, um einen Übergang der Vertragschließungskompetenzen nach der AETR-Doktrin[778] geltend zu machen. Zum Beispiel werden häufig Regelungen im Bereich des Verkehrs seitens der Kommission in handelspolitische Vertragsentwürfe aufgenommen und als Teil der Handelspolitik der Union gemäß Art. 207 AEUV dargestellt, trotz der insoweit eindeutigen Regelung in Art. 207 Abs. 5 AEUV.[779] Aus Sicht der interviewten Gesprächspartner „gelinge“ es der

---

775 *Müller-Ibold*, in: LB, Art. 218 AEUV Rn. 9.

776 Diese Erkenntnisse beruhen zum Teil auf die geführten Interviews mit Beamten der deutschen und österreichischen Bundesregierungen, vgl. Einleitung.

777 Vgl. dazu *Mischo*, in: Xenopoulos (Hrg.), S. 139.

778 Siehe dazu Teil 1 B III. 1. b. aa.

779 So zum Beispiel auch in den Open Skies-Verfahren, vgl. EuGH, Rs. C-476/98, Open Skies - Kommission/Deutschland, Slg. 2002, I-9855, Rn. 17.

Kommission gelegentlich aufgrund von Zeitzwängen im Rat ihre eigenen Interessen durchzusetzen.

Der Mandatsentwurf wird zuerst in der nach Art. 19 Abs. 3 UA 1 der Geschäftsordnung des Rates[780] (GO-Rat) eingerichteten, zuständigen Ratsarbeitsgruppe, beziehungsweise dem zuständigen Ratsausschuss[781] besprochen. Mitglieder dieser Arbeitsgruppen und Ausschüsse sind in der Regel Mitarbeiter der Ständigen Vertretungen der Mitgliedstaaten, beziehungsweise Referenten oder Referatsleiter der mitgliedstaatlichen Ministerien. Diese Ausschüsse und Arbeitsgruppen können nur vom oder mit Zustimmung des COREPER eingesetzt werden und sind Vorbereitungsgremien des Rates.[782] Auf dieser Ebene wird der Mandatsentwurf der Kommission hinsichtlich der Vertragschließungskompetenzen sowie inhaltlich geprüft, und gegebenenfalls so geändert, dass keine mitgliedstaatlichen Kompetenzen betroffen sind, beziehungsweise dahingehend modifiziert, dass das Mandat auf ein Mandat für die Aushandlung eines gemischten Vertrags erweitert wird. Auf dieser Ebene werden auch die Streitfragen, die zwischen den Mitgliedstaaten entstehen, besprochen und versucht, einer Lösung zuzuführen. Ein Dossier wird nur dann an den COREPER weitergeleitet, wenn eine hinreichende Aussicht dahingehend besteht, dass auf dieser Ebene Fortschritte erzielt werden oder die Positionen geklärt werden.[783]

Im COREPER wird der geänderte Mandatsentwurf besprochen und versucht, eventuell verbliebene Unklarheiten zu lösen. Ziel ist es gemäß Art. 19 Abs. 2 S. 2 GO-Rat, dass bei der Sitzung des Rates keine Auseinandersetzung mehr in der Sache zu führen ist, um verbliebene Streitpunkte zu lösen, sondern dass der betreffende Text dem Rat nur zur Annahme vorgelegt wird, um einen Ratsbeschluss für ein Verhandlungsmandat der Kommission zu erhalten. Dabei wird der deutsche Vertreter im Rat von den deutschen Vertretern im Ratsunterbau umfassend informiert, auch hinsichtlich der Vertragschließungskompetenzen, und stimmt dann ab. Auf diese Weise wird auch auf österreichischer Seite verfahren.

---

780 Verordnung des Rates vom 1. Dezember 2009 zur Änderung seiner Geschäftsordnung, ABl. 2009 L 325/35.

781 Ein Verzeichnis über alle eingesetzten Ratsarbeitsgruppen findet sich in Ratsdokument 11903/11 vom 22. Juni 2011.

782 Ratsdokument 11903/11, S. 1.

783 Punkt 1. Anhang V GO-Rat.

II. Die Verhandlung gemischter Verträge in der Praxis der EU

In diesem Teil der Arbeit wird aufgezeigt, wie die Kooperationsverpflichtung bei den Verhandlungen zu gemischten Verträgen in der Praxis umgesetzt wird. Für Verhandlungen völkerrechtlicher Verträge der Union gilt der Grundsatz, dass die Zuständigkeitsverteilung vor Beginn der Verhandlungen festgestellt sein soll.[784]

1. Verhandlungskompetenz

Generell folgen die Kompetenzen zur Verhandlung völkerrechtlicher Verträge der Kompetenz zum Vertragsabschluss.[785] Bei gemischten Verträgen sind somit sowohl die Union als auch die Mitgliedstaaten zu Vertragsverhandlungen befugt.[786]

Demzufolge ist die Union für Verhandlungen in den Vertragsbereichen zuständig, die in ihre Kompetenz fallen, und die Mitgliedstaaten für Vertragsteile, die in ihre Kompetenz fallen.[787] Bei Vertragsverhandlungen müssten sich demnach immer die Verhandlungsführer der Union und der Mitgliedstaaten, im Extremfall einer für jeden Mitgliedstaat, „die Klinke geben", je nach dem in wessen Kompetenz der Regelungsbereich fällt, der als nächstes verhandelt werden soll.[788]

2. Getrennte Verhandlungsführung

Solch eine getrennte Verhandlungsführung alleine würde schon zu praktischen Problemen bei der Koordination der Verhandlungen führen, auch hinsichtlich der inneren Verbindung und der Logik des Vertragsinhalts.[789]

---

784 EuGH, Gutachten 2/94, EMRK, Slg. 1996, I-1759, Rn. 10.

785 *Epiney/Gross*, NuR 2005, 353.

786 *Epiney/Gross*, NuR 2005, 353, 355.

787 *Epiney/Gross*, NuR 2005, 353, 356; *Vedder*, in: Grabitz/Hilf, Maastrichter Fassung, 2. GL, Art. 228 EWGV Rn. 20; *Ehlermann*, in: O´Keeffe/Schermers (Hrg.), S. 3, 9 f; *von Horstig*, S. 237; *Eeckhout*, S. 255; *Heliskoski*, S. 73 f.

788 *Groux*, in: O´Keeffe/Schermers (Hrg.), S. 87, 94; *Lorenzmeier*, in: GHN, 43. EL März 2011, Art. 218 AEUV, Rn. 51.

789 *Epiney/Gross*, NuR 2005, 353, 357; *Olsen*, in: Hillion/Koutrakos (Hrg.), S. 331, 338.

Zudem ist diese Verfahrensweise sehr zeitintensiv und verfahrensunökonomisch.[790]

Problematischer ist aber, dass eine rechtliche Trennung zwischen den Regelungsbereichen, die in die Kompetenz der Union oder der Mitgliedstaaten fallen, schwierig bis unmöglich sein kann. Völkerrechtliche Klauseln sind nicht zwangsläufig nach der, oftmals auch umstrittenen, Kompetenzaufteilung zwischen Mitgliedstaaten und der Union teilbar.[791] In solch einer Situation ist eine strikte Trennung der Verhandlungsführenden nicht möglich. Darüber hinaus muss die Trennung der Verhandlungsführung auch vom Verhandlungspartner akzeptiert werden.[792]

Eine exakte Trennung der Verhandlungsführung zwischen der Union und den Mitgliedstaaten kann auch dann nicht vorgenommen werden, wenn der genaue Vertragsgegenstand eines völkerrechtlichen Abkommens bei Beginn der Vertragsverhandlungen noch nicht eingegrenzt ist.[793] Dies kann dann dazu führen, dass erst zum Ende der Verhandlungen geklärt ist, ob überhaupt ein gemischter Vertrag notwendig ist, also erst dann festzustellen ist, dass die Union die alleinige Vertragschließungskompetenz für den Abschluss eines völkerrechtlichen Vertrags besitzt, und damit auch nur sie ermächtigt ist, die Verhandlungen zu führen.[794]

Ein weiteres Problem, das nach Kompetenzen getrennte Verhandlungen mit sich bringen ist, dass völkerrechtliche Verträge eine Einheit bilden und bei Verhandlungen zur Erzielung von Kompromissen immer über das gesamte Vertragswerk verhandelt wird,[795] der Vertrag damit in

790 *von Horstig*, S. 237; *Dolmans*, S. 46.

791 *Groux*, in: O'Keeffe/Schermers (Hrg.), S. 87, 94; *Frenz*, S. 148, 157; *Tomuschat*, in: GS, Art. 300 EGV Rn. 35.

792 *Tomuschat*, in: GS, Art. 300 EGV Rn. 35.

793 *Groux*, in: O'Keeffe/Schermers (Hrg.), S. 87, 90; *Epiney/Gross*, NuR 2005, 353, 357; *Stein*, S. 167 f.

794 *MacLeod/Hendry/Hyett*, S. 151; *Epiney/Gross*, NuR 2005, 353, 357; *Krück*, S. 102; *Cremona*, Oxford J. Legal Stud. 1982, 393, 419; *Kumin/Bittner*, EuR Beiheft 2/2012, 75, 76. So z.B. die Kommission bezüglich Änderungen von Listen spezifischer Verpflichtungen im Rahmen des GATS, die sie im Namen und für die Gemeinschaft und die Mitgliedstaaten ausgehandelt hatte. Sie ging bei Beginn der Verhandlungen davon aus, dass die Abkommen eventuell keine Genehmigung der Mitgliedstaaten bedurften, dies sah sie durch die tatsächlich ausgehandelten Abkommen, entgegen der späteren Entscheidung des EuGH, bestätigt, EuGH, Gutachten 1/08, GATS, Slg. 2009, I-11129, Rn. 24.

795 *Frenz*, S. 148.

seiner Gänze einen „package deal“ darstellt.[796] Ein Vertragspartner geht eine bestimmte Verpflichtung vielleicht gerade deshalb ein, weil der andere Vertragspartner an anderer Stelle Zugeständnisse gemacht hat, die für ihn von größter Wichtigkeit sind[797] Deshalb ist es notwendig, eine einheitliche Verhandlungsstrategie zu entwickeln, in welchen Bereichen den Drittstaaten am besten entgegengekommen werden kann.[798]

3. Gemeinsame Verhandlungsführung

Diese Probleme könnten dazu führen, dass die Union nicht einheitlich völkerrechtlich vertreten wird. Jedoch ist solch eine einheitliche Vertretung notwendig, wenn die Zuständigkeiten für einen Vertrag gemischt sind. Es ist demnach eine enge Zusammenarbeit und Abstimmung zwischen der Union und den Mitgliedstaaten bei gemischter Zuständigkeit im Rahmen der Aushandlung eines völkerrechtlichen Vertrags zu gewährleisten.[799]

Folge der Kooperationsverpflichtung bei gemischter Zuständigkeit ist, dass die Vertragsverhandlungen bei (potentiellen) gemischten Verträgen grundsätzlich gemeinsam erfolgen zu haben[800] und dass ein gemeinsamer Standpunkt gefunden und nach außen vertreten werden muss.[801] Eine Aufdeckung der Zuständigkeitsverteilung gegenüber den Vertragspartnern ist im Stadium der Verhandlungen unionsrechtlich nicht notwendig und sollte möglichst vermieden werden, damit sich die Union und die Mitgliedstaaten auf die materiellen Bestimmungen im Abkommen konzentrieren können.[802] Ob dann gegebenenfalls das Abkommen eine internationale Organisation verpflichtet, bei Beitritt dem Verwahrer eine Erklärung bezüglich der Anwendbarkeit oder Nichtanwendbarkeit der Bestimmungen eines Abkommens abzugeben, ist eine andere Frage.[803]

---

796 *Sattler*, S. 312; *Groux/Manin*, S. 84; *Schermers*, in: FS Mosler, S. 823, 828.
797 *Stein*, S. 60.
798 *Eberle*, S. 147.
799 EuGH, Gutachten 1/94, WTO, Slg. 1994, I-5267, Rn. 108; EuGH, Rs. C-246/07, PFOS, Slg. 2010, I-3317, Rn. 73.
800 *Epiney/Gross*, NuR 2005, 353, 357.
801 So auch: *Eeckhout*, S. 256. Siehe dazu Teil 3 B. II. 2. b.
802 EuGH, Beschluß 1/78, Objektschutzübereinkommen, Slg. 1978, 2151, Rn. 35; Schlussanträge GA Jacobs, Rs. C-29/99, Übereinkommen über nukleare Sicherheit, Slg. 2002, I-11221, Rn. 113; *Heliskoski*, in: Hillion/Koutrakos (Hrg.), S. 138, 150.
803 Schlussanträge GA Jacobs, Rs. C-29/99, Übereinkommen über nukleare Sicherheit, Slg. 2002, I-11221, Rn. 112.

4. Verhandlungsdelegationen

Für die Verhandlungsdelegationen bei gemischten Verträgen gibt es keine Vorgaben in den Verträgen. Jedoch ist bei der Wahl der Verhandlungsdelegationen die Kooperationsverpflichtung zu beachten. In der Praxis haben sich mehrere Grundmodelle für Verhandlungsdelegationen herausgebildet. Welches Modell der Verhandlungsdelegation im konkreten Fall für die Aushandlung eines gemischten Vertrags gewählt wird erfolgt aus Zweckmäßigkeitsüberlegungen.[804]

a. *Getrennte Verhandlungsdelegationen*

Bei getrennten Verhandlungsdelegationen gibt es eine eigene Delegation der Union bestehend aus Vertretern der Kommission und des Rats. Darüber hinaus wird auch von jedem Mitgliedstaat eine Delegation zu den Verhandlungen gesandt.[805]

Getrennte Verhandlungsdelegationen werden insbesondere gebildet, wenn in denjenigen Regelungsbereichen des auszuhandelnden Vertrags, die in die ausschließliche Kompetenz der Mitgliedstaaten fallen, eigenständige nationale Interessen zur Geltung gebracht, und deshalb von den Mitgliedstaaten eigenständig verhandelt werden wollen.[806] Diese Art der Verhandlungsdelegation wird deshalb bei umfangreichen multilateralen gemischten Verträgen angewandt, wie es zum Beispiel bei der Aushandlung des UNCLOS geschehen ist.[807]

Bei getrennten Verhandlungsdelegationen ist es jedoch im Bereich der gemischten Kompetenzen schwer einen Konsens zu finden.[808] Außerdem wird durch getrennte Delegationen auf mögliche Synergieeffekte durch ein flexibles gemeinsames Auftreten von Union und den Mitgliedstaaten verzichtet.[809]

Bei bilateralen gemischten Verträgen, bei denen auf einer Seite die Union und die Mitgliedstaaten als Unionsgruppe stehen, ist diese Art der Verhandlungsdelegation äußerst impraktikabel. Ihre Anwendung steht

---

804 *Tomuschat*, in: GS, Art. 300 EGV Rn. 35.

805 *Epiney/Gross*, NuR 2005, 353, 359.

806 *Lorenzmeier*, in: GHN, 43. EL März 2011, Art. 218 AEUV Rn. 55; *Tomuschat*, in: GS, Art. 300 EGV Rn. 35; *Frenz*, S. 150.

807 *Vedder*, in: Grabitz/Hilf, Maastrichter Fassung, 2. GL, Art. 228 EWGV Rn. 29.

808 *Frenz*, S. 150; *Epiney/Gross*, NuR 2005, 353, 359.

809 *Frenz*, S. 150.

einer einheitlichen völkerrechtlichen Vertretung der Union entgegen und verstößt gegen die Kooperationsverpflichtung.[810]

b. *Bi- und multicephale Delegationen*

Auch bei bi- und multicephalen Delegationen versenden die Union und jeder Mitgliedstaat eigene Delegationen. Allerdings wird die Delegation der Union, die ebenfalls aus Vertretern der Kommission und des Rates zusammengesetzt ist, durch Vertreter der Mitgliedstaaten ergänzt.[811] Bei bicephalen Delegationen werden in die Verhandlungsdelegation der Union nur Vertreter des Mitgliedstaats, der den Ratsvorsitz innehat, entsandt. Bei multicephalen Delegationen entsenden mehrere oder alle Mitgliedstaaten Vertreter in die Unionsdelegation.[812] Für Bereiche, die in die Unionszuständigkeit fallen, kommt der Kommission die Sprecherrolle zu.[813]

Auch diese Delegationsform weist Varianten auf. So wurden z.B. bei der 3. Vertragsstaatenkonferenz der Klimarahmenkonvention in Kyoto im Dezember 1997 die Verhandlungen für die EG nur von der Ratstroika ohne direkte Beteiligung der Kommission durchgeführt.[814] Die Verhandlungspositionen entsprangen jedoch aus vorher ergangenen Ratsschlussfolgerungen und aus auf der Konferenz erfolgten Koordinierungen zwischen der für die Umwelt zuständigen Kommissarin und den Umweltministern der Mitgliedstaaten.[815] Somit blieb die Kommission auf diese Weise an den Verhandlungen beteiligt.

Hauptsächlich wird die bi- und multicephale Delegationsform bei Verhandlungen über Umweltabkommen angewandt.[816] Dies liegt daran, dass den Mitgliedstaaten in diesem Bereich umfangreiche Kompetenzen verblieben sind, vgl. Art. 191 AEUV.

Gegen die bi- oder multicephale Zusammensetzung der Delegationen spricht die unnötige Doppelrepräsentation durch die vorhandenen

---

810 So wohl auch *Epiney/Gross*, NuR 2005, 353, 357.

811 *Burghardt*, in: Zieger/Lebahn (Hrg.), S. 69, 73; *Epiney/Gross*, NuR 2005, 353, 359.

812 *Groux*, in: O´Keeffe/Schermers (Hrg.), S. 87, 93; *Vedder*, in: Grabitz/Hilf, Maastrichter Fassung, 2. GL, Art. 228 EWGV Rn. 29; *Lorenzmeier*, in: GHN, 43. EL März 2011, Art. 218 AEUV Rn. 55.

813 *Burghardt*, in: Zieger/Lebahn (Hrg.), S. 69, 73.

814 Luxemburg (Ratspräsidentschaft), Niederlande (vorangegangene Ratspräsidentschaft) und das Vereinigte Königreich (nachfolgende Ratspräsidentschaft); siehe *Breier*, EuZW 1999, 11, 13.

815 *Breier*, EuZW 1999, 11, 14.

816 *Epiney/Gross*, NuR 2005, 353, 359; *Eberle*, S. 165.

Überschneidungen in der Zusammensetzung.[817] Außerdem besteht die Gefahr, dass die Mitgliedstaaten die bicephale Formel beibehalten wollen, auch wenn aus der gemischten Zuständigkeit eine ausschließliche Zuständigkeit der Union geworden ist.[818]

c. *Koordinierung bei getrennten und bi- und multicephalen Delegationen*

Wenn internationale Abkommen bei internationalen Konferenzen ausgehandelt, und keine gemeinsame Delegation von Union und den Mitgliedstaaten entsandt werden, finden regelmäßig Sitzungen zwischen dem zuständigen Kommissar und den Ministern der Mitgliedstaaten unter Vorsitz der Ratspräsidentschaft, beziehungsweise den Ratsvertreter statt. In diesen werden die Verhandlungspositionen dem Verhandlungsverlauf entsprechend angepasst und koordiniert.[819] Diese Sitzungen finden in Brüssel oder am Verhandlungsort statt, im letzteren Fall morgens vor den Verhandlungsrunden oder während der Mittagpause.[820]

In diesen Sitzungen wird festgelegt, welche Positionen die Union und die Mitgliedstaaten in den Verhandlungen vertreten sollen. Anschließend werden diese von den Delegationen der Union und der Mitgliedstaaten in den Verhandlungen mit Drittstaaten vertreten.[821] Da diese Koordinierungssitzungen notwendigerweise kurzfristig angesetzt werden, können nur die wichtigsten inhaltlichen Positionen behandelt werden, ohne dass es möglich ist, umfassend taktische Erwägungen zu erörtern.[822]

Die Praxis der Koordinierung der Standpunkte führt zu einheitlichen, gemeinsam nach außen vertretenen Positionen und erfüllt damit die Forderung des EuGH nach einem einheitlichen Auftreten der Union und der Mitgliedstaaten bei gemischten Verträgen.[823]

In der Praxis werden keine getrennten Verhandlungsdelegationen mehr entsandt,[824] die Grundsätze der Koordinierung gelten jedoch weiter, falls zur Aushandlung eines Vertrags doch getrennte Verhandlungsdelegationen entsandt werden sollten.

---

817 *Frenz*, S. 150; *Groux*, in: O´Keeffe/Schermers (Hrg.), S. 87, 93.

818 *Burghardt*, in: Zieger/Lebahn (Hrg.), S. 69, 73.

819 *Breier*, EuZW 1999, 11, 13; *von Horstig*, S. 237; *Epiney/Gross*, NuR 2005, 353, 358; *Saenen/Orbie*, in: Lieb/von Ondarza/Schwarzer (Hrg.), S. 159, 163.

820 *Hix*, in: Martenczuk/van Thiel (Hrg.), S. 211, 220.

821 *Breier*, EuZW 1999, 11, 13.

822 *Breier*, EuZW 1999, 11, 13.

823 *von Horstig*, S. 238.

824 Vgl. dazu Teil 3 C. II. 5.

d. *Gemeinsame Delegationen, Rom-Formel*

Eine weitere Delegationsform stellt eine gemeinsame Delegation von Union und den Mitgliedstaaten dar, die sogenannte Rom-Formel. Rom-Formel deshalb, weil diese Form der Verhandlungsdelegation erstmals 1967 in Rom bei den Verhandlungen über den Getreidehandel angewandt wurde.[825]

Nach dieser Delegationsform wird die Kommission durch den Rat und die Mitgliedstaaten ermächtigt, grundsätzlich als Sprecher für die gemeinsame Delegation die Verhandlungen zu führen.[826] Dadurch wird eine einheitliche Vertretung der Union und der Mitgliedstaaten während den gesamten Verhandlungen gewährleistet, es muss nicht dem Regelungsbereich entsprechend der Verhandlungsführer ausgetauscht werden.[827] Die Kommission als Verhandlungsführerin agiert damit auch in Bereichen der ausschließlichen Kompetenzen der Mitgliedstaaten und wahrt ihre Interessen.[828] Eine materielle Verschiebung der Kompetenzen findet dadurch jedoch nicht statt, insbesondere ist die Kommission als Verhandlungsführerin weiterhin an die Kooperationsverpflichtung gebunden.[829]

Die Rom-Formel wurde in der Praxis aus Zweckmäßigkeitsgründen häufig als Verhandlungsdelegation genutzt – insbesondere bei bilateralen gemischten Verträgen, bei denen die Unionsgruppe dem Vertragspartner als eine Vertragspartei gegenübertritt.[830] Dies ist vor allem bei Assoziierungs- und Kooperationsabkommen der Fall. Durch eine Delegation nach der Rom-Formel besteht eine hohe Form der Flexibilität in den Verhandlungen, wenn die Mitgliedstaaten an den Verhandlungen beteiligt sind, und die Kommission nicht nur als Sachwalter der mitglied-

---

825 *Schloh*, in: Börner (Hrg.), S. 83, 95; *Groux*, in: O´Keeffe/Schermers (Hrg.), S. 87, 93.

826 Antworten der Kommission und des Rates auf die Schriftliche Anfrage Nr. 132 von Herrn Vredeling, ABl. 1967 Nr. 262/3 und ABl. 1967 Nr. 289/1. Grundsätzlich bedeutet gemäß dieser Antworten, dass es nicht ausgeschlossen ist, dass die Vertreter der Mitgliedstaaten eingreifen können, wenn dies erforderlich ist.

827 *Lorenzmeier*, in: GHN, 43. EL März 2011, Art. 218 AEUV Rn. 55; *Epiney/Gross*, NuR 2005, 353, 360.

828 *Lorenzmeier*, in: GHN, 43. EL März 2011, Art. 218 AEUV Rn. 55; *Epiney/Gross*, NuR 2005, 353, 360.

829 *Epiney/Gross*, NuR 2005, 353, 360.

830 *Lorenzmeier*, in: GHN, 43. EL März 2011, Art. 218 AEUV Rn. 55; *Tomuschat*, in: GS, Art. 300 EGV Rn. 35; *Frenz*, S. 150.

staatlichen Kompetenzen fungiert.[831] Außerdem wird durch die unmittelbare Beteiligung der Mitgliedstaaten deren politisches Verantwortungsgefühl gestärkt.[832]

Es wird vertreten, dass für den Bereich der bilateralen gemischten Verträge die Romformel die einzig zulässige Form der Verhandlungsdelegation sei, um der Kooperationsverpflichtung zu genügen.[833]

e. *Vertretung des gemeinsamen Standpunkts*

Bei den bisher genannten Verhandlungsdelegationen stellt sich die Frage, wer die gemeinsam gefundene Position nach außen vertritt. Dies kann durch die Unionsverhandlungsdelegation geschehen, durch ein gemeinsames Auftreten der Ratspräsidentschaft und der Mitgliedstaaten, oder durch die Troika.[834]

In der Praxis werden die Standpunkte in Regelungsbereichen, die in die Unionskompetenz fallen, von der Kommission vertreten, und die in die mitgliedstaatliche Kompetenz fallenden Regelungsbereiche durch den Vertreter des Ratsvorsitzes.[835] Im Bereich der gemischten Kompetenzen wird die Position je nach Schwerpunkt entweder von Kommission oder der Ratspräsidentschaft vertreten.[836] Folge dieser Aufteilung ist, dass die Unionsgruppe von unterschiedlichen Vertretern nach außen vertreten wird. Die Einheitlichkeit der Vertretung nach außen ist jedoch materiell zu verstehen. Dies bedeutet, dass diejenigen, die die Union nach außen vertreten, deutlich kommunizieren, dass sie für diese sprechen.[837] Jedoch besteht weiterhin die Gefahr, dass ein Wechsel in der Sprecherrolle zwischen Kommission und Präsidentschaft zu Verwirrung der Drittstaaten in dem Sinne führen kann, dass sie Probleme damit haben, ihren Ansprechpartner auf Seiten der Union zu ermitteln.[838]

---

831 *Tomuschat*, in: Hilf u.a. (Hrg.), S. 139, 147.

832 *Tomuschat*, in: Hilf u.a. (Hrg.), S. 139, 147.

833 *F. Kaiser*, S. 204; *Mögele*, in: Streinz, Art. 218 AEUV Rn. 34 in Bezug auf sämtliche gemischten Verträge.

834 *Frid*, S. 195; *Eberle*, S. 168 f.

835 *Smyth*, in: Hillion/Koutrakos (Hrg.), S. 304, 310; *Hoffmeister*, in: Hillion/Koutrakos (Hrg.), S. 249, 255; *Gstöhl*, EFAR 2009, 385, 388.

836 *Hoffmeister*, in: Hillion/Koutrakos (Hrg.), S. 249, 255.

837 *Eberle*, S. 169.

838 *Sack*, ZEuS 2001, 267, 283; *Olsen*, in: Hillion/Koutrakos (Hrg.), S. 331, 338 f.; *Stein*, S. 167; *Rodenhoff*, S. 319; *Cahill*, in: Xenopoulos (Hrg.), S. 123, 128; vgl. *Franklin*, in: Xenopoulos (Hrg.), S. 165, 179.

f. *Verhandlungen allein durch die Kommission*

Eine Weiterentwicklung der Rom-Formel stellt eine Delegation dar, die ausschließlich aus Kommissionsbeamten besteht, die die Unionsgruppe in den Verhandlungen vertreten. Die Mitgliedstaaten delegieren dabei nach vorheriger Koordinierung jeweils ihre Befugnisse an die Kommission. Ohnehin kann nur eine Lösung für alle Mitgliedstaaten gefunden werden.[839]

Diese Variante war in der Prä-Lissabon Phase bei bilateralen gemischten Verträgen am häufigsten anzutreffen.[840] Auch in dieser Variante besteht der Vorteil, dass die Verhandlungsführer nicht ausgetauscht werden müssen.[841] Es tritt also nur ein Verhandlungsführer dem Drittstaat entgegen. Damit ist es schwierig für den Drittstaat, sich an einzelne Mitgliedstaaten zu wenden, um zu versuchen die Union zu dividieren.[842] Außerdem ist es auf diese Weise einfacher, dem Drittstaat in Bereichen entgegenzukommen, die in die gemischte Zuständigkeit fallen.[843]

In der Praxis haben darüber hinaus bei konkreten Verhandlungen über Regelungsbereiche, die unter die zweite Säule fielen, wie zum Beispiel Anti-Terrorismusklauseln[844], regelmäßig auch Experten des Ratsekretariats oder der Mitgliedstaaten teilgenommen.[845]

Bei den multilateralen Verhandlungen der Uruguay-Runde, deren Ergebnis die WTO-Abkommen waren, wurde die Kommission als einziger Unterhändler für die Union und die Mitgliedstaaten bestellt. Es wurde zudem ausdrücklich festgehalten, dass dieser Beschluss nicht der Zuständigkeitsverteilung zwischen Union und den Mitgliedstaaten vorgreift.[846]

g. *Ausschuss nach Art. 218 Abs. 4 AEUV*

Die erforderliche Zusammenarbeit von Union und Mitgliedstaaten vor und während der Vertragsverhandlungen erfolgt auch durch die Zusam-

---

839 *Tomuschat*, in: Hilf u.a. (Hrg.), S. 139, 146 f.

840 *Czuczai*, in: Hillion/Koutrakos (Hrg.), S. 231, 238; *Hoffmeister*, in: Hillion/Koutrakos (Hrg.), S. 249, 253.

841 *Heliskoski*, S. 80.

842 *Hoffmeister*, in: Hillion/Koutrakos (Hrg.), S. 249, 254.

843 *Hoffmeister*, in: Hillion/Koutrakos (Hrg.), S. 249, 254.

844 Z.B. Art. 84 des Stabilisierungs- und Assoziierungsabkommen vom 12. Juni 2006 zwischen den Europäischen Gemeinschaften und ihren Mitgliedstaaten einerseits und der Republik Albanien andererseits, ABl. 2009 L 107/166.

845 *Czuczai*, in: Hillion/Koutrakos (Hrg.), S. 231, 238.

846 EuGH, Gutachten 1/94, WTO, Slg. 1994, I-5267, Rn. 3.

menarbeit der Kommission mit einem Sonderausschusses gemäß Art. 218 Abs. 4 AEUV.[847] Dieser Sonderausschuss, der vom Rat bestellt wird, stellt keine weitere Formel für eine Verhandlungsdelegation dar. Vielmehr besitzen die im Rat vertretenen Mitgliedstaaten dadurch auch eine unionsinterne Möglichkeit der Einflussnahme auf laufende Verhandlungen, da der Verhandlungsführer der Union seine Vorgehensweise in den Verhandlungen mit diesem Ausschuss abstimmen muss.[848] Der Einfluss der Mitgliedstaaten bleibt somit erhalten, unabhängig davon, welche Delegationsform gewählt wird. Deshalb wird bei der Aushandlung gemischter Verträge häufig von der Möglichkeit der Bildung dieses Ausschusses Gebrauch gemacht.[849]

Allerdings wird durch die vom Ausschuss erstellten Richtlinien nicht die Verhandlungsführung durch den Verhandlungsführer der Union beeinflusst. Diesem bleibt mit seinem Team die Art und Weise der Verhandlungsführung überlassen. Nur der Inhalt der Verhandlungen wird durch den Ausschuss festgelegt.[850] Darauf deutet auch der Wortlaut des Art. 218 Abs. 4 AEUV hin, nach dem die Verhandlungen im Benehmen mit dem Ausschuss zu führen sind. „Benehmen" bedeutet in diesem Zusammenhang Abstimmung und Austausch ohne Weisungsbefugnis.[851]

---

847 Die Bildung eines Ausschusses war unter Art. 300 Abs. 1 S. 2 EGV noch verpflichtend, siehe *Stein*, S. 165. Auch im Bereich der Handelspolitik ist die Bildung solch eines Ausschusses verpflichtend, siehe Art. 207 Abs. 3 UA 3 AEUV und Art. 133 Abs. 3 UA 2 EGV.

848 *Schmalenbach*, in: CR, Art. 218 AEUV Rn. 4; *Müller-Ibold*, in: LB, Art. 218 AEUV Rn. 3; *Khan*, in: GKK, Art. 218 AEUV Rn. 8; *Terhechte*, in: Schwarze, Art. 218 AEUV Rn. 13.

849 *Lorenzmeier*, in: GHN, 43. EL März 2011, Art. 218 AEUV Rn. 30; *Hix*, in: Martenczuk/van Thiel (Hrg.), S. 211, 216.

850 *Frenz*, S. 129.

851 *Vedder*, in: Grabitz/Hilf, Maastrichter Fassung, 2. GL, Art. 228 EWGV Rn. 34; *Lorenzmeier*, in: GHN, 43. EL März 2011, Art. 218 AEUV Rn. 29; *Mögele*, in: Streinz, Art. 218 AEUV Rn. 8.

5. Zusammenarbeitspraxis nach dem Vertrag von Lissabon

In diesem Abschnitt wird aufgezeigt, wie die Verhandlungsdelegationen der Unionsgruppe für gemischte Verträge nach dem Inkrafttreten des Vertrags von Lissabon gebildet werden.[852]

a. Eine gemeinsame Verhandlungsdelegation der Unionsgruppe

In der Praxis wird seit dem Inkrafttreten des Vertrags von Lissabon für die Aushandlung eines gemischten Vertrags nur noch eine Verhandlungsdelegation für die gesamte Unionsgruppe gebildet, die durch die Kommission und/oder die Hohe Vertreterin der Union für Außen- und Sicherheitspolitik[853] geleitet wird.[854] Es werden keine Unterschiede zwischen bi- oder multilateralen gemischte Verträge hinsichtlich der Art der entsandten Verhandlungsdelegation mehr gemacht.

Es bleibt aber weiterhin denkbar, dass für die Verhandlung umfangreicher multilateraler Verträge eine Trennung der Verhandlungsdelegationen erfolgt. In diesem Fall würde die Kommission, beziehungsweise die Hohe Vertreterin für Außen- und Sicherheitspolitik, ermächtigt, über den unionsrechtlichen Teil zu verhandeln. Für den mitgliedstaatlichen Teil würde eine Ermächtigung des Ratsvorsitzes erfolgen.

b. Ermächtigung für den unionsrechtlichen Teil des gemischten Vertrags

Für den unionsrechtlichen Teil des geplanten gemischten Vertrags wird die Kommission, beziehungsweise die Hohe Vertreterin der Union für Außen- und Sicherheitspolitik, gemäß Art. 218 Abs. 3 AEUV durch einen

---

852 Diese Erkenntnisse beruhen zum Teil auf die geführten Interviews mit Beamten der deutschen und österreichischen Bundesregierungen, vgl. Einleitung.

853 Die Möglichkeit der Verhandlungsführung für Union und die Mitgliedstaaten allein durch die Kommission wurde noch 1997 von *von Horstig* als für die Praxis ohne große Bedeutung bezeichnet, *von Horstig*, S. 238; im selben Jahr wurde diese Verhandlungsführung aber bereits von *Dashwood*, in: Bourgeois/Dewost/Gaiffe (Hrg.), S. 93, 98 gefordert; siehe auch: BEH/*Haag*, § 33 Rn. 28; *Herrmann*, in: Bauschke u.a. (Hrg.), S. 139, 160. Diese Praxis war bereits in der Prä-Lissabon Ära regelmäßig anzutreffen, *Czuczai*, in: Hillion/Koutrakos (Hrg.), S. 231, 238; *Hoffmeister*, in: Hillion/Koutrakos (Hrg.), S. 249, 253.

854 Diese Praxis wird auch von der niederländischen Regierung favorisiert: *van der Steen*, in: Hillion/Koutrakos (Hrg.), S. 295, 296.

Ratsbeschluss[855] zu Verhandlungen ermächtigt. Dem Beschluss werden Verhandlungsrichtlinien des Rates gemäß Art. 218 Abs. 2 AEUV als Addendum beigefügt.[856] Dieser Beschluss ergeht gemäß Art. 218 Abs. 8 AEUV regelmäßig mit qualifizierter Mehrheit.

Die Ermächtigung des Rates umfasst diejenigen Bestimmungen des geplanten gemischten Vertrags, die in die ausschließliche Zuständigkeit der Union fallen, sowie die Gegenstände der geteilten und der ergänzenden Zuständigkeit, soweit die Union in diesen beiden Bereichen ihre Zuständigkeit bereits ausgeübt hat.[857] In den beiden letztgenannten Bereichen ist nach der AETR-Doktrin die Union intern wie extern ausschließlich zuständig geworden. Von dieser Ermächtigung zur Verhandlung im Bereich der geteilten Zuständigkeit sind auch Maßnahmen der Union umfasst, die im Zeitraum zwischen Ratsbeschluss und Paraphierung des gemischten Vertrags erlassen werden.[858] Zudem kann auch eine Ermächtigung zu Verhandlungen über diejenige Teile erteilt werden, in denen die Union noch nicht ihre geteilte Zuständigkeit ausgeübt hat, dies aber durch den Vertragsabschluss tun möchte.

Ein Sonderausschuss gemäß Art. 218 Abs. 4 AEUV wird für die Verhandlungen meistens nicht speziell gebildet. Die nach dieser Norm erforderliche Abstimmung des Verhandlungsführers erfolgt mit bereits bestehenden Ratsgruppen.[859] Von dieser Möglichkeit wird bei gemischten Verträgen generell starker Gebrauch gemacht. Falls jedoch ein separater Sonderausschuss gebildet wird, besteht dieser nur aus Vertretern derjenigen Staaten, die ein spezielles Interesse an der Aushandlung des gemischten Vertrags haben.

---

855 Ein Beispiel für solch eine Ermächtigung ist das Ratsdok. 16964/10 vom 30. November 2010, das die Kommission und die Hohe Vertreterin zu Verhandlungen für ein Rahmenabkommen zwischen der Europäischen Union und ihren Mitgliedstaaten einerseits und Kanada andererseits ermächtigt.

856 Diese Addenda sind nicht öffentlich zugänglich, so ist z.B. das Addendum zu dem Ratsdok. 16964/10 nicht veröffentlicht. In der Regel werden auch die Beschlüsse nicht veröffentlicht, es sind nur wenige öffentlich zugänglich. Diese Geheimhaltung erfolgt, um die Verhandlungsposition der Union zu schützen, vgl. *MacLeod/Hendry/Hyett*, S. 87.

857 Vgl. Art. 2 Abs. 1 UA 2 Ratsdok. 16964/10.

858 Vgl. Art. 2 Abs. 1 UA 3 Ratsdok. 16964/10.

859 So z.B. mit der Ratsgruppe „Transatlantische Beziehungen“ für das geplante Rahmenabkommen mit Kanada, Art. 3 Ratsdok. 16964/10. Vgl. *Mögele*, in: Streinz, Art. 218 AEUV Rn. 8.

c. *Ermächtigung für den mitgliedstaatlichen Teil des gemischten Vertrags*

Der Verhandlungsführer für die in die unionsrechtliche Kompetenz fallenden Regelungen des gemischten Vertrags wird regelmäßig durch die Mitgliedstaaten ermächtigt, auch über die in die mitgliedstaatliche Kompetenz fallenden Bestimmungen eines gemischten Vertrags zu verhandeln. Dazu ergeht ein Beschluss der im Rat vereinigten Vertreter der Regierungen der Mitgliedstaaten.[860] Dieser Beschluss ergeht einstimmig.

Die Aufteilung der Verhandlungsermächtigung in zwei separate Dokumente, eines supranationaler Natur und eines intergouvernementaler Natur, geht auf den Wunsch der Kommission zurück, die die Existenz hybrider Rechtsakte vermeiden möchte.

Jedoch sind in letzter Zeit wieder hybride Beschlüsse des Rates und der im Rat der vereinigten Vertreter der Mitgliedstaaten gefasst worden, zum Beispiel im Bereich der Luftverkehrsabkommen. Diese werden von der Kommission strikt abgelehnt und vor dem EuGH angegriffen.[861] Diese Beschlüsse werden von der Kommission als nichtig angesehen, da sie gegen das Verfahren und die Bedingungen für die Ermächtigung zu Verhandlungen über internationale Übereinkünfte durch die Union verstoßen, denn ausschließlich der Rat, und nicht der Rat gemeinsam mit den Mitgliedstaaten, sei für die Ermächtigung zu Verhandlungen durch die Union zuständig.[862] Ebenfalls habe der Rat durch das Einstimmigkeitserfordernis des hybriden Beschlusses gegen Art. 218 Abs. 8 AEUV verstoßen, wonach der Rat mit qualifizierter Mehrheit beschließe.[863] Zuletzt schädige der Rat das Ansehen der Union und schwäche deren institutionellen Rahmen dadurch, dass er gemeinsam mit den Mitgliedstaaten gehandelt habe.[864] Eine Entscheidung des EuGH über die Praxis der hybriden Beschlüsse steht noch aus.

In dem Beschluss wird festgelegt, dass sich der Verhandlungsführer bezüglich der Verhandlungsführung vor jeder Verhandlungsrunde mit der zuständigen Ratsgruppe abstimmen muss, und dass diese Gruppe nach

---

860 Z.B. Ratsdok. 17037/10 vom 30. November 2010 bezüglich des Rahmenabkommens mit Kanada.

861 Z.B. in der Klage, eingereicht am 1. März 2012 – Europäische Kommission/Rat der Europäischen Union, Rs. C-114/12, ABl. 2012 C 138/5.

862 Klage, eingereicht am 1. März 2012 – Europäische Kommission/Rat der Europäischen Union, Rs. C-114/12, ABl. 2012 C 138/5.

863 Klage, eingereicht am 1. März 2012 – Europäische Kommission/Rat der Europäischen Union, Rs. C-114/12, ABl. 2012 C 138/5.

864 Klage, eingereicht am 1. März 2012 – Europäische Kommission/Rat der Europäischen Union, Rs. C-114/12, ABl. 2012 C 138/5.

jeder Verhandlungssitzung über den Stand der Verhandlungen unterrichtet wird. Darüber hinaus entsendet der Vorsitz des Rates bei der Verhandlung von in die mitgliedstaatliche Zuständigkeit fallenden Regelungsbereichen einen Vertreter in das Verhandlungsteam.[865]

Auch dem Beschluss der im Rat vereinigten Vertreter der Regierungen der Mitgliedstaaten sind detaillierte Verhandlungsrichtlinien angehängt, beziehungsweise erfolgt ein Verweis auf das Addendum des Ratsbeschlusses. Dieser enthält in solchen Fällen Verhandlungsrichtlinien für den gesamten zu verhandelnden Vertrag.

d. *Die Verhandlungsrichtlinien*

Die den Beschlüssen angehängten Verhandlungsrichtlinien legen sehr detailliert die Vorgehensweise des Verhandlungsteams fest; das von der Unionsgruppe gewünschte Ergebnis ist zum größten Teil vorgegeben. Diese sehr genauen Vorgaben sind notwendig, um bereits im Vorfeld soweit wie möglich zu verhindern, dass während den Verhandlungen Schwierigkeiten auftauchen.[866] Dies gelinge aber nach Aussage einzelner interviewter Beamter nicht immer, eine zu starre Festlegung des Verhandlungsteams durch die Richtlinien könne auch Ursache für Schwierigkeiten sein, anstatt sie zu reduzieren.

Da diese Richtlinien im Rat erarbeitet werden, sind die Interessen der Mitgliedstaaten bereits angemessen berücksichtigt. Demnach erfolgt die erforderliche Zusammenarbeit zwischen den Mitgliedstaaten und der Kommission bei der Erarbeitung der Verhandlungsrichtlinien im Rat. Die Kommission beantragt ein Verhandlungsmandat, das im Rat modifiziert wird, um den mitgliedstaatlichen Interessen gerecht zu werden. Im Rat und dessen Unterbau wird demnach auch die erforderliche Zusammenarbeit der Mitgliedstaaten untereinander ausgeübt. Zudem finden im Zuge der Verhandlungen über den Antrag im Rat laufend Konsultationen mit der Kommission statt.

Von Bedeutung in diesem Zusammenhang ist, wie die Einigung im Rat über die Verhandlungsrichtlinien erfolgt. In Bezug auf den mitgliedstaatlichen Teil entscheiden die Vertreter im Rat einstimmig, während bei den unionsrechtlichen Vorgaben in der Regel eine qualifizierte Mehrheit genügt.

Insgesamt steht bei der Verhandlung von völkerrechtlichen Verträgen sowohl auf unionsrechtlicher als auch auf mitgliedstaatlicher Seite vorab ein Grundkanon an Bestimmungen fest, der mit dem Vertragspartner

865 So z.B. Art. 2 Abs. 1 Ratsdok. 17037/10.

866 *Smyth*, in: Hillion/Koutrakos (Hrg.), S. 304, 306.

nicht verhandelt wird. Die wenigen Regelungsbereiche, die zur Disposition stehen, werden in den Vorarbeiten im Rat geklärt und das Verhandlungsteam mit entsprechenden Vorgaben ausgestattet.

Jedoch bleibt die Beteiligung der Mitgliedstaaten bei den Verhandlungen weiterhin wichtig für die Flexibilität und eine gegebenenfalls notwendige Erweiterung des Mandats bei einer Koordinierung während der Konferenzen, da der Verhandlungsverlauf in der Regel nicht vorhersehbar ist.

6. Probleme für Drittstaaten

Aus der Sicht der Drittstaaten finden Verhandlungen in manchen Bereichen nur auf der Unionsebene statt. Ein gemeinsamer Standpunkt von Union und Mitgliedstaaten wird zum Teil erst nach einem langen Findungsprozess entwickelt. Folglich besteht die Möglichkeit, dass auf Seiten der Unionsgruppe kein Verhandlungsspielraum mehr gegeben ist. Infolgedessen haben die Drittstaaten nur noch die Wahl zwischen einer Annahme oder gänzlichen Ablehnung der Position der Unionsgruppe.[867] Um dem entgegenzuwirken, wird im Rat angestrebt, die Verhandlungsrichtlinien so zu formulieren, dass nicht zu früh vor Verhandlungen mit Drittstaaten eine unverrückbare Position vorliegt.[868]

Als Konsequenz daraus versuchen die Drittstaaten einzelne Mitgliedstaaten dazu zu bewegen, die Position des Drittstaats innerhalb der Treffen der Unionsgruppe vorzutragen, damit diese noch bei der Findung des gemeinsamen Standpunkts der Unionsgruppe berücksichtigt werden können.[869]

III. Die Kooperation beim Abschluss der gemischten Verträge

Nach Abschluss der Verhandlungen schließt sich als nächste Phase die Zustimmung zu dem völkerrechtlichen Vertrag an. Auch für diese Phase muss eine Koordinierung und Zusammenarbeit zwischen den Unionsorganen und den Mitgliedstaaten stattfinden.

---

867 *Olsen*, in: Hillion/Koutrakos (Hrg.), S. 331, 339; *Franklin*, in: Xenopoulos (Hrg.), S. 165, 185; *De Baere*, S. 238; *Eeckhout*, S. 256.

868 *Breier*, in: Müller-Graff u.a. (Hrg.), S. 99, 108 f.

869 *Olsen*, in: Hillion/Koutrakos (Hrg.), S. 331, 339; vgl. auch *Franklin*, in: Xenopoulos (Hrg.), S. 165, 186.

1. Pflicht zur (schnellen) Ratifizierung

Konsequent ist es, wenn man aus dem Grundsatz der notwendigen einheitlichen völkerrechtlichen Vertretung der Union fordert, dass die Union und die Mitgliedstaaten einen gemischten Vertrag zeitgleich unterzeichnen und ratifizieren müssen, um damit die vollständige Implementierung des Vertrags zu gewährleisten.[870] Um diesen gleichzeitigen Abschluss eines gemischten Vertrags zu erreichen, müssen die Unionsorgane und die Mitgliedstaaten sich gegenseitig konsultieren und informieren.[871] Dadurch wird auch verhindert, dass die Union oder die Mitgliedstaaten ihre Kompetenzen überschreiten, in dem sie ein Abkommen ratifizieren, für das sie nicht in seiner Gesamtheit zuständig sind.[872] Es sollten alle Maßnahmen unterlassen werden, die die Ratifizierung eines gemischten Vertrags erschweren.[873]

Um dem Entgegenzuwirken, sollen die Union und die Mitgliedstaaten sich gegenseitig den voraussichtlichen Termin für den Abschluss des Ratifikationsverfahrens rechtzeitig übermitteln, damit eventuell auftretende Schwierigkeiten frühestmöglich gelöst werden können.[874] Sinnvoll kann es sein, zuerst auf Unionsebene zu versuchen, eine Zustimmungserklärung für einen Vertrag zu erhalten, um so feststellen zu können, inwieweit eine politische Mehrheit für einen bestimmten Vertrag besteht.[875]

Ein dazutretender Vorteil der gleichzeitigen Ratifizierung eines Vertrags ist, dass das Stimmgewicht der Union innerhalb einer internationalen Organisation von Anfang an der Anzahl ihrer Mitglieder in dieser Organisation entspricht.[876]

a. *Der Union*

Für die Union ergibt sich die Pflicht zur Ratifizierung vor allem, wenn die Union gegenüber den Mitgliedstaaten deutlich angezeigt hat, dass sie den unterzeichneten Vertrag ratifizieren wird, und dieser Verpflichtungen aufweist, die in die ausschließliche Kompetenz der Union fallen, und

---

870 *MacLeod/Hendry/Hyett*, S. 145 f; *Breier*, EuZW 1999, 11, 15; zustimmend: *Eberle*, S. 187; *Rodenhoff*, S. 298; *Kumin/Bittner*, EuR Beiheft 2/2012, 75, 82.

871 *Rodenhoff*, S. 306.

872 *von Horstig*, S. 239; *Dolmans*, S. 61; *Huber*, ZöR 2006, 109, 128.

873 *Hillion*, in: Hillion/Koutrakos (Hrg.), S. 87, 101.

874 *Rodenhoff*, S. 306; *Rosas*, in: Hillion/Koutrakos (Hrg.), S. 367, 373 f.

875 *Bischoff*, S. 226.

876 *MacLeod/Hendry/Hyett*, S. 155.

deshalb nur von der Union erfüllt werden können, und dieser Vertrag schon durch einige Mitgliedstaaten ratifiziert worden ist.[877]

Wenn die Union den unterzeichneten Vertrag nicht ratifiziert, sind die Mitgliedstaaten völkerrechtliche Verpflichtungen eingegangen, die sie aufgrund der internen Kompetenzverteilung nicht einhalten können.[878] Gegenüber dem Vertragspartner können die Mitgliedstaaten sich aber nicht auf die innerhalb der Union geltende Kompetenzverteilung berufen; sie sind vielmehr an den gesamten völkerrechtlichen Vertrag gebunden, siehe Art. 27 und 46 Abs. 1 WVK. Die Einhaltung völkerrechtlicher Verpflichtungen ist jedoch im essentiellen Interesse der Mitgliedstaaten, und deshalb wäre eine Nichtratifizierung eines völkerrechtlichen Vertrags durch die Union unter den genannten Bedingungen eine Verletzung der Kooperationsverpflichtung.[879]

b. Der Mitgliedstaaten

Gelegentlich kommt ein gemeinsames Vorgehen der Mitgliedstaaten und der Union nicht zustande, weil einige Mitgliedstaaten eine Beteiligung am Vertragswerk ablehnen, und ihr internes Zustimmungsverfahren nicht zügig genug abschließen.[880]

Wenn die Union ein Abkommen erst dann selbst unterzeichnen, beziehungsweise ratifizieren darf, wenn ein Mitglied oder die Mehrheit der Mitglieder den Vertrag unterzeichnet, besteht für die Mitgliedstaaten aus der Kooperationsverpflichtung die Pflicht, schnellstmöglich selbst den Vertrag zu unterzeichnen und zu ratifizieren, um damit der Union die Möglichkeit zu geben, ihrerseits zu zeichnen und zu ratifizieren.[881]

Hat die Union ein gemischtes Abkommen unterzeichnet und ratifiziert, und ist dieses Abkommen schon in Kraft getreten, dann ist ein Mitgliedstaat, der das Abkommen noch nicht ratifiziert hat, verpflichtet, zumindest den Unionsteil über den Vorrang des Unionsrechts zu beachten. Denn der Abschluss eines völkerrechtlichen Vertrags stellt für die Union nur eine Variante der Sekundärrechtssetzung dar.

Ob aufgrund einer verzögerten Ratifizierung eine Verletzung der Kooperationsverpflichtung vorliegt, ist jedoch nicht pauschal zu beantwor-

---

877 *Epiney*, in: FS Ress, S. 441, 447.

878 *Epiney*, in: FS Ress, S. 441, 447; *Czuczai*, in: Hillion/Koutrakos (Hrg.), S. 231, 233.

879 *Epiney*, in: FS Ress, S. 441, 447.

880 *Tomuschat*, in: GS, Art. 300 EGV Rn. 36.

881 *Eberle*, S. 186 f.; *Czuczai*, in: Hillion/Koutrakos (Hrg.), S. 231, 233.

ten.[882] Wenn Schwierigkeiten auf einer komplizierten innerstaatlichen Lage beruhen, sind Verzögerungen entschuldbar. Man denke allein an den deutschen Ratifizierungsprozess, falls durch den völkerrechtlichen Vertrag auch Interessen der Länder betroffen sind. Nicht hinzunehmen sind Verzögerungen aber, wenn sie nur ein Mittel sind, um noch in letzter Minute eine wirtschaftliche Konzession von dem Drittstaat zu erhalten.[883] So hatten Italien und Griechenland damit gedroht, das Handels-, Entwicklungs- und Zusammenarbeitsabkommen mit Südafrika[884] nicht zu ratifizieren, da aus ihrer Sicht die Bezeichnungen „Grappa" beziehungsweise „Ouzo" nicht ausreichend geschützt wurden. Um das Inkrafttreten des Abkommens nicht zu gefährden, wurden diesen Ländern Vergünstigungen diesbezüglich gewährt.[885]

2. Die Regelung des Art. 102 EAGV

In Art. 102 EAGV ist geregelt, dass ein mit einem Drittstaat oder einer zwischenstaatlichen Einrichtung abgeschlossener gemischter Vertrag oder Vereinbarung der EAG erst in Kraft treten kann, wenn in allen daran beteiligten Mitgliedstaaten das Abkommen oder die Vereinbarung gemäß ihrer innerstaatlichen Rechtsordnung anwendbar geworden ist, und die nationale Anwendbarkeit der Kommission mitgeteilt wurde. Diese Regelung erzeugt interne und externe Rechtswirkungen.

a. Interne Wirkung

Art. 102 EAGV enthält keine direkte Anforderung an die Mitgliedstaaten, die Abkommen so schnell wie möglich, oder überhaupt gemäß ihren nationalen Vorschriften umzusetzen. Sie stellt nur ein Verfahren für gemischte Verträge auf. Aber nach dieser Regelung kann die EAG den Vertrag ratifizieren, nachdem alle Mitgliedstaaten das Abkommen ihrerseits ratifiziert haben. Eine einseitige Mitteilung an den oder die Vertragspartner völkerrechtlich gebunden zu sein, wäre ein Verstoß der

---

882 *Eeckhout*, S. 259; *Rodenhoff*, S. 304; *De Baere*, S. 256.

883 *Eeckhout*, S. 259; *Heliskoski*, S. 94, Fn. 104; Schlussanträge GA Kokott, Rs. C-13/07, WTO-Beitritt Vietnam, http://curia.europa.eu/juris/document/document.jsf?text=&docid=78975&pageIndex=0&doclang=DE&mode=lst&dir=&occ=first&part=1&cid=575765, Rn. 73.

884 Abkommen vom 10. November 1999 über Handel, Entwicklung und Zusammenarbeit zwischen der Europäischen Gemeinschaft und ihren Mitgliedstaaten einerseits und der Republik Südafrika andererseits, ABl. 1999 L 311/3.

885 *Rosas*, in: Hillion/Koutrakos (Hrg.), S. 367, 368 ff.

Gemeinschaft gegen Art. 102 EAGV. Demnach ist die EAG bei gemischten Verträgen von den Mitgliedstaaten abhängig. Folge davon ist, dass dieser Norm doch eine Pflicht der Mitgliedstaaten entnehmen zu ist, das Abkommen zu ratifizieren, damit die Union völkerrechtlich handlungsfähig bleibt.

Diese Pflicht ergibt sich unabhängig davon, ob in den Abkommen auch ausschließliche Kompetenzen der Mitgliedstaaten betroffen sind. Durch Art. 102 EAGV haben sich die Mitgliedstaaten primärrechtlich verpflichtet, gemischte Verträge innerstaatlich in Kraft zu setzen. Weitergehend sind sie aus dieser Norm nicht verpflichtet. Wie dann die konkrete Zusammenarbeit mit der EAG bei der Umsetzung der Abkommen aussieht, ist eine Frage der Kooperationsverpflichtung.

b. Externe Wirkung

Art. 102 EAGV bindet als *res inter alios acta* dritte Vertragspartner nicht, und hat keine Auswirkung auf das völkerrechtliche Inkrafttreten des Abkommens.

Demnach müssen die EAG und die Mitgliedstaaten daraufhinwirken, dass die Vorschrift eingehalten wird. Es kann entweder, was sich für bilaterale gemischte Abkommen anbietet, eine Klausel über das Inkrafttreten vereinbart werden, die beinhaltet, dass das Abkommen erst in Kraft tritt, wenn alle Vertragspartner das Abkommen ratifiziert haben. Wenn solch eine Klausel nicht vereinbart werden kann, kann Art. 102 EAGV dadurch Genüge getan werden, dass die Mitgliedstaaten zusammen mit der EAG ihre Ratifikationsurkunde hinterlegen, sich also vorher noch nicht völkerrechtlich an das Abkommen binden.

3. Praxis

In der Praxis ist keine ständige Übung bezüglich der Ratifizierung gemischter Verträge zu erkennen.[886] Die Vorgehensweise, nachdem die Union steht als letztes nach ihren Mitgliedstaaten die Zustimmung zu einem Vertrag beschließt,[887] ist nicht der Regelfall. Jedoch sind eine parallele Unterzeichnung eines Vertrags und die zeitgleiche Hinterlegung der

886 *Heliskoski*, S. 93; *MacLeod/Hendry/Hyett*, S. 155; *Breier*, in: Müller-Graff u.a. (Hrg.), S. 99, 112 f.

887 *Ehlermann*, in: O'Keeffe/Schermers (Hrg.), S. 3, 17; *Vedder*, in: Grabitz/Hilf, Maastrichter Fassung, 2. GL, Art. 228 EWGV Rn. 39; *von Horstig*, S. 238; *Eeckhout*, S. 259; *Khan*, in: GKK, Art. 218 AEUV Rn. 18.

Ratifikationsurkunden durch die Unionsgruppe erklärtes Ziel innerhalb der Union.[888] Dennoch wird dieses Ziel häufig nicht erreicht.[889]

a. *Bilaterale gemischte Verträge*

Allein bei den bilateralen gemischten Verträgen lässt sich diese Übung erkennen. So hat die Union alle bilateralen gemischten Verträge, die seit dem 1. Januar 2000 im Amtsblatt veröffentlicht und in Kraft getreten sind, als letztes oder gleichzeitig mit dem letzten Mitgliedstaat ratifiziert.[890] Die Anpassungsprotokolle bestehender bilateraler gemischter Verträge an die Unionserweiterungen[891] wurden jeweils gleichzeitig von der Union und den Mitgliedstaaten ratifiziert. Die bilateralen gemischten Verträge enthalten in der Regel eine Bestimmung, die besagt, dass der Vertrag erst in Kraft tritt, wenn die Vertragsparteien dem Vertrag nach ihren innerstaatlichen Regeln beigetreten sind.[892]

In der Regel vergehen circa drei Jahre zwischen der Unterzeichnung und dem Abschluss eines gemischten Vertrags.[893] Bei den Anpassungsprotokollen beträgt diese Zeitspanne etwa ein Jahr.

---

888 *Rodenhoff*, S. 307.

889 So auch: *Hix*, in: Martenczuk/van Thiel (Hrg.), S. 211, 223.

890 Alle in diesem Abschnitt aufgeführten Daten und Statistiken ergeben sich aus der Datenbank des Rates: http://www.consilium.europa.eu/policies/ agreements/search-the-agreements-database?command=party&doclang= EN&lang=de.

891 So z.B. das Protokoll vom 30. April 2004 zum Abkommen über Partnerschaft und Zusammenarbeit zur Gründung einer Partnerschaft zwischen den Europäischen Gemeinschaften und ihren Mitgliedstaaten einerseits und der Republik Kasachstan andererseits anlässlich des Beitritts der Tschechischen Republik, der Republik Estland, der Republik Zypern, der Republik Lettland, der Republik Litauen, der Republik Ungarn, der Republik Malta, der Republik Polen, der Republik Slowenien und der Slowakischen Republik zur Europäischen Union, ABl. 2006 L 303/3 und das Protokoll vom 16. September 2008 zum Abkommen über Partnerschaft und Zusammenarbeit zwischen den Europäischen Gemeinschaften und ihren Mitgliedstaaten einerseits und der Republik Kasachstan andererseits anlässlich des Beitritts der Republik Bulgarien und Rumäniens zur Europäischen Union, ABl. 2009 L 26/6.

892 Z.B. Art. 138 Abs. 2 des Stabilisierungs- und Assoziierungsabkommens vom 15. Oktober 2007 zwischen den Europäischen Gemeinschaften und ihren Mitgliedstaaten einerseits und der Republik Montenegro andererseits, ABl. 2010 L 108/3.

893 So auch *Kuijper*, S. 12. Wobei in Einzelfällen die Zeitspanne bedeutend anwachsen kann, so vergingen zwischen Unterzeichnung und Abschluss des Partnerschafts- und Kooperationsabkommens vom 11. Oktober 2004

Um die Anwendung eines, womöglich in langjährigen schwierigen Verhandlungen ausgehandelten, völkerrechtlichen Vertrags mit den Vertragspartnern möglichst rasch zu ermöglichen, werden in der Regel bei bilateralen gemischten Verträgen Interimsabkommen mit diesen Vertragspartnern geschlossen, mit der Maßgabe, dass der ausgehandelte Vertrag bis zu seinem Inkrafttreten (teilweise) vorläufig angewandt wird, beziehungsweise gelten Interimsabkommen, die nur den Handel betreffen und deshalb vollständig in die Zuständigkeit der Union fallen.[894] Ein Vorteil der letztgenannten Interimsabkommen ist, dass der Vertragspartner im Klaren darüber ist, welche Normen des Abkommens vorläufig angewandt werden.[895]

b. *Multilaterale gemischte Verträge*

Bei den multilateralen gemischten Verträgen ist keine einheitliche Praxis erkennbar.[896] Da manche Mitgliedstaaten scheinbar nur ein geringes politisches Interesse am Abschluss eines Abkommens haben kommt es zu Verzögerungen.[897] Daher tritt die Union in der Regel den Verträgen bei,[898] obwohl nicht alle Mitgliedstaaten den Vertrag ratifiziert haben.[899]

---

zur Gründung einer Partnerschaft zwischen den Europäischen Gemeinschaften und ihren Mitgliedstaaten einerseits und der Republik Tadschikistan andererseits, ABl. 2009 L 350/3, über 5 Jahre.

894 *Kauppi*, in: Xenopoulos (Hrg.), S. 81, 84; *Ehlermann*, in: O'Keeffe/Schermers (Hrg.), S. 3, 17; *Maresceau*, in: Hillion/Koutrakos (Hrg.), S. 11, 13; *Ott*, in: Kronenberger (Hrg.), S. 95, 113; *Neubauer*, S. 40. Siehe z.B. das Interimsabkommen vom 16. Juni 2008 über Handel und Handelsfragen zwischen der Europäischen Gemeinschaft einerseits und Bosnien und Herzegowina andererseits, ABl. 2008 L 169/13, welches gemäß seines Art. 53 Abs. 1 solange gilt, bis das Stabilisierungs- und Assoziierungsabkommen vom 16. Juni 2008 zwischen den Europäischen Gemeinschaften und ihren Mitgliedstaaten einerseits und Bosnien und Herzegowina andererseits in Kraft getreten ist.

895 *Smyth*, in: Hillion/Koutrakos (Hrg.), S. 304, 314; *Maresceau*, in: Hillion/Koutrakos (Hrg.), S. 11, 13.

896 Vgl. *Eberle*, S. 187; *Rodenhoff*, S. 309.

897 *F. Kaiser*, S. 82; *Eberle*, S. 187.

898 Die Aussagen bezüglich der Ratifizierungen ergeben sich aus der Datenbank der Vereinten Nationen, http://treaties.un.org/pages/Participation Status.aspx.

899 *Eberle*, S. 188.

Diese Praxis tritt sogar bei den wenigen Verträgen auf,[900] in denen in den Erwägungsgründen des Ratsbeschlusses über den Abschluss des Vertrags ausdrücklich eine gleichzeitige Hinterlegung der Ratifikationsurkunden gefordert wird.[901]

c. *Stellungnahme*

Die Ratifizierungspraxis bei den bilateralen gemischten Verträgen erfüllt die Kooperationsverpflichtung. Da die Verträge erst in Kraft treten, wenn alle Vertragsparteien ratifiziert haben, ist es unschädlich, dass die Mitgliedstaaten nach und nach ihre Gebundenheit an den Vertrag ausdrücken. Wünschenswerter für ein einheitliches Auftreten wäre allerdings, wenn die Mitgliedstaaten ihre Ratifikationsurkunden zunächst der Kommission übermitteln. Diese oder der Vorsitz des Rates könnte dann nach erfolgter Ratifizierung durch die Union alle Urkunden gebündelt übergeben.

Im Gegensatz zu der begrüßenswerten Praxis bei den bilateralen gemischten Verträgen steht die Praxis bei den multilateralen Verträgen. Die Union wartet zunächst ab, dass die Mitgliedstaaten ratifizieren. Die zuerst ratifizierenden Mitgliedstaaten handeln aber aus unionsrechtlicher Sicht kompetenzwidrig, wenn der multilaterale Vertrag schon in Kraft getreten ist. Dies ändert sich erst durch den Beitritt der Union, da diese regelmäßig eine Zuständigkeitserklärung abgeben muss.[902]

Die fehlende Teilnahme aller Unionsmitgliedstaaten ist Drittstaaten gegenüber schwierig bis gar nicht zu vermitteln, denn diese stellen sich – zu Recht – die Frage, warum einige Mitgliedstaaten den Abschluss eines Abkommens für erforderlich halten, und andere hingegen nicht. Dadurch

---

900 Untersucht wurden multilaterale gemischte Verträge, die seit dem 1. Januar 2000 im Amtsblatt veröffentlicht worden sind.

901 So im Beschluß 2000/278/EG des Rates vom 16. März 2000 über die Zustimmung — im Namen der Europäischen Gemeinschaft — zum WIPO-Urheberrechtsvertrag und zum WIPO-Vertrag über Darbietungen und Tonträger, ABl. 2000 L 89/6; Beschluss 2004/869/EG des Rates vom 24. Februar 2004 über den Abschluss des Internationalen Vertrags über pflanzengenetische Ressourcen für Ernährung und Landwirtschaft im Namen der Europäischen Gemeinschaft, ABl. 2004 L 378/1 und im Beschluss 2008/871/EG des Rates vom 20. Oktober 2008 zur Genehmigung des Protokolls über die strategische Umweltprüfung zum Espooer UN/ECE-Übereinkommen von 1991 über die Umweltverträglichkeitsprüfung im grenzüberschreitenden Rahmen im Namen der Europäischen Gemeinschaft, ABl. 2008 L 308/33.

902 Siehe dazu Teil 2 E. I. 2.

wird das Vertrauen in die Kompetenz und Handlungsfähigkeit der Union zerstört.[903]

Daher erscheint es notwendig, dass eine Norm entsprechend Art. 102 EAGV in den AEUV aufgenommen wird, um den Mitgliedstaaten deutlich vor Augen zu halten, dass auch bei multilateralen gemischten Verträgen ein einheitliches Auftreten der Unionsgruppe erforderlich ist.

Trotz der Schwierigkeiten, unionsintern eine einheitliche Linie hinsichtlich der Ratifikation eines gemischten Vertrags zu finden, wird von Seiten der interviewten deutschen Gesprächspartnern aus tatsächlichen Gründen nicht die Einführung einer Norm entsprechend Art. 102 EAGV befürwortet. Der Grund dafür ist, dass es immer einen schweren und langwierigen Prozess darstelle, bis Änderungen des Primärrechts durch Verhandlungen der Mitgliedstaaten untereinander erreicht werden. Eine Lösung sollte vielmehr auf Ratsebene gefunden werden. Innerhalb der Mitgliedstaaten gebe es die Bestrebung, die Kommission zu solch einem koordinierten Vorgehen zu bewegen.

Die interviewten Beamten der österreichischen Regierung lehnen ebenfalls aus den genannten Gründen die Einführung einer Norm entsprechend Art. 102 EAGV ab. Vielmehr wird die Lösung vorgeschlagen, dass der Ratsvorsitz den Vorschlag für einen Ratsbeschluss über die Genehmigung eines Abkommens erst auf die Tagesordnung bringen solle, wenn alle Mitgliedstaaten das Abkommen schon ratifiziert haben, beziehungsweise bei bilateralen gemischten Verträgen Schlussklauseln enthalten sein sollten, die regeln, dass die Union und die Mitgliedstaaten ihre Ratifikationsurkunden gebündelt über das Ratsekretariat beim Verwahrer hinterlegten.

Unabhängig davon, auf welche Weise die Verpflichtung einer Koordinierung der Hinterlegung der Ratifikationsurkunden gefunden wird, bleibt das Problem bestehen, dass es immer von dem langsamsten Mitgliedstaat abhängen wird, wann ein gemischter Vertrag von Union und allen Mitgliedstaaten ratifiziert werden kann.[904]

IV. Die Kooperationsverpflichtung bei der Durchführung der gemischten Verträge

Die nächste und letzte, aber auf Dauer ausgelegte Phase bei den gemischten Verträgen, in der eine enge Zusammenarbeit zwischen der

903 *Rodenhoff*, S. 303.
904 *Dolmans*, S. 62.

Union und den Mitgliedstaaten erforderlich ist, um die notwendige einheitliche völkerrechtliche Vertretung der Union zu gewährleisten, ist die Phase der Durchführung der gemischten Verträge.

1. Pflicht zur ordnungsgemäßen Durchführung des Vertrags

Die Mitgliedstaaten müssen für das Einhalten der Verpflichtungen eines von der Union mitgeschlossenen gemischten Vertrags sorgen; damit erfüllen sie gegenüber der Union, die die Verantwortung für die ordnungsgemäße Durchführung des Vertrags übernommen hat, im Rahmen der Unionsordnung eine Pflicht.[905] Diese Pflicht kommt insbesondere dann zum Tragen, wenn es nach momentanen Stand des Unionsrechts Sache der Mitgliedstaaten ist, Vorschriften zu erlassen, die notwendig sind, um die Durchführung des völkerrechtlichen gemischten Vertrags sicherzustellen in Bereichen, die in die völkerrechtliche Zuständigkeit der Union fallen.[906] Zudem unterliegen dem Unionsrecht Regelungen eines Abkommens, das in weiten Teilen bereits sekundärrechtlich erfasst ist, auch wenn der konkrete Antragsgegenstand noch nicht Gegenstand einer besonderen Unionsregelung ist.[907]

2. Zusammenarbeit der Union und ihrer Mitgliedstaaten bei bilateralen gemischten Verträgen

Bei bilateralen gemischten Verträgen, die in der Regel Assoziierungs-, Partnerschafts- oder ähnliche Abkommen darstellen, werden regelmäßig durch den Vertrag Organe geschaffen, die die Aufgabe haben, die Anwendung und Verwaltung der Bestimmungen des Vertrags zu garantieren.[908]

---

905 EuGH, Rs. 12/86, Demirel, Slg. 1987, 3719, Rn. 11; EuGH Rs. C-13/00, Berner Übereinkunft, Slg. 2002, I-2943, Rn. 15; EuGH, Rs. C-459/03, Mox Plant, Slg. 2006, I-4635, Rn. 85.

906 EuGH, Rs. 12/86, Demirel, Slg. 1987, 3719, Rn. 9 f.

907 EuGH, Rs. C-239/03, Étang de Berre, Slg. 2004, I-9328, Rn. 31.

908 *Groux/Manin*, S. 87.

a. *Bilaterale gemischter Verträge ohne Zusammenarbeitsvereinbarung*[909]

Die einheitliche Vertretung der Unionsgruppe nach außen ist bei bilateralen gemischten Verträgen selten ein Problem, deshalb existiert für die Zusammenarbeit in diesen Gremien meist kein schriftlich niedergelegtes Verfahren.[910]

Für die Findung des gemeinsamen Standpunkts gelten unterschiedliche Mehrheitsverhältnisse. Für die Findung der Unionsposition für rechtliche bindende Entscheidungen der Gremien bezüglich Materien, die in die Kompetenz der Union fallen, ist das Vorgehen seit dem Vertrag von Nizza ausdrücklich in den Verträgen geregelt,[911] seit dem Inkrafttreten des Vertrags von Lissabon in Art. 218 Abs. 9 AEUV. Hauptanwendungsfall sind Abstimmungen über die Aktualisierung technischer Annexe zu den Abkommen, oder Maßnahmen zur Umsetzung des Abkommens. Dabei entscheidet auf Vorlage der Kommission oder der Hohen Vertreterin der Union für die Außen- und Sicherheitspolitik der Rat mit der Mehrheit, die nach den Verträgen für die interne Rechtsetzung im Bereich dieser Materien notwendig ist, in der Regel also mit qualifizierter Mehrheit.

Dieser Ratsbeschluss wird meistens in drei Schritten gefasst. Zuerst erarbeiten die Kommission und/oder der EAD zusammen mit der zuständigen Organisation des Drittstaats einen Entwurf für den Entschluss des Gremiums. Dieser Entwurf wird dem Rat vorgelegt, falls dieser noch Änderungsvorschläge hat, werden diese mit dem Drittstaat abgestimmt. Erst nach einer formellen Abstimmung im Rat über die Unionsposition zu dem Entwurf kann der Unionsvertreter in dem Gremium seine Zustimmung zu dem Entwurf geben, und das Gremium den Entwurf annehmen.

Für Akte ohne rechtliche Bindung, die in die Kompetenz der Union fallen, kann die Kommission oder gegebenenfalls der EAD nach Absprache mit dem Ratsunterbau selbstständig handeln. Es ist also kein formeller Ratsbeschluss erforderlich.[912] Bei politisch sensiblen Themen erfolgt eine Abstimmung zwischen dem handelndem Unionsorgan und dem Ratsvorsitz. Gibt es Schwierigkeiten, eine Unionsposition zu finden, wird

909 Diese Erkenntnisse beruhen zum Teil auf die geführten Interviews mit Beamten der deutschen und österreichischen Bundesregierungen, vgl. Einleitung.

910 *Hoffmeister*, in: Hillion/Koutrakos (Hrg.), S. 249, 260, Fn. 39; *Stein*, S. 56; ähnlich: *Groux/Manin*, S. 87.

911 *Heliskoski*, CMLRev. 2011, 555, 557.

912 *Heliskoski*, CMLRev. 2011, 555, 565.

darüber im COREPER diskutiert und entschieden. Nur in Bereichen von hoher politischer Bedeutung wird die Unionsposition auf Wunsch vom Rat nach Vorlage der Kommission entschieden. Vorgetragen wird die Unionsposition in der Regel von der Kommission, der es verwehrt ist, in diesem Zusammenhang zwischen einer Unionsposition und einer Kommissionsposition zu unterscheiden.

Für die Materien, die in die gemischte und in die Zuständigkeit der Mitgliedstaaten fallen, gibt es eine langjährige Praxis der Verfahrensweise.[913] In beiden Zuständigkeitsvarianten ist im Rat Konsens notwendig. Bei gemischter Zuständigkeit verspüren die Mitgliedstaaten mehr Druck, auch eine gemeinsame Position zu erarbeiten. Im Bereich der ausschließlichen Zuständigkeit wird ein Konsens für wünschenswert erachtet, aber das eigenständige Handeln der Mitgliedstaaten bleibt eine reelle Möglichkeit für die Mitgliedstaaten.

b. Bilaterale gemischter Verträge mit Zusammenarbeitsvereinbarung

Eine Ausnahme stellt das interne Abkommen der im Rat vereinigten Vertreter der Mitgliedstaaten bezüglich der Durchführung des AKP-EG-Partnerschaftsabkommen dar.[914] Dieses Durchführungsabkommen stellt formal einen völkerrechtlichen Vertrag dar und bedarf deshalb der Ratifikation durch die Mitgliedstaaten.[915] Das Abkommen bezieht sich nur auf in die Zuständigkeit der Mitgliedstaaten fallende Beschlüsse, so dass es bei Beschlüssen im Bereich der Unionskompetenzen bei der bereits beschriebenen Vorgehensweise bleibt.[916]

Nach Art. 1 dieser Vereinbarung wird die gemeinsame Haltung, die die Unionsvertreter im AKP-EG-Ministerrat und im Botschafterausschuss im Bereich mitgliedstaatlicher Kompetenzen einzunehmen haben unter Mitarbeit der Kommission einstimmig festgelegt.

Gemäß Art. 3 i.V.m. dem Anhang der Vereinbarung wird die gemeinsame Haltung der Mitgliedstaaten in den gemäß Art. 11 b, 96 und 97 des AKP-Abkommens stattfindenden Konsultationen im Bereich der Bekämpfung der Verbreitung von Massenvernichtungswaffen, der Menschen-

---

913 Vgl. *Frid*, S. 192.

914 Internes Abkommen zwischen den im Rat vereinigten Vertretern der Regierungen der Mitgliedstaaten über die zur Durchführung des AKP-EG-Partnerschaftsabkommen zu treffenden Maßnahmen und die dabei anzuwendenden Verfahren, ABl. 2000 L 317/376 i.d.F. ABl. 2006 L 247/48.

915 *Vedder*, S. 227. Siehe dazu Art. 8 des internen Abkommens zur Durchführung des AKP-EG-Partnerschaftsabkommens.

916 Vgl. *Heliskoski*, S. 114.

rechte, der demokratischen Grundsätze, des Rechtstaatprinzips und der Korruptionsbekämpfung mit einem AKP-Staat auf Initiative der Kommission oder eines Mitgliedstaats mit qualifizierter Mehrheit im Rat beschlossen. Vertreten wird die Union bei den Konsultationen vom Ratsvorsitz und der Kommission.

3. Die gemeinsame Mitgliedschaft von Union und Mitgliedstaaten in internationalen Organisationen

Wenn sowohl die Union als auch die Mitgliedstaaten aufgrund gemischter Zuständigkeit Mitglieder internationaler Organisationen[917] sind, stellt die Mitarbeit und die Einbringung innerhalb dieser Organisationen die Durchführung eines gemischten Vertrags dar.

Die Möglichkeit der Mitgliedschaft in internationalen Organisationen für die Union ist heute unbestritten, die Vertragschließungskompetenzen als treaty making power entsprechen gleichzeitig im selben Umfang einer policy making power für die Wahrnehmung der laufenden Geschäfte und Tätigkeiten innerhalb der internationalen Organisation.[918] Durch die gemeinsame Mitgliedschaft tritt die Unionsgruppe auf multilateraler Ebene bruchlos auf.[919]

Die anderen Vertragsstaaten akzeptieren verständlicherweise die Union nicht als zusätzliches Mitglied mit eigenem Recht in der Organisation, sondern die Union und die Mitgliedstaaten müssen sich die Mitgliedsrechte teilen,[920] es handelt sich um eine komplementäre Mitgliedschaft.[921] Ansonsten hätten die Mitgliedstaaten der Union mehr Einfluss, als ihnen zustehen würde, über eine doppelte Einwirkung auf die Entscheidungsfindung.[922]

---

917 Umfassend zu der Einbringung der EU in internationalen Organisationen: *Scheffler*, Die EU im System der Vereinten Nationen; *Frid*, EC and International Organizations.

918 Grundlegend: *Grabitz*, in: Börner (Hrg.), S. 47, 77; *Vedder*, in: GS Grabitz, S. 795, 797 ff.; *Vedder*, in: FS Ginther, S. 501, 511; *Heintschel von Heinegg*, in: Rengeling (Hrg.), S. 707, 739.

919 *Vedder*, S. 225.

920 *Sack*, CMLRev. 1995, 1127, 1237; *Petersmann*, in: Müller-Graff (Hrg.), S. 81, 84; *Marchisio*, in: Cannizzaro (Hrg.), S. 231, 239; *Bothe*, in: FS Zuleeg, S. 668, 677.

921 *Zieger*, in: Börner (Hrg.), S. 103, 114; *Vedder*, S. 159; *Sattler*, S. 300 ff.

922 *Zieger*, in: Börner (Hrg.), S. 103, 113; *Sack*, in: GS Grabitz, S. 631, 640; *Cremona*, Oxford J. Legal Stud. 1982, 393, 425. Der Ansatz, dass die Uni-

Jedoch erkennen die Drittstaaten durch die Öffnung eines Abkommens[923] für die Union und die gleichzeitige Anerkennung der EU-Mitgliedstaaten als zusätzliche Mitglieder die europäische Kompetenzordnung und Kompetenzverteilung für das konkrete Abkommen an.[924]

Häufig muss die Union bei ihrem Beitritt eine Kompetenzerklärung abgeben, und den anderen Vertragsparteien damit offenlegen, in welchen Sachbereichen sie anstelle der Mitgliedstaaten die Rechte ausübt,[925] und damit wie die Teilung der Mitgliedsrechte konkret aussieht. Grund dafür war auch, dass es früher in der Praxis Streit zwischen der Kommission und den Mitgliedstaaten bezüglich der ausschließlichen Unionszuständigkeiten gab, was häufig Vertragsverhandlungen verzögerte und Drittstaaten irritierte.[926] Die Anfertigung kann sehr mühsam sein, denn die Mitgliedstaaten,[927] aber auch die Kommission[928] neigen dazu, so viele Kompetenzen wie möglich für sich zu reklamieren.

Die Abkommen enthalten in der Regel Verfahrensvorschriften, die das Zusammenspiel von Union und den Mitgliedstaaten in den internationalen Organisationen, beziehungsweise die Rechtsausübung innerhalb der zu errichtenden Organisation regeln. So gilt in der Regel der Grundsatz einer strikten Alternativität der Rechtsausübung, das heißt, dass die Rechtsausübung, insbesondere das Stimmrecht, entweder nur von der Union oder ihren Mitgliedstaaten ausgeübt werden kann.[929]

Bei der Stimmausübung gilt, dass entweder die Mitgliedstaaten abstimmen, oder die Union mit einer Anzahl von Stimmen, die der Anzahl ihrer Mitgliedstaaten entspricht, die Vertragspartei des Abkommens sind.[930] Eine zusätzliche Stimme für die Union würde den – falschen –

---

on 28 statt nur einer Stimme kontrolliert, wird aber von den Drittstaaten kritisch gesehen, *Olsen*, in: Hillion/Koutrakos (Hrg.), S. 331, 340 f.

923 Siehe dazu Teil 4 D. I.

924 *Rodenhoff*, S. 194; *F. Kaiser*, S. 75; *Stein*, S. 91.

925 *Sack*, ZEuS 2001, 267, 277. Vgl. Teil 2 E. I. 2.

926 *von Horstig*, S. 28.

927 *Sack*, ZEuS 2001, 267, 278.

928 So auch: *McGoldrick*, S. 110; *Breier*, in: Müller-Graff u.a. (Hrg.), S. 99, 108.

929 *Sack*, ZEuS 2001, 267, 278; *Rodenhoff*, S. 201 ff.; *Temple Lang*, CMLRev. 1986, 157, 170; *Ehlermann*, in: O´Keeffe/Schermers (Hrg.), S. 3, 12. Umfassend dazu: *Sattler*, S. 196 ff.

930 *Frid*, S. 200; *Dauses*, EuR 1979, 138, 160 f.; *Groux/Manin*, S. 90. Kritisch: *Dolmans*, S. 92. In internationalen Organisationen, in denen die Union aufgrund ausschließlicher Kompetenz alleiniges Mitglied ist, hat sie wie allen andere Mitglieder nur eine Stimme. *MacLeod/Hendry/Hyett*, S. 187. Vgl. z.B. Art. 23 Abs. 2 des Stockholmer Übereinkommens vom 23. Mai 2001 über persistente organische Schadstoffe, ABl. 2006 L 209/3.

Eindruck vermitteln, dass die Union ein von ihren Mitgliedstaaten trennbares Gebilde darstelle, und damit ein einheitliches Auftreten schädigen.[931] Es macht demnach keinen Unterschied, ob die Union und die Mitgliedstaaten die Erfüllung eines Abkommens strikt teilen, oder teilweise parallele Maßnahmen treffen.[932] Die Ausübung des Rederechts hingegen ist oft nicht begrenzt, so dass neben der Union auch ihre Mitgliedstaaten davon Gebrauch machen können,[933] in der Regel jedoch entsprechend ihrer Zuständigkeit.[934]

4. Vereinbarungen über die Zusammenarbeit der Union und ihrer Mitgliedstaaten bei multilateralen gemischten Verträgen

Bei der Durchführung einer gemischten Mitgliedschaft in einer internationalen Organisation ergeben sich zwei zu lösende Probleme: Wer ist berechtigt, die Unionsposition zu vertreten? Und, auf welche Weise und inwieweit werden die Unionsposition und die nationalen Positionen koordiniert?[935]

Im Rahmen mancher Organisationen wurden Zusammenarbeitsvereinbarungen zwischen der Kommission und dem Rat geschlossen, um diese Probleme zu lösen, diese stellen jeweils eine Institutionalisierung der Kooperationsverpflichtung dar.[936] Diese Zusammenarbeitsvereinbarungen werden in der Regel nicht in eine Rechtsform gekleidet und nicht im Amtsblatt veröffentlicht.[937] Sie sind immer nur in einem begrenzten Rahmen anwendbar. Seit dem 24. Oktober 2011 ist eine „Allgemeine

---

931 *Rodenhoff*, S. 214. Ein eigenes Stimmrecht neben das der Mitgliedstaaten steht der Union beim Protokoll zum Madrider Abkommen über die internationale Registrierung von Marken, angenommen am 27.Juni 1989, ABl. 2003 L 296/22, zu. Dies liegt daran, dass das Markenrecht der Union und das der Mitgliedstaaten zwei voneinander unabhängige Rechtsgebiete darstellen, und damit beide für das gesamte Protokoll kompetent sind. Wäre der Union ein eigenes Stimmrecht vorenthalten worden, wäre sie gänzlich einer Abstimmungsmöglichkeit beraubt; *Sattler*, S. 198; *Sack*, in: GS Grabitz, S. 631, 645.

932 *Rodenhoff*, S. 214.

933 *Rodenhoff*, S. 222.

934 *Sack*, ZEuS 2001, 267, 278.

935 *Schermers*, in: O´Keeffe/Schermers (Hrg.), S. 23, 30; *Sack*, CMLRev. 1995, 1127, 1252; *Frid*, S. 190; *Eeckhout*, S. 223; *Marchisio*, in: Cannizzaro (Hrg.), S. 231, 247; *Dutzler*, in: Griller/Weidel (Hrg.), S. 151, 163.

936 *Sattler*, S. 129.

937 Vgl. *Sattler*, S. 154 f.; *Ott*, in: Kronenberger (Hrg.), S. 95, 104.

Regelung für Erklärungen der EU in multilateralen Organisationen"[938] in Kraft. Diese gilt für alle multilateralen Organisationen, außer es besteht eine speziellere Vereinbarung. Die Vorteile von Koordinierungsvereinbarungen sind Transparenz und mehr Disziplin, die aus der Justiziabilität der Vereinbarungen zurückzuführen ist.[939] Ziel ist es, in den Organisationen als geschlossene Einheit aufzutreten.[940]

Auch für die Zusammenarbeit in der WTO gab es Versuche, die Koordinierung von Union und Mitgliedstaaten durch einen Kodex zu regeln. Diese Bemühungen blieben aber erfolglos.[941] Eine einheitliche Außenvertretung der Union und ihrer Mitgliedstaaten war und ist in der Praxis jedoch gegeben, es hat sich die Übung herausgebildet, dass die gemeinsam erarbeiteten Positionen ausschließlich von der Kommission vertreten werden.[942]

a. *Art. 116 EWGV*

Vor der Analyse der Zusammenarbeitsvereinbarungen, wird eine Form der internationalen Zusammenarbeit von Union und Mitgliedstaaten analysiert, die von der Gründung der EWG bis zum Vertrag von Maastricht primärrechtlich verankert war. Es handelte sich um Art. 116 EWGV, der folgenden Wortlaut hatte:

> „Nach Ablauf der Übergangszeit gehen die Mitgliedstaaten in den internationalen Organisationen mit wirtschaftlichem Charakter bei allen Fragen, die für den gemeinsamen Markt von besonderem Interesse sind, nur noch gemeinsam vor. Zu diesem Zweck unterbreitet die Kommission dem Rat Vorschläge über das Ausmaß und die Durchführung des gemeinsamen Vorgehens; dieser beschließt darüber mit qualifizierter Mehrheit.
>
> Während der Übergangszeit setzen sich die Mitgliedstaaten miteinander ins Benehmen, um ihr Vorgehen aufeinander abzustimmen und soweit wie möglich eine einheitliche Haltung einzunehmen."

Art. 116 EWGV war die einzige Regelung, die im Rahmen der Außenbeziehungen ein gemeinsames Vorgehen der Mitgliedstaaten mit den Ge-

938 Ratsdok. 15901/11 vom 25. Oktober 2011.

939 *Timmermanns*, in: Dashwood/Hillion (Hrg.), S. 239, 244.

940 Vgl. *Groux/Manin*, S. 55.

941 *Mögele*, in: Streinz, Art. 218 AEUV Rn. 33; *Marchisio*, in: Cannizzaro (Hrg.), S. 231, 253.

942 *Gstöhl*, EFAR 2009, 385, 389; *Mögele*, in: Streinz, Art. 218 AEUV Rn. 33. So auch schon im Rahmen des GATT: *Schloh*, in: Börner (Hrg.), S. 83, 91; *Leal-Arcas*, FJIL 2007, 569, 598.

meinschaftsorganen vorsah.[943] Art. 116 EWGV war generell für Mitgliedschaften der Mitgliedstaaten in internationalen Organisationen anwendbar, in denen die EWG überhaupt nicht, oder nur als Beobachter, oder in ähnlicher Stellung tätig werden konnte.[944] Bei einer gemeinsamen Mitgliedschaft der EWG und der Mitgliedstaaten war der Anwendungsbereich der Norm auf die mitgliedstaatlichen Kompetenzen beschränkt.[945]

aa. Inhalt

Aus Abs. 1 folgte für die Mitgliedstaaten die Verpflichtung, in den dort genannten Fällen nur noch gemeinsam vorzugehen. Die erforderliche Koordinierung fand im Rat auf Vorschlag der Kommission statt, so dass auch Gemeinschaftsinteressen angemessen berücksichtigt werden konnten. Art. 116 EWGV stellte keine Kompetenznorm der EWG dar, sondern es wurde ein gemeinsames Vorgehen der Mitgliedstaaten im Rahmen derer Kompetenzen formalisiert.[946]

Geregelt wurde das Vorgehen der Mitgliedstaaten in allen internationalen Einrichtungen, die auf multilateralen Abkommen beruhen.[947] Umfasst wurden nicht nur rein wirtschaftliche Organisationen, vielmehr war Art. 116 EWGV immer anwendbar, wenn eine internationale Organisation sich im Einzelfall mit wirtschaftlichen Fragen befasst hat.[948]

Anwendung fand Art. 116 EWGV bereits, wenn nur einige Mitgliedstaaten der EWG Mitglied einer Organisation waren, auch das Vorgehen in diesen Organisationen musste mit allen Mitgliedstaaten abgesprochen werden.[949] Dagegen war Art. 116 EWGV nicht anwendbar, wenn Gemeinschaftskompetenzen betroffen waren, vielmehr bestand in solchen Fällen eine Verpflichtung gemäß Art. 234 und 5 EWGV in diesen Organi-

943 *Vedder*, in: Grabitz/Hilf, Maastrichter Fassung, 2. GL, Art. 116 EWGV Rn. 1.

944 *Frid*, S. 133; *Groux/Manin*, S. 44.

945 *Vedder*, in: Grabitz/Hilf, Maastrichter Fassung, 2. GL, Art. 116 EWGV Rn. 3.

946 *Vedder*, in: Grabitz/Hilf, Maastrichter Fassung, 2. GL, Art. 116 EWGV Rn. 1; *Bourgeois*, in: GTE, Art. 116 EWGV Rn. 1.

947 *Vedder*, in: Grabitz/Hilf, Maastrichter Fassung, 2. GL, Art. 116 EWGV Rn. 2.

948 *Everling*, in: WEGS, Art. 116 EWGV Rn. 1; *Vedder*, in: Grabitz/Hilf, Maastrichter Fassung, 2. GL, Art. 116 EWGV Rn. 4.

949 *Everling*, in: WEGS, Art. 116 EWGV Rn. 1; *Bourgeois*, in: GTE, Art. 116 EWGV Rn. 4; *Vedder*, in: Grabitz/Hilf, Maastrichter Fassung, 2. GL, Art. 116 EWGV Rn. 3, 11.

sationen auf eine Mitgliedschaft der EWG hinzuwirken.[950] Nur in Organisationen, in denen der EWG die Mitgliedschaft verwehrt war, blieb Art. 116 EWGV für die Mitgliedstaaten bei der Ausübung der Gemeinschaftskompetenzen als Minimumstandard für ein gemeinsames Vorgehen anwendbar.[951] Allerdings sollte das Verfahren nach Abs. 1 S. 1 dahingehend modifiziert werden, dass die Mitgliedstaaten nur noch nach Weisung des Rates als Mandatare auftreten.[952]

Das gemeinsame Vorgehen der Mitgliedstaaten trat in unterschiedlichen Formen auf. Es reichte von einem abgestimmten, aber unabhängigen Auftreten der Mitgliedstaaten bis hin zur einer gemeinsamen Delegation unter Führung der Ratspräsidentschaft, teilweise auch unter Beteiligung der Kommission.[953] Die Ausgestaltung des gemeinsamen Vorgehens lag beim Rat, dem hinsichtlich der Weite und Grenzen ein Ermessenspielraum eingeräumt wurde.[954] Ein Ermessensmissbrauch lag dann vor, wenn es nach Ausmaß und Art des gemeinsamen Vorgehens es für die EWG nicht möglich war, Aufgaben, die in internationalen Organisationen in ihre Kompetenz fielen, effektiv wahrzunehmen.[955] Durch den Ratsbeschluss waren die Mitgliedstaaten rechtlich gebunden.[956] Aufgabe der Kommission war es, im Vorschlag für den Ratsbeschluss die Mitgliedstaaten auf ihre Verpflichtungen aus dem EWGV hinzuweisen, ebenso auf Unvereinbarkeiten geplanter Beschlüsse in den internationalen Organisationen mit dem Gemeinschaftsrecht.[957]

Bei einer gemeinsamen Mitgliedschaft in der internationalen Organisation von EWG und Mitgliedstaaten wurde ein einheitliches Auftreten nach außen durch die genannten Delegationsformen erreicht, wobei der

---

950 *Vedder*, in: Grabitz/Hilf, Maastrichter Fassung, 2. GL, Art. 116 EWGV Rn. 3.

951 *Vedder*, in: Grabitz/Hilf, Maastrichter Fassung, 2. GL, Art. 116 EWGV Rn. 3, 10; *Pescatore*, CMLRev. 1979, 615, 631. A.A. *Bourgeois*, in: GTE, Art. 116 EWGV Rn. 1; *Frid*, S. 140; *Leal-Arcas*, FJIL 2007, 569, 653; die der Auffassung sind, dass in diesen Fällen die EWG den Mitgliedstaaten, gestützt auf die materielle Zuständigkeit des Vertrags, auferlege, für sie tätig zu werden. Siehe dazu Teil 4 D. II.

952 *Vedder*, in: Grabitz/Hilf, Maastrichter Fassung, 2. GL, Art. 116 EWGV Rn. 10; *Ehlermann*, in: Zieger/Lebahn (Hrg.), S. 25, 34.

953 *Everling*, in: WEGS, Art. 116 EWGV Rn. 3; *Ipsen*, § 46 Rn. 9; *Vedder*, in: Grabitz/Hilf, Maastrichter Fassung, 2. GL, Art. 116 EWGV Rn. 11.

954 *Everling*, in: WEGS, Art. 116 EWGV Rn. 5.

955 *Grabitz*, in: Börner (Hrg.), S. 47, 78.

956 *Bourgeois*, in: GTE, Art. 116 EWGV Rn. 5; *Vedder*, in: Grabitz/Hilf, Maastrichter Fassung, 2. GL, Art. 116 EWGV Rn. 12.

957 *Bourgeois*, in: GTE, Art. 116 EWGV Rn. 5.

Ratsvorsitz gemäß Art. 116 EWGV als Vertreter der Mitgliedstaaten auftrat.[958]

bb. Bewertung

Wann der Anwendungsbereich des Art. 116 EWGV eröffnet war, wann also im Rahmen einer internationalen Organisation eine Frage, die für den Gemeinsamen Markt von besonderem Interesse war, auftauchte, war umstritten.[959] Für die Bewertung der Regelung ist dies unerheblich, denn es wird nur überprüft ob diese Regelung Vorbildcharakter für das generelle Handeln der Mitgliedstaaten in internationalen Organisationen haben könnte.

Durch die Regelung war primärrechtlich verankert, dass die Mitgliedstaaten ein gemeinsames Vorgehen beschließen müssen. Die Mitgliedstaaten konnten auch nicht pauschal auf ihre Kompetenzen verweisen, sondern es gab eine gemeinschaftsrechtliche Verpflichtung, sich auch im Rahmen ihrer ausschließlichen Kompetenzen auf ein gemeinsames Vorgehen zu einigen. Das beste Forum für diese Koordination ist das Organ, in dem alle Staaten als solche vertreten sind, eben der Rat.

Durch die Einführung einer entsprechenden Norm wäre es möglich, dass bei einer Untätigkeit des Rates der EuGH zumindest überprüfen konnte, ob das Unterlassen dem Gemeinschaftsinteresse entspricht.[960] Wenn sich solch eine Regelung im heutigen Primärrecht verankern ließe, wäre ein geschlossenes Auftreten der Mitgliedstaaten die Folge. Für Drittstaaten wäre es nicht mehr ersichtlich, ob Unionskompetenzen oder mitgliedstaatliche Kompetenzen betroffen sind. Es ist festzustellen, dass es ein unüberlegtes Handeln war, Art. 116 EWGV abzuschaffen, ohne eine neue Norm aufzunehmen, die das gemeinsame Handeln von Union und den Mitgliedstaaten in internationalen Organisationen regelt.[961]

Durch die bindende Wirkung des Ratsbeschlusses wäre ein abweichendes Verhalten eines Mitgliedstaats innerhalb einer internationalen Organisation auch gerichtlich feststellbar und eine zukünftige Einhaltung des Ratsbeschlusses einklagbar.[962] Denn ein abweichendes Verhalten würde einen Verstoß gegen diese primärrechtliche Norm darstellen, ein

---

958 *Vedder*, in: Grabitz/Hilf, Maastrichter Fassung, 2. GL, Art. 116 EWGV Rn. 13.
959 Siehe dazu nur *Bourgeois*, in: GTE, Art. 116 EWGV Rn. 2 f.
960 *Bourgeois*, in: GTE, Art. 116 EWGV Rn. 6.
961 *Sack*, CMLRev. 1995, 1127, 1228; *Frid*, S. 164.
962 *Bourgeois*, in: GTE, Art. 116 EWGV Rn. 7.

Rückgriff auf die allgemeine Verpflichtung zur loyalen Zusammenarbeit gemäß Art. 4 Abs. 3 EUV wäre nicht nötig.[963]

In der Regelung des Art. 34 EUV lebt Art. 116 EWGV wieder auf,[964] jedoch kann angesichts von Art. 40 EUV der Anwendungsbereich des Art. 34 EUV rechtlich nicht über Materien der GASP hinausgehen.[965]

b. PROBA 20

Die erste Zusammenarbeitsvereinbarung zwischen Union und Mitgliedstaaten im Bereich gemischter Kompetenzen ist die Vereinbarung PROBA 20.[966] PROBA 20 regelt die Zusammenarbeit zwischen der Union und den Mitgliedstaaten bei internationalen Verhandlungen bezüglich Rohstoffübereinkommen bei der Konferenz der Vereinten Nationen für Handel und Entwicklung (UNCTAD). Der Abschluss dieser Vereinbarung war eine Reaktion auf das Gutachten 1/78 des EuGH.[967]

aa. Ziel und Rechtsnatur der Vereinbarung

Die Initiative zu PROBA 20 ging von der Kommission aus. Sie verfolgte damit das Ziel einer verbesserten Außendarstellung der EWG und einer Verstärkung der internationalen Zusammenarbeit und Solidarität innerhalb der Union.

Um dieses Ziel erreichen zu können, sieht die Vereinbarung vor, dass der Frage bezüglich der Zuständigkeit für einzelne Regelungsbereiche keiner Beachtung geschenkt, und auch nicht beantwortet werde. Stattdessen wird festgelegt, dass die Kommission und die Mitgliedstaaten gemeinsam an den Verhandlungen zu allen Abkommen, die beide abschließen wollen, teilnehmen. Die Teilnahme erfolgt durch eine gemeinsame Delegation. Die gefundene gemeinsame Position wird dann durch nur einen Sprecher in den Verhandlungen vertreten.

Die Vereinbarung wird als „deal" bezeichnet. Dies soll den fehlenden Rechtsbindungswillen darlegen. Somit handelt es sich bei der PROBA 20-Vereinbarung um ein gentlemen´s agreement.

---

963 So aber *Bourgeois*, in: GTE, Art. 116 EWGV Rn. 7.

964 *Vedder*, in: Hummer/Obwexer (Hrg.), S. 267, 291.

965 *Eeckhout*, S. 228; *Schütze*, S. 191.

966 Abgedruckt in: Völker/Steenbergen (Hrg.), S. 48 ff. PROBA wird vom französischen "PROduits de BAse" für Rohstoffe abgeleitet, *MacLeod/Hendry/Hyett*, S. 183, Fn. 114. Diese Vereinbarung wurde zwischen Rat und Kommission im Ausschuss der Ständigen Vertreter der Regierungen der Mitgliedstaaten am 27. März 1981 getroffen.

967 *Sack*, CMLRev. 1995, 1127, 1254.

bb. Die Anwendbarkeit der Vereinbarung

PROBA 20 findet Anwendung bei der Unterzeichnung und Abschluss eines Abkommens.

aaa. Verhandlungsdelegationen und Delegationen in Verwaltungsorganen der Abkommen

Die Union und ihre Mitgliedstaaten sollen bei den Vertragsverhandlungen und in den Verwaltungsorganen der Abkommen durch eine gemeinsame Delegation vertreten werden, die wie folgt organisiert ist:

- in den Delegationen sollen die Mitgliedstaaten individuell identifizierbar bleiben, zum Beispiel durch Akkreditierung und Namensschilder
- in den Konferenzräumen sitzen die zehn Mitgliedstaaten zusammen und werden durch das Namenschild „EU“ angezeigt
- in den Delegationslisten werden die Delegierten der Union und der Mitgliedstaaten in einem Dokument aufgeführt

Diese Delegationen sollen dann auf Basis einer gemeinsamen erarbeiteten Position handeln. Diese gemeinsame Position wird innerhalb des Rates oder auf einer Konferenz durch Koordination erreicht. Festgestellt wird auch, dass in den Vertragsorganen bestimmte Themen keine gemeinsame Position voraussetzten, es werden explizit technische Fragen oder Themen, die nur manche Mitgliedstaaten betreffen, genannt. Trotzdem sollte soweit wie nur möglich auch in diesen Bereichen eine gemeinsame Position gefunden werden.

Die gemeinsame gefundene Position wird dann durch einen einzelnen Sprecher nach außen vertreten. In der Regel soll der Delegierte der Kommission der Sprecher sein. Aber aufgrund taktischer oder technischer Erwägungen kann die Position auch durch den Vertreter des Mitgliedstaats, der den Vorsitz im Rat innehat, oder durch den Vertreter eines anderen Mitgliedstaats übermittelt werden. Nach Absprache mit dem eigentlich vorgesehenen Sprecher und dem Vertreter des Mitgliedstaats, der gerade den Ratsvorsitz innehat, können sich auch die anderen Vertreter der Mitgliedstaaten zu Wort melden. Deren Stellungnahmen müssen sich aber innerhalb des Rahmens der gemeinsamen Position bewegen und das Ziel haben, diese Position zu unterstützen und weiterzuentwickeln.

Die Delegation wird bei informellen oder nur beschränkt zugänglichen Treffen von dem Delegierten der Kommission vertreten, der von dem Vertreter des Mitgliedstaats, welches den Ratsvorsitz innehat begleitet wird. Die anderen Mitgliedstaaten werden aber umgehend über die Ergebnisse informiert.

bbb. Die Ausübung des Stimmrechts bei den Abkommen

Es wird festgestellt, dass über die Ziele, die die Union und die Mitgliedstaaten gemeinsam erreichen möchten, Abstimmungen erfolgen, in denen die Mitgliedstaaten jeweils individuell ein Stimmrecht haben. Das Abstimmungsverhalten muss mit der gefundenen gemeinsamen Position übereinstimmen. Damit soll erreicht werden, dass die Union ihr Gewicht innerhalb eines Abkommens und seiner Organe größtmöglich ausspielen kann.

ccc. Allgemeine Erklärung der deutschen, dänischen und britischen Delegationen

Im Protokoll der Ratssitzung in der die PROBA 20 Vereinbarung getroffen wurde, wurde festgehalten, dass diese Vereinbarung es erlaube, international effektiv über Rohstoffe verhandeln zu können und auch die nationalen Interessen bezüglich Rohstoffe zu berücksichtigen. Gleichzeitig wird aber betont, dass Erklärungen der Mitgliedstaaten in manchen Fällen möglich sein müssen, wenn die gemeinsam gefundene Position nicht auf essentielle nationale Interessen eingehe oder trotz andauernden Bemühungen keine gemeinsame Position gefunden werde.

cc. Bewertung

Durch PROBA 20 wird ein einheitliches Auftreten der Union garantiert.[968] Ein produktives Zusammenarbeiten zwischen den Unionsorganen und den Mitgliedstaaten wird dadurch erreicht, dass den Sachfragen keine Streitigkeiten über Kompetenzverteilungen vorgelagert sind. Weil in allen Regelungsbereichen ein gemeinsames Vorgehen erreicht werden muss, werden sofort die Sachfragen in Angriff genommen.

In der Außenwirkung ist diese Regelung ideal. Es gibt nur noch eine Delegation der Union, in der zwar die Mitgliedstaaten namentlich vertreten sind, jedoch nur noch eine Person das Rederecht wahrnimmt, und eine gemeinsam erarbeitete Position vertritt.[969] Im Abstimmungsverhalten sehen die Drittstaaten auch, dass die Mitgliedstaaten an einem Strang

968 So auch: *Heliskoski*, S. 84.
969 So auch: *Timmermanns*, in: Dashwood/Hillion (Hrg.), S. 239, 242.

ziehen. Es war auch das wesentliche Ziel von PROBA 20, dass die Union nach außen hin als Einheit auftritt und spricht.[970]

Eine Hintertür wurde jedoch offengelassen, in dem die Vereinbarung eindeutig als nicht bindend deklariert wurde. So kann ein abweichendes Verhalten nur intern gerügt werden, aber kein Verstoß durch den EuGH öffentlichkeitswirksam festgestellt werden.

In der Rückschau wurde die Vereinbarung als positiv angesehen, weil dadurch ein sonst langanhaltender Konflikt zwischen der Union und den Mitgliedstaaten bezüglich der Kompetenzverteilung pragmatisch gelöst wurden konnte.[971]

Diese Vereinbarung zeigt, dass die Mitgliedstaaten die Annahme einer gemeinsamen Position und die Vertretung von dieser nach außen durch die Kommission eher akzeptieren, wenn dadurch nicht ihre Zuständigkeiten innerhalb eines gemischten Abkommens präjudiziert werden.[972]

Kritisiert wird, dass kein Prozedere für den Fall vorgesehen sei, dass keine gemeinsame Position gefunden werde.[973] Jedoch ist dies nicht negativ zu bewerten, denn bei einer fehlenden Letztentscheidungsinstanz besteht ein höherer Druck, eine gemeinsame Position zu finden, da ansonsten kein Standpunkt vorgetragen werden kann.[974]

c. PROBA 2002

Die PROBA 20 Vereinbarung wurde 2002 durch die PROBA 2002 Vereinbarung ergänzt, die für die Teilnahme der Union an internationalen Grundstoffübereinkünften, die in die ausschließliche Zuständigkeit der Union fallen, gilt.[975] Gemäß dieser Vereinbarung entscheidet der Rat im Einzelfall, ob an diesen internationalen Grundstoff-Übereinkünften die Union ausschließlich oder gemeinsam mit den Mitgliedstaaten teilnimmt.

---

970 Antwort vom 13. Mai 1981 auf Schriftliche Anfrage Nr. 343/81 an die Kommission der Europäischen Gemeinschaft, ABl. 1981 C 274/3.

971 *Sack*, CMLRev. 1995, 1127, 1254; *Timmermanns*, in: Dashwood/Hillion (Hrg.), S. 239, 243; *Dutzler*, in: Griller/Weidel (Hrg.), S. 151, 185; Antwort vom 13. Mai 1981 auf Schriftliche Anfrage Nr. 343/81 an die Kommission der Europäischen Gemeinschaft, ABl. 1981 C 274/3.

972 *Heliskoski*, S. 110; *Rosas*, in: Koskenniemi (Hrg.), S. 125, 139.

973 *Koutrakos*, S. 163.

974 *Sack*, CMLRev. 1995, 1127, 1255.

975 Neue Vereinbarung über die Teilnahme der Europäischen Gemeinschaft an internationalen Grundstoff-Übereinkünften, die in die ausschließliche Zuständigkeit der Gemeinschaft fallen, Ratsdok. 7207/02 vom 14. März 2002.

Wenn eine gemeinsame Teilnahme beschlossen wird, gilt weiterhin PROBA 20.

PROBA 2002 regelt dagegen die enge Zusammenarbeit von Mitgliedstaaten und Kommission bei einer ausschließlichen Teilnahme der Union.

aa. Festlegung des Standpunkts der Union

In der Ratsgruppe „Grundstoffe“ soll der Standpunkt der Union anhand von Vorgaben, die von der Kommission vorgelegt werden, festgelegt werden. Erfolgt keine Einigung in der Gruppe, so soll die Angelegenheit durch den COREPER und den Rat entschieden werden.

Bei Sitzungen am Tagungsort erfolgt die Koordinierung auf Initiative der Ratspräsidentschaft, die bei der Koordinierungssitzung auch den Vorsitz innehat.

bb. Zusammensetzung der Delegation

Die Union wird, da sie allein Mitglied einer Übereinkunft ist, eine einzelne Delegation bilden, die sich aber aus Vertretern der Kommission und der Mitgliedstaaten zusammensetzt. Die Vertreter der Mitgliedstaaten werden als solche auf der Liste der Unionsdelegation ausgewiesen. Leiter und Sprecher der Delegation ist in jedem Fall ein Vertreter der Kommission, auch bei informellen Gesprächen und bei Gesprächen im engeren Rahmen.

d. FAO-Zusammenarbeitsvereinbarung

Eine Zusammenarbeitsvereinbarung besteht auch für die gemeinsame Mitgliedschaft von Union und Mitgliedstaaten in der Ernährungs- und Landwirtschaftsorganisation der Vereinten Nationen[976] (FAO). In Art. II Abs. 5 der Satzung der FAO[977] ist geregelt, dass eine Organisation der regionalen Wirtschaftsintegration, wie sie die Union ist,[978] eine Erklärung abzugeben habe, in der sie angibt, für welche Bereiche sie die ausschließliche Kompetenz besitze. Die Union hat anlässlich ihres Beitritts

976 BGBl. 1971 II, S. 1033.

977 Die Satzung in ihrer aktuellen Form und die Verfahrensregeln der Organisation sind auf der Homepage der FAO zu finden, ftp://ftp.fao.org/docrep/fao/003/x8700e/x8700e00.pdf.

978 Vgl. dazu Teil 4 D. I.

zur FAO, der am 26. November 1991[979] nach über vierjährigen Verhandlungen[980] erfolgte, solch eine Erklärung abgegeben.[981] Die Mitgliedschaft der Union ist der der Mitgliedstaaten akzessorisch.[982] Mit dem Beitritt der Union wurde das erste Mal eine supranationale Organisation vollberechtigtes Mitglied einer Fachorganisation der Vereinten Nationen.[983]

Die Ausübung der mitgliedschaftlichen Rechte innerhalb der FAO erfolgt alternativ durch die Union oder durch die Mitgliedstaaten. In den FAO-Verfahrensregeln ist in der Regel XLI die Frage der Kompetenzverteilung zwischen einer Mitgliedsorganisation und einem Mitgliedstaat geregelt. Abs. 1 sieht vor, dass jeder Mitgliedstaat der FAO eine Organisation, die Mitglied der FAO ist, oder deren Mitgliedstaaten fragen könne, wie die Kompetenzen bei einem bestimmten Themengebiet verteilt seien. In Abs. 2 ist geregelt, dass eine Mitgliedsorganisation oder ihre Mitgliedstaaten vor jeder Sitzung bekanntgeben, wer für welchen Tagesordnungspunkt zuständig sei, und durch wen bei den Tagesordnungspunkten jeweils das Stimmrecht ausgeübt werde. Abs. 3 dieser Regel sieht schließlich vor, dass wenn ein Tagesordnungspunkt sowohl in die Zuständigkeit einer Mitgliedsorganisation als auch in Bereichen der Mitgliedstaaten falle, beide an den Erörterungen teilnehmen könnten. Im Entscheidungsstadium werden jedoch nur die Ausführungen derjenigen Partei berücksichtigt, die das Stimmrecht für diesen Tagesordnungspunkt ausüben dürfe.

aa. Inhalt

Aufgrund dieser Regelungen der Ausübung der mitgliedschaftlichen Rechte innerhalb der FAO haben der Rat und die Kommission eine Zusammenarbeitsvereinbarung getroffen.[984] Mit dieser Vereinbarung haben

979 Der Beitrittsbeschluss wurde nicht veröffentlicht, der nur leicht abgeänderte Vorschlag der Kommission für einen Ratsbeschluss findet sich in ABl. 1991 C 292/8, *Sack*, ZEuS 2001, 267, 280.

980 *Sack*, CMLRev. 1995, 1127, 1237.

981 ABl. 1991 C 292/10.

982 *Sack*, CMLRev. 1995, 1127, 1244 f.

983 *von Horstig*, S. 131; *Marchisio*, in: Cannizzaro (Hrg.), S. 231, 238.

984 Vereinbarung vom 19. Dezember 1991 zwischen dem Rat und der Kommission betreffend die Vorbereitung von FAO-Sitzungen, die Abgabe von Stellungnahmen sowie die Stimmabgabe, Anlage I des Ratsdok. 10478/91 vom 18. Dezember 1991. Dieses Dokument war die Vorlage des Ausschusses der Ständigen Vertreter, die dem Rat zur Abstimmung vorgelegt wurde, Ratsdok. 10403/91 vom 18. Dezember 1991, S. 2 Nr. 14, und vom Rat am 19. Dezember 1991 angenommen wurde, Ratsdok. 10543/91 vom

sich der Rat und die Kommission gegenseitig rechtlich hinsichtlich des Vorgehens in der FAO gebunden.[985]

aaa. Koordinierungsverfahren im Rat

Im ersten Teil der Vereinbarung werden die Koordinierungssitzungen zur Vorbereitung von FAO-Sitzungen geregelt. Zuerst findet eine Koordinierungssitzung in Brüssel im Rahmen der Ratsarbeitsgruppe „FAO-AGRI“[986] statt, mindestens eine Woche vor Beginn der FAO-Sitzungen.

Des Weiteren werden Koordinierungssitzungen in Rom, beziehungsweise am jeweiligen Sitzungsort der FAO abgehalten. Eine Sitzung findet immer zu Beginn der FAO-Sitzungen statt, weitere Sitzungen können nach Erforderlichkeit während des gesamten Sitzungsverlaufes oder zum Schluß der FAO-Sitzungen einberufen werden. Diese weiteren Koordinierungssitzungen am Sitzungsort finden statt, wenn es im Verlauf einer FAO-Sitzung für erforderlich erachtet wird, dass die Union in ihrem Namen oder im Namen der Union und der Mitgliedstaaten das Wort ergreifen soll, dann werden die Ausrichtungen der Ausführungen in einer Koordinierungssitzung am Sitzungsort dargelegt.

Bereits vor den Koordinierungssitzungen unterrichtet die Kommission die Mitgliedstaaten über ihre Vorschläge für die Wahrnehmung der Zuständigkeiten und über ihre Vorschläge für Ausführungen zu einem bestimmten Tagesordnungspunkt. Die Vorschläge bezüglich der Wahrnehmung der Zuständigkeiten beinhaltet nach den Regelungen der FAO damit auch die Ausübung des Stimmrechts. Es erfolgt ein Hinweis, ob die geplanten Ausführungen im Namen der Union oder im Namen der Union und ihrer Mitgliedstaaten gemacht werden sollen.

In den Koordinierungssitzungen wird dann zu jedem Tagesordnungspunkt der FAO-Sitzung, zu dem entweder eine Ausführung abgegeben werden kann oder eine Abstimmung erwartet wird, ein Beschluss über die Wahrnehmung der Zuständigkeiten, über die Ausführungen, und über die Abstimmung gefasst.

Koordiniert und abgestimmt werden diejenigen Ausführungen, die im Namen der Union oder im Namen der Union mit ihren Mitgliedstaaten abgegeben werden sollen. Jedoch sollen ebenfalls die Ausführungen koordiniert werden, die die Mitgliedstaaten zu Fragen, die in ihre Zuständigkeit fallen, abgeben können, um eine große Kohärenz der abzuge-

---

5. Februar 1992, S. 5 Nr. 2. Diese Ratsdokumente sind nicht veröffentlicht worden.

985 EuGH, Rs. C-25/94, FAO, Slg. 1996, I-1469, Rn. 49.

986 *BMVEL*, FAO, S. 47

benden Ausführungen, die in den mitgliedstaatlichen Kompetenzbereich fallen, zu erreichen.

Wird jedoch in den Koordinierungssitzungen keine Einigung über die von der Kommission vorgeschlagene Wahrnehmung der Zuständigkeiten und/oder den Ausführungen erzielt, greift folgendes Verfahren:

„1.12. Kommt es zu keiner Einigung zwischen der Kommission und den Mitgliedstaaten über die unter [...] genannten Vorschläge, so wird über die Angelegenheit nach dem im Vertrag vorgesehenen Verfahren und nach der allgemein anerkannten Praxis ein Beschluß gefasst. Kommt es auch auf dieser Grundlage zu keiner Einigung, so wird die Angelegenheit dem Ausschuß der Ständigen Vertreter vorgelegt.

1.13. Die unter Nummer 1.12 genannten Beschlüsse berühren nicht die jeweiligen Zuständigkeiten der Gemeinschaft und ihrer Mitgliedstaaten."

bbb. Ausführungen und Stimmabgabe in FAO-Sitzungen

Im zweiten Teil der Vereinbarung zwischen der Kommission und den Mitgliedstaaten wird das Rede- und Stimmrecht in den FAO-Sitzungen geregelt.

Auf diesen Teil der Vereinbarung ist der EuGH in seinem FAO-Urteil[987] intensiv eingegangen, so dass er an dieser Stelle im Wortlaut wiedergegeben wird:

„2.1. Hat ein Tagesordnungspunkt Bereiche zum Gegenstand, die in die ausschließliche Zuständigkeit der Gemeinschaft fallen, so äußert sich die Kommission im Namen der Gemeinschaft und nimmt für sie an der Abstimmung teil.

2.2. Hat ein Tagesordnungspunkt Bereiche zum Gegenstand, die in die Zuständigkeit der Mitgliedstaaten fallen, üben die Mitgliedstaaten das Rede- und Stimmrecht aus.

2.3. Hat ein Tagesordnungspunkt Bereiche zum Gegenstand, die Elemente enthalten, die in die Zuständigkeit sowohl der Mitgliedstaaten als auch der Gemeinschaft fallen, wird das Ziel angestrebt, durch Konsens zu einem gemeinsamen Standpunkt zu gelangen. Kann ein gemeinsamer Standpunkt erreicht werden, so

— bringt der Vorsitz den gemeinsamen Standpunkt zum Ausdruck, wenn er Schwerpunkt der Erörterungen auf einem Gebiet liegt, das nicht in die ausschließliche Zuständigkeit der Gemeinschaft fällt. Die Mitgliedstaaten und die Kommission können das Wort ergreifen, um die Stellung-

987 EuGH, Rs. C-25/94, FAO, Slg. 1996, I-1469.

nahme des Vorsitzes zu unterstützen und/oder zu ergänzen. Die Mitgliedstaaten geben ihre Stimme im Einklang mit dem gemeinsamen Standpunkt ab;

— bringt die Kommission den gemeinsamen Standpunkt zum Ausdruck, wenn der Schwerpunkt der Erörterungen auf einem Gebiet liegt, das in die ausschließliche Zuständigkeit der Gemeinschaft fällt. Die Mitgliedstaaten können das Wort ergreifen, um die Stellungnahme der Kommission zu unterstützen und/oder zu ergänzen. Die Kommission gibt ihre Stimme im Einklang mit dem gemeinsamen Standpunkt ab.

2.4. Kann ein gemeinsamer Standpunkt nicht erreicht werden, so üben die Mitgliedstaaten das Rede- und Stimmrecht aus. Gemäß den Verfahrensregeln der FAO hätte die Kommission die Möglichkeit, sich an den Erörterungen zu beteiligen."

ccc. Redaktionskomitees und FAO-Fragebögen

In der Vereinbarung wird ebenfalls geregelt, wie sich die Union und die Mitgliedstaaten in den Redaktionskomitees der FAO zu verhalten haben, und wer FAO-Fragebögen ausfüllt. An den Redaktionskomitees nimmt der Vertreter der Kommission teil und interveniert in Fragen von unionsrechtlicher Zuständigkeit, wenn ein oder mehrere Mitgliedstaaten der Union in das Komitee berufen worden sind. Die Vertreter der Mitgliedstaaten können sich dann zu Wort melden, wenn sie das Anliegen der Kommission damit unterstützen. In Bereichen, die in die Zuständigkeit der Mitgliedstaaten fallen, können diese jedoch uneingeschränkt an den Redaktionskomitees teilnehmen.

In den FAO-Fragebögen dürfen die Mitgliedstaaten keine Fragebögen beantworten, die sich auf den Zuständigkeitsbereich der Union beziehen. Diese werden von der Kommission beantwortet. Die Kommission leitet ihre Antworten an die Mitgliedstaaten weiter, damit diese Bemerkungen dazu mitteilen können, die die Kommission, wenn möglich, berücksichtigt.

ddd. Erklärungen für das Ratsprotokoll

In Anlage II dieses Ratsdokuments wurden zwei Erklärungen aufgenommen, die erste von Rat und Kommission:

> „Diese Regelung spiegelt die besonderen Umstände der Mitwirkung der Gemeinschaft in der FAO wider und hat keine Auswirkungen hinsichtlich anderer internationaler Organisationen einschließlich derjenigen des VN-Systems."

Die zweite Erklärung wurde von der Kommission formuliert, und war ein Hinweis auf Fortgeltung des EWGV bis zum Inkrafttreten des Vertrags von Maastricht.

bb. Rs. C-25/94, FAO

Die FAO-Vereinbarung war Gegenstand des Verfahrens C-25/94 vor dem EuGH.[988]

Konkret wurde über das Stimmrecht bezüglich eines in der FAO erarbeiteten Entwurfs eines internationalen Übereinkommens gestritten. Nach Punkt 1.12. der FAO-Vereinbarung sprach sich der COREPER für eine Stimmrechtsabgabe des in die gemischte Kompetenz fallende Übereinkunft durch die Mitgliedstaaten aus. Diese Verteilung wurde der FAO dann auch übermittelt, und der Übereinkommensentwurf auf der FAO-Sitzung angenommen.[989] Der Rat bestätigte im Nachhinein die Entscheidung des COREPER.[990]

Gegen diesen Ratsbeschluss ging die Kommission vor, und wollte ihn mit Hilfe der Nichtigkeitsklage vom EuGH für nichtig erklären lassen.

Der EuGH gab der Klage statt. Er erklärte den Ratsbeschluss für nichtig, denn das Übereinkommen fiele entgegen der Annahme des Rates in die überwiegende ausschließliche Zuständigkeit der Union und damit habe der Rat gegen Nummer 2.3. der FAO-Vereinbarung verstoßen, als er das Stimmrecht in der FAO-Konferenz über die Annahme des Abkommens den Mitgliedstaaten übertragen hatte.[991]

Zudem stellte der EuGH fest, dass Punkt 2.3. der FAO-Vereinbarung eine Erfüllung der Kooperationsverpflichtung im Rahmen des FAO-Übereinkommen sei, und weiter, dass die Vereinbarung nach ihrem Wortlaut einen Bindungswillen der Organe zeige und deshalb für beide Organe auch rechtlich bindend sei.[992]

cc. Bewertung der FAO-Vereinbarung und der FAO-Entscheidung

Der Abschluss der interinstitutionellen Vereinbarung war dadurch bedingt, dass der Organisation vor jeder Sitzung mitzuteilen ist, in welche Zuständigkeit ein Tagesordnungspunkt fällt und wer das Stimmrecht

---

988 EuGH, Rs. C-25/94, FAO, Slg. 1996, I-1469.
989 EuGH, Rs. C-25/94, FAO, Slg. 1996, I-1469, Rn. 14 ff., 20.
990 EuGH, Rs. C-25/94, FAO, Slg. 1996, I-1469, Rn. 18.
991 EuGH, Rs. C-25/94, FAO, Slg. 1996, I-1469, Rn. 50 f.
992 EuGH, Rs. C-25/94, FAO, Slg. 1996, I-1469, Rn. 49. Vor der Entscheidung wurde die Vereinbarung auch als gentlemen´s agreement angesehen: *Sack*, CMLRev. 1995, 1127, 1253.

ausübt. Bei jährlich etwa 50 stattfindenden Sitzungen der FAO, zieht dieses Erfordernis einen unverhältnismäßigen Verwaltungsaufwand nach sich.[993] Um bei den FAO-Sitzungen die Union einheitlich nach außen vertreten zu können, war es sinnvoll, dass diese Mitteilungen in einem formellen Verfahren festgelegt werden.

Insgesamt brachte diese Vereinbarung keine Verbesserung gegenüber PROBA 20, sondern stellt vielmehr einen Rückschritt dar.[994] Mit einem hohen Verwaltungsaufwand muss immer die Kompetenzverteilung zwischen Union und Mitgliedstaaten festgestellt werden.[995] Dadurch wird ein Präzedenzfall für zukünftige Fälle im gleichen Regelungsbereich geschaffen.[996] In dieser Hinsicht ist PROBA 20 flexibler und politikorientierter,[997] nach dieser Vereinbarung wird nicht zeitraubend die Zuständigkeitsverteilung festgestellt, und damit findet keine Präjudizierung statt. Der Vorteil eines gemischten Vertrags, Kompetenzstreitigkeiten nicht führen zu müssen und sich mit der Sache beschäftigen zu können, wird durch die FAO-Vereinbarung konterkariert.[998]

Besser wäre eine einheitliche Vertretung zu erreichen, wenn, wie in PROBA 20, festgelegt wäre, dass unabhängig von der konkreten Zuständigkeitsverteilung ein gemeinsamer Standpunkt von Union und Mitgliedstaaten gefunden werden muss, der innerhalb der FAO ausschließlich von der Union vertreten wird, und dass diese immer berechtigt ist, gemäß dem erarbeiteten Standpunkt abzustimmen.[999] Dazu kann das in Punkt 1. detailliert geregelte Koordinierungsverfahren dienen. Vor den Koordinierungssitzungen werden die Mitgliedstaaten von der Kommission immer ausführlich über die zu beratenden Punkte informiert, und die

---

993 *Sack*, in: GS Grabitz, S. 631, 650 f.

994 *F. Kaiser*, S. 112; *Timmermanns*, in: Dashwood/Hillion (Hrg.), S. 239, 243; vgl. *Eeckhout*, S. 229.

995 *Heliskoski*, S. 110, *Timmermanns*, in: Dashwood/Hillion (Hrg.), S. 239, 243; *Sack*, CMLRev. 1995, 1127, 1245; *Marchisio*, in: Cannizzaro (Hrg.), S. 231, 254.

996 EuGH, Rs. C-25/94, FAO, Slg. 1996, I-1469, Rn. 35 f.; *Sack*, in: GS Grabitz, S. 631, 651; *Neuwahl*, CMLRev. 1996, 667, 681.

997 *Heliskoski*, S. 110; *Timmermanns*, in: Dashwood/Hillion (Hrg.), S. 239, 242.

998 *Sattler*, S. 348; von der deutschen Regierung wird die festgelegte Verfahrensweise jedoch positiv gesehen, sie hat sich nach ihrer Auffassung „sehr bewährt", *BMVEL*, FAO, S. 47.

999 Dies scheint zumindest von der Bundesregierung nicht gewollt zu sein, so wird nur festgestellt, dass Deutschland bei der FAO eng mit seinen EU-Partnern zusammenarbeitet und sich dies „aus der gemeinsamen Interessenlage und der Mitgliedschaft der Europäischen Gemeinschaft in der FAO" ergibt, *BMVEL*, FAO, S. 41.

Kommission müsste einen Vorschlag über den Inhalt der zu tätigenden Ausführungen erarbeiten, und in den Koordinierungssitzungen darüber Beschluss gefasst werden. Eine, möglicherweise intensive, Beschäftigung über die Wahrnehmung der Zuständigkeiten und der Ausübung des Stimmrechts müsste nicht mehr erfolgen.

Fraglich wäre jedoch, ob die FAO selbst oder die anderen Mitgliedstaaten der FAO akzeptieren würden, dass immer eine Zuständigkeit der Union nach außen kommuniziert wird. Es hängt von deren Verhalten ab, ob die Regelung in den Verfahrensregeln nur dazu dient, dass die anderen Mitgliedstaaten darüber informiert sind, wer auftreten wird, die Verpflichtung also nur pro forma erfüllt wird, oder ob sie eine echtes Interesse an der Zuständigkeitsverteilung zwischen der Union und den Mitgliedstaaten haben, und sie damit auch auf eine substantielle Erfüllung der Verpflichtung pochen.

Punkt 2.3. der FAO-Vereinbarung wird in der FAO-Entscheidung als Erfüllung der Kooperationsverpflichtung bezeichnet. Dies widerspricht jedoch nicht eben genanntem Verbesserungsvorschlag. Der EuGH hat die ihm vorgelegte Auslegungsfrage beantwortet, es ist nicht seine Aufgabe festzustellen, wie die Verpflichtung besser erfüllt werden könnte. Die Beschränkung auf Punkt 2.3 der Vereinbarung liegt daran, dass nur dieser Punkt strittig war. Denn Kommission und Rat waren sich über eine gemischte Zuständigkeit einig, und hatten zusammen einen gemeinsamen Standpunkt erarbeitet.[1000] Deshalb war nur strittig, ob das Übereinkommen überwiegend in die ausschließliche Zuständigkeit der Union oder in die der Mitgliedstaaten fiel, und dementsprechend welcher Spiegelstrich des Punktes 2.3. anzuwenden war.

Die gefundene Regelung ist an sich sinnvoll, setzt jedoch voraus, dass sowohl Union als auch die Mitgliedstaaten objektiv hinsichtlich der Frage des sachlichen Schwerpunkts entscheiden.[1001] Darüber hinaus stellt der gesamte Punkt 2. eine, wenn auch nicht optimale, Erfüllung der Kooperationsverpflichtung dar. Dem gefordertem einheitlichen Auftreten der Unionsgruppe bei gemischten Verträgen wird genüge getan.

Punkt 2.2. regelt eine Abstimmung durch die Mitgliedstaaten, wenn der Tagesordnungspunkt in die ausschließliche Zuständigkeit der Mitgliedstaaten fällt. Auch für diese Tagesordnungspunkte soll gemäß Punkt 1.10. eine Kohärenz bei den Ausführungen der Mitgliedstaaten erreicht werden, jedoch stellt dies keine rechtliche Verpflichtung dar. Bei unterschiedlichem Stimmverhalten ist den anderen Vertragspartnern der

---

1000 EuGH, Rs. C-25/94, FAO, Slg. 1996, I-1469, Rn. 40.
1001 *Sack*, in: GS Grabitz, S. 631, 659.

FAO dennoch durch die vorherige Zuständigkeitsübermittlung klar, dass nur ausschließliche Zuständigkeiten der Mitgliedstaaten betroffen sind, und deshalb nachvollziehbar, dass die Mitgliedstaaten der Union je nach eigenem Interesse unterschiedlicher Meinung sein können. Trotzdem zeigt ein eventuelles unterschiedliches Verhalten der Mitgliedstaaten den anderen Mitgliedern der FAO, dass innerhalb der Unionsgruppe Differenzen bestehen.

Im Gegensatz zu PROBA 20 stellt Punkt 1.12. ein Letztentscheidungsverfahren auf, falls die Union und die Mitgliedstaaten sich nicht einigen können. Der COREPER fasst dann über die streitige Frage einen Beschluss. Damit wird der Sachverhalt automatisch dem Einfluss der Kommission entzogen.[1002] Der Beschluss kann sich auf die Frage der Zuständigkeit gemäß Punkt 2.1. bis 2.3. beziehen, oder, wenn eine gemischte Zuständigkeit gemäß Punkt 2.3. vorliegt, und diesbezüglich Einigkeit zwischen der Union und den Mitgliedstaaten besteht, aber trotzdem kein gemeinsamer Standpunkt erzielt wird, durch den Beschluss der gemeinsame Standpunkt ersetzt werden. Zudem kann eine Konstellation auftreten, wie sie dem FAO-Verfahren zu Grunde lag, dass nur streitig ist, in welche Zuständigkeit der Tagesordnungspunkt überwiegend fällt, und demnach, wer nach Punkt 2.3. das Rede- und Stimmrecht ausüben darf. Abgerundet wird diese Regelung durch Punkt 1.13, der regelt, dass dieser Beschluss nicht die Zuständigkeiten berührt, also die Zuständigkeiten der Union und der Mitgliedstaaten nicht feststellen kann. Die Feststellung von Zuständigkeiten ist allein dem EuGH vorbehalten. Insgesamt ist diese Regelung kritisch zu sehen, da sie den Mitgliedstaaten eine Blockadehaltung eröffnet, mit dem Ziel, den COREPER entscheiden zu lassen.[1003] Zudem müssen Entscheidungen oft innerhalb kürzester Zeit getroffen werden, und deshalb ist eine Rückverweisung auf die Brüsseler Maschinerie unrealistisch, und deshalb nicht weiterführend.[1004]

Punkt 2.4. sieht für den Fall, dass bei gemischter Zuständigkeit gemäß Punkt 2.3. kein gemeinsamer Standpunkt gefunden werden konnte, und zusätzlich das Verfahren, dass in Punkt 1.12. für solche Fälle vorgesehen ist, nicht zum Abschluss gekommen ist, ein Ausübung des Rede- und Stimmrechts durch die Mitgliedstaaten vor. Solch eine Situation wird vor allem bei kurzfristig anberaumten Tagesordnungspunkten eintreten. Um den Mitgliedstaaten keine Möglichkeit zu geben den Entscheidungsprozess innerhalb der Union lahmzulegen, wäre es besser gewesen, bei

1002 *F. Kaiser*, S. 111.
1003 Siehe Teil 3 C. IV. 4. b. cc.
1004 *Smyth*, in: Hillion/Koutrakos (Hrg.), S. 304, 311.

einer fehlenden Einigung eine generelle Stimmenthaltung vorzusehen.[1005] Jedoch entspricht diese Regelung Art. II Abs. 6 der FAO-Satzung, die besagt, dass immer eine verbleibende Zuständigkeit der Mitgliedstaaten anzunehmen ist, wenn der Organisation nicht das Gegenteil erklärt worden ist.

Daneben stellte der EuGH fest, dass beide Organe, Rat und Kommission, sich hinsichtlich des Tätigwerdens innerhalb der FAO durch die Vereinbarung binden wollen. Die Erfüllung der Kooperationsverpflichtung mittels einer interinstitutionellen Vereinbarung bringt damit für die abschließenden Parteien Verpflichtungen mit sich, und hat zur Folge, dass die Verpflichtungen geltend gemacht und durchgesetzt werden können.[1006]

Insgesamt zeigt der EuGH auf, dass interinstitutionelle Vereinbarungen auch für andere gemischte Verträge eine Erfüllung der Kooperationsverpflichtung darstellen können.[1007] Der Rat und die Kommission waren sich der Rechtswirkung, die diese Erklärung erzeugt, bewusst und haben deshalb die Erklärung zu Protokoll gegeben, dass diese Regelung speziell auf die besondere Situation in der FAO zugeschnitten ist, und deshalb kein Präjudiz für andere internationale Organisationen besitzt. Trotzdem sind seit dieser Entscheidung kaum weitere Vereinbarungen geschlossen worden, weil die Ausführung einer solchen Vereinbarung gerichtlich überprüfbar ist,[1008] und gleichartigen konkret formulierten Kooperationsvereinbarungen ein bindender Charakter nicht abzusprechen ist.[1009]

e. *Codex-Alimentarius-Vereinbarung*

Die Union ist einem Unterorgan der FAO, der Codex-Alimentarius-Kommission beigetreten.[1010] Für die Vorbereitungen der Sitzungen der Kommission, die abzugebenden Erklärungen und den Abstimmungen, haben die Kommission und der Rat eine Vereinbarung abgeschlossen, die dem Beschluss 2003/822/EG als Anhang III beigefügt wurde, und die

1005 *Sack*, in: GS Grabitz, S. 631, 658.

1006 *Hillion*, in: Hillion/Koutrakos (Hrg.), S. 87, 94; *Heliskoski*, in: Koskenniemi (Hrg.), S. 79, 98.

1007 *Hillion*, in: Hillion/Koutrakos (Hrg.), S. 87, 94.

1008 *Koutrakos*, S. 172; *Heliskoski*, in: Koskenniemi (Hrg.), S. 79, 99.

1009 *Sattler*, S. 158; *Dutzler*, in: Griller/Weidel (Hrg.), S. 151, 172 f.

1010 Beschluss des Rates 2003/822/EG vom 17. November 2003 über den Beitritt der Europäischen Gemeinschaft zur Codex-Alimentarius-Kommission, ABl. 2003 L 309/14.

von beiden Organen als verbindlich angesehen wird, Art. 2 Beschluss 2003/822/EG.

Inhaltlich orientiert sich die Vereinbarung stark an der FAO-Vereinbarung,[1011] deshalb werden hier nur wichtige Unterschiede zu dieser Vereinbarung herausgestellt.

aa. Koordinierungsverfahren

Nach der Codex-Alimentarius-Vereinbarung entscheidet direkt der COREPER über die Zuständigkeiten, falls die Kommission und die Mitgliedstaaten wegen der Uneinigkeit in der Zuständigkeitsfrage keinen gemeinsamen Standpunkt erzielen. Dieser entscheidet nach Maßgabe des geltenden Unionsrechts, die Zuständigkeit bleibt von dieser Entscheidung unberührt, ausreichend ist eine mehrheitliche Entscheidung.

Erklärungen, die in die ausschließliche Zuständigkeit der Mitgliedstaaten fallen, sollen ebenfalls in den Sitzungen koordiniert werden, und wenn möglich soll eine gemeinsame Position gefunden werden.

bb. Erklärungen und Abstimmungen

Bei Tagesordnungspunkten, die in eine ausschließliche Zuständigkeit fallen, sprechen und stimmen sich die Kommission, beziehungsweise die Mitgliedstaaten ab.

Bei Tagesordnungspunkten, die in die gemischte Zuständigkeit fallen, wird nicht nur angestrebt, einen gemeinsamen Standpunkt zu erlangen – so die FAO-Vereinbarung – sondern es wird festgestellt, dass der Ratsvorsitz und die Mitgliedstaaten einen gemeinsamen Standpunkt festlegen. Zudem können die Mitgliedstaaten, falls kein gemeinsamer Standpunkt erarbeitet werden kann, im Gegensatz zur FAO-Vereinbarung, nach der sie frei handeln können, nur dann sprechen und abstimmen, wenn die Angelegenheit „eindeutig" in ihre Zuständigkeit fällt, dies gilt *vice versa* für die Kommission.[1012]

Wenn keine Einigkeit über die Zuständigkeit erreicht, oder im Rat nicht die für einen Unionsstandpunkt erforderliche Mehrheit erreicht wurde, müssen sich sowohl die Kommission als auch die Mitgliedstaaten nach Kräften bemühen, die Lage zu klären, und einen Unionsstandpunkt festsetzen. Bis zu einer Einigung und nach Absprache dürfen sowohl die Kommission als auch die Mitgliedstaaten sprechen, aber nur unter der Prämisse, dass der vertretene Standpunkt in Einklang mit der Unionspo-

---

1011 *Scheffler*, S. 356.
1012 *Hoffmeister*, in: Hillion/Koutrakos (Hrg.), S. 249, 261.

litik sowie früheren Unionsstandpunkten und dem Unionsrecht steht. Mit dieser Regelung steigt der Druck auf die Mitgliedstaaten, zusammen mit der Kommission eine einheitliche Lösung zu finden, denn ansonsten könnten sie eigene Auffassungen nicht vertreten.

f. Verhaltenskodex UNESCO

Ebenfalls an die FAO-Vereinbarung angelehnt,[1013] wurde ein Verhaltenskodex für Tagungen im Rahmen des UNESCO-Übereinkommens zum Schutz und zur Förderung kultureller Ausdrucksformen erstellt.[1014]

Bemerkenswert an diesem Verhaltenskodex ist, dass dieser ausdrücklich zwischen Rat und der Kommission als auch den Mitgliedstaaten geschlossen wurde. Er ist allerdings nicht rechtlich bindend, er wird ausdrücklich als informelle Vereinbarung bezeichnet.

In Angelegenheiten, die in die Zuständigkeit der Mitgliedstaaten fallen, beruft der Ratsvorsitz vor, während und nach jeder Tagung Koordinierungssitzungen ein, an denen ausschließlich die Delegationen der Mitgliedstaaten teilnehmen. Die Erarbeitung eines abgestimmten Standpunkts wird nur als Ziel vorgegeben, die Mitgliedstaaten sollen sich darum „bemühen". Falls ein abgestimmter Standpunkt erreicht wird, wird dieser Standpunkt vom Vorsitz vorgetragen. Das Stimmrecht wird von den Mitgliedstaaten gemäß der im Koordinierungsprozess abgestimmten Standpunkts ausgeübt.

Bei allen Angelegenheiten, die in die Zuständigkeit der Union fallen, trägt die Kommission die Standpunkte der Union vor und übt auch das Stimmrecht aus. Die Standpunkte sollen „angemessen" abgestimmt werden.

In Fällen, in denen die Zuständigkeiten „untrennbar verknüpft" sind, vereinbaren der Ratsvorsitz und die Kommission, wer die Erklärungen im Namen der Union und der Mitgliedstaaten abgibt. Je nach Schwerpunkt der Angelegenheit legt entweder die Kommission oder der Ratsvorsitz den gemeinsamen Standpunkt vor. Auch in diesen Fällen sollen die Standpunkte „angemessen" abgestimmt werden. Für die zwei letztgenannten Alternativen gilt für die Festlegung der Standpunkte in den Koordinierungssitzungen vor Ort, dass die Kommission und die Mitglied-

---

1013 *Scheffler*, S. 356.

1014 Verhaltenskodex zwischen dem Rat, den Mitgliedstaaten und der Kommission über die Teilnahme der Gemeinschaft und ihrer Mitgliedstaaten an Tagungen über die Umsetzung des Übereinkommens zum Schutz und zur Förderung der Vielfalt kultureller Ausdrucksformen, Ratsdok. 5914/07 vom 1. Februar 2007.

staaten sich nach besten Kräften bemühen sollen, einen vereinbarten Standpunkt festzulegen.

Kann über die Verteilung der Zuständigkeiten oder über die gemeinsamen Standpunkte keine Einigung erzielt werden, wird die Angelegenheit an die zuständigen Ratsgremien verwiesen, wenn dort keine Einigung erzielt werden kann, beziehungsweise bei Dringlichkeit, wird die Angelegenheit dem COREPER zugewiesen. Hat auch dieses Verfahren keinen Erfolg, können die Mitgliedstaaten und die Kommission das Wort ergreifen und abstimmen, wenn die Angelegenheit eindeutig in die Zuständigkeit der Mitgliedstaaten, beziehungsweise der Union fällt. Jedoch muss der Standpunkt eines Mitgliedstaats mit den Unionspolitiken im Einklang stehen und dem Unionsrecht entsprechen. Die Kommission soll nur insoweit handeln, als dass es zur Verteidigung des unionsrechtlichen Besitzstands erforderlich ist.

Damit besteht für Bereiche, die nicht eindeutig zuweisbar sind, eine Pflicht, sich des Wortes und der Abstimmung zu enthalten. Die Folge ist, dass die Position der Union und der Mitgliedstaaten auf der internationalen Ebene geschwächt ist, was einen weiteren Anreiz bringt, zu kooperieren.[1015]

g. Entwurf einer interinstitutionellen Vereinbarung im Rahmen der Europäischen Atomgemeinschaft

Die Kommission legte dem Rat am 28. April 2006 einen Entwurf über eine „Interinstitutionelle Vereinbarung über die interinstitutionelle Zusammenarbeit im Rahmen internationaler Übereinkommen, bei denen die Europäische Atomgemeinschaft und ihre Mitgliedstaaten Vertragspartner sind“[1016] vor.

Diese Vereinbarung sollte generell die Zusammenarbeit zwischen der Union und den Mitgliedstaaten an „internationalen Veranstaltungen“, die auf Grund gemischter Verträge der EAG und ihrer Mitgliedstaaten stattfinden, regeln.[1017]

Jedoch hat der Rat dieser Vereinbarung nicht zugestimmt, und dieser Vorschlag wurde von der Kommission als überholt zurückgenommen.[1018]

1015 *Hoffmeister*, in: Hillion/Koutrakos (Hrg.), S. 249, 262.
1016 KOM(2006), 179 endg.
1017 KOM(2006), 179 endg., S. 2.
1018 ABl. 2010 C 252/8.

aa. Begründung der Kommission

Eine Koordinierung der Teilnahme an internationalen Veranstaltungen, die in die gemischte Zuständigkeit fallen, erschien der Kommission notwendig, damit die Mitgliedstaaten und die EAG in diesen Veranstaltungen in völliger Übereinstimmung mit dem EAGV und mit dem Gemeinschaftsgeist auftreten.[1019]

Anlass für die Erstellung des Entwurfs waren Unstimmigkeiten bei den Tagungen zur Überprüfung des Übereinkommens über nukleare Sicherheit und bei der Konferenz zur Erörterung und Annahme von Änderungsvorschlägen für das Übereinkommen von Kernmaterial.[1020]

In Teil 2 der Begründung nennt die Kommission die Außenkompetenzen der EAG, die ausdrückliche nach Art. 2 lit. h EAGV, und die impliziten Außenkompetenzen, die sich aus Art. 101 EAGV ergeben, und verweist auf die EuGH-Rechtsprechung zu der Kooperationsverpflichtung bei gemischten Verträgen.[1021]

Weiterhin weist die Kommission darauf hin, dass die Mitgliedstaaten und die EAG bei Erfüllung ihrer internationalen Verpflichtungen, die in die gemischte Zuständigkeit fallen, fünf Grundsätze beachten müssten. Diese Grundsätze seien:

„– Grundsatz der Zusammenarbeit: Die Mitgliedstaaten und die Gemeinschaftsorgane arbeiten eng zusammen, um das bestmögliche Ergebnis zu erzielen.

– Grundsatz der Koordinierung: Die Mitgliedstaaten und die Gemeinschaftsorgane stimmen ihre Standpunkte ab und vertreten stets einen gemeinsamen Standpunkt.

– Grundsatz der Solidarität: Dieser Grundsatz ist in Artikel 192 EAG-Vertrag festgeschrieben. „Die Mitgliedstaaten treffen alle geeigneten Maßnahmen allgemeiner oder besonderer Art zur Erfüllung der Verpflichtungen, die sich aus diesem Vertrag oder aus Handlungen der Organe der Gemeinschaft ergeben. Sie erleichtern dieser die Erfüllung ihrer Aufgabe. Sie unterlassen alle Maßnahmen, welche die Verwirklichung der Ziele dieses Vertrags gefährden könnten."

– Grundsatz der Einheit: Die Mitgliedstaaten erleichtern die Aufgabe der Gemeinschaft und sorgen dafür, dass diese gegenüber Dritten als Einheit auftritt.

– Grundsatz des Mehrwerts: Die Mitgliedstaaten sollten die Tatsache, dass sie der Gemeinschaft angehören, als einen Mehrwert ansehen,

1019 KOM(2006), 179 endg., S. 2.
1020 KOM(2006), 179 endg., S. 2.
1021 KOM(2006), 179 endg., S. 2 f.

der ihren Standpunkt auf internationalen Konferenzen nicht behindert, sondern vielmehr stärkt."[1022]

Weiter stellt die Kommission fest, dass im Rahmen mancher Übereinkommen regelmäßig Überprüfungssitzungen stattfinden, in denen die Vertragsparteien in „Ländergruppen" im Rahmen eines Peer-Review die vorgelegten Berichte der Vertragsparteien über die Maßnahmen zur Erfüllung der Verpflichtungen aus den Übereinkommen prüfen. Dabei erstelle die Kommission den Bericht für die EAG, vor Abgabe konsultiere sie aber rechtzeitig den Rat, um den Mitgliedstaaten zu ermöglichen, den Bericht zu erörtern und zu Klarstellungen beizutragen. Sie betont, dass gemäß den genannten Grundsätzen der Bericht ein Gemeinschaftspapier darstellen solle, der nur im Rat diskutiert werden solle, und nicht mehr Gegenstand von Erörterungen durch die Mitgliedstaaten in den internationalen Gremien. Die Kommission lege den Bericht für die EAG vor, die Mitgliedstaaten könnten in der EAG-Delegation mitwirken, um sicherzustellen, dass die EAG nach außen einheitlich auftrete.[1023]

Weiterhin müsse in Überarbeitungs- und Änderungskonferenzen die Teilnahme der EAG koordiniert werden, falls der Gegenstand der Konferenz in die gemischte Zuständigkeit falle. Dafür seien so viele Konsultationen wie nötig zwischen Kommission, Rat und den Mitgliedstaaten durchzuführen, damit ein gemeinsamer Standpunkt erarbeitet werden könne, der auf der Konferenz dann durch die Kommission im Namen der EAG vorgetragen werde.[1024]

Zusammenfassend legt die Kommission dar, dass die interinstitutionelle Vereinbarung allgemeine Grundsätze festlege für die interinstitutionelle Koordinierung zwischen Rat und ihr selbst für die Teilnahme an Tagungen bei internationalen Übereinkommen, bei denen die EAG und ihre Mitgliedstaaten Vertragspartner seien. Durch die Vereinbarung solle das einheitliche Auftreten gegenüber Drittstaaten gesichert werden, ebenso dass die jeweiligen Verpflichtungen der EAG und der Einzelstaaten eingehalten werden.[1025]

bb. Der Entwurf

Im Entwurf selbst ist vieles, teilweise wortwörtlich, von der Begründung wiedergegeben. Die interinstitutionelle Vereinbarung sollte „auf den Vertrag zur Gründung der Europäischen Atomgemeinschaft, insbesondere

1022 KOM(2006), 179 endg., S. 4.
1023 KOM(2006), 179 endg., S. 4 f.
1024 KOM(2006), 179 endg., S. 5.
1025 KOM(2006), 179 endg., S. 5 f.

auf Artikel 192“, gestützt werden.[1026] Der Entwurf gliedert sich in fünf Teile.[1027]

Im ersten Teil, der mit „Gegenstand“ überschrieben ist, wird der Zweck der Vereinbarung dargestellt. Dieser Teil entspricht fast wortgenau dem ersten Abschnitt der von der Kommission vorgelegten Begründung.

Der zweite Teil stellt die „Allgemeine[n] Grundsätze“ auf, die bei der Teilnahme an internationalen Veranstaltungen von den Mitgliedstaaten neben der engen Zusammenarbeit mit Kommission und Rat beachtet werden sollen. Diese sind dieselben fünf Grundsätze die in der Begründung genannt werden, allein die Definition weicht sprachlich leicht ab. Sie sind etwas zugespitzter. Bemerkenswert gegenüber der Begründung ist, dass sich im Entwurf die Grundsätze nur an die Mitgliedstaaten richten, und die Gemeinschaftsorgane allein in den Definitionen auftauchen.

Der dritte Teil widmet sich der „Teilnahme an Überprüfungstagungen“ und entspricht inhaltlich ebenfalls der Begründung.

Im vierten Teil „Teilnahme an Überarbeitungs- und Änderungskonferenzen“ wird die Teilnahme an diesen Konferenzen geregelt. Dieser Teil schließt sich auch an die Begründungen an, ist aber viel konkreter. Vor den Konferenzen sollen die Kommission und die Mitgliedstaaten sich im Rat beraten und einen gemeinsamen Standpunkt erstellen. Während der Konferenzen werden bei Notwendigkeit, beziehungsweise auf Wunsch eines Mitgliedstaats oder der Kommission Vorbereitungssitzungen mit allen anwesenden Mitgliedstaaten organisiert, um einen gemeinsamen Standpunkt erarbeiten zu können. Auf der Konferenz wird der Standpunkt bei ausschließlicher Zuständigkeit der EAG von der Kommission vorgelegt, ist die ausschließliche Zuständigkeit der Mitgliedstaaten betroffen, vom Rat. Bei gemischter Zuständigkeit wird der Standpunkt gemeinsam vorgelegt. Die Kommission und die Mitgliedstaaten dürfen jeweils in der Konferenz zur Unterstützung des gemeinsamen Standpunkts das Wort ergreifen. Zusätzlich ist geregelt, dass die Mitgliedstaaten gemäß dem vereinbarten Standpunkt abstimmen müssen.

Im fünften und letzten Teil ist die „Veröffentlichung“ der Vereinbarung im Amtsblatt der Europäischen Union vorgesehen.

1026 KOM(2006), 179 endg., S. 7.
1027 KOM(2006), 179 endg., S. 8 f.

cc. Bewertung

Diese geplante Vereinbarung sollte in der EAG der vom EuGH festgestellten Kooperationsverpflichtung bei der Durchführung gemischter Verträge einen Rahmen geben.

aaa. Die allgemeinen Grundsätze

Grundsatz 1 „Zusammenarbeit" stellt nur lapidar fest, dass die Mitgliedstaaten und die Gemeinschaftsorgane zusammenarbeiten um das bestmögliche Ergebnis zu erzielen. Dieser Grundsatz stellt einen sehr allgemeinen und selbstverständlichen Grundsatz dar, denn das bestmögliche Ergebnis sollte immer das Ziel jegliches Handelns sein.

Konkreter ist der zweite Grundsatz „Koordinierung", der besagt, dass eine Abstimmung zwischen den Standpunkten der Mitgliedstaaten und der Gemeinschaftsorgane erfolge, damit ein gemeinsamer Standpunkt gefunden und vertreten werden könne. In der Begründung geht dieser Grundsatz noch weiter, er besagt, dass „stets" ein gemeinsamer Standpunkt vertreten wird. Dies spiegelt sich dann auch in Punkt 4.2. der Vereinbarung wider, der davon ausgeht, dass immer ein gemeinsamer Standpunkt vertreten werde, unabhängig von der Kompetenzverteilung für diesen Regelungsbereich. Nach der Kompetenzverteilung ist nur geregelt, wer den gemeinsamen Standpunkt nach außen vertritt. Folge dieser Auffassung ist auch, dass durch Punkt 4.2. die Mitgliedstaaten verpflichtet werden sollten, für diesen gemeinsamen Standpunkt zu stimmen.

Der dritte Grundsatz, die Solidarität, gibt in den Begründungen wortwörtlich Art. 192 EAGV wieder, der Art. 10 EGV entspricht, und ist ausschließlich an die Mitgliedstaaten gerichtet. In dem Entwurf ist er im Hinblick auf die Außenbeziehungen so konkretisiert, dass alle geeignete Maßnahmen zur Erfüllung der internationalen Verpflichtungen der EAG ergriffen werden müssen, und alle Handlungen unterlassen werden, die eine Einhaltung gefährden könnten. An diesem Punkt sieht man wiederum, dass die Kooperationsverpflichtung nicht Bestandteil des jetzt in Art. 4 Abs. 3 EUV geregelten Grundsatzes der loyalen Zusammenarbeit ist. Dieser Punkt bezieht sich nur auf den Teil des Übereinkommens, der in die ausschließliche oder geteilte Kompetenz der EAG fällt.

„Einheit" ist der vierte allgemeine Grundsatz, und ist ebenfalls ausschließlich an die Mitgliedstaaten gerichtet. Dieser Grundsatz beinhaltet den Auftrag an die Mitgliedstaaten dafür zu sorgen, dass die EAG Dritten gegenüber als Einheit auftritt, und somit das internationale Auftreten der EAG zu erleichtern. Dieser Grundsatz ist wie der erste auch sehr allgemein gehalten. Er setzt sich aus den ersten drei Grundsätzen zusammen, wenn diese von den Mitgliedstaaten befolgt werden, dann tritt die EAG nach außen als Einheit auf. Konkrete, nach außen sichtbare Auswirkungen hat sie in Punkt 3.2., dass Erörterungen über Berichte nur im Rat zu erfolgen haben, und in Punkt 4.2. und 4.3., dass auf den Konferenzen nur ein gemeinsamer Standpunkt vertreten wird, nach dem die Mitgliedstaaten dann auch stimmen müssen.

Der letzte Grundsatz „Mehrwert" hat programmatischen Charakter. Er besagt, dass die Mitgliedstaaten ihre Zugehörigkeit zur EAG als Mehrwert ansehen sollen, der ihren Standpunkt auf internationalen Konferenzen eher stärkt als behindert. Dieser Gedanke sollte demnach das Handeln der Mitgliedstaaten im Rahmen der Übereinkommen leiten und sie sollen ihre Zusammenarbeit mit den Gemeinschaftsorganen danach ausrichten. Der Mehrwert besteht für die Kommission darin, dass die Verringerung der nationalen Rolle in den internationalen Organisationen durch das gemeinsame Auftreten der EAG und der daraus folgenden größeren Einflussmöglichkeit mehr als kompensiert werde.[1028] Die Aufgabe der Kommission, die Mitgliedstaaten von diesem Mehrwert zu überzeugen, wurde vom damaligen Assistenten des Generaldirektors der Auswärtigen Beziehungen der Kommission *Burghardt* bereits 1979 als „ständige Aufgabe der Kommission" bezeichnet.[1029]

Dieser Punkt ist wohl der Erfahrung der Kommission geschuldet, dass die Mitgliedstaaten auf diesen Veranstaltungen eher auf ihren eigenen Vorteil achten und auf ihre Standpunkte beharren, als zielstrebig darauf hinzuarbeiten, dass ein gemeinsamer Standpunkt erarbeitet wird.[1030]

bbb. Die konkreten Regelungen

Zu den Überprüfungstagungen müssen die Mitgliedstaaten und die EAG jeweils einen Bericht abgeben. Dies bedeutet, dass die EAG in ihrem Bericht nur insoweit Rechenschaft ablegen muss, wie ihre Kompetenzen reichen. Trotzdem ist vorgesehen, dass der Rat frühzeitig von der Kommission kontaktiert werde, und innerhalb des Rates die Mitgliedstaaten und die Kommission darüber beraten. Diese vorgesehene Verpflichtung der Kommission war ein Angebot ihrerseits, denn nach ihrer Meinung sollten die Berichte der EAG auch ein Gemeinschaftspapier sein.[1031] Fol-

---

1028 *Burghardt*, in: Zieger/Lebahn (Hrg.), S. 69; ähnlich: *Dashwood*, in: Bourgeois/Dewost/Gaiffe (Hrg.), S. 93, 97; *Herrmann*, EuZW 2001, 269, 274.
1029 *Burghardt*, in: Zieger/Lebahn (Hrg.), S. 69.
1030 Vgl. *Sack*, ZEuS 2001, 267, 278.
1031 KOM(2006), 179 endg., S. 5 (Begründung).

ge dessen ist ihrer Auffassung nach, dass der Bericht dann nicht von den Mitgliedstaaten in den internationalen Gremien erörtert werden dürfe.

Die Regelung der Teilnahme an Überarbeitungs- und Änderungskonferenzen lehnt sich an die FAO-Vereinbarung an, ist aber bei weitem nicht so detailliert ausgearbeitet und damit flexibler. Punkt 4.1. sieht vor, dass zwischen der Kommission und den Mitgliedstaaten Beratungen im Rat stattfinden um einen gemeinsamen Standpunkt zu erreichen, in Punkt 4.2. wird geregelt, dass Koordinierungssitzungen auch während der Konferenz einberufen werden, wenn dies erforderlich sei, beziehungsweise gewünscht werde. Nicht geregelt ist der Fall, dass keine Einigung erzielt wird. Es wird kein Organ bestimmt, dass dann letztlich entscheidet. Dies erhöht den Druck, einen gemeinsamen Standpunkt zu finden.[1032]

Im Unterschied zu der FAO-Vereinbarung soll immer ein gemeinsamer Standpunkt erarbeitet werden, Punkt 4.3. In der FAO-Vereinbarung ist ein gemeinsamer Standpunkt nur für Tagesordnungspunkte vorgesehen, die in die gemischte Zuständigkeit fallen. Nach diesem Entwurf hat die Zuständigkeitsverteilung Auswirkungen nur hinsichtlich der Frage, wer auf der Konferenz den Standpunkt vorträgt. Auch hier findet sich wieder ein Unterschied zur FAO-Vereinbarung, nach dieser werden, auch bei gemischter Zuständigkeit,[1033] die Rechte nur entweder von der Kommission oder den Mitgliedstaaten ausgeübt. Dies ist jedoch Folge des FAO-Übereinkommens, nach dem immer entweder eine Organisation oder ihre Mitgliedstaaten handeln dürfen. Hier ist jedoch bei gemischter Zuständigkeit vorgesehen, dass der Standpunkt von Rat und Kommission gemeinsam vorgetragen wird.

Für die Erfüllung der Kooperationsverpflichtung innerhalb der EAG wäre der Abschluss dieser interinstitutionellen Vereinbarung vor allem aufgrund des letzgenannten Aspekts ein Fortschritt gewesen, sieht die Vereinbarung doch vor, dass unabhängig von der Kompetenzverteilung ein gemeinsamer Standpunkt gefunden werden muss.

1032 Siehe Teil 3 IV. 4. b. cc.
1033 Siehe Teil 3 IV. 4. d. aa.

h. Verhaltenskodex UN-Behindertenrechtskonvention

Einen Verhaltenskodex haben der Rat, die Mitgliedstaaten und die Kommission auch für die Durchführung der UN-Behindertenrechtskonvention[1034] erstellt.[1035]

Anwendungsbereich für den Kodex ist das Auftreten in den durch das Übereinkommen geschlossenen Gremien „unbeschadet einer allgemeinen Pflicht zur engen Zusammenarbeit".

In allen Zuständigkeitsbereichen soll ein gemeinsamer Standpunkt erreicht werden. Dazu erfolgen Koordinierungssitzungen von Kommission und Mitgliedstaaten in der zuständigen Ratsarbeitsgruppe.

In Angelegenheiten, die in die Zuständigkeit der Mitgliedstaaten fallen, sollen „abgestimmte Standpunkte" erreicht werden. Diese abgestimmten Standpunkte werden vom Ratsvorsitz, oder nach einem einstimmigen Beschluss, von einem Mitgliedstaat vorgetragen. In der Sitzung stimmen die Mitgliedstaaten dem Standpunkt entsprechend ab.

Bei in die ausschließliche Zuständigkeit der Union fallenden Angelegenheiten werden „Standpunkte der Union" im Ratsunterbau erarbeitet. Diese Standpunkte werden von der Kommission vorgetragen. Ebenfalls übt sie das Stimmrecht in diesen Angelegenheiten aus.

In Angelegenheiten die in die gemischte Zuständigkeit fallen, wird ein „gemeinsamer Standpunkt" erarbeitet. In Fällen, in denen die jeweiligen Zuständigkeiten untrennbar verknüpft sind, entscheiden die Kommission und die Mitgliedstaaten, wer die Erklärung im Namen der Union und ihrer Mitgliedstaaten abgibt. Ist ein Schwerpunkt der Zuständigkeit erkennbar, tragen entsprechend die Kommission oder der Ratsvorsitz, beziehungsweise ein Mitgliedstaat den Standpunkt vor. Dementsprechend wird auch das Stimmrecht wahrgenommen.

In allen drei Konstellationen können nach einer vorherigen Koordinierung ein Mitgliedstaat oder die Kommission das Wort ergreifen, um den gefundenen Standpunkt mehr Gewicht zu verleihen.

Zusätzlich zu den in Brüssel stattfindenden Sitzungen der Ratsarbeitsgruppe können während der gesamten Sitzungsperiode vor Ort Koordinierungssitzungen einberufen werden. Falls es vor Ort nicht möglich

---

1034 Übereinkommen vom 13. Dezember 2006 über die Rechte von Menschen mit Behinderungen, ABl. 2010 L 23/37.

1035 Verhaltenskodex zwischen dem Rat, den Mitgliedstaaten und der Kommission zur Festlegung interner Regelungen für die Durchführung des Übereinkommens der Vereinten Nationen über die Rechte von Menschen mit Behinderungen durch die Europäische Union und für die Vertretung der Europäischen Union in Bezug auf das Übereinkommen, ABl. 2010 C 340/11.

ist einen Standpunkt festzulegen, unter anderem aufgrund von Meinungsverschiedenheiten bezüglich der Zuständigkeitsverteilung, wird die Angelegenheit an die zuständige Ratsarbeitsgruppe verwiesen und bei weiterhin fehlender Einigung an den COREPER verwiesen. Dieser kann bei Zeitmangel auch direkt mit der Angelegenheit befasst werden. Im COREPER wird dann nach einem in den Verträgen festgelegten Abstimmungsmodus ein Standpunkt beschlossen.

Wird auch dort keine Einigung erzielt, dürfen die Mitgliedstaaten in eindeutig in ihren Zuständigkeitsbereich fallenden Angelegenheiten das Wort ergreifen und abstimmen, sofern der Standpunkt mit der Unionspolitik übereinstimmt und dem Unionsrecht entspricht. Analog kann in eindeutigen Zuständigkeitsbereichen der Union die Kommission verfahren, soweit dies zur Verteidigung des Besitzstands der Union erforderlich ist.

Gemäß Art. 33 des Übereinkommens muss jede Vertragspartei eine Anlaufstelle für Angelegenheiten im Zusammenhang mit der Durchführung des Abkommens bestimmen. Die Kommission ist für die Angelegenheiten der Union solch eine Anlaufstelle, die der Mitgliedstaaten werden der Kommission notifiziert. Die Anlaufstellen halten auf Initiative der Kommission oder einer nationalen Anlaufstelle Koordinierungssitzungen ab.

Für die gemäß Art. 35 des Übereinkommens zu erstellenden Berichte der Vertragsparteien über die Maßnahmen zur Erfüllung der Verpflichtungen aus dem Übereinkommen und der erzielten Fortschritte, ist auch eine Zusammenarbeit vorgesehen. Vor Abgabe dieser Berichte werden diese untereinander übermittelt.

i. Allgemeine Regelung der Erklärungen der EU in multilateralen Organisationen

Der Rat hat am 24. Oktober 2011 die „Allgemeine Regelung für Erklärungen der EU in multilateralen Organisationen“[1036] gebilligt.

aa. Zweck der Regelung

Geregelt wird durch diesen Beschluss nur die Abgabe von Erklärungen der Union und der Mitgliedstaaten in internationalen Organisationen. Ziel der Regelung ist eine kohärente, umfassende und einheitliche Außenvertretung. Es wird festgestellt, dass die Vertretung eine sensible Frage darstelle und bei Drittstaaten eventuell Erwartungen geweckt werden und, unter ausdrücklicher Bezugnahme auf die bestehende Praxis, es

---

1036 Ratsdok. 15901/11 vom 25. Oktober 2011.

deshalb notwendig sei, dass Erklärungen in multilateralen Organisationen, die den Bereich der Zuständigkeitsverteilung zwischen der Union und den Mitgliedstaaten betreffen, intern und einvernehmlich vorbereitet werden.[1037]

bb. Inhalt der Regelung

Unter Punkt 3. finden sich die konkreten Regelungen bezüglich der Erklärungen der Union und den Mitgliedstaaten in multilateralen Organisationen, die unter Punkt 4. um praktische Leitlinien ergänzt werden. In Bezug auf die Union wird von „Akteuren der EU" gesprochen, damit sind der Präsident des Europäischen Rates, die Kommission, der Hohe Vertreter und die Unionsdelegationen gemeint, also alle Akteure, die nach den Verträgen befugt sind, die Union zu vertreten.

aaa. Zusammenarbeitsverpflichtungen

Die Mitgliedstaaten und die Unionsakteure werden dazu verpflichtet, dass sie ihr Auftreten in internationalen Organisationen gemäß den Verträgen so weit wie möglich abstimmen. Sie müssen ebenfalls für die größtmögliche Transparenz sorgen. Dies sollen sie dadurch erreichen, dass bevor Standpunkte der Union in den multilateralen Organisationen dargelegt werden, sie sich untereinander rechtzeitig und in ausreichendem Umfang konsultieren. Die Erklärungen müssen die Standpunkte der Union wiedergeben, die gemäß den in den Verträgen vorgesehenen Beschlussfassungsverfahren vereinbart worden sind.

bbb. Erklärungen der Union

Die Union kann nur dann Erklärungen abgeben, wenn sie zuständig ist, und wenn vorher im Einklang mit den einschlägigen Vertragsbestimmungen ein Standpunkt gefunden wurde. Unter Beachtung des Grundsatzes der loyalen Zusammenarbeit können die Mitgliedstaaten die im Namen der Union abgegebenen Erklärungen ergänzen.

Darüber hinaus müssen die Mitgliedstaaten bestrebt sein, dafür zu sorgen, und den Drittstaaten gegenüber sich dafür einsetzen, dass Unionsakteure in den internationalen Organisationen auch die Möglichkeit erhalten, im Namen der Union Erklärungen abzugeben.

Soweit die Geschäftsordnung der internationalen Organisation nichts anderes vorschreibt, wird die Vertretung der Union von einem Platz hinter einem EU-Namensschild wahrgenommen.

1037 Punkt 2. Ratsdok. 15901/11.

ccc. Erklärungen der Mitgliedstaaten

Die Mitgliedstaaten entscheiden jedes Mal neu, ob und wie sie sich abstimmen wollen, und wie sie sich nach außen vertreten lassen. Mit ihrer Vertretung können sie einen der Akteure der EU beauftragen oder einen Mitgliedstaat auswählen, wobei insbesondere der Mitgliedstaat, der den Ratsvorsitz innehat, vorgeschlagen wird.

ddd. Keine Präjudizierung der Kompetenzverteilung

Ausdrücklich festgestellt wird, dass die vorgenommene Vertretung nach außen und die erfolgte interne Koordinierung keine Auswirkungen auf die Verteilung der Zuständigkeit haben, dies ergebe sich weiterhin aus den Verträgen. Demnach könne auch keine neuen Formen der Zuständigkeit beansprucht werden.

eee. Koordinierung

Als Standardvorgehen wird vorgegeben, dass die Unionsakteure die Koordinierung vor Ort übernehmen und die Erklärungen im Namen der Union abgeben.

Wenn in internationalen Organisationen praktische Regelungen für die Abstimmung und/oder Vertretung vorgegeben sind, werden diese Regelungen angewandt, jedoch muss vorher die Erklärung gemäß den Vorgaben vorbereitet werden, und im Namen der Union von dem Platz hinter dem EU-Namensschild aus abgegeben werden.

fff. Kommunizierung nach außen

Wenn die vorzutragenden Erklärungen sich ausschließlich auf Maßnahmen der Union oder auf ihre Zuständigkeiten beziehen, werden sie, um dies den anderen Mitgliedern kenntlich zu machen, mit den Worten „im Namen der Europäischen Union“ eingeleitet.

Mit den Worten „im Namen der EU und ihrer Mitgliedstaaten“ werden Erklärungen eingeleitet, die einen von Union und ihren Mitgliedstaaten gemeinsam vertretenen Standpunkt gemäß dem Grundsatz der einheitlichen Vertretung ausdrücken. In der Erklärung kann schließlich auf „die EU“, beziehungsweise auf „die Mitgliedstaaten der EU“ Bezug genommen werden, wenn dadurch die Sachlage korrekt wiedergegeben wird. Bei diesen beiden Alternativen wird auf Seiten der Union gegebenenfalls das Verfahren nach Art. 218 Abs. 9 AEUV angewandt.

Haben sich die Mitgliedstaaten darauf geeinigt, sich in Fragen, die sich in ihrer Zuständigkeit befinden, von einem Unionsakteur vertreten zu lassen, wird die Erklärung mit den Worten „im Namen der Mitgliedstaaten“ eingeleitet. Dadurch ist jedoch, analog zu oben stehender Regelung, nicht ausgeschlossen, dass im Verlauf der Erklärungen auf die „EU“ Bezug genommen wird, wenn dies der Sachlage entspricht.

cc. Ausschlussklausel

Die Mitgliedstaaten und der Rat, die Kommission und der EAD haben sich unter Punkt 5. auf eine Ausschlussklausel geeinigt:

> „Die Annahme und die Abgabe von Erklärungen haben keine Auswirkungen auf die Verteilung der Zuständigkeiten oder die Übertragung von Befugnissen zwischen den Organen nach Maßgabe der Verträge. Darüber hinaus hat sie keine Auswirkungen auf die Beschlussfassungsverfahren zur Annahme von Standpunkten der EU durch den Rat wie in den Verträgen vorgesehen.“

dd. Streitschlichtung durch den EAD und den COREPER

Bei Unstimmigkeiten hinsichtlich der Anwendung der Allgemeinen Regelung stellt Punkt 6. ein Entscheidungsverfahren auf. Zuvorderst sollen die Unstimmigkeiten durch eine Koordinierung vor Ort gelöst werden. Kommt diese Koordinierung zu keinem Ergebnis, legt der Leiter der Unionsdelegation die Frage dem EAD vor, der sich dieser Angelegenheit in enger Absprache mit der Union vornimmt. Wird ebenfalls keine Lösung erzielt, so wird die Frage dem COREPER zur Beschlussfassung weitergeleitet. Die Regelung, die im COREPER gefunden wird, wird dem Rat zur Bestätigung übermittelt.

ee. Überprüfung der Regelung

Der EAD und die Kommissionsdienststellen müssen bis spätestens Ende 2012 einen Bericht über die Umsetzung der getroffenen Regelung vorlegen. Nach einem Beschluss des COREPER kann die Regelung, von dem Bericht ausgehend, überarbeitet werden.

ff. Bewertung

Diese Regelung gilt nur für die Abgabe von Erklärungen und nicht für die Stimmabgabe. Da die Erklärung für alle Organisationen gilt, ist es nicht notwendig, für jede internationale Organisation eine eigene Regelung zu finden. Die bereits bestehenden Regelungen der Zusammenarbeit gehen als *lex specialis* dieser allgemeinen Regelung vor.

Positiv hervorzuheben ist, dass versucht wird, möglichst nur einen Sprecher nach außen auftreten zu lassen. Dieser muss nur seine Erklärungen unterschiedlich einleiten. Zudem soll sichergestellt werden, dass die Erklärungen in ausreichenden und rechtzeitigen Konsultationen erarbeitet werden sollen.

Dagegen ist negativ festzuhalten, dass den Mitgliedstaaten in den ihnen verbleibenden Kompetenzbereichen die Wahl überlassen wird, ob sie sich überhaupt abstimmen wollen und wie sie sich nach außen vertreten lassen wollen.

Insgesamt spiegelt die Regelung die Tatsache wider, dass eine einheitliche Vertretung nach außen gerade in gemischten Regelungsbereichen und in den den Mitgliedstaaten verbliebenen Regelungsbereichen stark von dem politischen Willen der Mitgliedstaaten abhängt, und solch eine einheitliche Vertretung nicht als unbedingte Verpflichtung angesehen wird. Eine weitergehende Regelung, die umfassend die Ausübung der Kooperationspflicht regelt, wäre erforderlich.[1038] So können spätere Streitigkeiten vor dem EuGH vermieden werden, und die Verhandlungen von völkerrechtlichen Verträgen innerhalb internationaler Organisationen erleichtert werden.[1039]

j. Die Kooperation in internationalen Organisationen in der Praxis[1040]

In der Praxis erfolgt die Kooperation innerhalb internationaler Organisationen, für die keine Kooperationsvereinbarung für die Ermittlung eines gemeinsamen Standpunkts getroffen wurde, nach dem Muster der FAO-Vereinbarung.

In Vorbereitung zur Sitzung der Organisationen finden Koordinierungssitzungen zwischen der Kommission und den speziellen Ratsarbeitsgruppen statt, in denen versucht wird, einen gemeinsamen Standpunkt zu entwickeln.

Wenn ein durch das Abkommen aufgestelltes Gremium rechtsverbindliche Akte erlassen kann, ist das bei bilateralen Verträgen angewandte Verfahren mangels eines vorher erarbeiteten Entwurfs nicht anwendbar. Deshalb ergeht auf Vorschlag der Kommission ein Beschluss des Rates über eine Unionsposition. Dieser wird allgemein gehalten, und soll von der Kommission im Gremium möglichst durchgesetzt und dementsprechend abgestimmt werden.

1038 So auch: *Sattler*, S. 165; *Neuwahl*, CMLRev. 1996, 667, 678.

1039 *Neuwahl*, CMLRev. 1996, 667, 683.

1040 Diese Erkenntnisse beruhen überwiegend auf die geführten Interviews mit Beamten der deutschen und österreichischen Bundesregierungen, vgl. Einleitung.

Für nichtbindende Entscheidungen des Gremiums wird das Verfahren im Rahmen bilateraler Verträge analog angewandt. Gleiches gilt für die Materien, die in die gemischte oder in die Zuständigkeit der Mitgliedstaaten fallen.[1041]

Diese Praxis gilt für alle Vorgehensweisen, wie Standpunkte ausgedrückt werden können, und wie in der Folge darüber abgestimmt werden soll. Es sind also auch schriftliche Stellungnahmen umfasst, unilaterale wie zum Beispiel Erklärungen und Pressemitteilungen als auch Dokumente, die mit Repräsentanten von Drittstaaten erstellt werden, wie zum Beispiel gemeinsame Erklärungen.

Zusätzlich finden auch vor Ort Sitzungen statt, in denen sich die Vertreter der Union mit denen der Mitgliedstaaten koordinieren. Ziel dieser Koordinierungen ist in erster Linie die Klärung der Modalitäten, wie die Unionsposition am effektivsten vertreten wird. Dabei werden taktische Überlegungen ausgetauscht, und Wortbeiträge entworfen und fertiggestellt. Falls keine Zwischensitzungen mehr möglich sind, werden auch die Stellungnahmen zu Initiativen von Drittstaaten vorbereitet. Die Ergebnisse dieser Koordinierungssitzungen sollen jedoch nicht die Substanz der Unionsposition, die gemäß dem internen Entscheidungsprozess gefunden wurde, verändern.

In den Sitzungen der internationalen Organisation und auf internationalen Konferenzen sollen die Vertreter der Union und der Mitgliedstaaten als Einheit auftreten. Deshalb werden, soweit dies innerhalb des internationalen Rahmens möglich ist, die Unionsvertreter und die der Mitgliedstaaten gemeinsam hinter einem EU-Namensschild platziert. Für die Wortbeiträge soll dann auch ein einzelnes EU-Mikrofon benutzt werden. Vertretungsberechtigt sind die Kommission für Materien, die nicht der GASP unterliegen, und der EAD für Angelegenheiten der GASP. Für die Mitgliedstaaten und bei gemischter Kompetenz spricht ein Vertreter eines Mitgliedstaats, meist der Vertreter des Ratsvorsitzes, im Namen aller EU-Mitgliedstaaten. Jedoch sollen sich die Unionsvertreter und die der Mitgliedstaaten soweit und so oft wie möglich absprechen, dass die Positionen in allen Kompetenzbereichen nur von einem Vertreter artikuliert werden, der dann im Namen der Union und ihrer Mitgliedstaaten spricht. Als Vertreter wird dann oft rein pragmatisch eine Person gewählt, deren Expertise in diesem Gebiet von den Drittstaaten anerkannt ist.

1041 Siehe dazu Teil 3 C. IV. 2. a.

D. Kodifizierung der Kooperationsverpflichtung

Zusammenfassend ist festzustellen, dass die Kooperation zwischen der Union und den Mitgliedstaaten im Bereich der gemischten Verträge gut funktioniert. Die geringe Anzahl der Vereinbarungen, und die ebenso geringe Anzahl an Streitigkeiten, die vom EuGH entschieden wurden, zeigen, dass in der Praxis die gemischten Verträge eine erfolgreiche Technik sind, um die Außenbeziehungen von Union und Mitgliedstaaten zu organisieren.[1042] Ein einheitliches Auftreten der Unionsgruppe findet jedoch nicht durchgehend statt.

Bei den Verhandlungen wird die einheitliche Vertretung der Unionsgruppe gewahrt, indem nur noch die Kommission oder die Hohe Vertreterin der Gemeinsamen Außen- und Sicherheitspolitik auftritt. Die Ratifizierung der gemischten Verträge verläuft uneinheitlich und sollte besser koordiniert werden.

Am meisten Handlungsbedarf besteht bei der Durchführung der gemischten Verträge. Das Rede- und Stimmrecht innerhalb internationaler Organisationen wird je nach Kompetenzverteilung unterschiedlich ausgeübt, somit wird die Union nach außen nicht einheitlich vertreten. Ebenso wird nicht unabhängig von der Kompetenzverteilung ein gemeinsamer Standpunkt gefunden und nach außen vertreten, im Bereich ausschließlicher mitgliedstaatlicher Kompetenzen handeln die Mitgliedstaaten in der Regel jeder für sich. Es ist bedauernswert, dass die gefundene Regelung der PROBA 20-Vereinbarung,[1043] die eine einheitliche Vertretung der Unionsgruppe vorsieht und eine Fokussierung auf das Sachthema ermöglicht, nicht eine Signalwirkung für die Ausübung anderer gemischter Verträge hatte.

I. Forderungen nach einer Kodifizierung in der Literatur

Ausgehend von der Rechtsprechung des EuGH und den existierenden Zusammenarbeitsvereinbarungen wird in der Literatur immer wieder eine allgemeine Kodifizierung der Kooperationsverpflichtung gefordert.[1044] Zum

---

1042 *Heliskoski*, in: Hillion/Koutrakos (Hrg.), S. 138, 159.

1043 Siehe Teil 3 C. IV. 4. b.

1044 *Dashwood*, in: Bourgeois/Dewost/Gaiffe (Hrg.), S. 93, 97; *Eeckhout*, S. 255; *Heliskoski*, in: Koskenniemi (Hrg.), S. 273, 286; *Hilpold*, S. 221; *Stein*, S.

Teil wird nur eine Kodifizierung hinsichtlich der gemeinsamen Mitgliedschaft in internationalen Organisationen in Erwägung gezogen.[1045] Alternativ wird gefordert, dass generell ein formalisiertes Koordinierungsverfahren für diese Mitgliedschaften aufgestellt werden solle.[1046] Durch eine primärrechtliche Kodifizierung der Kooperationsverpflichtung würde dieser Publizität verschafft[1047] und Rechtssicherheit generiert.[1048]

Rodenhoff schlägt eine umfassende Kodifizierung der Kooperationsverpflichtung bei Verträgen vor, die in die gemischte Zuständigkeit von Mitgliedstaaten und Union fallen.[1049] Nach ihrem Vorschlag solle ausdrücklich ein gleichzeitig zu erfolgender Abschluss und Ratifizierung der gemischten Verträge kodifiziert werden. Außerdem solle für jeden gemischten Vertrag, der einen institutionellen Rahmen schaffe, zwingend eine Vereinbarung zwischen der EU und den Mitgliedstaaten getroffen werden, die die Ausübung der Abkommensrechte und -pflichten regle, insbesondere die Vertretung von Standpunkten und die Ausübung des Stimmrechts. Diese Vereinbarung solle dem Rechtsakt über den Abschluss des Abkommens als Annex angefügt werden.[1050] Dieser Regelungsvorschlag geht von der Prämisse aus, dass die Kooperationsverpflichtung nur eine Verhaltenspflicht sei,[1051] und deshalb im Bereich ausschließlicher mitgliedstaatlicher Kompetenzen nicht anwendbar sei, und geht deshalb nicht weit genug.[1052]

Auch der Europäische Konvent wies darauf hin, dass die Mitgliedstaaten die Koordinierung ihrer Positionen zu einer Unionsposition in internationalen Organisationen verbessern sollten. Der Konvent zog den Schluss, dass eine einheitliche Vertretung der Union in multilateralen fora das Unionshandeln auf dieser Ebene effektiver und überzeugender

---

175; *Rodenhoff*, S. 321. *F. Kaiser*, S. 202 ff. schlägt für eine Institutionalisierung der Kooperationsverpflichtung eine an das zwischen der deutschen Bundesregierung und den Landesregierungen abgeschlossene Lindauer Abkommen angelehnte interinstitutionelle Vereinbarung zwischen Rat und Kommission vor, siehe dazu Teil 4 E. I. 1.

1045 *Sack*, CMLRev. 1995, 1127, 1256, bekräftigt in: ZEuS 2001, 267, 279; *Heliskoski*, S. 117; *Eeckhout*, S. 246; *Torrent*, in: Dashwood/Hillion (Hrg.), S. 221, 232.

1046 *Frid*, S. 221; *Heliskoski*, in: Koskenniemi (Hrg.), S. 273, 286; *Dutzler*, in: Griller/Weidel (Hrg.), S. 151, 179.

1047 *Rodenhoff*, S. 317.

1048 *Eeckhout*, S. 255; *Heliskoski*, in: Koskenniemi (Hrg.), S. 273, 286.

1049 *Rodenhoff*, S. 321.

1050 So auch *Eberle*, S. 175.

1051 Siehe dazu Teil 3 B. II. 2. a.

1052 *Rodenhoff*, S. 320.

machen würde.[1053] Insbesondere sollte eine erreichte Position von nur einem Sprecher vertreten werden.[1054]

II. Eigener Kodifizierungsvorschlag

Ausgehend von dem gefundenen Ergebnis, dass die Kooperationsverpflichtung eine Ergebnispflicht ist, die unabhängig von der konkreten Zuständigkeitsverteilung immer einzuhalten ist, wird eine Kodifizierung der Kooperationsverpflichtung vorgeschlagen. Dabei wird dem Sprachduktus des AEUV entsprechend, der völkerrechtliche Vertrag als „Übereinkunft" bezeichnet. Dieser Artikel müsste in systematischer Hinsicht in den Titel V „Internationale Übereinkünfte" des Fünften Teils „Das auswärtige Handeln der Union" des AEUV eingefügt werden, entweder als Art. 216a AEUV oder als Art. 218a AEUV.

Der Vorschlag für den in den AEUV zu integrierenden Artikel lautet:

(1) Fällt der Gegenstand einer Übereinkunft teils in die Zuständigkeit der Union, teils in die der Mitgliedstaaten, sind die Mitgliedstaaten und die Unionsorgane sowohl bei der Aushandlung und beim Abschluss als auch bei der Erfüllung der übernommenen Verpflichtungen zu einer Kooperation verpflichtet, um eine einheitliche völkerrechtliche Vertretung der Unionsgruppe sicherzustellen.

(2) Sind mit einem oder mehreren Drittländern oder internationalen Organisationen gemischte Übereinkünfte auszuhandeln und zu schließen, so findet Artikel 218 vorbehaltlich der besonderen Bestimmungen dieses Artikels Anwendung.

Für den mitgliedstaatlichen Teil der Übereinkunft erteilen die im Rat vereinigten Vertreter der Regierungen der Mitgliedstaaten dem Verhandlungsführer der Union eine Ermächtigung zur Aufnahme von Verhandlungen und legen Verhandlungsrichtlinien fest.

Der Verhandlungsführer führt diese Verhandlungen im Benehmen mit einem zu seiner Unterstützung vom Rat bestellten Sonderausschuss und nach Maßgabe der vom Rat und der im Rat vereinigten Vertreter der Regierungen der Mitgliedstaa-

1053 Dokument des Europäischen Konvents vom 16. Dezember 2002, CONV 459/02, Final report of Working Group VII on External Action, S. 10, 31.

1054 Dokument des Europäischen Konvents vom 16. Dezember 2002, CONV 459/02, Final report of Working Group VII on External Action, S. 10.

ten erteilten Richtlinien. Der Verhandlungsführer erstattet dem Sonderausschuss sowie dem Europäischen Parlament regelmäßig Bericht über den Stand der Verhandlungen.

(3) Die im Rat vereinigten Vertreter der Regierungen der Mitgliedstaaten erlassen auf Vorschlag des Verhandlungsführers einen Beschluss, mit dem die Unterzeichnung der gemischten Übereinkunft, und gegebenenfalls deren vorläufige Anwendung vor dem Inkrafttreten genehmigt werden.

(4) Gemischte Übereinkünfte können erst in Kraft treten, wenn alle Mitgliedstaaten der Kommission mitgeteilt haben, dass sie nach den Vorschriften ihrer innerstaatlichen Rechtsordnung anwendbar sind.

(5) Standpunkte, die in einem durch eine gemischte Übereinkunft eingesetztem Gremium zu vertreten sind, erlässt der Rat auf Vorschlag der Kommission oder des Hohen Vertreters der Union für Außen- und Sicherheitspolitik. Dabei beschließt der Rat mit qualifizierter Mehrheit.

(6) Die Absätze 2 bis 5 finden auch auf Übereinkünfte Anwendung, deren Anwendungsbereich teils in die Zuständigkeit der Union, teils in die der Mitgliedstaaten fallen, bei denen eine Beteiligung der Union jedoch nicht möglich ist.

Der erste Absatz ist an die in der Rechtsprechung benutzen Formel angelehnt. Der Begriff „Kooperationsverpflichtung" wird benutzt, um diese Verpflichtung von der Verpflichtung zur loyalen Zusammenarbeit gemäß Art. 4 Abs. 3 EUV abzugrenzen. Die Verwendung des Begriffs „Unionsgruppe" weist darauf hin, dass diese Verpflichtung generell und unabhängig von der konkreten Kompetenzverteilung für den gemischten Vertrag besteht. Die darauf folgenden Absätze 2 bis 5 institutionalisieren die Kooperationsverpflichtung.

Die Ermächtigung zu Verhandlungen wird in Absatz 2 geregelt. Für den in die Unionszuständigkeit fallenden Teil des Vertrags bleibt es bei einer Ermächtigung gemäß Art. 218 Abs. 3 AEUV. Durch die Formulierung „dem Verhandlungsführer der Union" wird angezeigt, dass dies der gemäß Art. 218 Abs. 3 AEUV ermächtigte Verhandlungsführer ist, dem die im Rat vereinigten Vertreter der Regierungen der Mitgliedstaaten ebenfalls die Ermächtigung erteilen, für den mitgliedstaatlichen Teil des Vertrags zu verhandeln. In Anlehnung an die Regelung des Art. 207

Abs. 3 UA 3 AEUV ist die Bestellung eines Sonderausschusses verpflichtend.[1055]

Die Regelung des Abs. 3 ist an Art. 218 Abs. 5 AEUV angelehnt. Dabei ist zu beachten, dass Art. 218 Abs. 5 AEUV weiterhin für den unionsrechtlichen Teil Wirkung hat. Mit der Einwilligung zum einstimmig zu erfolgenden Beschluss der im Rat vereinigten Vertreter der Regierungen der Mitgliedstaaten erklärt jeder Mitgliedstaat, mit den Regelungen dieses Vertrags einverstanden zu sein. Folglich sind die Mitgliedstaaten zu einer raschen Durchführung des nationalen Ratifikationsprozesses verpflichtet.[1056]

Auf dieser Erkenntnis baut Abs. 4 auf. Die Regelung orientiert sich dabei an Art. 102 EAGV, mit den daraus für die Mitgliedstaaten folgenden Verpflichtungen.[1057]

Absatz 5 lehnt sich an Art. 218 Abs. 9 AEUV an, und regelt vor allem die Zusammenarbeit in internationalen Organisationen. Er gilt aber ebenso für bilaterale gemischte Verträge. Für die Erarbeitung eines gemeinsamen Standpunkts hinsichtlich Erklärungen und Abstimmungen im Rahmen des gemischten Vertrags ist in allen Kompetenzbereichen eine Einigung zwischen dem vertretenden Unionsorgan und dem Rat herbeizuführen.[1058] Dabei beschließt der Rat immer mit qualifizierter Mehrheit.[1059] Eine Kompetenzverschiebung findet dadurch jedoch nicht statt.[1060] Durch den einstimmigen Beschluss der im Rat vereinigten Vertreter der Mitgliedstaaten, Verhandlungen durchzuführen, und dem in jedem Mitgliedstaat durchgeführten Ratifizierungsprozess, hat jeder Mitgliedstaat die Tatsache anerkannt, dass der Abschluss eines gemischten Vertrags notwendig ist. Damit wurde auch die Pflicht anerkannt, bei diesem gemischten Vertrag nach außen als Einheit aufzutreten. Durch den Abschluss des gemischten Vertrags erkennen also die Unionsorgane und die Mitgliedstaaten die Kooperationsverpflichtung für alle Bereiche des gemischten Vertrags an, unabhängig von der Kompetenzverteilung.[1061] Damit übertragen sie generell die Erlaubnis an die Unionsorgane in ih-

---

1055 So auch: *F. Kaiser*, S. 204.

1056 Vgl. *F. Kaiser*, S. 204

1057 Siehe dazu Teil 3 C. III. 2.

1058 So auch: *Heliskoski*, S. 112. Solch eine Regelung aufgrund des weiten Anwendungsbereich der Kooperationsverpflichtung ablehnend: *Rodenhoff*, S. 318.

1059 Siehe Teil 3 B. II. c. cc. So auch: *Heliskoski*, S. 115, 117; siehe auch: *Torrent*, in: Dashwood/Hillion (Hrg.), S. 221, 232 f.

1060 So aber die Befürchtung von *Rodenhoff*, S. 320.

1061 Ähnlich: *F. Kaiser*, S. 203.

rem Namen zu handeln. Die Erarbeitung eines *gemeinsamen* Standpunkts von Mitgliedstaaten und den Unionsorganen hat also keine Auswirkungen auf die Kompetenzverteilung.[1062] Ähnlich wie bei den Verhandlungen zu den gemischten Verträgen kann es notwendig sein, in einem Bereich den Drittstaaten Zugeständnisse zu machen, um dafür in einem anderen Bereich selbst das Optimum für die Unionsgruppe zu erzielen. Dieser Blick auf den gesamten Vertrag wäre durch Handeln strikt nach Kompetenzverteilung erschwert, wenn nicht gar unmöglich.

Der Abschluss von Zusammenarbeitsvereinbarungen hinsichtlich der nach Kompetenzverteilung unterschiedlichen Ermittlung eines Standpunkts und der Ausübung des Rede- und Stimmrechts wird damit hinfällig. Denkbar ist, dass der institutionelle Rahmen für die Ermittlung des gemeinsamen Standpunkts für einzelne gemischte Verträge geregelt wird, ebenso wie eine Regelung des Rederechts. Demnach können je nach Vertrag verschiedene Regelungen hinsichtlich der Information, Konsultation und Koordinierung getroffen werden.[1063] Taktisch sinnvoll kann es sein, dass innerhalb einer internationalen Organisation nicht immer nur Unionsbeamte als Vertreter der Union auftreten, sondern auch Vertreter des Ratsvorsitzes oder anderer Mitgliedstaaten. Das Stimmrecht wird in Einklang mit den Regelungen der internationalen Organisation wahrgenommen, und gemäß dem gemeinsamen Standpunkt ausgeübt. Wenn so jede Organisation für sich gesehen wird, kann gut festgestellt werden, wie die gesamte Verhandlungsmacht der Union am besten zur Geltung gebracht wird.[1064]

Für Verträge, die in die gemischte Zuständigkeit fallen, deren Abschluss der Union jedoch verwehrt ist, gilt Abs. 1 direkt. Durch Abs. 6 werden die Abs. 2 – 5 auch in solchen Situationen für anwendbar erklärt. Damit entfällt nur das unionsrechtliche Verfahren gemäß Art. 218 AEUV für solch einen völkerrechtlichen Vertrag. Durch diese Verweisung ist es den Mitgliedstaaten möglich, die Erfahrungen der Unionsbeamten zu nutzen, obwohl die Union den Vertrag nicht selbstständig abschließen kann. Insgesamt bleibt damit die Kooperationsverpflichtung auch für diese Verträge institutionalisiert.

1062 *Heliskoski*, S. 112 (Hervorhebung auch dort).
1063 *Rodenhoff*, S. 319; *Heliskoski*, in: Koskenniemi (Hrg.), S. 273, 286.
1064 *Hyett*, in: Dashwood/Hillion (Hrg.), S. 248, 252 f.

Teil 4 Die Kooperation bei völkerrechtlichem Handeln der Mitgliedstaaten

Im Rahmen der Außenbeziehungen hat eine Kooperation der Mitgliedstaaten mit den Unionsorganen nicht nur bei den gemischten Verträgen zu erfolgen. Die Pflicht zur loyalen Zusammenarbeit gemäß Art. 4 Abs. 3 EUV generiert auch bei selbständigem völkerrechtlichem Handeln der Mitgliedstaaten Pflichten. Wie der EuGH in ständiger Rechtsprechung festgestellt hat, ist der Grundsatz der loyalen Zusammenarbeit im Rahmen der Außenbeziehungen allgemein anwendbar, also auch wenn es sich bei der betreffenden Zuständigkeit der Union um eine geteilte Zuständigkeit handelt und damit die Mitgliedstaaten berechtigt sind, gegenüber Drittländern vertragliche Verpflichtungen einzugehen.[1065]

Bei der alleinigen Ausübung völkerrechtlicher Kompetenzen durch die Mitgliedstaaten ist von ihnen das allgemeine Verbot der Beeinträchtigung der Unionsrechtsordnung aus Art. 4 Abs. 3 EUV zu beachten.[1066] Dieses allgemeine Beeinträchtigungsverbot beinhaltet, dass die Mitgliedstaaten alle Maßnahmen zu unterlassen haben, die die Verwirklichung der Ziele der Union gefährden könnten. Das Ziel des allgemeinen Beeinträchtigungsverbots liegt darin, die Union als Rechtsgemeinschaft zu sichern, was nur geschehen kann, wenn ihr Recht einheitlich, vollständig und effektiv gilt.[1067]

Im Rahmen völkerrechtlichen Tätigwerdens durch die Mitgliedstaaten ist zu beachten, dass völkerrechtliche Verträge von den Mitgliedstaaten anders als innerstaatliches Recht nicht von ihnen selbst auf einfache Art und Weise wieder rückgängig gemacht werden können. Also kann die Unionsrechtsordnung durch den Abschluss völkerrechtlicher Verträge der Mitgliedstaaten leichter beeinträchtigt werden als durch autonome nationale Rechtsetzung.[1068] Bei autonomer nationaler Rechtssetzung kann der Grundsatz des Vorrangs des Unionsrechts[1069] Konflikte regel-

---

1065 EuGH, Rs. C-246/07, PFOS, Slg. 2010, I-3317, Rn. 71; EuGH, Rs. C-266/03, Kommission/Luxemburg, Slg. 2005, I-4805, Rn. 58; EuGH, Rs. C-433/03, Kommission/Deutschland, Slg. 2005, I-6985, Rn. 64.

1066 *Kahl*, in: CR, Art. 4 EUV Rn. 96; *Tizzano*, in: Cannizzaro (Hrg.), S. 135, 139; *Marauhn*, in: Schulze/Zuleeg/Kadelbach (Hrg.), § 7 Rn. 46. Siehe dazu Teil 3 B. I. 2. a.

1067 *Kahl*, in: CR, Art. 4 EUV Rn. 96.

1068 *Epiney*, in: FS Ress, S. 441, 454; *Dauses*, EuR 1979, 138, 145; *Eberle*, S. 108; *De Baere*, S. 22.

1069 Siehe Teil 3 B. II. 1. a.

mäßig befriedigend lösen, so dass in dieser Konstellation keine Erfordernis besteht, die Regelungskompetenzen der Mitgliedstaaten durch zusätzliche Pflichten zu beschränken.[1070]

Allerdings reicht eine potentielle Gefahr der Beeinträchtigung der Unionsrechtsordnung nicht aus, um einen Verstoß eines Mitgliedstaats gegen das Beeinträchtigungsverbot festzustellen. Vielmehr muss die Gefahr konkret sein. Also kann das Unionsrecht in der Regel erst dann effektiv beeinträchtigt werden, wenn eine rechtliche Bindung, also eine völkerrechtliche Verpflichtung, durch die Mitgliedstaaten eingegangen wird.[1071] Solange keine rechtliche Bindung vorliegt, können also die Mitgliedstaaten durchaus nach außen hin tätig werden, also zum Beispiel mit Drittstaaten Gespräche führen, um eigene Standpunkte darlegen zu können.[1072] Das Tätigwerden nach außen unterhalb der Schwelle des Vertragsschlusses wird aber wiederum durch das Beeinträchtigungsverbot begrenzt, als dass durch solche Tätigkeiten die Positionen der Union nicht hintergangen werden dürfen, und es ihr dadurch nicht erschwert werden darf, selbst von ihren Kompetenzen Gebrauch zu machen.[1073]

Es liegt demnach ein Verstoß gegen das Beeinträchtigungsverbot im Rahmen der Außenbeziehungen dann vor, wenn durch völkerrechtliche Verträge der Mitgliedstaaten die bestehende Unionsrechtsordnung beeinträchtigt wird. Eine Beeinträchtigung liegt dann vor, wenn das Unionsrecht in seiner Wirksamkeit effektiv berührt und gefährdet wird, dies kann auch ohne bereits bestehendes Unionsrecht der Fall sein, nämlich dann, wenn die Union an der Ausübung ihrer Ziele tatsächlich gehindert wird.

Ausgehend von diesen Prinzipien wird in diesem Teil der Arbeit dargestellt, welche Auswirkungen das Beeinträchtigungsverbot in der konkreten völkerrechtlichen Praxis für die Mitgliedstaaten bei alleiniger Ausübung völkerrechtlicher Kompetenzen hat. Zuerst werden die Auswirkungen dieses Prinzips bei der Ausübung ausschließlicher Kompetenzen durch die Mitgliedstaaten aufgezeigt. Danach werden die verschiedenen Ausprägungen dieser Verpflichtung bei der Ausübung geteilter Kompetenzen beleuchtet. Anschließend werden die unionsrechtlichen Genehmigungs- und Notifizierungsverfahren für mitgliedstaatliche völkerrechtliche Verträge untersucht und darauf folgend die Unterstützungspflicht der Mitgliedstaaten analysiert, die diese beachten müssen, wenn sie als

---

1070 *von Bogdandy/Schill*, in: GHN, 41. EL Juli 2010, Art. 4 EUV Rn. 102.

1071 *Epiney*, in: FS Ress, S. 441, 454; *Klabbers*, in: Cannizzaro (Hrg.), S. 151, 169.

1072 *Epiney*, in: FS Ress, S. 441, 454.

1073 *Epiney*, in: FS Ress, S. 441, 454 f. Siehe dazu Teil 4 B. I.

Sachwalter der Union Kompetenzen der Union im Rahmen internationaler Organisationen ausüben. Daran anschließend wird die deutsche und österreichische Praxis hinsichtlich der Beachtung unionsrechtlicher Kompetenzen bei autonomem völkerrechtlichem Vorgehen dargestellt.

A. Ausübung ausschließlicher Kompetenzen

Bei der Ausübung eigener ausschließlicher Kompetenzen sind die Mitgliedstaaten prinzipiell nicht an den Grundsatz der loyalen Zusammenarbeit aus Art. 4 Abs. 3 EUV gebunden, denn dieser greift nur, „bei der Erfüllung der Aufgaben, die sich aus den Verträgen ergeben", also wenn die Unionsrechtsordnung betroffen ist.[1074] Folglich kann bei der Ausübung ausschließlicher Vertragschließungskompetenzen durch die Mitgliedstaaten die Unionsrechtsordnung nicht betroffen sein.

Wenn durch einen geplanten völkerrechtlichen Vertrag eines Mitgliedstaats wichtige Anliegen oder gar Kompetenzen der Union betroffen sein könnten, dann ist die Konsequenz daraus, dass nicht der gesamte Regelungsbereich dieses Vertrags von der ausschließlichen Kompetenz des Mitgliedstaats umfasst ist. Vielmehr ist für den Regelungsbereich, der die Unionsrechtsordnung berührt (auch) die Union zuständig.

Die Folge daraus ist, dass dieser Regelungsbereich aus unionsrechtlicher Sicht nicht wie geplant in den Vertrag übernommen werden kann, wenn der Mitgliedstaat weiterhin den Vertrag ohne Beteiligung der Union abschließen möchte.

Soll das ursprüngliche Vertragswerk gerettet werden, muss, wenn die betroffene Zuständigkeit der Union eine ausschließliche ist, der Abschluss als gemischter Vertrag erfolgen. Oder es ist darauf hinzuwirken, dass der Drittstaat zum Beispiel Vergünstigungen, die gegenseitig im Vertrag gewährt werden, allen Unionsmitgliedstaaten zu gewähren hat.[1075] Ist die betroffene Zuständigkeit eine geteilte, dann ist ein alleiniger Abschluss durch die Mitgliedstaaten insoweit möglich, wenn die Union noch kein Sekundärrecht erlassen hat und die unten dargestellten Grundsätze bei alleiniger Ausübung geteilter Vertragschließungskompetenzen durch die Mitgliedstaaten eingehalten worden sind. Hat die Union in diesem Bereich allerdings schon Sekundärrecht erlassen, ist die Zu-

---

1074 *von Bogdandy/Schill*, in: GHN, 41. EL Juli 2010, Art. 4 EUV Rn. 57; *Epiney*, in: FS Ress, S. 441, 448 f.; *Wille*, S. 52 f.

1075 Vgl. EuGH, Rs. C-476/98, Open Skies - Kommission/Deutschland, Slg. 2002, I-9855, Rn. 144 ff.; *Schweitzer/Hummer/Obwexer*, Rn. 1040.

ständigkeit für den Abschluss völkerrechtlicher Verträge gemäß der AETR-Doktrin eine ausschließliche geworden.

Erfasst werden auch Maßnahmen eines Mitgliedstaats zur Durchführung eines Vertrags, den die Mitgliedstaaten untereinander außerhalb des Anwendungsbereichs der Verträge schließen, wenn diese die Anwendung des Unionsrechts oder das Funktionieren der Unionsorgane behindern würden.

B. Ausübung geteilter Kompetenzen

Die Ausübung geteilter Kompetenzen durch die Mitgliedstaaten ist nur möglich, solange und soweit von der Union noch kein Sekundärrecht – gleich welcher Art – erlassen wurde. Wenn die Union in einem Bereich bereits völkerrechtliche Verträge geschlossen hat, ist dem Wesen geteilter Kompetenzen nach die Regelungskompetenz für diesen Bereich auf die Union übergegangen, und für die Mitgliedstaaten gemäß Art. 2 Abs. 2 S. 2 AEUV gesperrt. Die Union ist damit in diesem Bereich ausschließlich zuständig für den Abschluss völkerrechtlicher Verträge geworden. Ist von Seiten der Union nach innen wirkendes Sekundärrecht gemäß Art. 288 AEUV erlassen worden, ist nach der AETR-Doktrin die Vertragschließungskompetenz ebenfalls auf die Union übergegangen.

Festzustellen ist, dass es keinen generellen festgeschriebenen internen konstitutionellen Kontrollmechanismus gibt, der es der Union erlaubt ein Veto gegen völkerrechtliche Verträge der Mitgliedstaaten einzulegen, die die Unionsrechtsordnung beeinträchtigen könnten.[1076] Dennoch sind von den Mitgliedstaaten bei der (geplanten) Ausübung geteilter völkerrechtlicher Kompetenzen einige Grundsätze zu beachten, die im Folgenden analysiert werden.

I. Betroffenheit der Unionsrechtsordnung

Wie bereits festgestellt wurde, können völkerrechtliche Verpflichtungen im Gegensatz zu autonom gesetzem nationalem Recht nicht einfach wieder außer Kraft gesetzt werden. Die Beendung eines völkerrechtlichen Vertrags aufgrund fehlender Unionsrechtskonformität kann schwierig, zeitraubend und eventuell peinlich für den Mitgliedstaat

1076 *Schütze*, in: Hillion/Koutrakos (Hrg.), S. 57, 80.

sein.[1077] Deshalb ist bei Ausübung der geteilten völkerrechtlichen Kompetenzen durch die Mitgliedstaaten immer die (zukünftige) Unionsrechtsordnung berührt. Denn selbst wenn in einem Regelungsbereich noch kein Sekundärrecht erlassen wurde, können völkerrechtliche Verträge der Mitgliedstaaten Auswirkungen auf etwaige spätere Rechtsetzung durch die Union haben. Sie können Verhandlungen mit Drittstaaten erschweren und die Union dazu zwingen, diese bereits geschlossenen Verträge zu beachten,[1078] um zu vermeiden, dass Mitgliedstaaten durch ihre bestehenden völkerrechtlichen Verpflichtungen gegen das Unionsrecht verstoßen.[1079] Folglich haben die Mitgliedstaaten, auch wenn noch kein Unionsrecht erlassen wurde, einige Grundsätze bei der Ausübung ihrer Vertragschließungskompetenzen zu beachten.

II. Art. 4 Abs. 3 EUV als Kompetenzausübungsschranke

Aus der Feststellung, dass durch den Abschluss völkerrechtlicher Verträge der Mitgliedstaaten im Bereich geteilter Kompetenzen immer die Unionsrechtsordnung betroffen ist, ist nicht zu folgern, dass nur die Union in dem betroffenen Regelungsbereich selbstständig einen Vertrag abschließen kann.[1080] Denn dies würde eine Kompetenzverschiebung zu Gunsten der Union darstellen. Damit würden für die Union keine geteilten Außenkompetenzen existieren, sondern wären alle Vertragschließungskompetenzen der Union ausschließlich.[1081] Aus der Pflicht zur loyalen Zusammenarbeit könne jedoch keine Kompetenzen für die Union begründet werden; vielmehr würde eine Kompetenzverschiebung zugunsten der Union ein Verstoß gegen den Grundsatz der begrenzten Einzelermächtigung aus Art. 5 Abs. 1 S. 1 und Abs. 2 EUV darstellen.[1082]

1077 *Temple Lang*, CMLRev. 1990, 645, 669.

1078 So auch *Epiney*, in: FS Ress, S. 441, 458.

1079 Vgl. *Klabbers*, in: Cannizzaro (Hrg.), S. 151, 174.

1080 *Epiney*, in: FS Ress, S. 441, 453.

1081 So auch Schlussanträge GA Poiares Maduro, Rs. C-205/06, Kommission/Österreich und Rs. C-249/06, Kommission/Schweden, Slg. 2009, I-1301, Rn. 29, 40.

1082 *von Bogdandy/Schill*, in: GHN, 41. EL Juli 2010, Art. 4 EUV Rn. 95.

Art. 4 Abs. 3 EUV regelt vielmehr, auf welche Art und Weise die Mitgliedstaaten ihre Kompetenz auszuüben haben, und stellt damit eine Kompetenzausübungsschranke für diese dar.[1083]

III. Das Verbot der Beeinträchtigung zukünftigen Unionsrechts

Die Reichweite des Beeinträchtigungsverbots für zukünftiges Unionsrecht ist schwierig zu bestimmen.[1084] Durch eingegangene völkerrechtliche Verpflichtungen seitens der Mitgliedstaaten können die Zielsetzungen und geplanten Handlungsweisen der Union unterlaufen und damit der Handlungsspielraum der Union bei späterer Kompetenzausübung eingeengt werden.[1085]

Wie eben dargestellt, wirkt das Beeinträchtigungsverbot bei der Ausübung der geteilten Vertragschließungskompetenzen durch die Mitgliedstaaten in Bereichen, in denen die Union noch keinen Gebrauch von ihrer Kompetenz gemacht hat, als Kompetenzausübungsschranke. Daher kann allein die Ausübung der Vertragschließungskompetenz durch einen Mitgliedstaat nicht als ausreichend für eine Verletzung des Beeinträchtigungsverbots gesehen werden.[1086]

Für einen Verstoß gegen das Beeinträchtigungsverbot reicht es damit nicht aus, dass Unionsrecht potenziell in Zukunft beeinträchtigt werden könnte. Es müssen vielmehr konkrete Tatsachen dafür vorliegen, dass die Union einen Regelungsbereich abschließend regeln möchte. Dies kann auch durch eine schrittweise Harmonisierung erfolgen,[1087] beziehungsweise müssen die völkerrechtlichen Verpflichtungen der Mitgliedstaaten geeignet sein, die Wirksamkeit zukünftiges Unionsrecht zu gefährden und damit de facto die völkerrechtliche Handlungsfähigkeit der Union einschränken.[1088] Eine solche Gefährdung liegt vor, wenn die

---

1083 *Epiney*, in: FS Ress, S. 441, 453; *Jarass*, AöR 1996, 173, 195 f.; *von Horstig*, S. 48; *Kort*, JZ 1997, 640, 646; *Streinz*, Rn. 1185.
1084 *Epiney*, in: FS Ress, S. 441, 455.
1085 *Epiney*, in: FS Ress, S. 441, 455 f.; *Lück*, S. 89 f.
1086 *Epiney*, in: FS Ress, S. 441, 456.
1087 *Eberle*, S. 93; *Epiney*, in: FS Ress, S. 441, 456.
1088 Schlussanträge GA Poiares Maduro, Rs. C-205/06, Kommission/Österreich und Rs. C-249/06, Kommission/Schweden, Slg. 2009, I-1301, Rn. 40.

Wahrnehmung von Unionskompetenzen präjudiziert wäre,[1089] oder die konkrete Möglichkeit der Verletzung einer Bestimmung des Unionsrechts durch eine Maßnahme des Mitgliedstaats vorliegt.[1090] Relevant für diese Beurteilung, ob eine Wahrnehmung der Kompetenzen durch die Union spürbar erschwert oder präjudiziert wäre, können zum Beispiel der Inhalt der geplanten Verträge der Mitgliedstaaten, der Verhandlungsstand auf Seiten der Union, der Inhalt bestehenden und geplanten Sekundärrechts,[1091] sowie die Dringlichkeit der Maßnahmen sein, die aufgrund der Unionskompetenz erlassen werden sollen.[1092] Falls bereits ein interner Gesetzgebungsprozess auf Unionsebene in Gang gesetzt worden ist, müssen die Mitgliedstaaten vor der Aufnahme von Verhandlungen, beziehungsweise, falls diese schon erfolgt sind, vor Abschluss des Vertrags die Unionsorgane konsultieren und mit ihnen zusammenarbeiten.[1093] Wann eine Beeinträchtigung vorliegt kann jedoch nicht pauschal beantwortet werden, es ist immer auf den konkreten Einzelfall abzustellen.[1094]

Wie GA Maduro in den Schlussanträgen zu den Rs. C-205/06 und C-249/06 feststellte, sind die Verpflichtungen der Mitgliedstaaten hinsichtlich potenzieller Aktionen der Union ganz besonderer Art, die er so beschreibt:

> „Ihre Pflicht besteht nicht darin, die Zukunft vorherzusehen, sondern sie zuzulassen."[1095]

Insgesamt kann festgehalten werden, dass je weiter der Prozess der Meinungsbildung auf der Unionsebene fortgeschritten ist, die Pflichten der Mitgliedstaaten umso präziser werden und deren eigenständiges Handeln immer stärker einschränken.[1096]

1089 *Vedder*, in: VH, Art. 4 EUV Rn. 26; *Heintschel von Heinegg*, in: Rengeling (Hrg.), S. 707, 724; *Dolmans*, S. 50; *Tizzano*, in: Cannizzaro (Hrg.), S. 135, 139; *Neframi/Georgiadou*, in: Xenopoulos (Hrg.), S. 89, 102.

1090 EuGH, Rs. C-45/07, Kommission/Griechenland, Slg. 2009, I-701, Rn. 23.

1091 *Epiney*, in: FS Ress, S. 441, 457.

1092 Schlussanträge GA Poiares Maduro, Rs. C-205/06, Kommission/Österreich und Rs. C-249/06, Kommission/Schweden, Slg. 2009, I-1301, Rn. 40

1093 *Eberle*, S. 92; *Breier*, EuR 1993, 340, 345.

1094 *Epiney*, in: FS Ress, S. 441, 456.

1095 Schlussanträge GA Poiares Maduro, Rs. C-205/06, Kommission/Österreich und Rs. C-249/06, Kommission/Schweden, Slg. 2009, I-1301, Rn. 20.

1096 *Hillion*, in: Hillion/Koutrakos (Hrg.), S. 87, 101.

IV. Zusammenarbeitsverpflichtung

Mit den beiden Rechtssachen C-266/03[1097] und C-433/03[1098] erhielt der EuGH die Gelegenheit, einige Grundsätze für die Mitgliedstaaten aufzustellen, wenn diese im Bereich der geteilten Vertragschließungskompetenzen tätig werden.

Gegenstand der Rechtssache C-266/03 war, dass Luxemburg Abkommen über den Binnenschifffahrtsverkehr mit mehreren osteuropäischen Staaten unterzeichnet, ratifiziert und in Kraft gesetzt hatte, obwohl bereits zeitlich vor der Unterzeichnung der in Frage stehenden Abkommen ein Ratsbeschluss getroffen wurde, der die Kommission ermächtigte, mit denselben Staaten ein Abkommen über den Binnenschifffahrtsverkehr auszuhandeln. Die Bundesrepublik hatte – Gegenstand der Rechtssache C-433/03 – die Abkommen mit diesen Staaten bereits vor diesem Ratsbeschluss unterzeichnet und nach Erlass des Ratsbeschlusses ratifiziert und in Kraft gesetzt.

Der EuGH stellt fest, dass die Union implizite Außenkompetenzen im Bereich der Binnenschifffahrt besitze, sie aber bisher auf dem durch die in Frage stehenden Abkommen geregelten Gebiet nicht eine ausschließliche Außenkompetenz gemäß der AETR-Doktrin erworben habe.[1099]

Danach prüft der EuGH jeweils einen Verstoß gegen das Prinzip der loyalen Zusammenarbeit aus Art. 4 Abs. 3 EUV. Er verweist darauf, dass er bereits entschieden habe, dass für die Mitgliedstaaten besondere Handlungs- und Unterlassungspflichten bereits dann bestehen,

> „wenn die Kommission dem Rat Vorschläge unterbreitet hat, die, obgleich sie vom Rat nicht angenommen worden sind, den Ausgangspunkt eines abgestimmten gemeinschaftlichen Vorgehens darstellen“[1100].

Dieser Grundsatz wurde vom EuGH erstmals in der Rs. 804/79[1101] bezüglich Seefischerei-Erhaltungsmaßnahmen aufgestellt. In der zitierten Entscheidung bezog sich diese Formel jedoch auf die am 1. Januar 1979 ausschließlich gewordene, aber zu dem Zeitpunkt noch nicht ausgeübte, Kompetenz der Union zur Erhaltung der biologischen Schätze des Mee-

1097 EuGH, Rs. C-266/03, Kommission/Luxemburg, Slg. 2005, I-4805.

1098 EuGH Rs. C-433/03, Kommission/Deutschland, Slg. 2005, I-6985.

1099 EuGH, Rs. C-266/03, Kommission/Luxemburg, Slg. 2005, I-4805, Rn. 39, 51; EuGH Rs. C-433/03, Kommission/Deutschland, Slg. 2005, I-6985, Rn. 41, 53.

1100 EuGH, Rs. C-266/03, Kommission/Luxemburg, Slg. 2005, I-4805, Rn. 59; EuGH Rs. C-433/03, Kommission/Deutschland, Slg. 2005, I-6985, Rn. 65.

1101 EuGH, Rs. 804/79, Seefischerei-Erhaltungsmaßnahmen, Slg. 1981, 1045, Rn. 28.

res. Das Vereinigte Königreich hatte in diesem Regelungsbereich eigenmächtig gehandelt, hätte aber in diesem Bereich nur noch in Absprache mit der Kommission als Sachwalter des Unionsinteresse tätig sein können und müssen.[1102]

Mit den beiden Entscheidungen hat der EuGH diesen Grundsatz im Rahmen der Außenbeziehungen auch auf in geteilte Zuständigkeit liegende Regelungsbereiche übertragen. Diese Übertragung forderte GA *Léger* in seinen Schlussanträgen zu dem Luxemburg betreffenden Verfahren ausdrücklich.[1103] Der EuGH geht in beiden Urteilen nicht explizit auf diese Übertragung ein, sondern stellt sie nur fest, indem auf die Rs. 804/79 verwiesen wird.[1104] Damit bestehen für die Mitgliedstaaten bereits Verpflichtungen, bevor in einem Regelungsbereich ein AETR-Effekt eintritt.[1105]

Die nicht näher konkretisierten besonderen Handlungs- und Unterlassungspflichten erweitern sich zu einer Zusammenarbeitsverpflichtung, wenn der Rat die Kommission zu Vertragsverhandlungen ermächtigt:

> „Der Erlass eines Beschlusses, mit dem die Kommission ermächtigt wird, im Namen der Gemeinschaft ein Übereinkommen auszuhandeln, stellt den Beginn eines abgestimmten gemeinschaftlichen Vorgehens auf internationaler Ebene dar und begründet deshalb zumindest eine Verpflichtung zu enger Zusammenarbeit zwischen den Mitgliedstaaten und den Gemeinschaftsorganen, wenn nicht gar eine Unterlassungspflicht der Mitgliedstaaten, damit der Gemeinschaft die Erfüllung ihrer Aufgaben erleichtert wird und die Einheitlichkeit und Kohärenz des völkerrechtlichen Gemeinschaftshandelns und der völkerrechtlichen Vertretung der Gemeinschaft gewährleistet sind."[1106]

Konkret hätten Luxemburg und die Bundesrepublik nach dem Ratsbeschluss, der die Kommission ermächtigte, ein Übereinkommen auszuhandeln, mit der Kommission zusammenarbeiten und Rücksprache halten müssen, bevor sie die streitigen Abkommen aushandelten, abschlossen und inkraftsetzten. Da die Mitgliedstaaten dies jeweils unterließen, haben sie die Erfüllung der Aufgabe der Union, sowie die Verwirklichung

1102 EuGH, Rs. 804/79, Seefischerei-Erhaltungsmaßnahmen, Slg. 1981, 1045, Rn. 30 ff. Siehe Teil 4 D. III.

1103 Schlussanträge GA Léger, Rs. C-266/03, Kommission/Luxemburg, Slg. 2005, I-4805, Fn. 24, unterstützt wurde er von GA Tizzano, Schlussanträge, Rs. C-433/03, Kommission/Deutschland, Slg. 2005, I-6985, Fn. 32.

1104 So auch: *Heliskoski*, in: FS Dashwood, S. 545, 557, Fn. 48.

1105 *Hillion*, in: Poiares Maduro/Azoulai (Hrg.), S. 224, 231. So auch: *Heliskoski*, in: FS Dashwood, S. 545, 557.

1106 EuGH, Rs. C-266/03, Kommission/Luxemburg, Slg. 2005 I-4805, Rn. 60; EuGH Rs. C-433/03, Kommission/Deutschland, Slg. 2005, I-6985, Rn. 66.

der Ziele des Vertrags beeinträchtigt, und damit die Verpflichtungen aus dem Prinzip der loyalen Zusammenarbeit verletzt.[1107] Diese Verletzung erfolgte nicht durch das Fortführen der Vertragsverhandlungen, sondern lag darin, dass keine Konsultation und Koordination mit den Unionsorganen stattgefunden hat.[1108] Es lag also ein Verstoß gegen eine rein prozessuale Verpflichtung vor.[1109] Es wurde nicht festgestellt, dass Luxemburgs und Deutschlands Handeln ausdrücklich die Verhandlungen der Union gestört haben. Vielmehr könne die Tatsache, dass die Mitgliedstaaten einseitig einen Vertrag abschließen, während die Union handelt, nicht toleriert werden.[1110]

Über den vom EuGH entschiedenen Sachverhalt hinaus sollte der Grundsatz, vor eigenständigem völkerrechtlichem Handeln im Bereich geteilter Vertragschließungskompetenzen mit der Kommission Rücksprache zu halten und zusammenzuarbeiten, nicht nur für den Fall gelten, dass die Kommission ein eigenständiges Verhandlungsmandat übertragen bekommen hat. Vielmehr sollte generell, um zukünftiges Handeln der Union nicht zu beeinträchtigen, eine Informations- und Abstimmungspflicht mit der Kommission für die Mitgliedstaaten gelten, auch wenn sich der Rat noch nicht mit einem völkerrechtlichen Vorgehen in diesem Regelungsbereich beschäftigt hat.[1111]

V. Stillhalteverpflichtungen

Die vom EuGH festgestellte Zusammenarbeitspflicht kann sich zu einer Unterlassungspflicht ausweiten.[1112] Diese stellt eine Stillhalteverpflichtung dar, durch die die Kompetenz der Mitgliedstaaten zum Abschluss völkerrechtlicher Verträge beschränkt wird, um der Union die Erfüllung ihrer

---

1107 EuGH, Rs. C-266/03, Kommission/Luxemburg, Slg. 2005 I-4805, Rn. 61, 66; EuGH, Rs. C-433/03, Kommission/Deutschland, Slg. 2005, I-6985, Rn. 68 f., 73.

1108 *Cremona*, in: Cremona/de Witte (Hrg.), S. 125, 164; *Heliskoski*, in: Hillion/Koutrakos (Hrg.), S. 138, 157; *Neframi*, S. 324; *Holdgaard*, S. 130; *Delgado Casteleiro/Larik*, ELRev. 2011, 524, 531; *Hillion*, in: Cremona (Hrg.), S. 10, 28; *Schütze*, S. 219.

1109 *Heliskoski*, in: FS Dashwood, S. 545, 558; *Cremona*, in: Cremona/de Witte (Hrg.), S. 125, 164; *Hillion*, in: Cremona (Hrg.), S. 10, 28.

1110 *Eeckhout*, S. 248.

1111 *von Bogdandy/Schill*, in: GHN, 41. EL Juli 2010, Art. 4 EUV Rn. 99; *Epiney*, in: FS Ress, S. 441, 449.

1112 EuGH, Rs. C-266/03, Kommission/Luxemburg, Slg. 2005 I-4805, Rn. 60; EuGH, Rs. C-433/03, Kommission/Deutschland, Slg. 2005, I-6985, Rn. 66.

Aufgabe zu erleichtern, und die Einheitlichkeit und Kohärenz des völkerrechtlichen Unionshandelns zu wahren.[1113]

Solch eine Stillhalteverpflichtung kann jedoch nicht absolut gelten, ansonsten würde sie faktisch eine ausschließliche Kompetenz der Union begründen.[1114] Folgerichtig läge ein Verstoß gegen den Grundsatz der begrenzten Einzelermächtigung vor. Deshalb gilt solch eine Verpflichtung nur temporär.[1115] Inhaltlich bezieht sie sich nur auf ein Vorgehen, das die Wirksamkeit künftigen Unionsrechts dadurch zu gefährden droht, dass die völkerrechtliche Handlungsfreiheit der Union beschränkt wird.[1116]

Eine Stillhalteverpflichtung ergibt sich für die Mitgliedstaaten demnach nur, wenn die Union selbst durch das interne Verfahren oder durch Abschluss eines völkerrechtlichen Vertrags Sekundärrecht setzen möchte.[1117] Ob solch eine Situation vorliegt, erfahren die Mitgliedstaaten, indem sie die Pflicht erfüllen, die Kommission zu kontaktieren und mit ihr zusammenzuarbeiten.

Die Stillhalteverpflichtung ist damit begründet, dass die Mitgliedstaaten sich deshalb mit völkerrechtlicher Rechtsetzung und -bindung zurückhalten müssen, weil in absehbarer Zeit die geteilte Kompetenz durch Rechtsetzung durch die Union zu einer ausschließlichen Kompetenz für diese erwächst.[1118] Hier zeigt sich wiederum der antezipierte Vorrang des Unionsrechts.[1119]

Zudem haben die Mitgliedstaaten durch den Ratsbeschluss, der die Kommission mit einem Verhandlungsmandat ausstattet, das Vertragschließungsverfahren in Gang gesetzt. Dadurch verletzen sie bei eigenständigem Handeln das Kooperationsgebot nicht nur gegenüber der Union, sondern auch gegenüber den anderen Mitgliedstaaten.[1120]

1113 *von Bogdandy/Schill*, in: GHN, 41. EL Juli 2010, Art. 4 EUV Rn. 99; ähnlich: *De Baere*, ELRev. 2011, 405, 417.

1114 *Huber*, ZöR 2006, 109, 127.

1115 *von Bogdandy/Schill*, in: GHN, 41. EL Juli 2010, Art. 4 EUV Rn. 95, 99; *Cremona*, in: Cremona/de Witte (Hrg.), S. 125, 164; *Wille*, S. 66.

1116 *von Bogdandy/Schill*, in: GHN, 41. EL Juli 2010, Art. 4 EUV Rn. 95. So auch allgemein zur möglichen Kollision völkerrechtlicher Verträge der Mitgliedstaaten mit zukünftigem Unionsrecht: Schlussanträge GA Poiares Maduro, Rs. C-205/06, Kommission/Österreich und Rs. C-249/06, Kommission/Schweden, Slg. 2009, I-1301, Rn. 40.

1117 *Dauses*, EuR 1979, 138, 145; *von Horstig*, S. 49; *Lück*, S. 77; *Huber*, ZöR 2006, 109, 126.

1118 So wohl auch *Wille*, S. 66.

1119 *Vedder*, S. 124 ff. Siehe Teil 1 B. III. 1. a.

1120 *Delgado Casteleiro/Larik*, ELRev. 2011, 524, 531.

Sollte es jedoch in einer angemessenen Zeit nicht zu einer internen Sekundärrechtsetzung kommen, sind die Mitgliedstaaten wieder frei selbständig zu handeln, da sich gezeigt hat, dass das Unionsinteresse nicht groß genug ist, um diese Kompetenz auszuüben. Im Bereich der völkerrechtlichen Verträge ist dies möglich, wenn Verhandlungen der Union endgültig gescheitert sind. Dies ist die Konsequenz daraus, dass die Stillhalteverpflichtung nur temporär gilt.

VI. Kündigungsklauseln

Eine denkbare Möglichkeit, der Verpflichtung künftiges Unionsrecht nicht zu präjudizieren gerecht zu werden, ist die Aufnahme von Kündigungsklauseln durch die Mitgliedstaaten in völkerrechtlichen Verträgen mit Drittstaaten. Diese beinhalten, dass der Mitgliedstaat den Vertrag kündigen kann, sobald die Union selbst einen völkerrechtlichen Vertrag abgeschlossen hat. Durch die Aufnahme einer solchen Klausel in den völkerrechtlichen Vertrag kann das Problem gelöst werden, dass völkerrechtliche Verträge in der Regel nur mit Zustimmung des Vertragspartners aufgehoben werden können.

In der Literatur wird die Ansicht vertreten, dass gerade durch einen jederzeit kündbaren völkerrechtlichen Vertrag zukünftiges Unionsrecht nicht präjudiziert werden könne,[1121] und damit dieser jederzeit kündbare Vertrag, der momentan mit dem Unionsrecht vereinbar sei, nicht als Beeinträchtigung der Dispositionsfreiheit des Unionsgesetzgebers angesehen werden könne.[1122] Damit wäre der Pflicht zur loyalen Zusammenarbeit genüge getan.[1123]

Die Bundesrepublik hatte in den Binnenschifffahrtsabkommen, die Gegenstand des Verfahrens C-433/03[1124] waren, mit ihren Vertragspartnern solche Kündigungsklauseln vereinbart. Diese Klauseln sahen kurze Kündigungsfristen von sechs Monaten vor. Zudem hatte die Bundesrepublik der Kommission gegenüber die Bereitschaft erklärt, die Verträge zu kündigen, sobald ein Unionsabkommen abgeschlossen wird.[1125]

Trotz dieser Kündigungsklauseln sah der EuGH durch den Abschluss der völkerrechtlichen Verträge eine Verletzung der Pflicht zur loyalen Zu-

---

1121 *Epiney*, in: FS Ress, S. 441, 458.

1122 *Eberle*, S. 101; *Vedder*, EuR Beiheft 3/2007, 57, 63; *Cahill*, in: Xenopoulos (Hrg.), S. 123, 125; *Vranes*, JBl. 2011, 11, 14; *Rodenhoff*, S. 88.

1123 *von Horstig*, S. 48.

1124 EuGH, Rs. C-433/03, Kommission/Deutschland, Slg. 2005, I-6985.

1125 EuGH, Rs. C-433/03, Kommission/Deutschland, Slg. 2005, I-6985, Rn. 58.

sammenarbeit durch die Bundesrepublik.[1126] Begründet wurde dies damit, dass eine Kündigung erst erfolgen würde, nachdem die Union ihrerseits ein Übereinkommen ausgehandelt und abgeschlossen habe. Daher habe die Kündigung keine praktische Wirksamkeit für die Union, da sie die multilateralen Verhandlungen der Kommission nicht erleichtern würde.[1127] Das Aushandeln, die Unterzeichnung, die Ratifizierung und das Inkrafttreten der bilateralen Verträge an sich gefährdeten bereits den Abschluss eines Abkommens durch die Union.[1128] In diesem Fall war der Bundesrepublik vor Ratifizierung und in Kraft setzen der Abkommen bekannt, dass die Union in diesem Bereich völkerrechtlich tätig werden wollte.

Damit reichen nach der EuGH-Rechtsprechung Kündigungsklauseln in völkerrechtlichen Verträgen der Mitgliedstaaten nicht aus, um der Pflicht zur loyalen Zusammenarbeit zu genügen, wenn es aufgrund der Gesamtumstände eindeutig ist, dass die Union selbst in diesem Regelungsbereich völkerrechtlich tätig werden will.

Wenn jedoch nach sorgfältiger Prüfung der Materie die Mitgliedstaaten zu dem Ergebnis kommen, dass die Union (noch) kein eigenes Interesse verfolgt, in einem geteiltem Regelungsbereich Sekundärrecht zu erlassen und deshalb in absehbarer Zeit nicht mit einer Rechtsetzung zu rechnen ist, bleiben Kündigungsklauseln ein probates Mittel, zukünftiges Unionsrecht nicht zu präjudizieren.[1129] Wenn ein Drittstaat solch eine Klausel nicht akzeptieren möchte, muss der Mitgliedstaat gewissenhaft abwägen zwischen der Bedeutung, die dieser geplante völkerrechtliche Vertrag für ihn hat, und der Wahrscheinlichkeit der Ausübung dieser Kompetenz durch die Union mit der Folge einer Kompetenzverschiebung.[1130]

1126 EuGH, Rs. C-433/03, Kommission/Deutschland, Slg. 2005, I-6985, Rn. 72 f.; Schlussanträge GA Léger, Rs. C-266/03, Kommission/Luxemburg, Slg. 2005, I-4805, Rn. 76.

1127 EuGH, Rs. C-433/03, Kommission/Deutschland, Slg. 2005, I-6985, Rn. 72.

1128 Schlussanträge GA Léger, Rs. C-266/03, Kommission/Luxemburg, Slg. 2005, I-4805, Rn. 74.

1129 A.A. *Lück*, S. 77, der dadurch den Handlungs- und Gestaltungsfreiraum der Mitgliedstaaten aufgrund der für den Vertragspartner unklaren Rechtslage eingeengt sieht.

1130 *Pache/Bielitz*, EuR 2006, 316, 327.

VII. Die Regelung in der EAG: Art. 103 EAGV

In Art. 103 EAGV ist ein Verfahren geregelt, dass die Mitgliedstaaten einzuhalten haben, wenn sie vorhaben, sich völkerrechtlich zu binden, die Regelungen des geplanten Übereinkommens aber den Anwendungsbereich des EAGV berühren könnten. Dieses Verfahren läuft analog zur ex-ante-Kontrolle nationaler Rechtsetzung im Bereich des Strahlenschutzes nach Art. 33 EAGV.[1131]

Ziel der Regelungen in Art. 101 ff. EAGV ist, die Außenkompetenzen der EAG und der Mitgliedstaaten im Bereich der Kernenergie miteinander in Einklang zu bringen, um gegenüber Drittländern und internationalen Organisationen koordiniert auftreten zu können.[1132] Die Gestaltung der Regelung über die Außenbeziehung war auch deshalb notwendig, weil die EAG auf förderliche Beziehungen zu Drittländern, die auf dem Gebiet der Kernenergieforschung schon weiterentwickelt waren, auf Lieferländer von Kernmaterial und auf internationale Organisationen im Bereich der Kernenergie besonders angewiesen war.[1133] Die Reichweite der Norm bezieht sich nicht nur auf Verträge, die einen Schwerpunkt bezüglich Nuklearfragen haben, sondern auf alle Regelungen, die Angelegenheiten im Anwendungsbereich des EAGV berühren könnten.[1134]

1. Mitteilung an die Kommission

Die Mitgliedstaaten müssen gemäß Abs. 1 die Entwürfe ihrer völkerrechtlichen Vereinbarungen, die den Anwendungsbereich des EAGV berühren, der Kommission übermitteln. Diese prüft daraufhin die Entwürfe und kann gemäß Abs. 2 innerhalb eines Monats nach Eingang der Mitteilung Einwendungen erheben, wenn der Entwurf der Vereinbarung Bestimmungen enthält, die nach ihrer Auffassung die Anwendung des EAGV beeinträchtigen.

Wenn die Kommission Einwendungen erhoben hat, hat dies für den Mitgliedstaat gemäß Abs. 3 zur Folge, dass dieser die beabsichtigte völkerrechtliche Vereinbarung erst schließen kann, wenn er die Bedenken der Kommission beseitigt hat. Ist der Mitgliedstaat anderer Meinung als die Kommission, oder möchte er deren Wertung überprüft haben, kann

1131 *Grunwald*, S. 285.
1132 *Grunwald*, S. 278.
1133 *Grunwald*, S. 278.
1134 *MacLeod/Hendry/Hyett*, S. 233.

er alternativ gemäß Abs. 3 einen Beschluss des EuGH über die Vereinbarkeit der geplanten Vereinbarung mit dem EAGV beantragen.

2. Beschluss des EuGH

Über den Antrag des Mitgliedstaats entscheidet gemäß Abs. 3 der EuGH im Dringlichkeitsverfahren. Der Beschlussantrag kann gestellt werden, sobald der Mitgliedstaat die Einwendungen der Kommission erhalten hat. Eine Frist ist nicht einzuhalten. Durch den Beschluss wird abschließend geklärt, ob die geplante Vereinbarung mit dem EAG vereinbar ist.

Falls die geplante Vereinbarung ganz oder teilweise nicht mit dem EAGV vereinbar ist, kann die Vereinbarung nicht allein durch den Mitgliedstaat abgeschlossen werden. Soll die Vereinbarung in der ursprünglichen Form abgeschlossen werden, so ist die Beteiligung der EAG in einem gemischten Vertrag zwingend.

3. Einführung einer entsprechenden Norm in den AEUV?

Durch solch ein formalisiertes Verfahren kann endgültig geklärt werden, ob ein geplantes Abkommen eines Mitgliedstaats die Unionsrechtsordnung beeinträchtigt. Damit wird die Bindung eines Mitgliedstaats an einen unionsrechtswidrigen völkerrechtlichen Vertrag verhindert.

Die Einführung eines entsprechenden Verfahrens in den AEUV ist denkbar, denn auf dieser Weise erhält der Mitgliedstaat vor Abschluss eines Vertrags eine endgültige Aussage zu den Kompetenzverteilungen.[1135] Jedoch sprechen praktische Gründe gegen die Einführung eines solchen Verfahrens für alle völkerrechtlichen Verträge der Union. Im Gegensatz zum engen Kompetenzbereich der EAG besitzt die Union sehr weitgehende Kompetenzen. Demnach wäre solch verpflichtender Mechanismus für die völkerrechtlichen Verträge aller Mitgliedstaaten eine sehr zeit- und personalintensive Angelegenheit.

VII. Erklärung 36 zum Vertrag von Lissabon

In der Erklärung 36 zum Vertrag von Lissabon hat die Vertragsstaatenkonferenz festgestellt, dass die Mitgliedstaaten in den Bereichen Justizielle Zusammenarbeit in Zivilsachen, Justizielle Zusammenarbeit in Strafsachen und der Polizeilichen Zusammenarbeit völkerrechtliche Verträge

1135 So auch *Krück*, in: Ress (Hrg.), S. 155, 166.

mit Drittstaaten oder internationalen Organisationen aushandeln und schließen können, wenn diese Verträge im Einklang mit der Unionsrechtsordnung stehen.

Diese Erklärung ist äußerst kritisch zu betrachten,[1136] da ein Vertrag eines Mitgliedstaats mit einem Drittstaat die Unionsbemühungen, einen Vertrag in diesen Bereichen mit einem Drittstaat auszuhandeln, wie im Beispiel der Binnenschifffahrtsfälle untergraben kann.[1137] Damit wird der differenzierten Rechtsprechung nicht ausreichend Rechnung getragen.

Die Einführung eines unionsrechtlichen Genehmigungsverfahrens für völkerrechtliche Verträge der Mitgliedstaaten in den von der Erklärung 36 umfassten Bereichen könnte derartige Störungen vermeiden.[1138]

C. Genehmigungs- und Notifizierungsverfahren für völkerrechtliche Verträge der Mitgliedstaaten

In jüngster Zeit ist ein aus der Übergangszeit bekanntes Instrument der Koordinierung der Außenbeziehungen von Union und den Mitgliedstaaten wieder verwendet worden: Eine sekundärrechtliche Notifizierungspflicht von Verträgen der Mitgliedstaaten in bestimmten Regelungsbereichen, die auch in die Kompetenz der Union fallen, sowie ein Genehmigungsverfahren für die Änderung bestehender und den Abschluss neuer bilateraler Verträge der Mitgliedstaaten mit Drittstaaten in Bereichen, die zum Teil oder ausschließlich in die Kompetenz der Union fallen.

I. Handelsabkommen

Im Jahre 1961, also in den Gründungsjahren der EWG, hatte der Ministerrat ein Konsultationsverfahren für die Aushandlung von handelspolitischen Abkommen zwischen Mitgliedstaaten und Drittstaaten eingeführt.[1139]

1136 Vgl. *Lorenzmeier*, in: GHN, 43. EL März 2011, Art. 218 AEUV Rn. 28.

1137 *Kuijper*, S. 17 f.

1138 Siehe dazu Teil 4 C.

1139 Entscheidung des Ministerrats vom 9. Oktober 1961 über ein Konsultationsverfahren bei der Aushandlung von Abkommen über die Handelsbeziehungen zwischen den Mitgliedstaaten und dritten Ländern und bei der Än-

Dieses sah vor, dass jeder Mitgliedstaat den anderen Mitgliedstaaten und der Kommission vierteljährlich eine Übersicht über die Termine bilateraler Verhandlungen bezüglich des Abschlusses oder der Erneuerung von Handelsabkommen, beziehungsweise die Termine derer stillschweigenden Verlängerung zukommen ließ, Art. 1 Abs. 1 der Entscheidung. Daraufhin wurde eine Liste von wichtigen Verhandlungen erstellt, bei welchen eine vorherige Konsultation zwischen Mitgliedstaat und der Kommission notwendig war, Art. 1 Abs. 2 der Entscheidung. Die Konsultationen erstreckten sich über sämtliche Bestimmungen des Handelsabkommens, Art. 2 der Entscheidung. Das in der Präambel formulierte Ziel diese Konsultationen war, dass am Ende der Übergangszeit die Voraussetzungen zur Durchführung einer Außenhandelspolitik der EWG gegeben sein sollten. Bestimmt wurde ebenfalls, dass die Laufzeit der zwischen Mitgliedstaaten und Drittländern abgeschlossenen Handelsabkommen die Übergangszeit nicht überschreiten durfte.[1140]

Kurz vor Ende der Übergangszeit wurden beide Entscheidungen durch die Entscheidung 69/494/EWG[1141] ersetzt.

Diese sieht in Art. 1 vor, dass die Mitgliedstaaten die Kommission über alle bilateralen Handelsabkommen mit Drittstaaten informieren, deren Verlängerung in Betracht kommen. Nach einer Konsultation, in der gemäß Art. 3 Entscheidung 69/494/EWG festgestellt wurde, dass eine Verlängerung eines Abkommens kein Hindernis für die gemeinsame Handelspolitik darstelle, wurden die Mitgliedstaaten ermächtigt, für einen bestimmten Zeitraum diese Abkommen zu verlängern. Diese Ermächtigungen wurden regelmäßig verlängert, zuletzt mit Wirkung bis Ende 2005.[1142] Genehmigt wurden die Abkommen jedoch nur für Bereiche, die

---

derung des Liberalisierungsstands gegenüber dritten Ländern, ABl. 1961 P 71/1273.

1140 Art. 1 Entscheidung des Ministerrats vom 9. Oktober 1961 zur Vereinheitlichung der Laufzeit von Handelsabkommen mit dritten Ländern, ABl. 1961 P 71/1274.

1141 Entscheidung 69/494/EWG des Rates vom 16. Dezember 1969 über die schrittweise Vereinheitlichung der Abkommen über die Handelsbeziehungen zwischen den Mitgliedstaaten und dritten Ländern und über die Aushandlung der gemeinschaftlichen Abkommen, ABl. 1969 L 326/39.

1142 Entscheidung 2001/855/EG des Rates vom 15. November 2001 zur Genehmigung der stillschweigenden Verlängerung oder der Aufrechterhaltung von Freundschafts-, Handels- und Schifffahrtsverträge sowie Handelsabkommen zwischen den Mitgliedstaaten und dritten Ländern, deren Gegenstand unter die gemeinsame Handelspolitik fällt, ABl. 2001 L 320/13. Mit dem Vorschlag vom 22. Oktober 2004 für eine Entscheidung des Rates zur Änderung der Entscheidung 2001/855/EG des Rates vom 15. November nicht durch Gemeinschaftsabkommen abgedeckt wurden, und nur insoweit, als die Bestimmungen nicht im Widerspruch zur gemeinsamen Handelspolitik standen.[1143]

Für neu auszuhandelnde Abkommen der Mitgliedstaaten über Handelsbeziehungen wurde gemäß Art. 9 Entscheidung 69/494/EWG festgelegt, dass ausnahmsweise bilaterale Verhandlungen genehmigt werden. Der Regelfall sollte allerdings gemäß Art. 6 – 8 der Entscheidung die Aushandlung von Gemeinschaftsabkommen sein. Der Abschluss genehmigter bilateraler Verhandlungen musste der Kommission angezeigt werden, und der Vertragsabschluss wurde einstimmig oder mit qualifizierter Mehrheit im Rat genehmigt, Art. 13 Entscheidung 69/494/EWG. Ziel dieser Entscheidung war, nach und nach alle Abkommen zu beseitigen, die einer gemeinsamen Handelspolitik im Wege standen.[1144]

Die Mitgliedstaaten haben vor allem in den 1970er Jahren mit den damaligen Ostblockstaaten, die die EWG nicht anerkannten, Kooperationsabkommen geschlossen, was ein Ersatz für die nicht mehr möglichen Handelsabkommen darstellte.[1145] Diese wurden 1974 einem Konsultationsverfahren unterworfen.[1146] Gemäß dieser Entscheidung müssen die Mitgliedstaaten der Kommission die Kooperationsabkommen, die sie aushandeln oder verlängern möchten, gemäß Art. 1 Entscheidung 74/393/EWG notifizieren. Falls nötig, finden gemäß Art. 2 Entscheidung 74/393/EWG Konsultationen mit den anderen Mitgliedstaaten und der Kommission statt, die insbesondere sicherstellen sollen, dass die Abkommen mit der gemeinsamen Handelspolitik übereinstimmen, Art. 3 Entscheidung 74/393/EWG. Die Kooperationsabkommen wurden jedoch

---

2001 zur Genehmigung der stillschweigenden Verlängerung oder der Aufrechterhaltung derjenigen Bestimmungen von Freundschafts-, Handels- und Schifffahrtsverträgen sowie Handelsabkommen zwischen den Mitgliedstaaten und Drittländern, deren Gegenstand unter die gemeinsame Handelspolitik fällt, KOM(2004), 697, sollten auch die Verträge der 2004 neu beigetretenen Staaten in die Entscheidung 2001/855/EG miteinbezogen werden, dieser Vorschlag wurde von der Kommission zurückgezogen, ABl. 2006 C 64/10.

1143 *Vedder/Lorenzmeier*, in: GH, 35. EL Mai 2008, Art. 133 EGV Rn. 23.

1144 *MacLeod/Hendry/Hyett*, S. 233.

1145 *Vedder/Lorenzmeier*, in: GH, 35. EL Mai 2008, Art. 133 EGV Rn. 21.

1146 Entscheidung 74/393/EWG des Rates vom 22. Juli 1974 über die Einführung eines Konsultationsverfahrens für Kooperationsabkommen der Mitgliedstaaten mit dritten Ländern, ABl. 1974 L 208/23.

mit der Zeit den handelspolitischen Abkommen gleichgestellt, und wie diese, und mit diesen gemeinsam ebenfalls regelmäßig genehmigt.[1147]

II. Luftverkehrsabkommen

Die erste Regelung, die sich an den Mechanismen der Übergangszeit orientiert, findet sich im Bereich des Luftverkehrs. Ausgehend von den *Open Skies*-Entscheidungen des EuGH,[1148] hat die Union die VO 847/2004[1149] erlassen, die ein Notifizierungsverfahren einführt, das die Mitgliedstaaten einhalten müssen, wenn sie gewillt sind, eigenständig Luftverkehrsabkommen mit Drittstaaten auszuhandeln und durchzuführen.

1. Vorgaben in den *Open Skies*-Entscheidungen

In den Entscheidungen zu den Open Skies-Abkommen stellte der EuGH fest, dass die Außenkompetenzen bezüglich klassischer bilateraler Luftverkehrsabkommen mit Drittstaaten in die gemischte Zuständigkeit von Union und den Mitgliedstaaten fallen,[1150] und damit die von der Kommission angegriffenen bilateralen Verträge der Mitgliedstaaten gegen das Unionsrecht verstießen.[1151]

Die Rechtsetzungskompetenz der Union für den Luftverkehr ist in Art. 100 Abs. 2 AEUV zu finden, es handelt sich um eine geteilte Kompetenz im Sinne des Art. 4 Abs. 2 lit. g AEUV. Nur soweit auf Grundlage dieser Norm Sekundärrecht ergangen sei, sei die Außenkompetenz gemäß der AETR-Doktrin in die ausschließliche Kompetenz der Union übergegangen.[1152]

1147 *Vedder/Lorenzmeier*, in: GH, 35. EL Mai 2008, Art. 133 EGV Rn. 22.

1148 Z.B. EuGH, Rs. C-476/98, Open Skies - Kommission/Deutschland, Slg. 2002, I-9855, Rn. 105 f.

1149 Verordnung (EG) Nr. 847/2004 des Europäischen Parlamentes und des Rates vom 29. April 2004, über die Aushandlung und Durchführung von Luftverkehrsabkommen zwischen Mitgliedstaaten und Drittstaaten, ABl. 2004 L 157/7.

1150 So auch *Schladebach*, Rn. 246; *Thym*, EuR 2003, 277, 278. Siehe zu der im Urteil ebenfalls angesprochenen Problematik der Reichweite des Art. 307 EGV: *Thym*, EuR 2003, 277, 281, 282.

1151 Z.B. EuGH, Rs. C-476/98, Open Skies - Kommission/Deutschland, Slg. 2002, I-9855, Rn. 137, 162.

1152 EuGH, Rs. C-476/98, Open Skies - Kommission/Deutschland, Slg. 2002, I-9855, Rn. 105 f.

Ausgeübt habe die Union zum Zeitpunkt der *Open Skies*-Entscheidungen diese geteilte Kompetenz hinsichtlich Verpflichtungen in Bezug auf Beschränkungen der Preisgestaltungsfreiheit für Luftfahrtunternehmen aus Drittländern für Flugpreise auf Strecken innerhalb der Union, bezüglich die in ihrem Gebiet angebotenen oder benutzten computergesteuerte Systeme zur Buchung von Luftverkehrsprodukten, und bezüglich der Regelung für Zeitnischen auf Flughäfen in der Union.[1153] Die Folge dieser ausgeübten Zuständigkeit der Union sei, dass allein die Kommission befugt sei, in diesen Sektoren völkerrechtliche Verhandlungen zu führen.[1154] Da die angegriffenen Verträge Regelungen in diesen Bereichen enthielten, verstießen diese gegen die Unionsrechtsordnung.[1155]

Neben diesem Verstoß gegen die Zuständigkeitsverteilung verstießen die Mitgliedstaaten durch das Eingehen bilateraler Verträge mit den USA, die Standardklauseln über die Bevorzugung der Luftfahrtsunternehmen des Vertragspartners gegenüber Luftfahrtsunternehmen von Drittstaaten durch die USA enthielten (Nationalitätsklauseln), gegen Art. 43 EGV, da die Luftfahrtunternehmen der anderen Mitgliedstaaten nicht wie Inländer behandelt, und damit diskriminiert wurden.[1156] Die durch die USA gewährleisteten Begünstigungen hätten auch nicht einfach den anderen Mitgliedstaaten gewährt werden können, sondern es wäre für jeden Mitgliedstaat, der ein Open Sky-Abkommen mit den USA abgeschlossen hatte, eine Neuverhandlung des Abkommens mit den USA nötig gewesen.[1157]

2. Stellungnahme der Kommission

Als Reaktion auf die *Open Skies*-Entscheidungen veröffentlichte die Kommission eine Mitteilung „über die Konsequenzen der Urteile des Ge-

1153 EuGH, Rs. C-476/98, Open Skies - Kommission/Deutschland, Slg. 2002, I-9855, Rn. 124 f., 129, 132; so auch schon *Scheibeck*, S. 306 f.
1154 Schlussanträge GA Tizzano, Rs. C-466/98 u.a., Open Skies, Slg. 2002, I-9431, Rn. 74.
1155 EuGH, Rs. C-476/98, Open Skies - Kommission/Deutschland, Slg. 2002, I-9855, Rn. 137.
1156 EuGH, Rs. C-476/98, Open Skies - Kommission/Deutschland, Slg. 2002, I-9855, Rn. 153.
1157 *Cremona*, in: Cremona/de Witte (Hrg.), S. 125, 139.

richtshofs vom 5. November 2002 für die europäische Luftverkehrspolitik“.[1158]

Neben allgemeinen programmatischen Grundsätzen für eine neue Luftverkehrspolitik geht die Kommission in diesem Dokument auch auf ihre Ziele hinsichtlich einer Politik für die Außenbeziehungen der Union im Luftverkehrsbereich ein. Es wird festgestellt, dass auch bilaterale Luftverkehrsabkommen, die nicht mit den USA abgeschlossen worden seien, aber dieselben Bereiche wie die in den Urteilen untersuchten Abkommen abdeckten, nicht unionsrechtskonform seien, da diese ebenfalls ausschließliche Außenkompetenzen der Union missachteten, beziehungsweise die international übliche Nationalitätsklausel gegen die Niederlassungsfreiheit verstöße.[1159]

Das für die Kommission aus den Urteilen resultierende Hauptziel sei demnach, bestehende zweiseitige Abkommen der Mitgliedstaaten unionsrechtskonform zu modifizieren, und eine neue Generation von Abkommen zu etablieren. Diese von der Union geschlossenen Abkommen sollen die Abkommen der Mitgliedstaaten ersetzen, und so das gemäß Art. 49 AEUV gewährte Niederlassungsrecht für die mitgliedstaatlichen Luftverkehrsgesellschaften zur vollen Geltung bringen.[1160]

Für die Kommission hat nach dieser Mitteilung Priorität, eine Ermächtigung zu erhalten, um bilaterale Verhandlungen mit den wichtigsten Partnern aufzunehmen, namentlich wurden die USA, Russland und Japan genannt.[1161]

In einer weiterem Mitteilung,[1162] die den Vorschlag für die VO 847/2004[1163] enthält, stellt die Kommission dar, dass in der auswärtigen Luftverkehrspolitik in Zukunft dreigleisig verfahren werden solle: Zuerst bekräftigt sie den Anspruch, das bereits beantragte Mandat für umfas-

---

1158 Mitteilung der Kommission über die Konsequenzen der Urteile des Gerichtshofs vom 5. November 2002 für die europäische Luftverkehrspolitik vom 19. November 2002, KOM(2002), 649 endg.

1159 KOM(2002), 649 endg., S. 10.

1160 KOM(2002), 649 endg., S. 12.

1161 KOM(2002), 649 endg., S. 14 f.

1162 Mitteilung der Kommission über die Luftverkehrsbeziehungen zwischen der Gemeinschaft und Drittstaaten/Vorschlag für eine Verordnung des Europäischen Parlamentes und des Rates über die Aushandlung und Durchführung von Luftverkehrsabkommen zwischen Mitgliedstaaten und Drittstaaten vom 26. Februar 2003, KOM(2003), 94 endg.

1163 Verordnung (EG) Nr. 847/2004 des Europäischen Parlamentes und des Rates vom 29. April 2004 über die Aushandlung und Durchführung von Luftverkehrsabkommen zwischen Mitgliedstaaten und Drittstaaten, ABl. 2004 L 157/7.

sende Verhandlungen über ein Luftverkehrsabkommen zur Schaffung eines offenen Luftverkehrsraums mit den USA zu erhalten,[1164] weiterhin möchte sie eine Mandatierung zur Aufnahme von Unionsverhandlungen mit allen Partnern bilateraler Verträge über die Bezeichnung von Luftfahrtunternehmen der Union auf Strecken von und nach Drittstaaten, und über Angelegenheiten, für die die Union ausschließlich zuständig sei.[1165] Schließlich legt sie einen Entwurf für eine Verordnung über die Aushandlung und Durchführung von Luftverkehrsabkommen zwischen Mitgliedstaaten und Drittstaaten vor.[1166]

3. Folge der *Open Skies*-Entscheidungen

Als Folge der festgestellten geteilten Zuständigkeit für Luftverkehrsabkommen wurden von der Union mit den wichtigsten Handelspartnern bilaterale gemischte Abkommen geschlossen. Daneben haben die Mitgliedstaaten weiterhin das Recht, umfassende Luftverkehrsabkommen abzuschließen, wenn das Notifizierungsverfahren der VO 847/2004 eingehalten wird. Es gibt demnach für die Außenbeziehungen im Bereich der Luftverkehrspolitik innerhalb der Union zwei Rechtsregimes.

a. Bilaterale gemischte Abkommen mit wichtigen Handelspartnern

Aufgrund der Vorgaben des EuGH hat die Kommission, wie von ihr gefordert, Verhandlungsmandate für bilaterale gemischte Luftverkehrsabkommen erhalten. Trotz äußerst schwierig verlaufenden Verhandlungen – erst die dritte Einigung wurde vom Rat angenommen[1167] – konnte mit den USA solch ein Luftverkehrsabkommen[1168] im April 2007 abgeschlossen werden, dass jedoch bis Mitte Oktober 2012 noch nicht in Kraft getreten ist. Das Abkommen wird jedoch gemäß seines Art. 25 Nr. 1 seit dem 30. März 2008 vorläufig angewandt. Die in dem Abkommen gegenseitig gewährten Rechte, zum Beispiel in Art. 2, 3 und 17 des Abkommens, gelten für alle Unternehmen der beiden Vertragspartner.

Die bisherigen bilateralen Abkommen der einzelnen Mitgliedstaaten mit den Vereinigten Staaten, die im Anhang 1 aufgelistet werden, werden gemäß Art. 22 Abs. 1 des Abkommens während dessen vorläufiger An-

---

1164 KOM(2003), 94 endg., S. 8, 16.
1165 KOM(2003), 94 endg. S. 9, 16.
1166 KOM(2003), 94 endg., S. 12, 16, 20 ff.
1167 *Balfour*, CMLRev. 2008, 443, 455; vgl. auch: *Schladebach*, Rn. 251.
1168 Vertragstext abgedruckt in ABl. 2007 L 134/4.

wendung ausgesetzt, und nach dessen Inkrafttreten geht das gemischte Abkommen gemäß Art. 22 Abs. 2 des Abkommens diesen aufgelisteten Verträgen vor. Damit wird eine Forderung aus dem Erwägungsgrund (6) der VO 847/2004 erfüllt, der besagt, dass alle bestehenden bilateralen Luftverkehrsabkommen, die zwischen einem Mitgliedstaat und Drittstaaten abgeschlossen wurden, unionsrechtskonform geändert oder durch entsprechende neue Abkommen ersetzt werden sollen.

b. Unionsrechtskonformität bestehender bilateraler Abkommen

Als Werkzeuge für die Herbeiführung einer unionsrechtlichen Konformität werden vorrangig bilaterale Verhandlungen der Mitgliedstaaten mit Drittstaaten unter Anwendung der VO 847/2004 angesehen, daneben als zweites Instrument bilaterale Verhandlungen der Kommission im Rahmen sogenannter „horizontaler" Mandate.[1169]

aa. Bilaterale Abkommen der Mitgliedstaaten unter Beteiligung der Kommission

Den Mitgliedstaaten ist es gemäß Art. 1 Abs. 1 VO 847/2004 erlaubt, neue Luftverkehrsabkommen mit Drittstaaten auszuhandeln, beziehungsweise bestehende Abkommen zu modifizieren, auch wenn die Zuständigkeit dafür teilweise bei der Union liegt, wenn alle einschlägigen Standardklauseln, die von den Mitgliedstaaten und der Kommission gemeinsam ausgearbeitet und festgelegt worden sind, in die Verhandlungen einbezogen werden, und ein Mitteilungsverfahren eingehalten wird. Damit werden die regelmäßigen Kontakte der Mitgliedstaaten mit ihren Partnern genutzt.[1170]

Im Erwägungsgrund (4) wird auf die Kooperationsverpflichtung eingegangen. Hier wird auch deutlich darauf verwiesen, dass diese Kooperationsverpflichtung nicht auf gemischte Verträge beschränkt sei, sondern sich auf alle völkerrechtlichen Verträge beziehe, deren Gegenstand teilweise in die Zuständigkeit der Union und teilweise in die Zuständigkeit der Mitgliedstaaten falle. Gleichzeitig weist der Erwägungsgrund (5) darauf hin, dass das durch die Verordnung festgelegte Verfahren der Zusammenarbeit nicht die Aufteilung der Zuständigkeiten zwischen Union und Mitgliedstaaten berühre.

Die erwähnten Standardklauseln wurden nicht veröffentlicht, ergeben sich aber aus den *Open Skies*-Entscheidungen. So müssen die Rege-

---

1169 KOM(2005), 79 endg., S. 6.
1170 KOM(2005), 79 endg., S. 6.

lungen sekundärrechtskonform sein, und die in Luftverkehrsabkommen üblichen Nationalitätsklauseln durch eine EU-Klausel zugunsten aller Mitgliedstaaten der Union ersetzt werden.

Das Mitteilungsverfahren beginnt damit, dass ein Mitgliedstaat, der beabsichtigt mit einem Drittstaat Verhandlungen über ein Luftverkehrsabkommen aufzunehmen, die Kommission schriftlich über diese Absicht informiert, Art. 1 Abs. 2 S. 1 VO 847/2004, und zwar spätestens einen Kalendermonat vor der geplanten Aufnahme förmlicher Verhandlungen, Art. 1 Abs. 2 S. 4 VO 847/2004. Inhaltlich muss diese Mitteilung angeben, welche Bestimmungen Gegenstand der Verhandlungen sein sollen, und welche Ziele mit den Verhandlungen verfolgt werden; bei der Modifizierung eines bestehenden Abkommens soll eine Kopie dieses Abkommens beigefügt werden, sowie alle anderen einschlägigen Unterlagen und sonstige relevanten Informationen übermittelt werden, Art. 2 Abs. 2 S. 2 VO 847/2004. Den anderen Mitgliedstaaten wird gemäß Art. 2 Abs. 2 S. 3 VO 847/2004 die Mitteilung durch die Kommission zugänglich gemacht.

Die anderen Mitgliedstaaten können gemäß Art. 2 Abs. 3 VO 847/2004 dem Mitgliedstaat gegenüber, der Verhandlungen mit einem Drittstaat aufnehmen möchte, Bemerkungen abgeben, die dieser bei den Verhandlungen soweit wie möglich berücksichtigen soll. Eine Frist für die Abgabe der Bemerkungen ist nicht angegeben.

Demgegenüber hat die Kommission gemäß Art. 2 Abs. 4 VO 847/2004 15 Arbeitstage Zeit, nach Eingang der Mitteilung dem Mitgliedstaat mitzuteilen, dass sie der Auffassung ist, dass die geplanten Verhandlungen voraussichtlich den Zielen laufender Verhandlungen der Union mit dem betreffenden Drittstaat zuwider laufen, und/oder zu einem Abkommen führen, das nicht mit dem Unionsrecht vereinbar ist.

Bei Unterzeichnung des Abkommens muss der Mitgliedstaat gemäß Art. 4 Abs. 1 VO 847/2004 die Kommission über die Ergebnisse der Verhandlungen informieren, und ihr alle einschlägigen Dokumente übermitteln. Enthält das unterzeichnete Abkommen die in Art. 1 Abs. 1 genannten Standardklauseln, ist der Mitgliedstaat ermächtigt, das Abkommen zu schließen, Art. 4 Abs. 2 VO 847/2004.

Enthält das unterzeichnete Abkommen nicht die Standardklauseln, so wird aus Gründen der Flexibilität gemäß Art. 4 Abs. 3 VO 847/2004 ein Ausschussverfahren in Gang gesetzt, an dessen Ende die Mitgliedstaaten ermächtigt werden, das Abkommen zu schließen, sofern das Abkommen nicht den Zielen und dem Zweck der gemeinsamen Verkehrspolitik der Union zuwiderläuft. Ein Abkommen ohne Benennungsklausel, die jedem Luftfahrtunternehmen der Union, das im Hoheitsgebiet des betreffenden Mitgliedstaats niedergelassen ist, die Möglichkeit eröffnet aufgrund des Abkommens tätig zu werden, beeinträchtigt auf jeden Fall die Ziele der gemeinsame Luftverkehrspolitik.[1171] Der Ausschuss ist gemäß Art. 7 Abs. 1 VO 847/2004 identisch mit dem in Art. 11 der VO (EWG) 2408/92[1172] eingesetzten Ausschuss und hat die Aufgabe, die Kommission zu unterstützen. Bezüglich des Verfahrens verweist Art. 7 Abs. 2 VO 847/2004 auf Art. 3 und 7 des Komitologiebeschlusses.[1173] Nach dem dort geregelten Beratungsverfahren setzt sich der Ausschuss aus Vertretern der Mitgliedstaaten unter Vorsitz des Vertreters der Kommission zusammen. Der Ausschuss gibt nach einem Entwurf der Kommission eine Stellungnahme zu den zu treffenden Maßnahmen ab, den die Kommission soweit wie möglich berücksichtigen soll. Der Komitologiebeschluss wurde mittlerweile durch Art. 12 Abs. 1 VO 182/2011[1174] aufgehoben, es gelten aber Übergangsregelungen: Demnach gilt für alle Rechtsakte, die auf Art. 3 des Beschlusses 1999/468 verweisen, gemäß Art. 13 Abs. 1 lit. a VO 182/2011 das Beratungsverfahren nach Art. 4 VO 182/2011, das das bisherige Beratungsverfahren fortführt.

Eine weitere Möglichkeit bietet, unbeschadet der Abs. 2 und 3, der Art. 7 Abs. 4 VO 847/2004. Demnach kann ein Mitgliedstaat nach dem genannten Ausschussverfahren ermächtigt werden, das Abkommen zu schließen, falls die Kommission aufgrund eines länderspezifischen Mandats oder auf Grundlage eines Ratsbeschlusses zu Verhandlungen über horizontale Abkommen mit diesem Drittstaat ermächtigt ist, und auch aktiv mit dem Drittstaat verhandelt.[1175]

1171 KOM(2005), 79 endg., S. 6.

1172 Verordnung (EWG) Nr. 2408/92 des Rates über den Zugang von Luftfahrtunternehmen der Gemeinschaft zu Strecken des innergemeinschaftlichen Flugverkehrs, ABl. 1992 L 240/8, zuletzt geändert durch Verordnung (EG) Nr. 1791/2006 des Rates vom 20. November 2006, ABl. 2006 L 363/1.

1173 Beschluss 1999/468/EG des Rates zur Festlegung der Modalitäten für die Ausübung der der Kommission übertragenen Durchführungsbefugnisse vom 28. Juni 1999, ABl. 1999 L 184/23.

1174 Verordnung (EU) Nr. 182/2011 des Europäischen Parlamentes und des Rates vom 16. Februar 2011 zur Festlegung der allgemeinen Regeln und Grundsätze, nach denen die Mitgliedstaaten die Wahrnehmung der Durchführungsbefugnisse durch die Kommission kontrollieren, ABl. 2011 L 55/13.

1175 Ratsdok. 11323/03 vom 9. Juli 2003, Beschluss des Rates zur Ermächtigung der Kommission, Verhandlungen mit den Drittländern über die Ersetzung bestimmter Bedingungen in bestehenden bilateralen Abkommen durch ein Gemeinschaftsabkommen aufzunehmen. Dieser Beschluss ist nicht öffentlich zugänglich, eine teilweise Freigabe erfolgte am 8. September 2010.

Bereits im März 2005 waren circa fünfzig bilaterale Abkommen zwischen Mitgliedstaaten und Drittstaaten gemäß dieser Verordnung geändert worden.[1176]

bb. Horizontale Abkommen

Als dritte Alternative hat die Kommission ein so genanntes „horizontales" Mandat erhalten,[1177] um mit Drittstaaten in Namen der betroffenen Mitgliedstaaten zu verhandeln, damit gewisse Bestimmungen in bestehenden bilateralen Abkommen in ihrer Gesamtheit durch ein Unionsabkommen ersetzt werden.[1178] Die Grundsätze und Verhandlungsrichtlinien, nach denen die Kommission verhandeln soll, sind in der Anlage zu Ratsdok. 11323/03 enthalten, jedoch nicht öffentlich zugänglich. Dies liegt daran, dass eine Freigabe der Informationen über Verhandlungen mit Drittländern die künftige Verhandlungsposition der Union in ähnlichen Fällen schwächen würde.[1179]

Der Vorteil dieser Vorgehensweise ist, dass die Drittstaaten durch nur eine Verhandlungsrunde alle Abkommen mit den Mitgliedstaaten der EU ändern können, ohne mit jedem einzeln verhandeln zu müssen, wobei die Verkehrsrechte und die Ausgewogenheit der bereits geschlossenen Abkommen unberührt bleibt.[1180]

1176 KOM(2005), 79 endg., S. 6.

1177 Ratsdok. 11323/03 vom 9. Juli 2003.

1178 *Boeing/Maxian Rusche*, in: GHN, 46. EL Oktober 2011, Art. 100 AEUV Rn. 110.

1179 Antwort des Rates vom 29. Februar 2012 an den Verfasser, in dem seine Anfrage auf uneingeschränkten Zugang zu dem Dokument gemäß Art. 4 Abs. 1 lit. a 3. Gedankenstrich der Verordnung (EG) Nr. 1049/2001 des Europäischen Parlamentes und des Rates vom 30. Mai 2001 über den Zugang der Öffentlichkeit zu Dokumenten des Europäischen Parlamentes, des Rates und der Kommission, ABl. 2001 L 145/43 negativ beschieden wurde.

1180 KOM(2005), 79 endg., S. 6 f. Bei *Boeing/Maxian Rusche*, in: GHN, 46. EL Oktober 2011, Art. 100 AEUV Rn. 111 ff. findet sich eine Übersicht über abgeschlossene bilaterale gemischte und horizontale Luftverkehrsabkommen der Union. Im BGBl. 2009 II, 1204 ff. sind die Anpassungen von neun bilateralen Verträgen der Bundesrepublik über den Luftverkehr durch das Inkrafttreten des jeweiligen horizontalen Abkommens zwischen der Europäischen Gemeinschaft und dem Drittstaat über bestimmte Aspekte von Luftverkehrdiensten veröffentlicht.

Diese horizontalen Abkommen listen im Anhang auf, welche bilateralen Verträge der Mitgliedstaaten mit dem Drittstaat durch die Bestimmungen des horizontalen Abkommens angepasst werden sollen.[1181]

4. Erfolgreiche Weiterentwicklung der Luftverkehrsaußenpolitik

Aufgrund von fast 2000[1182] anpassungsbedürftigen bilateralen Abkommen hat das Nebeneinander von bilateralen Verhandlungen der Mitgliedstaaten und den horizontalen Verhandlungen der Union dazu geführt, dass die Nationalitätsklauseln zügig abgelöst wurden.[1183]

Umso größer und stärker der Verhandlungspartner jedoch ist, desto eher erscheint ein gemeinsames Handeln auf Unionsebene angebracht,[1184] mit der Folge des Abschlusses eines gemischten Vertrags.

Solange durch die Union nicht weitere Kompetenzen im Bereich des Luftverkehrs ausgeübt werden, wird die Kompetenz für die traditionellen Luftverkehrsabkommen gemischt bleiben.[1185]

Durch die VO 804/2007 wird die Kooperationsverpflichtung in einem Bereich gemischter Kompetenz gesichert, wie es auch in der Präambel dieser Verordnung als Ziel genannt wird.[1186]

III. Justitielle Zusammenarbeit

Auch im Bereich der justitiellen Zusammenarbeit sind zwei Verordnungen in Kraft, die für Aushandlung und Abschluss von Abkommen zwischen Mitgliedstaaten und Drittstaaten ein Verfahren einführen: Es sind die VO 662/2009[1187] und die VO 664/2009[1188]. Inhaltlich regeln sie be-

---

1181 Siehe z.B. Art. 1 und Anlage 1 des Abkommens vom 21. Juni 2006 zwischen der Europäischen Gemeinschaft und Neuseeland über bestimmte Aspekte von Luftverkehrsdiensten, ABl. 2006 L 184/26.

1182 Mitteilung der Kommission vom 11. März 2005, Weiterentwicklung der Luftfahrtaußenpolitik der Gemeinschaft, KOM(2005), 79 endg., S. 2.

1183 *Boeing/Maxian Rusche*, in: GHN, 46. EL Oktober 2011, Art. 100 AEUV Rn. 110; *Kauppi*, in: Xenopoulos (Hrg.), S. 81, 83.

1184 *Scheibeck*, S. 316.

1185 *Editorial Comments*, CMLRev. 2004, 631, 634; *Pitschas*, EuZW 2003, 92, 94.

1186 *Hillion*, in: Poiares Maduro/Azoulai (Hrg.), S. 224, 230.

1187 Verordnung (EG) Nr. 662/2009 des Europäischen Parlamentes und des Rates zur Einführung eines Verfahrens für die Aushandlung und den Abstimmte Aspekte im Bereich des internationalen Privat- und Zivilverfahrensrechts. Diese Verordnungen sind, abgesehen von ihrem jeweiligen Anwendungsbereich, der jeweils in Art. 1 Abs. 2 geregelt ist, weitestgehend identisch.

Im Unterschied zur VO 847/2004 decken sie jedoch in ihrer Gesamtheit einen Bereich der ausschließlichen Außenkompetenz der Union ab. Als Grund für die Ermächtigung an die Mitgliedstaaten, in solch einem Bereich selbstständig völkerrechtliche Verträge abschließen zu können, wird jeweils in Erwägungsgrund (2) genannt, dass traditionell Fragen der justitiellen Zusammenarbeit in bilateralen Abkommen geregelt werden.

1. Gründe und Ziele der Verordnungen

In den beiden Vorschlägen[1189] für den Erlass der Verordnungen erläutert die Kommission die Gründe für den Erlass und die Ziele, die mit ihnen verfolgt werden sollen. Sie legt dar, dass die Union mittlerweile in einigen wichtigen Bereichen des damaligen Titels IV des EGV eine ausschließliche Kompetenz für die Aushandlung und den Abschluss völkerrecht-

---

schluss von Abkommen zwischen Mitgliedstaaten und Drittstaaten über spezifische Fragen des auf vertragliche und außervertragliche Schuldverhältnisse anzuwendenden Rechts vom 13. Juli 2009, ABl. 2009 L 200/25.

1188 Verordnung (EG) Nr. 664/2009 des Rates zur Einführung eines Verfahrens für die Aushandlung und den Abschluss von Abkommen zwischen Mitgliedstaaten und Drittstaaten, die die Zuständigkeit und die Anerkennung und Vollstreckung von Urteilen und Entscheidungen in Ehesachen, in Fragen der elterlichen Verantwortung und in Unterhaltssachen sowie das anwendbare Recht in Unterhaltssachen betreffen vom 7. Juli 2009, ABl. 2009 L 200/46.

1189 Vorschlag für eine Verordnung des Rates vom [...] zur Einführung eines Verfahrens für die Aushandlung und den Abschluss bilateraler Abkommen zwischen Mitgliedstaaten und Drittländern in Teilbereichen des Familienrechts, die die Zuständigkeit und die Anerkennung und Vollstreckung von Urteilen und Entscheidungen in Ehe- und Unterhaltssachen sowie in Fragen der elterlichen Verantwortung und anwendbare Recht in Unterhaltssachen betreffen vom 19. Dezember 2008, KOM(2008), 894 endg.; Vorschlag für eine Verordnung des Europäischen Parlamentes und des Rates zur Einführung eines Verfahrens für die Aushandlung und den Abschluss sektorspezifischer bilateraler Abkommen zwischen Mitgliedstaaten und Drittländern, die Fragen des auf vertragliche und außervertragliche Schuldverhältnisse anzuwendenden Rechts behandeln vom 23. Dezember 2008, KOM(2008), 893 endg.

licher Verträge mit Drittstaaten aufgrund der Regelungen zur internen Zusammenarbeit in Zivil- und Handelssachen erworben habe.[1190]

Der Bereich der Ziviljustiz sei jedoch erst durch den Vertrag von Amsterdam in die Unionszuständigkeit übergegangen und traditionell durch bilaterale Abkommen mit Drittstaaten geregelt. Soweit diese mit Unionsrecht unvereinbare Regelungen treffen, seien die Mitgliedstaaten gemäß Art. 351 AEUV verpflichtet, alle geeigneten Mittel einzusetzen, diese Unvereinbarkeiten zu beheben.[1191]

Jedoch könne es sein, dass ein Mitgliedstaat aus zwingenden Gründen ein neues Abkommen schließen möchte und die Union kein hinreichendes Interesse besitze, alle bestehenden oder in Vorbereitung befindlichen Abkommen der Mitgliedstaaten durch ein Unionsabkommen zu ersetzen.[1192] Deshalb werde durch die Verordnungen ein Verfahren eingeführt, mit Hilfe dessen einerseits die Union prüfen könne, ob sie selbst ein hinreichendes Interesse am Abschluss eines Abkommens mit einem Drittstaat besitze und andererseits ihr die Möglichkeit gebe, den Abschluss solch eines Abkommens durch die Mitgliedstaaten zu genehmigen, falls kein Unionsinteresse gegeben sei.[1193] Die Einführung solch eines Verfahrens sei in den Erwägungsgründen zu den Verordnungen „Rom II“[1194] (Erwägungsgrund 37) und „Rom I“[1195] (Erwägungsgrund 42) vorgesehen.

Wenn solch ein Verfahren nicht eingeführt werden würde, müsste immer die Union einen Vertrag mit einem Drittstaat aushandeln und abschließen, auch wenn nur ein Mitgliedstaat an solch einem Vertrag Interesse habe.[1196]

Diese Verfahren werden ausdrücklich als Sonderfälle bezeichnet, weil vom Prinzip der ausschließlichen Zuständigkeit der Union für den Abschluss völkerrechtlicher Abkommen in diesem Gebiet abgewichen werde, die deshalb sachlich und zeitlich zu begrenzen seien.[1197]

1190 KOM(2008), 894 endg., S. 2 f.; KOM(2008), 893 endg., S. 2 f.

1191 KOM(2008), 894 endg., S. 2; KOM(2008), 893 endg., S. 2.

1192 KOM(2008), 894 endg., S. 2 f.; KOM(2008), 893 endg., S. 2 f.

1193 KOM(2008), 894 endg., S. 2; KOM(2008), 893 endg., S. 2.

1194 Verordnung (EG) Nr. 864/2007 des Europäischen Parlaments und des Rates vom 11. Juli 2007 über das auf außervertragliche Schuldverhältnisse anzuwendende Recht („Rom II“), ABl. 2007 L 199/40.

1195 Verordnung (EG) Nr. 593/2008 des Europäischen Parlaments und des Rates vom 17. Juni 2008 über das auf vertragliche Schuldverhältnisse anzuwendende Recht (Rom I), ABl. 2008 L 177/6.

1196 KOM(2008), 894 endg., S. 5; KOM(2008), 893 endg., S. 5.

1197 KOM(2008), 894 endg., S. 6; KOM(2008), 893 endg., S. 6.

2. Gegenstand und Anwendungsbereich

Gegenstand und Anwendungsbereich der Verordnungen finden sich jeweils in Art. 1 der Verordnungen. Gegenstand ist die Einführung eines Verfahrens, in dem geregelt wird, wann es einem Mitgliedstaat gestattet wird, ein mit einem Drittstaat bestehendes Abkommen zu ändern, beziehungsweise ein neues bilaterales Abkommen auszuhandeln und abzuschließen über spezifische Fragen der justiziellen Zusammenarbeit, die ganz oder teilweise in den Anwendungsbereich der jeweils in Abs. 2 der Verordnungen aufgezählten anderen Verordnungen fallen.

Abkommen sind gemäß Art. 2 Abs. 1 der Verordnungen bilaterale Abkommen zwischen einem Mitgliedstaat und einem Drittstaat (lit. a), und regionale Abkommen zwischen einer begrenzten Anzahl von Mitgliedstaaten und von Drittstaaten, die Nachbarstaaten sind, das auf örtliche Umstände abzielt und dem andere Staaten nicht beitreten können (lit. b VO 662/2009). Ein Beispiel für einen grenzüberschreitenden lokalen Sachverhalt sind Großbauvorhaben mit grenzüberschreitendem Bezug wie zum Beispiel Flughäfen.[1198] Die VO 664/2009 ist hinsichtlich der regionalen Abkommen enger, darunter fallen nur zwei Arten von Übereinkommen, die sekundärrechtlich definiert worden sind (lit. b).

Nach Art. 2 Abs. 1 UA 2 der Verordnungen lässt das eingeführte Verfahren die Verteilung der Zuständigkeiten, und die jeweilige Verordnung ist gemäß Art. 2 Abs. 3 der Verordnungen nicht anwendbar, wenn die Union bereits mit dem Drittstaat ein Abkommen über denselben Gegenstand geschlossen hat.

3. Genehmigungsverfahren für die Aufnahme von Verhandlungen

Um Verhandlungen aufnehmen zu dürfen, muss der Mitgliedstaat zum frühestmöglichen Zeitpunkt die Kommission schriftlich darüber benachrichtigen, dass er vorhat, mit einem Drittstaat Verhandlungen aufzunehmen um ein bestehendes Abkommen zu ändern oder ein neues zu schließen, welches in den Anwendungsbereich der Verordnung fällt, Art. 3 Abs. 1 der Verordnungen.

Diese Mitteilung enthält gegebenenfalls eine Kopie des bestehenden Abkommens und alle sachdienlichen Unterlagen, darüber hinaus muss der genaue Inhalt, der Gegenstand der Verhandlungen ist, genannt werden. Zudem ist anzugeben, welche Regelungen das geplante Abkom-

1198 *Bischoff*, ZEuP 2010, 321, 328.

men erhalten soll, Art. 3 Abs. 2 der Verordnungen. Die Pflicht, eine Mitteilung an die Kommission zu übersenden, wird in der Bundesrepublik in dem Moment ausgelöst, in dem das zuständige Ressort das Auswärtige Amt im Sinne des § 72 Abs. 2 GGO[1199] um die Zustimmung zu der Aufnahme von Verhandlungen bittet.[1200]

Die Mitteilung wird von der Kommission überprüft. Dabei wird gemäß Art. 4 Abs. 2 der Verordnungen zuerst geprüft, ob innerhalb der nächsten 24 Monate konkret ein einschlägiges Verhandlungsmandat für ein Unionsabkommen mit dem Drittstaat geplant ist. Ist dies der Fall, wird der Antrag ohne weitere Prüfung abgewiesen.[1201] Gemäß Erwägungsgrund (12) und Art. 11 der Verordnungen werden alle Mitgliedstaaten über die Mitteilung des anderen Mitgliedstaats informiert, damit sie ihr Interesse bekunden können sich der Initiative des Mitgliedstaats anzuschließen. Anhand der Rückmeldungen kann die Kommission feststellen, ob hinreichendes Interesse für ein Unionsabkommen besteht, und selbst ein Verhandlungsmandat beantragen.

Falls der Abschluss eines Unionsabkommens nicht geplant ist, prüft die Kommission, ob drei Voraussetzungen gegeben sind, damit sie die Aufnahme von Verhandlungen genehmigen kann. Zuerst muss der Mitgliedstaat gemäß Art. 4 Abs. 2 lit. a der Verordnungen angeben, dass er aufgrund wirtschaftlicher, geografischer, kultureller, historischer, gesellschaftlicher oder politischer Bindungen zu dem Drittstaat ein besonderes Interesse an dem Abschluss eines Abkommens hat. Das geplante Abkommen darf das Unionsrecht nicht in seiner Wirkung, oder das reibungslose Funktionieren des Unionsrechtssystems beeinträchtigen, Art. 4 Abs. 2 lit. b der Verordnungen, diese Formulierungen gehen auf die AETR-Doktrin zurück.[1202] Schließlich darf das geplante Abkommen nicht Gegenstand und Zweck der Unionspolitik im Bereich der Außenbeziehungen beeinträchtigen, Art. 4 Abs. 2 lit. c der Verordnungen.

Erfüllt das geplante Abkommen diese Voraussetzungen, muss die Kommission innerhalb von 90 Tagen nach Eingang der Mitteilung die Aufnahme förmlicher Verhandlungen genehmigen und kann Verhandlungsleitlinien vorschlagen und die Aufnahmen spezieller Bestimmungen in das Abkommen verlangen, Art. 5 Abs. 1 der Verordnungen. Das ge-

---

1199 Gemeinsame Geschäftsordnung der Bundesministerien, abrufbar unter http://www.verwaltung-innovativ.de/cln_108/SharedDocs/Publikationen/ Artikel/20111005__ggo,templateId=raw,property=publicationFile.pdf/ 20111005ggo.pdf.

1200 *Bischoff*, ZEuP 2010, 321, 329.

1201 KOM(2008), 894 endg., S. 8; KOM(2008), 893 endg., S. 8.

1202 *Bischoff*, ZEuP 2010, 321, 332.

plante Abkommen muss auf jeden Fall gemäß Art. 5 Abs. 2 der Verordnungen eine Vorschrift enthalten, die entweder vorsieht, dass das geplante Abkommen vollständig oder teilweise gekündigt wird, wenn ein Unions- oder gemischtes Abkommen mit dem Drittstaat über denselben Gegenstand abgeschlossen wird (lit. a), oder dass im Fall des späteren Abschlusses solch eines Abkommens die Vorschriften des neuen Abkommens vorgehen (lit. b). Es findet sich auch ein Formulierungsvorschlag einer Vorschrift für beide Fälle in Art. 5 Abs. 2 UA 2 und 3 der Verordnungen, der möglichst übernommen werden sollte. Die Prüfung erfolgt im Gegensatz zu der VO 847/2004 und entgegen der Art. 5 Abs. 3 S. 1 i.V.m. Art. 8 Abs. 2 der Verordnungsvorschläge nicht im Beratungsverfahren nach dem Komitologiebeschlusses, sondern allein durch die Kommission, was das Verfahren beschleunigt.[1203] Allerdings handelt es sich in den beiden Verordnungen im Gegensatz zu der ausdrücklich geteilten Kompetenz im Rahmen der VO 847/2004 um ausschließliche Kompetenzen der Union. Dies rechtfertigt eine Nichtbeteiligung der Mitgliedstaaten an dem Entscheidungsprozess.

Möchte die Kommission aufgrund ihrer Prüfung nach Art. 4 der Verordnungen die Genehmigung zur Aufnahme förmlicher Verhandlungen verweigern, so hat der Mitgliedstaat in einer Art Widerspruchsverfahren gemäß Art. 6 der Verordnungen noch die Möglichkeit in gemeinsamen Gesprächen die Kommission zu überzeugen, dass die Voraussetzungen des Art. 4 Abs. 2 der Verordnungen für die geplanten Verhandlungen vorliegen.

An den Verhandlungen kann die Kommission gemäß Art. 7 der Verordnungen als Beobachter teilnehmen. Diese Regelung hat zwar nur innerhalb der Union Wirkung, da aber ohne eine Erlaubnis der Teilnahme der Kommission der Mitgliedstaat nicht zu den Verhandlungen befugt ist, muss er dies vor dem Beginn der Verhandlungen dem Drittstaat gegenüber verdeutlichen.[1204] Falls die Kommission sich entscheidet, nicht an den Verhandlungen teilzunehmen, muss sie von dem Mitgliedstaat laufend über den Fortgang und die Ergebnisse der verschiedenen Verhandlungsstadien informiert werden.

1203 *Bischoff*, ZEuP 2010, 321, 330.
1204 *Bischoff*, ZEuP 2010, 321, 330.

4. Genehmigungsverfahren zum Abschluss der Abkommen

Zusätzlich zur Genehmigung zur Aufnahme förmlicher Verhandlungen muss auch die Unterzeichnung des ausgehandelten Abkommens gemäß Art. 8 der Verordnungen genehmigt werden. Dazu muss gemäß dessen Abs. 1 der Mitgliedstaat die Kommission über das Verhandlungsergebnis informieren und ihr den Wortlaut des geplanten Abkommens übermitteln.

Die Kommission überprüft gemäß Art. 8 Abs. 2 der Verordnungen, ob das Abkommen die Voraussetzungen nach Art. 4 Abs. 2 lit. b und c der Verordnungen erfüllt, und ob eine Klausel gemäß Art. 5 Abs. 2 der Verordnungen im Abkommen zu finden ist. Sind diese Voraussetzungen erfüllt, muss die Kommission dem Mitgliedstaat gemäß Art. 8 Abs. 3 der Verordnungen innerhalb von 90 Tagen den Abschluss des Abkommens genehmigen.

Auch in diesem Verfahren haben die Mitgliedstaaten gemäß Art. 9 der Verordnungen die Möglichkeit in gemeinsamen Gesprächen die Kommission von der Verordnungskonformität des geplanten Abkommens zu überzeugen.

5. Überprüfung des Verordnungserfolgs

Über die Anwendung beider Verordnungen muss die Kommission dem EP, dem Rat und dem Europäischen Wirtschafts- und Sozialausschuss frühestens im Juli 2017 einen Bericht vorlegen, Art. 13 Abs. 1 der Verordnungen. In diesem Bericht wird die Kommission ihre Empfehlung mitteilen, ob die Verordnungen wie jeweils in Art. 14 Abs. 1 vorgesehen, drei Jahre nach dem Bericht außer Kraft trete, oder nach dem Außerkrafttreten durch neue Verordnungen ersetzt werden sollen.

6. Bewertung

Art. 4 Abs. 2 S. 1 lit. a der Verordnungen weist keine Schwierigkeiten für die Mitgliedstaaten auf, sie können alle Gründe aufführen, die plausibel sind, das besondere Interesse wird im Vergleich zu der Mehrzahl der anderen Mitgliedstaaten beurteilt.[1205]

Schwieriger ist zu beurteilen, wie der Begriff Beeinträchtigung in Art. 4 Abs. 2 S. 1 lit. b der Verordnungen zu verstehen ist. Im Gegensatz zu der Prüfung, die der EuGH vornimmt, geht es nicht um eine abstrakte

---

1205 *Bischoff*, ZEuP 2010, 321, 332.

Beeinträchtigung der internen Unionsrechtsakte, denn diese liegt immer vor, ansonsten wäre keine ausschließliche Außenkompetenz der Union gegeben.[1206] Demnach ist im Hinblick auf die Verordnungen immer eine konkrete Beeinträchtigung der Wirkung von Unionsrecht durch das Abkommen zu prüfen.[1207]

Im Rahmen dieser Verordnungen war es nicht nötig, dass für bestehende Verträge der Mitgliedstaaten ein Genehmigungsverfahren eingeführt wird, denn solche Übergangsregelungen finden sich schon im internen Sekundärrecht.[1208]

Die Verordnungen stellen eine „vernünftige Antwort" auf die existierenden Probleme aufgrund der Kompetenzverteilungen dar.[1209] Denn zu manchen Drittstaaten haben in der Praxis nur einige wenige Mitgliedstaaten engere Bindungen und deshalb ein Interesse daran, mit diesen Staaten ein Abkommen im Regelungsbereich der Verordnungen abzuschließen. Eine erforderliche Mehrheit im Rat für den Abschluss eines Unionsabkommens wäre schwierig zu erreichen.[1210]

Die Einführung weiterer Verfahren bietet sich überall in den Bereichen an, in denen die Union die Außenkompetenz besitzt, in denen aber traditionell viele bilaterale Abkommen geschlossen werden.[1211] Die Frage, ob eine Ermächtigung der Mitgliedstaaten des Tätigwerdens im Bereich ausschließlicher Unionskompetenzen zulässig ist, ist durch Art. 2 Abs. 1 2. HS AEUV eindeutig positiv geklärt.[1212]

IV. Notifizierungsverfahren im Bereich der Energieaußenpolitik

Auch im Rahmen der Energieaußenpolitik ist ein Mechanismus eingeführt worden, um die Kommission und andere Mitgliedstaaten über vorhandene und geplante Abkommen zu informieren. Anlass dafür waren die Schlussfolgerungen des Europäischen Rates vom 4. Februar 2011,

---

1206 *Bischoff*, ZEuP 2010, 321, 333.
1207 *Bischoff*, ZEuP 2010, 321, 333.
1208 *Bischoff*, CMLRev. 2011, 1527, 1551; z.B. Art. 25 Abs. 1 der Verordnung (EG) Nr. 593/2008 des Europäischen Parlaments und des Rates vom 17. Juni 2008 über das auf vertragliche Schuldverhältnisse anzuwendende Recht (Rom I), ABl. 2008 L 177/6.
1209 *Bischoff*, ZEuP 2010, 321, 335.
1210 *Bischoff*, ZEuP 2010, 321, 335 f.
1211 *Bischoff*, ZEuP 2010, 321, 336.
1212 So auch noch unter der Gültigkeit des EGV: *Bischoff*, S. 170.

als dieser feststellte, dass Europa sichere, zuverlässig verfügbare, nachhaltige und erschwingliche Energie benötige.[1213] Deshalb stellte er das Ziel auf, den Energiebinnenmarkt bis 2014 zu vollenden. Daneben wurde festgestellt, dass im Rahmen der Außenbeziehungen das Vorgehen der Union und ihrer Mitgliedstaaten besser aufeinander abgestimmt werden müsse, um einheitlich und kohärent aufzutreten.[1214]

Darüber hinaus erging ein Auftrag an die Kommission, bis Juni 2011 eine Mitteilung über die Versorgungssicherheit und die internationale Zusammenarbeit mit dem Ziel einer weiteren Verbesserung der Einheitlichkeit und Kohärenz des auswärtigen Handelns der Union im Energiebereich vorzulegen.[1215] Die Mitgliedstaaten sollen die Kommission ab dem 1. Januar 2012 über all ihre neuen und bestehenden bilateralen Energieabkommen mit Drittländern unterrichten, und die Kommission soll diese Informationen allen Mitgliedstaaten zur Verfügung stellen.[1216]

Die Kommission kam dieser Aufgabe im September 2011 nach, einmal veröffentlichte sie eine Mitteilung zur Energieversorgungssicherheit und internationalen Zusammenarbeit,[1217] zum anderen einen Vorschlag für einen Beschluss zur Einrichtung eines Mechanismus für den Informationsaustausch über zwischenstaatliche Abkommen zwischen Mitgliedstaaten und Drittstaaten im Energiebereich.[1218] Dieser Mechanismus ist durch den Beschluss Nr. 994/2012/EU eingerichtet worden.[1219]

1213 Schlussfolgerungen des Europäischen Rates vom 4. Februar 2011, Dokument des Europäischen Rates EUCO 2/1/11, S. 1 f.

1214 Dokument des Europäischen Rates EUCO 2/1/11, S. 4.

1215 Dokument des Europäischen Rates EUCO 2/1/11, S. 4.

1216 Dokument des Europäischen Rates EUCO 2/1/11, S. 4.

1217 Mitteilung der Kommission an das Europäische Parlament, den Rat, den Europäischen Wirtschafts- und Sozialausschuss und den Ausschuss der Regionen zur Energieversorgungssicherheit und internationalen Zusammenarbeit – „Die EU-Energiepolitik: Entwicklung der Beziehungen zu Partnern außerhalb der EU“, KOM(2011), 539 endg.

1218 Vorschlag für Beschluss des Europäischen Parlaments und des Rates zur Einrichtung eines Mechanismus für den Informationsaustausch über zwischenstaatliche Abkommen zwischen Mitgliedstaaten und Drittstaaten im Energiebereich vom 7. September 2011, KOM(2011), 540 endg.

1219 Beschluss Nr. 994/2012/EU des Europäischen Parlaments und des Rates vom 25. Oktober 2012 zur Einrichtung eines Mechanismus für den Informationsaustausch über zwischenstaatliche Energieabkommen zwischen Mitgliedstaaten und Drittländern, ABl. 2012 L 299/13.

1. Ziele hinsichtlich völkerrechtlicher Verträge im Energiebereich

Um das Ziel einer Vollendung des Energiebinnenmarktes zu erreichen, ist innerhalb der Union ein regelmäßiger Informationsaustausch notwendig bezüglich zwischenstaatlicher Abkommen, die von den Mitgliedstaaten geschlossen oder geplant werden. Denn in der Vergangenheit hat sich gezeigt, dass bilaterale Energiebeziehungen von Mitgliedstaaten zu Nicht-EU-Ländern zu einer Fragmentierung des Binnenmarktes führen.[1220] Dabei stehen die Mitgliedstaaten zunehmend unter Druck, den Drittstaaten Zugeständnisse zu machen, die mit dem Energierecht der Union unvereinbar sind.[1221]

Diese bilateralen Abkommen von Mitgliedstaaten müssen jedoch uneingeschränkt mit der Unionsrechtsordnung übereinstimmen, deshalb wurde der Vorschlag eingebracht, im Rahmen eines Beschlusses einen Mechanismus für den gesamten Energiebereich einzuführen, der das Notifizierungsverfahren, das bereits für Gasabkommen[1222] gilt, erweitert und ergänzt.[1223]

Die Kommission bekräftigte ihre Bereitschaft, die Mitgliedstaaten bei den Verhandlungen zu Abkommen, welche die Binnenmarktsvorschriften unmittelbar berühren, rechtlich zu unterstützen, wie es bereits erfolgreich bei den Verhandlungen des zwischenstaatlichen Nabucco-Abkommens und bei den Verhandlungen zwischen Polen und Russland im Zusammenhang mit der Yamal-Pipeline geschehen sei.[1224]

Sie bekräftigte auch das Ziel, Unionsmandate zu erhalten, falls Abkommen große Auswirkungen auf energiepolitische Ziele der Union haben, und ein deutlicher Zusatznutzen für die Union gegeben sei.[1225]

1220 KOM(2011), 539 endg., S. 1 f.

1221 KOM(2011), 540 endg., S. 1.

1222 Art. 13 Abs. 6 lit. a Verordnung (EU) Nr. 994/2010 des Europäischen Parlamentes und des Rates vom 20. Oktober 2010 über Maßnahmen zur Gewährleistung der sicheren Erdgasversorgung und zur Aufhebung der Richtlinie 2004/67/EG des Rates, ABl. 2010 L 295/1. In dieser Vorschrift ist vorgesehen, dass die Mitgliedstaaten der Kommission bis zum 3. Dezember 2011 über die mit Drittländern bestehenden völkerrechtlichen Verpflichtungen, die sich auf die Entwicklung der Erdgasinfrastrukturen und -lieferungen auswirken können, informieren. Neue völkerrechtliche Verpflichtungen, die diese Auswirkungen haben, müssen ebenfalls der Kommission gemeldet werden.

1223 KOM(2011), 539 endg., S. 4.

1224 KOM(2011), 539 endg., S. 5.

1225 KOM(2011), 539 endg., S. 5.

Außerdem wirke sich eine kohärente Herangehensweise der Union und ihrer Mitgliedstaaten in multilateralen Energieorganisationen positiv aus, und deshalb setze die Kommission eine strategische Gruppe für die internationale Zusammenarbeit im Energiebereich ein, die aus Vertretern der Union und der Mitgliedstaaten zusammengesetzt sei.[1226]

2. Begründung für die Einführung des Informationsaustauschmechanismus

Da völkerrechtliche Verträge der Mitgliedstaaten mit Drittstaaten nicht einseitig wieder geändert werden können, wenn festgestellt werde, dass einzelne Bestimmungen unionsrechtswidrig seien, dürften die Mitgliedstaaten solche Abkommen nicht unterzeichnen.[1227]

Die durch den Informationsaustausch geschaffene Transparenz sorge für eine größere Einheitlichkeit und Kohärenz in den externen energiepolitischen Beziehungen der Union und ermögliche es den Mitgliedstaaten, großen Nutzen aus dem politischen und wirtschaftlichen Gewicht der Union und dem Fachwissen der Kommission im Bereich des Unionsrechts zu ziehen. Deshalb können sie während der Verhandlungen die Kommission um Hilfe bitten, wodurch die Mitgliedstaaten durch die Kommission wirksam unterstützt werden können.[1228]

Es gab keine Verpflichtung der Mitgliedstaaten, die Kommission über zwischenstaatliche Abkommen von Mitgliedstaaten mit Drittstaaten zu informieren. Daher war der Kommission nicht bekannt, wieviele solcher Abkommen existierten.[1229] Außerdem gab es keinen Mechanismus des Informationsaustauschs der Mitgliedstaaten untereinander, um die Entwicklungen im Energiebereich verfolgen zu können. Deswegen hielt die Kommission es für erforderlich, einen neuen Mechanismus für einen detaillierten und umfassenden Informationsaustausch vorzuschlagen.[1230]

Um einen Informationsaustausch zu erreichen, sei eine rechtliche Verpflichtung die beste Form, und da das Rechtsinstrument keine direkten Auswirkungen auf Einzelpersonen habe, wurde von der Kommission die Form eines an die Mitgliedstaaten gerichteten Beschlusses gemäß Art. 288 Abs. 4 AEUV gewählt.[1231]

1226 KOM(2011), 539 endg., S. 20.
1227 KOM(2011), 540 endg., S. 2.
1228 KOM(2011), 540 endg., S. 2.
1229 KOM(2011), 540 endg., S. 3.
1230 KOM(2011), 540 endg., S. 3.
1231 KOM(2011), 540 endg., S. 4.

Die durch den Informationsaustauch gewonnenen Erkenntnisse sollen die gemeinsame Entwicklung von Standardklauseln ermöglichen, welche die Mitgliedstaaten zukünftig in ihre zwischenstaatlichen Abkommen aufnehmen können.[1232]

Des Weiteren wird das Ziel verfolgt, Rechtssicherheit für Investitionsentscheidungen zu schaffen, die durch eine eigenständige Bewertung der Unionsrechtskonformität der Abkommen durch die Mitgliedstaaten nicht erreicht werde.[1233]

3. Der Mechanismus

Der Mechanismus wird gemäß Art. 1 Abs. 1 Beschluss 994/2012/EU für den Austausch von Informationen zu zwischenstaatlichen Abkommen zwischen den Mitgliedstaaten und der Kommission geschaffen mit dem Ziel, den Energiebinnenmarkt zu optimieren.

Als „zwischenstaatliches Abkommen" wird in Art. 2 Abs. 1 Beschluss 994/2012/EU

> „jedes rechtsverbindliche Abkommen zwischen einem oder mehreren Mitgliedstaaten und einem oder mehreren Drittländern, das Auswirkungen auf das Funktionieren des Energiebinnenmarktes oder auf die Energieversorgungssicherheit der Union hat; erstreckt sich ein solches Abkommen jedoch auch auf andere Fragen, so bilden nur diejenigen Bestimmungen, die sich auf Energiefragen beziehen, einschließlich allgemeiner Bestimmungen, die für diese energiebezogenen Bestimmungen gelten, ein ´zwischenstaatliches Abkommen`"

definiert, wobei ein „bestehendes zwischenstaatliche Abkommen" gemäß Abs. 2 solche sind, die bei Inkrafttreten des Beschlusses bereits in Kraft getreten sind oder vorläufig angewandt werden. Zu diesen Abkommen im Energiebereich gehören alle Abkommen, die sich auf die Versorgung mit Gas, Öl und Strom durch ortsfeste Infrastruktur oder auf die Gesamtmenge der in die Union importierten Energie auswirken.[1234]

Ausgenommen vom Mechanismus sind gemäß Art. 1 Abs. 2 Beschluss 994/2012/EU nur solche zwischenstaatliche Abkommen, die in ihrer Gesamtheit einem anderen Mitteilungsverfahren unterliegen.

1232 KOM(2011), 540 endg., S. 5.
1233 KOM(2011), 540 endg., S. 6.
1234 KOM(2011), 540 endg., S. 4.

a. *Der Informationsaustauschmechanismus*

Die Mitgliedstaaten müssen gemäß Art. 3 Abs. 1 S. 1 Beschluss 994/2012/EU bis zum 17. Februar 2013 alle bestehenden zwischenstaatlichen Abkommen in ihrer Gesamtheit der Kommission übermitteln. Diese Unterlagen stellt die Kommission gemäß Art. 3 Abs. 6 Beschluss 994/2012/EU allen anderen Mitgliedstaaten in gesicherter elektronischer Form zur Verfügung. Sollen bestimmte Informationen vertraulich behandelt werden, werden die Informationen gemäß Art. 3 Abs. 7 Beschluss 994/2012/EU in Zusammenfassungen den anderen Mitgliedstaaten elektronisch übermittelt. Die Kommission ist damit beauftragt, eine Datenbank zu diesen Zwecken zu erstellen.[1235] Hat die Kommission Zweifel bezüglich der Vereinbarkeit eines der übermittelten Abkommen mit dem Unionsrecht, insbesondere dem Wettbewerbsrecht und den Vorschriften zum Energiebinnenmarkt, so wird der Mitgliedstaat gemäß Art. 3 Abs. 2 Beschluss 994/2012/EU darüber innerhalb von neun Monaten nach Übermittlung des Abkommens unterrichtet.

Wenn ein Mitgliedstaat beabsichtigt, eines der bestehenden zwischenstaatlichen Abkommen zu ändern oder ein neues zu schließen, kann die Kommission gemäß Art. 3 Abs. 3 UA S. 1 Beschluss 994/2012/EU vor oder während der Verhandlungen darüber informiert werden. Der Mitgliedstaat soll dabei gemäß Art. 3 Abs. 3 UA 1 S. 1 Beschluss 994/2012/EU alle einschlägigen Unterlagen und Angaben darüber, was Gegenstand der Verhandlungen sein soll, welche Ziele mit den Verhandlungen verfolgt werden, und alle sonstigen sachdienlichen Informationen zur Verfügung stellen. Diese Informationen macht die Kommission wiederum gemäß Art. 3 Abs. 3 UA 2 Beschluss 994/2012/EU den anderen Mitgliedstaaten nach Zustimmung des betroffenen Mitgliedstaats elektronisch zugänglich. Bei der Unterrichtung der Kommission kann der Mitgliedstaat gemäß Art. 5 Abs. 1 Beschluss 994/2012/EU diese um Unterstützung bei den Verhandlungen ersuchen.

Über den Verlauf der Verhandlungen berichtet der betreffende Mitgliedstaat gemäß Art. 3 Abs. 3 UA 1 S. 2 Beschluss 994/2012/EU regelmäßig der Kommission. Diese kann auf eigenes Ersuchen mit schriftlicher Zustimmung des betreffenden Mitgliedstaats, oder auf Ersuchen des Mitgliedstaats als Beobachterin gemäß Art. 5 Abs. 2 Beschluss 994/2012/EU an den Verhandlungen teilnehmen.

Die Kommission kann gemäß Art. 6 Abs. 1 und 2 Beschluss 994/2012/EU auf Ersuchen des Mitgliedstaats innerhalb von vier Wo-

---

1235 KOM(2011), 540 endg., S. 7.

chen, nachdem ihr der Entwurf des Abkommens oder der Änderung übermittelt wurde, die Vereinbarkeit dieses Abkommens mit dem Unionsrecht überprüfen.

Die Kommission unterrichtet gemäß Art. 6 Abs. 2 Beschluss 994/2012/EU innerhalb von vier Wochen nach Erhalt des Entwurfs den Mitgliedstaat über Zweifeln an der Vereinbarkeit des Entwurfs mit dem Unionsrecht. Erfolgt solch eine Mitteilung, so hat sie gemäß Art. 6 Abs. 3 Beschluss 994/2012/EU einen Prüfungszeitraum von zehn Wochen nach Übermittlung des Entwurfs, um eine Stellungnahme zu der Vereinbarkeit des Entwurfs mit dem Unionsrecht zu übermitteln. Erfolgt innerhalb des Prüfungszeitraums, der im gegenseitigen Einvernehmen verkürzt werden kann, keine Stellungnahme durch die Kommission, wird gemäß Art. 6 Abs. 2 und 3 Beschluss 994/2012/EU davon ausgegangen, dass die Kommission keine Einwände erhoben hat. Die Prüfung der Abkommen vor deren Abschluss wird eingeführt, weil derzeit nach Maßgabe der Verträge nur eine ex-post Prüfung völkerrechtlicher Verträge der Mitgliedstaaten durch den EuGH im Rahmen eines Vertragsverletzungsverfahrens möglich ist.[1236]

Ein verpflichtender Kontrollmechanismus für alle zwischenstaatlichen Abkommen soll aufgrund der zu großen Belastung für die Mitgliedstaaten und der Verzögerung des Abschlusses aller Abkommen jedoch nicht eingeführt werden.[1237]

Wenn ein zwischenstaatliches Abkommen ratifiziert ist, oder ein bestehendes geändert wurde, wird das Abkommen in seiner Gesamtheit der Kommission übermittelt, die die Unterlagen erneut allen Mitgliedstaaten gemäß Art. 3 Abs. 5 und 6 Beschluss 994/2012/EU in elektronischer Form zur Verfügung stellt.

Die Kommission erleichtert gemäß Art. 7 Beschluss 994/2012/EU die Koordinierung zwischen den Mitgliedstaaten. Dies soll sie hinsichtlich der Überprüfung von Entwicklungen im Zusammenhang mit zwischenstaatlichen Abkommen und das Bemühen um Kohärenz in den energieaußenpolitischen Beziehungen der Union zu Erzeuger-, Transit- und Verbraucherländern, hinsichtlich der Ermittlung gemeinsamer Probleme im Zusammenhang mit den zwischenstaatlichen Verträgen und zu geeigneten Lösungsmaßnahmen dafür, und hinsichtlich der Entwicklung – in Absprache mit den Mitgliedstaaten – von fakultativen Musterklauseln nach der sich ergebenen Praxis. Diese Standardklauseln sollen die Vereinbar-

---

1236 KOM(2011), 540 endg., S. 4.

1237 KOM(2011), 540 endg., S. 5. Wobei diese Ausnahme explizit nicht für das Verfahren nach Art. 13 Abs. 6 lit. a VO 994/2010 gilt.

keit künftiger zwischenstaatlicher Abkommen mit dem Unionsrecht wesentlich verbessern. Zudem soll die Kommission bei der Ausarbeitung multilateraler zwischenstaatlicher Abkommen, an denen mehrere Mitgliedstaaten oder die Union als Ganzes beteiligt ist, die Koordinierung zwischen den Mitgliedstaaten erleichtern und fördern.

Der Mitgliedstaat, der nach Art. 3 Beschluss 994/2012/EU der Kommission Informationen übermittelt, kann gemäß Art. 4 Abs. 1 Beschluss 994/2012/EU angeben, welche Informationen, insbesondere kommerzielle, als vertraulich zu behandeln sind, und inwieweit diese Informationen an die anderen Mitgliedstaaten übermittelt werden dürfen. Die Kommission hat jedoch gemäß Art. 4 Abs. 2 Beschluss 994/2012/EU immer vollen Zugriff, auch auf die vertraulichen Informationen.

b. Überprüfung

Zum 1. Januar 2016 legt die Kommission gemäß Art. 8 Abs. 1 Beschluss 994/2012/EU dem EP, dem Rat und dem Europäischen Wirtschafts- und Sozialausschuss einen Bericht über die Anwendung des Mechanismus vor. Insbesondere wird gemäß Art. 8 Abs. 2 Beschluss 994/2012/EU bewertet, ob der Beschluss einen ausreichenden Rahmen für die Sicherung der Unionsrechtskonformität zwischenstaatlicher Abkommen bietet, und ob der Beschluss für ein hohes Maß an Koordinierung zwischen den Mitgliedstaaten hinsichtlich der zwischenstaatlichen Abkommen förderlich ist. Zudem folgt eine Bewertung dahingehend, wie sich der Beschluss auf die Verhandlungen von Mitgliedstaaten mit Drittstaaten ausgewirkt hat, und ob der Anwendungsbereich des Beschlusses und die in ihm festgelegten Verfahren angemessen sind.

c. Bewertung

Zu beachten ist, dass die Zuständigkeit für die Energiepolitik gemäß Art. 4 Abs. 2 lit. i AEUV eine geteilte ist. In diesem zukunftsträchtigen Bereich sollen zuerst alle Abkommen der Mitgliedstaaten gesammelt werden. Dies ist wichtig, damit sich die Kommission und die Mitgliedstaaten einen Überblick verschaffen können.

Durch die Notifizierung von Verhandlungen können andere Mitgliedstaaten überprüfen, ob ein Abkommen für sie ebenfalls sinnvoll wäre, und können sich gegebenenfalls den Verhandlungen anschließen, und so die Verhandlungsmacht erhöhen.

Die ex-ante-Kompatibilitätsprüfung durch die Kommission ist sinnvoll. So kann die Kommission beispielsweise bei geplanten Verträgen mit wichtigen Großlieferanten auf die Unionsrechtskonformität achten, und so gegebenenfalls verhindern, dass ein Großlieferant durch eigene Zugeständnisse an einen Mitgliedstaat diesen dazu bringt, dem Lieferanten gegenüber seinerseits Begünstigungen zuzugestehen, die eventuell unionsrechtswidrig sind. Ziel sollte sein, analog der Regelung im Luftverkehr und den Verordnungen im Bereich der justitiellen Zusammenarbeit, Standardklauseln zu entwickeln, die die Meistbegünstigung für alle EU-Mitgliedstaaten sichern, und andererseits das ergangene Sekundärrecht beachten.

Zu kritisieren ist jedoch, dass es keine Pflicht für die Mitgliedstaaten gibt, die Kommission über die geplante Aufnahme von Verhandlungen zu unterrichten, und dass die Kommission nicht auf eigene Initiative eine ex-ante-Kompatibilitätsprüfung eines geplanten Abkommens durchführen kann. Beide Regelungen waren noch im Entwurf der Kommission enthalten.[1238] So hängt eine umfassende Kenntnis der Kommission von der Energieaußenpolitik der Mitgliedstaaten, was eine Koordinierung sehr erleichtern würde, von der Auskunftspraxis der Mitgliedstaaten ab.

V. Übergangsregelung für bilaterale Investitionsabkommen

Die Zuständigkeit für bilaterale Investitionsabkommen (BIT) ist mit dem Vertrag von Lissabon gemäß Art. 207 Abs. 1 S. 1 i.V.m. Art. 3 Abs. 1 lit. e AEUV in die ausschließliche Zuständigkeit der Union übergegangen.[1239] Die Mitgliedstaaten hatten aber vor dem Inkrafttreten des Lissabonner Vertrags mehr als 1000 bilaterale Investitionsabkommen mit Drittländern geschlossen, die nach dem Völkerrecht verbindlich bleiben.[1240] Die Mitgliedstaaten sind verpflichtet, ihre in der Vergangenheit

---

1238 Art. 3 Abs. 2 und Art. 5 des Entwurfs, KOM(2011), 540 endg., S. 11 f.

1239 *Streinz/Ohler/Herrmann*, S. 150; *Weiß*, in: GHN, 43. EL März 2011, Art. 206 AEUV Rn. 2.

1240 Ob die Kompetenz für alle Bereiche, die klassischerweise in den bilateralen Investitionsabkommen geregelt sind in die ausschließliche Kompetenz der Union übergegangen ist, ist umstritten, dagegen zum Beispiel *Tietje*, in: Pache/Schorkopf (Hrg.), S. 33, 51 f.; BVerfGE 123, Lissabon, 267, 421; *Bischoff*, CMLRev. 2011, 1527, 1534 ff.; *Müller-Ibold*, in: LB, Vorb. Art. 206-207 AEUV Rn. 17; *Hummer*, in: VH, Art. 207 AEUV Rn. 17; *Weiß*, in: GHN, 43. EL März 2011, Art. 207 AEUV Rn. 47; *Piris*, S. 282; *Herdegen*, S. 447; *Terhechte*, EuR 2010, 517, 521, die indirekte Investitionen (Portfolioinvestitionen) nicht umfasst sehen. Folge wäre, dass in Zukunft die klassischen bilateralen Investitionsabkommen gemischt abgeschlossen werden müssten; dafür: *Hahn*, in: CR, Art. 207 AEUV Rn. 20; Kommission, Mitteilung der Kommission an den Rat, das Europäische Parlament, den Europäischen abgeschlossenen BIT dem Unionsrecht anzupassen. Allerdings finden sich für die Anpassung dieser Verträge keine Übergangsfristen im Lissabonner Vertrag.[1241]

Deshalb wurde die Verordnung 1219/2012[1242] erlassen, die einerseits regelt, wann die Aufrechterhaltung bestehender Abkommen genehmigt werden kann, und andererseits ein Genehmigungsverfahren für die Änderung bestehender oder zum Abschluss neuer bilateraler Abkommen einführt.[1243] Ausdrücklich erwähnt die Kommission beim Vorschlag für diese Verordnung, dass sie sich an den Verordnungen 662/2009 und 664/2009 orientiert habe.[1244]

1. Ziele der Verordnung

Aufgrund des Fehlens einer ausdrücklichen Übergangsregelung für bestehende bilaterale Investitionsabkommen möchte die Kommission mit der Verordnung erreichen, dass alle sich in Kraft befindlichen bilateralen Investitionsabkommen der Mitgliedstaaten genehmigt werden,[1245] um damit für Investoren Rechtssicherheit zu garantieren.[1246]

Wirtschafts- und Sozialausschuss und den Ausschuss der Regionen vom 7. Juli 2010, Auf dem Weg zu einer umfassenden europäischen Auslandsinvestitionspolitik, KOM(2010), 343 endg., 9, die eine implizite ausschließliche Kompetenz für indirekte Investitionen annehmen; zustimmend: *Schroeder*, RIW 2011, 684, 686; *Streinz*, Rn. 1241; eine Entscheidung dieser Kompetenzfrage ist für die Untersuchung dieses Mechanismus zu den Zwecken dieser Arbeit unerheblich und wird deshalb auch nicht vorgenommen.

1241 *Bungenberg*, EuR Beiheft 1/2009, 196, 210; *Terhechte*, EuR 2010, 517, 528.

1242 Verordnung (EU) Nr. 1219/2012 des Europäischen Parlaments und des Rates vom 12. Dezember 2012 zur Einführung einer Übergangsregelung für bilaterale Investitionsabkommen zwischen den Mitgliedstaaten und Drittländern, ABl. 2012 L 351/40.

1243 Die Notwendigkeit solch einer Regelung wurde von *Cremona* vor dem Inkrafttreten des Vertrags von Lissabon betont, *Cremona*, EUI Working Papers Law 2009, S. 18.

1244 Vorschlag für eine Verordnung des Europäischen Parlamentes und des Rates zur Einführung einer Übergangsregelung für bilaterale Investitionsabkommen zwischen Mitgliedstaaten und Drittländern vom 7. Juli 2010, KOM(2010), 344 endg., S. 5; siehe dazu Teil 4 C. III.

1245 Solch ein Genehmigungsverfahren für bestehende BIT wurde von *Tietje*, in: Pache/Schorkopf (Hrg.), S. 33, 53 f., unter Verweis auf die Entscheidung 96/494/EWG und berechtigte Investorinteressen gefordert.

1246 KOM(2010), 344 endg., S. 2.

Ausdrücklich wird die stufenweise Einführung einer Unionsinvestitionspolitik an die Einführung der gemeinsamen Handelspolitik im Rahmen der EWG in den 1960er Jahren angelehnt.[1247]

2. Gegenstand und Geltungsbereich der Verordnung

Die Verordnung regelt gemäß Art. 1 Abs. 1 VO 1219/2012 den Status von BIT der Mitgliedstaaten nach Maßgabe des Unionsrechts, und nach welchen Modalitäten, unter welchen Bedingungen, und nach welchen Verfahren es den Mitgliedstaaten genehmigt wird, BIT mit Drittstaaten zu ändern oder neue abzuschließen. Dies geschieht „unbeschadet der im AEUV festgelegten Verteilung der Zuständigkeiten".

BIT sind gemäß Art. 1 Abs. 2 VO 1219/2012 „Abkommen mit einem Drittland, die Bestimmungen über den Investitionsschutz enthalten". Die Verordnung gilt jedoch nur für die Bestimmungen in den BIT, die den Investitionsschutz betreffen.

3. Aufrechterhaltung bestehender Investitionsabkommen

Gemäß Art. 2 VO 1219/2012 müssen alle Mitgliedstaaten vor dem 8. Februar 2013 oder innerhalb von dreißig Tagen nach dem Beitritt zu Union der Kommission alle BIT, die sie vor dem Inkrafttreten des Vertrags von Lissabons, beziehungsweise vor dem Beitritt zur Union, unterzeichnet haben, und aufrechterhalten oder in Kraft treten lassen möchten, notifizieren. Ebenso sind sämtliche nachfolgenden Änderungen des Status dieser Abkommen zu notifizieren.

Diese BIT dürfen nach Art. 3 VO 1219/2012 aufrechterhalten werden oder in Kraft treten, bis ein BIT zwischen der Union und demselben Drittland in Kraft tritt. Dies gilt aber nur, wenn die BIT, abgesehen von der nun fehlenden Zuständigkeit, nicht gegen das Unionsrecht verstoßen. Bis zum Inkrafttreten des Vertrags von Lissabon waren alle Abschlüsse eines BIT durch einen Mitgliedstaat rechtmäßig, da sie in dessen ausschließlicher Zuständigkeit lagen.[1248] Die Frage nach sonstiger Unionsrechtswidrigkeit war und ist davon zu trennen. Ausdrücklich wird in der Begründung der Kommission des Vorschlags für diese Verordnung als Beispiel für die Unionsrechtswidrigkeit von BIT auf die 2009 ergangenen Entscheidungen des EuGH verwiesen, in denen festgestellt wurde, dass

1247 KOM(2010), 344 endg., S. 2; siehe dazu Teil 4 C. I.
1248 *Tietje*, EuZW 2010, 647, 650.

Österreich, Schweden und Finnland jeweils BIT geschlossen hatten, die teilweise inhaltlich nicht mit dem EGV vereinbar waren.[1249]

Die notifizierten Abkommen werden gemäß Art. 4 Abs. 1 VO 1219/2012 jährlich im Amtsblatt veröffentlicht. Die erste Veröffentlichung erfolgte am 8.5.2013.[1250]

Die Kommission kann die notifizierten BIT gemäß Art. 5 VO 1219/2012 dahingehend bewerten, ob eine oder mehrere Bestimmungen des BIT ein schwerwiegendes Hindernis für die Aushandlung oder den Abschluss von BIT der Union mit Drittländern im Hinblick auf die schrittweise Ersetzung der notifizierten BIT darstellen.

In Art. 6 VO 1219/2012 wird eine Zusammenarbeitspflicht zwischen Kommission und den Mitgliedstaaten vorgeschrieben. Die Mitgliedstaaten müssen gemäß Abs. 1 geeignete Maßnahmen ergreifen, dass die Bestimmungen der notifizierten BIT kein Hindernis im Sinne des Art. 5 VO 1219/2012 darstellen. Stellt die Kommission fest, dass Bestimmungen eines notifizierten BIT solch ein schwerwiegendes Hindernis darstellen, so nimmt sie gemäß Art. 6 Abs. 2 VO 1219/2012 umgehend Konsultationen mit dem betreffenden Mitgliedstaat auf, um geeignete Maßnahmen zur Behebung der Angelegenheit zu ermitteln. Solche Konsultationen dürfen höchstens 90 Tage dauern. Unbeschadet der Pflicht der Mitgliedstaaten nach Art. 6 Abs. 1 VO 1219/2012 Maßnahmen zu ergreifen, kann die Kommission gemäß Art. 6 Abs. 3 VO 1219/2012 innerhalb von sechzig Tagen nach Ende der Konsultationen erklären, welche geeigneten Maßnahmen der betreffende Mitgliedstaat ergreifen muss, um die gemäß Art. 6 Abs. 2 VO 1219/2012 festgestellten Hindernisse zu beseitigen.

4. Das Ermächtigungsverfahren für die Änderung bestehender und den Abschluss neuer Abkommen

Weiterhin dürfen die Mitgliedstaaten gemäß Art. 7 VO 1219/2012 unter bestimmten Voraussetzungen bestehende Investitionsabkommen ändern, oder ein neues Abkommen mit Drittstaaten abschließen.

1249 EuGH, Rs. C-205/06, Kommission/Österreich, Slg. 2009. I-1301; EuGH, Rs. C-249/06, Kommission/Schweden, Slg. 2009. I-335; EuGH, Rs. C-118/07, Kommission/Finnland, Slg. 2009. I-10889.

1250 Aufstellung der bilateralen Investitionsschutzabkommen nach Artikel 4 Absatz 1 der Verordnung (EU) Nr. 1219/2012 des Europäischen Parlaments und des Rates zur Einführung einer Übergangsregelung für bilaterale Investitionsschutzabkommen zwischen den Mitgliedstaaten und Drittländern, ABl. 2013 C 131/2.

Dieses Verfahren stellt, da die Union die ausschließliche Zuständigkeit für ausländische Direktinvestitionen besitzt, und gewillt ist, schrittweise eine eigenständige Investitionspolitik zu entwickeln, eine außerordentliche Übergangsmaßnahme dar.[1251]

Die beabsichtigte Aufnahme von förmlichen Verhandlungen mit Drittstaaten wird der Kommission gemäß Art. 8 Abs. 1 und 3 VO 1219/2012 mindestens fünf Monate vorher notifiziert. Es findet gemäß Art. 8 Abs. 2 VO 1219/2012 mit der Notifizierung eine Übermittlung der Bestimmungen, die Gegenstand der Verhandlungen sein sollen, statt. Zudem sind die Ziele, die mit den Verhandlungen verfolgt werden, sowie die neu zu verhandelnden Bestimmungen sowie sonstige sachdienliche Informationen zu übermitteln. Gegebenenfalls kann die Kommission gemäß Art. 8 Abs. 4 VO 1219/2012 zusätzliche Informationen anfordern. Die Notifikation wird gemäß Art. 8 Abs. 5 VO 1219/2012 den anderen Mitgliedstaaten zur Verfügung gestellt.

Die Kommission ermächtigt die Mitgliedstaaten gemäß Art. 9 Abs. 1 und 3 innerhalb von 90 Tagen gemäß dem Beratungsverfahren der VO 182/2011[1252] zur Aufnahme förmlicher Verhandlungen. Diese Ermächtigung ist jedoch gemäß Art. 9 Abs. 1 a) – d) VO 1219/2012 nicht zu erteilen, wenn die Kommission zu dem Schluss gelangt, dass solche Verhandlungen, abgesehen von der fehlenden Zuständigkeit, gegen das Unionsrecht verstoßen, dass Verhandlungen unnötig sein würden, weil die Kommission bereits gemäß Art. 218 Abs. 3 AEUV eine Empfehlung zur Aufnahme von Verhandlungen mit dem betreffenden Drittstaat vorgelegt oder beschlossen hat, dies zu tun, die Verhandlungen mit den Grundsätzen und Zielen der Union für das auswärtige Handeln, die in Einklang mit Art. 21 f. EUV festgelegt wurden, nicht vereinbar wären, oder die Verhandlung ein schwerwiegendes Hindernis für die Aushandlung oder Abschluss von BIT durch die Union darstellen würde. Gegebenenfalls kann die Kommission mit der Ermächtigung gemäß Art. 9 Abs. 3 VO 1219/2012 verlangen, dass bei den Verhandlungen und in dem geplanten BIT Bestimmungen einbezogen oder gestrichen werden, soweit dies für die Vereinbarkeit mit dem Unionsrecht oder zur Sicherstellung der Kohärenz mit der Investitionspolitik der Union erforderlich ist.

Über die von der Kommission gefassten Beschlüsse werden das EP und der Rat gemäß Art. 9 Abs. 4 VO 1219/2012 informiert, bei einer Ablehnung der Ermächtigung zusätzlich gemäß Art. 9 Abs. 5 VO 1219/2012

1251 KOM(2010), 344 endg., S. 2 f.
1252 Siehe dazu Teil 4 C. II. 3. b. aa.

auch der betroffenen Mitgliedstaat, unter Nennung der Gründe für die Ablehnung.

Es findet demnach, im Gegensatz zum Verfahren im Energiesektor, immer eine vorherige Prüfung durch die Kommission mit einer ausdrücklichen Genehmigung statt.[1253] Jedoch ist als Grund für eine Negierung der Ermächtigung nicht der Grund genannt, dass eine Überschneidung mit einem bestehenden Abkommen der Union vorliegt,[1254] diese Konstellation dürfte jedoch unter Art. 9 Abs. 1 a) VO 1219/2012 fallen.

Die Kommission kann gemäß Art. 10 VO 1219/2012 darauf bestehen, an den investitionsschutzbezogenen Verhandlungen teilzunehmen. Nimmt sie nicht an den Verhandlungen teil, wird sie in allen Verhandlungsphasen über Fortschritte und Ergebnisse auf dem Laufenden gehalten.

Vor der Unterzeichnung muss der betreffende Mitgliedstaat gemäß Art. 11 Abs. 1 VO 1219/2012 der Kommission das Verhandlungsergebnis notifizieren und den Wortlaut des Abkommens übermitteln. Daraufhin untersucht die Kommission gemäß Art. 11 Abs. 3, 4 und 5 VO 1219/2012 erneut innerhalb von 90 Tagen gemäß dem Beratungsverfahren der VO 182/2011, ob nicht ein Verstoß gegen Art. 9 Abs. 1 und 2 VO 1219/2012 vorliegt. Entspricht das geplante Abkommen diesen Anforderungen, so wird das Abkommen von der Kommission gemäß Art. 11 Abs. 4 S. 1 VO 1219/2012 genehmigt. Für die genehmigten Verträge sind nun gemäß Art. 11 Abs. 4 S. 2 VO 1219/2012 auch die Art. 3, 5 und 6 VO 1219/2012 anwendbar. Ist eine Genehmigung erfolgt, muss der Mitgliedstaat der Kommission gemäß Art. 11 Abs. 6 VO 1219/2012 den Abschluss und das Inkrafttreten des Abkommens sowie Änderungen des Status notifizieren. Wiederum werden das EP und der Rat gemäß Art. 11 Abs. 7 VO 1219/2012 über die gefassten Beschlüsse informiert, bei einer Ablehnung der Ermächtigung wird gemäß Art. 11 Abs. 8 VO 1219/2012 auch der betroffene Mitgliedstaat unter Nennung der Gründe für die Ablehnung unterrichtet.

5. Genehmigungsverfahren für nach dem Inkrafttreten des Vertrags von Lissabon unterzeichneten BIT

BIT der Mitgliedstaaten, die zwischen dem Inkrafttreten des Vertrags von Lissabon und dem 9. Januar 2013 unterzeichnet wurden, werden gemäß Art. 12 Abs. 1 VO 1219/2012 ebenfalls der Kommission notifiziert mit der

1253 *Bischoff*, CMLRev. 2011, 1527, 1555.
1254 *Bischoff*, CMLRev. 2011, 1527, 1556.

Maßgabe, ob diese aufrechterhalten oder in Kraft treten sollen. Die Kommission prüft dann gemäß Art. 12 Abs. 2 VO 1219/2012, ob die Voraussetzungen des Art. 9 Abs. 1 und 2 VO 1219/2012 eingehalten wurden. Wird das BIT diesen Voraussetzungen gerecht, so erteilt die Kommission gemäß Art. 12 Abs. 3 und 4 VO 1219/2012 innerhalb von 180 Tagen gemäß dem Beratungsverfahren der VO 182/2011 die Ermächtigung zur Aufrechterhaltung oder zum Inkrafttreten des betreffenden BIT. Die Kommission muss dann gemäß Art. 12 Abs. 6 S. 1 VO 1219/2012 über das Inkrafttreten des BIT und sämtliche Änderungen des Status des BIT notifiziert werden. Wird solch ein BIT jedoch nicht genehmigt, so darf der Mitgliedstaat gemäß Art. 12 Abs. 5 VO 1219/2012 keine weiteren Schritte für den Abschluss des BIT unternehmen, beziehungsweise muss er von den bereits unternommenen Schritten zurücktreten oder sie rückgängig machen. Den bereits dargestellten Verfahren entsprechend, wird gemäß Art. 12 Abs. 7 und 8 VO 1219/2012 das EP und der Rat und gegebenenfalls der betroffenen Mitgliedstaat unterrichtet. Für die genehmigten Verträge sind nun gemäß Art. 12 Abs. 6 S. 2 VO 1219/2012 ebenfalls die Art. 3, 5 und 6 VO 1219/2012 anwendbar.

6. Überprüfung der Verordnung

Die Anwendung der Verordnung wird von der Kommission überprüft werden, die gemäß Art. 15 Abs. 1 VO 1219/2012 bis zum 10. Januar 2020 dem EP und dem Rat einen Bericht darüber vorlegt. Dabei soll sie gemäß Art. 15 Abs. 2 VO 1219/2012 umfassend darstellen, wie das Ermächtigungsverfahren für die Änderung bestehender Abkommen und den Abschluss neuer Abkommen angewandt wurde, und ob dieses Verfahren weiterhin notwendig ist. Soll dieses Verfahren nicht weiter angewandt und geändert werden, so hat die Kommission gemäß Art. 15 Abs. 3 VO 1219/2012 einen Gesetzgebungsvorschlag beizufügen.

7. Zusammenarbeit bei der Durchführung der Abkommen

Über die nach den Investitionsabkommen stattfindenden Sitzungen und die Tagesordnung wird die Kommission gemäß Art. 13 a) VO 1219/2012 unverzüglich umfassend vom betreffenden Mitgliedstaat informiert, zudem sind alle sachdienlichen Informationen vorzulegen. Außerdem kann die Kommission, wenn sich eine der zu erörternden Fragen auf die Durchführung der Investitionspolitik der Union auswirken könnte, vom Mitgliedstaat verlangen, einen bestimmten Standpunkt zu vertreten.

Die Kommission muss gemäß Art. 13 b) VO 1219/2012 ebenfalls unverzüglich informiert werden, wenn der Drittstaat dem Mitgliedstaat gegenüber geltend macht, dass eine Maßnahme mit dem Investitionsabkommen unvereinbar sei oder ein Antrag auf Streitbeilegung eingereicht wurde. Der Mitgliedstaat und die Kommission müssen dann zusammenarbeiten, und alle erforderlichen Maßnahmen für eine effektive Verteidigung ergreifen. Dies kann zur Folge haben, dass die Kommission an dem Verfahren teilnimmt.

Möchte der Mitgliedstaat gegen den Drittstaat im Rahmen von Konsultationen vorgehen oder einen in dem Abkommen vorgesehenen Streitbeilegungsmechanismus in Gang setzen, muss die Zustimmung der Kommission eingeholt werden. Außerdem müssen diese Mechanismen gemäß Art. 13 c) VO 1219/2012 auf Wunsch der Kommission in Gang gesetzt werden. Auch in diesem Rahmen arbeiten die Kommission und der Mitgliedstaat uneingeschränkt zusammen, so dass eventuell die Kommission an dem Verfahren teilnimmt.

8. Bewertung

Kritisiert wurde bereits an dem Entwurf der Verordnung, dass unter dem Deckmantel der Rechtssicherheit durch einen Rechtsakt eine umstrittene Kompetenzverteilung manifestiert werden solle. Nach dem Prinzip der begrenzten Einzelermächtigung gemäß Art. 5 Abs. 1 S. 1, Abs. 2 EUV ist die Abgrenzung der Kompetenzen jedoch allein anhand der Primärrechtsverträge vorzunehmen und gegebenenfalls endgültig durch den EuGH festzustellen.[1255] Aufgrund der vorhandenen Unklarheiten wird die endgültige Klärung der Zuständigkeitsverteilung im Bereich der Investitionsabkommen wohl durch den EuGH erfolgen.[1256]

Im Gegensatz zu dem von der Kommission vorgelegten Entwurf, ist für die vor dem Inkrafttreten des Vertrags von Lissabon bestehenden BIT kein Genehmigungsverfahren mit eventueller Rücknahme der Genehmigung vorgesehen, vielmehr werden gemäß Art. 3 VO 1219/2012 alle notifizierten „alten“ BIT genehmigt. Die Kommission kann jedoch gemäß Art. 6 Abs. 3 VO 1219/2012 die Mitgliedstaaten verpflichten, alles zu tun, um unionsrechtswidrige BIT rückgängig zu machen. Dass Art. 6 Abs. 3 VO 1219/2012 über Art. 11 Abs. 4 VO 1219/2012 auch für neu genehmigte BIT gilt, entschärft die an dem Entwurf der VO gerichtete Kritik, dass eine Regelung einer Rücknahme eines genehmigten neu abge-

---

1255 *Bischoff*, CMLRev. 2011, 1527, 1559.

1256 *Bischoff*, CMLRev. 2011, 1527, 1546; *Nowak*, S. 264.

schlossenen Abkommens, falls die Union ein eigenes Abkommen mit dem betreffendem Drittstaat durchführen möchte, fehle.[1257]

Jedoch fehlt eine an Art. 6 Abs. 1 d) des Entwurfs angelehnte Regelung. Demnach sollte geregelt werden, dass die Kommission eine Genehmigung zurücknehmen kann, wenn der Rat nicht innerhalb eines Jahres nach der Vorlegung einer Empfehlung durch die Kommission gemäß Art. 218 Abs. 3 AEUV die Kommission zur Aufnahme von Verhandlungen über ein Abkommen ermächtigt hat, dass sich teilweise oder vollständig mit mindestens einem notifizierten BIT überschneidet. Damit würde verhindert, dass die Mitgliedstaaten durch bloße Inaktivität im Rat ihre bereits abgeschlossenen Investitionsabkommen retten.[1258] Solch eine Regelung würde jedoch zu weit gehen, weil den Mitgliedstaaten im Rat mit solch einer Bestimmung die Hoheit darüber genommen würde, zu entscheiden, in welchen Bereichen und mit welchen Staaten die Union einen völkerrechtlichen Vertrag abschließt. Der Art. 3 VO 1219/2012 könnte jedoch dahingehend ergänzt werden, dass ein BIT nicht mehr aufrechterhalten werden kann, wenn der Rat innerhalb eines Jahres über eine Empfehlung gemäß Art. 218 Abs. 3 AEUV nicht entschieden hat.

Insgesamt ist zu begrüßen, dass dieser Übergang eines Rechtsgebiets, in dem traditionell eine Vielzahl von bilateralen Verträgen geschlossen wird, in die Unionszuständigkeit durch eine Übergangsregelung begleitet wird. So kann die Entwicklung einer eigenen Unionsinvestitionspolitik erfolgen und gleichzeitig Investoren Rechtssicherheit gegeben werden.

VI. Bewertung der Mechanismen

Insgesamt zeigen die Mechanismen eine Möglichkeit auf, wie trotz einer fortschreitenden Integration weiterhin den Interessen einzelner Mitgliedstaaten im Bereich der Außenbeziehungen Rechnung getragen werden kann. So können spezielle Beziehungen, die manche Mitgliedstaaten zu bestimmten Drittstaaten pflegen, fortgesetzt werden, ohne dass eine Beteiligung der Union daran notwendig ist.[1259] Ebenfalls wird so der Abschluss hinkender gemischter Verträge verhindert.[1260]

1257 *Bischoff*, CMLRev. 2011, 1527, 1560.
1258 *Bischoff*, CMLRev. 2011, 1527, 1553.
1259 Vgl. *Mischo*, in: Xenopoulos (Hrg.), S. 139, 140.
1260 *Eeckhout*, in: Poiares Maduro/Azoulai (Hrg.), S. 218, 221.

In Gebieten, in denen die international üblichen Verträge ausschließliche Kompetenzen der Union sowie den Mitgliedstaaten verbliebenen Kompetenzen berühren, sind solche Mechanismen ein sinnvolles Mittel, um einen Ausgleich zwischen den Unionsinteressen und denen der Mitgliedstaaten zu finden.[1261]

In außenpolitisch sensiblen Bereichen wie im Luftverkehr und der Energieversorgung können die Mitgliedstaaten ebenfalls Verträge abschließen, falls kein Interesse an einem Unionsabkommen besteht. Durch die Überprüfung der Verträge durch die Kommission wird aber die einheitliche Außenvertretung der Union nach außen gewahrt und es werden keine Präjudizen geschaffen, auf die sich Drittstaaten, mit denen der Abschluss eines Unionsabkommen geplant ist, berufen könnten. Auf diese Weise bleibt die geballte Verhandlungsmacht der Union erhalten.

Im Rahmen der BIT spielt die Aufrechterhaltung der bestehenden Abkommen eine große Rolle, um Drittstaaten und Investoren Rechtssicherheit zu bieten. Trotz des Erlasses der Verordnung bleibt die Kompetenzverteilung ungeklärt. Falls eine geteilte Zuständigkeit für klassische BIT festgestellt wird, bietet sich, wie im Bereich des Luftverkehrs, ein dreigliedriger Weg der Regelung der Außenbeziehungen an.[1262] Dementsprechend sollten gemischte Unionsabkommen mit wichtigen Handelspartnern abgeschlossen werden, dazu kommen der Abschluss horizontaler Abkommen durch die Union, und die Genehmigung bilateraler Verträge der Mitgliedstaaten nach Maßgabe eines Notifizierung- und Genehmigungsmechanismus.

Vor allem die beiden Verordnungen im Bereich der justitiellen Zusammenarbeit können als Vorbild für andere Regelungsbereiche dienen, in denen die Union kein Interesse an einer umfassenden Regelung mit Drittstaaten hat.[1263] Es erfolgt eine generelle Kompetenzübertragung an die Mitgliedstaaten, so dass jeder Mitgliedstaat seine Partikularinteressen mit Drittstaaten regeln kann. Ansonsten wäre jeweils immer ein Unionsabkommen abzuschließen. Jedoch wäre es schwer bei mangelndem Interesse der anderen Mitgliedstaaten, bereits für die Aufnahme von Verhandlungen eine Mehrheit im Rat zu erhalten.

Die so abgeschlossenen Verträge der Mitgliedstaaten werden nicht integrierender Teil der Unionsrechtsordnung und unterliegen damit nicht der Gerichtsbarkeit des EuGH.[1264] Dieser kann jedoch die Einhaltung des

---

1261 *Cremona*, in: Craig/de Búrca (Hrg.), S. 217, 254.
1262 Vgl. Teil 4 C II. 3.
1263 So auch: *Eeckhout*, in: Poiares Maduro/Azoulai (Hrg.), S. 218, 221.
1264 *Eeckhout*, in: Xenopoulos (Hrg.), S. 275, 279 f.

durch den Rechtsakt aufgestellten Verfahrens überprüfen, und ob der Vertrag inhaltlich gegen die Unionsrechtsordnung verstößt.

D. Unterstützungspflicht der Mitgliedstaaten

Eine weitere Ausprägung des Grundsatzes der loyalen Zusammenarbeit im Rahmen der Außenbeziehungen stellt die Unterstützungspflicht der Mitgliedstaaten für die Union dar, falls diese völkerrechtlich tätig werden will. Einmal haben die Mitgliedstaaten darauf hinzuwirken, dass die Union sich an völkerrechtlichen Abkommen beteiligen kann. Zum anderen müssen sie, wenn solch eine Öffnung völkerrechtlicher Abkommen für die Union nicht, oder noch nicht, möglich ist, versuchen nach Rücksprache mit den Unionsorganen die Unionsinteressen bei diesen Abkommen durchzusetzen.

I. Öffnung völkerrechtlicher Abkommen für die Union

Zuvorderst steht die Pflicht der Mitgliedstaaten, aktiv alle ihnen zur Verfügung stehenden rechtlichen und politischen Mittel einzusetzen, damit die Union völkerrechtlichen Übereinkommen beitreten kann,[1265] sobald die Union ihre Kompetenzen ausüben möchte.[1266] Erst dann kann die Union

---

1265 EuGH, verb. Rs 3,4 u. 6/76, Kramer-Biologische Schätze des Meeres, Slg. 1976, 1279, Rn. 44/45; *Groux/Manin*, S. 54; *McGoldrick*, S. 87. So wirkte z.B. der Vorsitz des Rates daraufhin, dass das Übereinkommen über die nukleare Sicherheit eine Vorschrift enthält, die die Unterzeichnung und den Beitritt für regionale Organisationen mit Integrations- oder anderem Charakter öffnet, siehe Art. 30 Abs 4 dieses Übereinkommens, Schlussanträge GA Jacobs, Rs. C-29/99, Übereinkommen über nukleare Sicherheit, Slg. 2002, I-11221, Rn. 25.

1266 *von Bogdandy/Schill*, in: GHN, 41. EL Juli 2010, Art. 4 EUV Rn. 100; *Vedder*, in: FS Ginther, S. 501, 513. An diesen Grundsatz haben sich jedoch mehrere Mitgliedstaaten nicht gehalten, als die Kommission ersuchte, ein Mandat für Verhandlungen über den Beitritt der EU zur Internationalen Zivilluftfahrt-Organisation und zur Internationalen Schifffahrtsorganisation zu erhalten, *Boeing/Maxian Rusche/Kotthaus*, in: GHN, 46. EL Oktober 2011, Art. 90 AEUV Rn. 113. A.A. bezüglich der Mitgliedschaft in internationalen Organisationen: *Smyth*, in: Hillion/Koutrakos (Hrg.), S. 304, 312, mit dem Hinweis auf zeitraubende Verhandlungen, bis eine Mitgliedschaft der Union effektiv selbstständig ihre Kompetenzen ausüben. Ziel muss es sein, die Vollmitgliedschaft der Union anzustreben, ohne eine Beteiligung der Mitgliedstaaten, eine Doppelmitgliedschaft von Union und Mitgliedstaaten ist in Bereichen der ausschließlichen Unionskompetenz vertragswidrig.[1267] Auch die Folge, dass die Union als alleiniges Mitglied nur noch eine Stimme haben könnte, spricht dem nicht entgegen: Dies ist vielmehr eine politische Frage, für die die Union einen Weg finden muss, ihre wirtschaftliche Macht auch durchzusetzen.[1268]

Die Öffnung völkerrechtlicher Abkommen war ursprünglich schwierig, denn es galt der Grundsatz, dass internationale Organisationen nicht andere Organisationen als Mitglieder aufnehmen, sondern nur einen Beobachterstatus gewähren konnten.[1269] Dies lag daran, dass internationale Organisationen in der Regel Zweckverbände sind, und es damit kein Bedürfnis dafür gab, dass eine Organisation einer anderen, die einem anderen Zweck dient, beitritt.[1270] Außerdem hatten die Staaten, die eine internationale Organisation gründeten, keine Kompetenzen auf diese Organisationen übertragen, so dass die Mitgliedschaft einer internationalen Organisation in einer anderen nicht notwendig war.[1271] Schlußendlich hängt die Öffnung eines Abkommens immer vom guten Willen der Drittstaaten und der jeweiligen internationalen Organisation ab.[1272] Der Union ist es jedoch nach und nach gelungen ihren, sich vor allem durch die ausschließlichen Zuständigkeiten – also ihrer Supranationalität – ausdrückenden Sonderstatus als internationale Organisation nach außen durchzusetzen.[1273]

Teilweise ist es jedoch schwierig, eine Öffnung internationaler Organisationen zu erreichen, in denen die Mitgliedstaaten bereits Mitglied sind, und in die zusätzlich die Union als Mitglied aufgenommen werden soll, weil dadurch die Vertretung innerhalb der Organisation für die EU-

---

abschließend geregelt ist, und dass in der Regel die Unionsinteressen von den Mitgliedstaaten effektiv vertreten werden.

1267 *Grabitz*, in: Börner (Hrg.), S. 47, 77; *Zieger*, in: Börner (Hrg.), S. 103, 148; *Stein*, S. 179; *Heintschel von Heinegg*, in: Rengeling (Hrg.), S. 707, 739; *Breier*, in: Müller-Graff u.a. (Hrg.), S. 99, 116.

1268 *Stein*, S. 179.

1269 *Sack*, ZEuS 2001, 267, 274.

1270 *Sack*, ZEuS 2001, 267, 275; *Eberle*, S. 160.

1271 *Zieger*, in: Börner (Hrg.), S. 103, 109; *Scheffler*, S. 258 f.

1272 *Breier*, in: Müller-Graff u.a. (Hrg.), S. 99, 116.

1273 *Sack*, ZEuS 2001, 267, 275; *von Horstig*, S. 241.

Mitgliedstaaten anwächst, und die anderen Vertragsstaaten das Prinzip der gleichen Mitgliedschaft jedes Staats gefährdet sehen könnten.[1274]

Wenn eine Vollmitgliedschaft der Union nicht möglich ist, müssen andere Lösungen angestrebt werden, die einer Vollmitgliedschaft möglichst nahe kommen.[1275] Diese gewählte andere Form der Beteiligung bleibt aber nur vertragsgemäß, solange eine Vollmitgliedschaft der Union ausgeschlossen ist.[1276] Für die Union muss es also das Ziel sein, die anderen Vertragsstaaten zu überzeugen, dass eine Mitgliedschaft der Union auch in deren Interesse steht, um damit eine Vertragsänderung herbeizuführen.[1277]

Die Öffnung für die Union erfolgt durch Klauseln in den Abkommen, die die volle Mitgliedschaft der Union ermöglichen.[1278] Die Öffnung kann dergestalt erfolgen, dass die Union ausdrücklich in den Teilnahmeklauseln erwähnt wird.[1279] Dies stellt die Lösung dar, die die völkerrechtliche Sonderstellung der EU am deutlichsten betont.[1280] Sie erzeugt aber vor allem bei den Entwicklungsländern auch Widerstand, da diese darin eine Privilegierung der europäischen Staaten sehen.[1281] Außerdem gibt es Befürchtungen von Drittstaaten, durch die explizite Nennung der Union diese zumindest partiell einem souveränen Staat gleichzustellen.[1282]

Deshalb wird oft der Weg gewählt, die Öffnung durch eine neutrale Umschreibung in den Abkommen zu ermöglichen, zum Beispiel die Möglichkeit für Zollunionen[1283] oder „Organisationen der regionalen Wirtschaftsintegration“[1284] („REIO-Klausel“[1285]) einem Abkommen beizutreten.[1286]

1274 *Sack*, CMLRev. 1995, 1127, 1234.

1275 *Grabitz*, in: Börner (Hrg.), S. 47, 77.

1276 *Grabitz*, in: Börner (Hrg.), S. 47, 77.

1277 *Sack*, CMLRev. 1995, 1127, 1234; *Editorial Comments*, CMLRev. 2011, 1, 5.

1278 *von Horstig*, S. 242; *Sack*, ZEuS 2001, 267, 275; *Dolmans*, S. 57 ff.

1279 Z.B. Art. XI Abs. 1 des Übereinkommen vom 15. April 1994 zur Errichtung der Welthandelsorganisation (WTO), ABl. 1994 L 336/3; Art. 59 Abs. 2 EMRK, BGBl. 2010 II, 1196.

1280 *Sack*, ZEuS 2001, 267, 275.

1281 *Sack*, ZEuS 2001, 267, 276; *Groux/Manin*, S. 77.

1282 *Dauses*, EuR 1979, 138, 154; vgl. *Kuijper*, in: Kapetyn u.a. (Hrg.), S. 1273, 1284.

1283 Z.B. Art. 24 Abs. 7 des Übereinkommens vom 26. Juni 1990 über die vorübergehende Verwendung, ABl. 1993 L 130/4.

1284 So z.B. Art. 2 lit. b des Stockholmer Übereinkommens vom 23. Mai 2001 über persistente organische Schadstoffe, ABl. 2006 L 209/3. Die neutrale Formulierung einer regionalen Wirtschaftsorganisation hat ihren Ursprung

Bleibt der Union eine förmliche Beteiligung versagt, ist ihr Status in einer Organisation häufig auf einen Beobachterstatus beschränkt.[1287] Eine enge Zusammenarbeit zwischen den Mitgliedstaaten ist in allen internationalen fora gegeben, unabhängig vom Status der Union, und auch unabhängig davon, ob diese überhaupt einen Status innehat.[1288]

II. Unterstützungspflicht bei der Ausübung von Unionskompetenzen

Wie bereits dargestellt, gilt die Kooperationsverpflichtung auch für in die gemischte Zuständigkeit fallende Verträge, denen die Union nicht beitreten kann.[1289] Diese Schlußfolgerung ist folgerichtig, denn es liegt in diesen Fällen nur ein formales Hindernis vor, wenn ein Vertrag von Union und Mitgliedstaaten nicht gemeinsam gemischt abgeschlossen werden kann. Die Kompetenzen der Union sollen in dieser Konstellation durch die Mitgliedstaaten ausgeübt werden, die im Interesse der Union gemeinsam nach Abstimmung mit den Unionsorganen handeln.[1290]

Diese Grundsätze sind auch auf den Bereich geteilter Kompetenzen der Union übertragbar, da die Situation mit der einer gemischten Zuständigkeit vergleichbar ist.

Solange ein völkerrechtliches Abkommen nur für Staaten geöffnet ist, müssen die Mitgliedstaaten der Union diese bei Ausübung der Kompe-

---

darin, dass die ehemaligen Ostblockstaaten die EWG als Träger von Hoheitsrechten nicht akzeptiert hatten. Deshalb wurde ein direkter Hinweis auf die Gemeinschaft weggelassen, und manche Abkommen neutral für regionale Wirtschaftsorganisationen, internationale Organisationen mit Zuständigkeiten, etc. geöffnet, was schließlich auch die Ostblockstaaten akzeptiert haben. Siehe dazu *Burghardt*, in: Zieger/Lebahn (Hrg.), S. 69, 75.

1285 *Hix*, in: Martenczuk/van Thiel (Hrg.), S. 211, 221 f. REIO steht für Regional Economic Integration Organisations.

1286 Eine vertiefende Darstellung über die verschiedenen Arten der Öffnung der Übereinkommen für die Union findet sich bei: *Rodenhoff*, S. 187 ff. Eine Übersicht über Öffnungsklauseln im Wortlaut findet sich bei *Feenstra*, in: O´Keeffe/Schermers (Hrg.), S. 207, 216 ff.

1287 *Heintschel von Heinegg*, in: Rengeling (Hrg.), S. 707, 741; *Groux/Manin*, S. 46 ff.; *Marchisio*, in: Cannizzaro (Hrg.), S. 231, 255 ff.; siehe dazu ausführlich *Scheffler*, S. 289 ff.

1288 *MacLeod/Hendry/Hyett*, S. 172.

1289 Siehe Teil 3 B. I. 5. b.

1290 EuGH, Gutachten 2/91, ILO-Konvention Nr. 170, Slg. 1993, I-1061, Rn. 5, 37 f.

tenzen unterstützen. Im Rahmen geteilter Kompetenzen wird diese Unterstützungspflicht dann ausgelöst, wenn die Union gewillt ist, einem multilateralen Abkommen beizutreten, das nur für Staaten geöffnet ist. Es besteht keine Verpflichtung eine alleinige Vollmitgliedschaft der Union anzustreben, aber aus Art. 4 Abs. 3 EUV folgt, dass die Wahrung der Unionszuständigkeit durch die Mitgliedstaaten gewährleistet sein muss.[1291] Dann folgt eine Pflicht der Mitgliedstaaten, diesem Abkommen beizutreten und als Sachwalter der Union deren Interessen zu vertreten, damit die von der Union gewünschten Maßnahmen erlassen werden können.

Allerdings wird aufgrund der fortschreitenden Integration selten die Situation gegeben sein, dass der gesamte Regelungsbereich eines Abkommens ausschließlich in die noch nicht ausgeübte geteilte Kompetenz der Union fällt. Es ist davon auszugehen, dass wenn die Union geteilte völkerrechtliche Kompetenzen ausüben möchte, auch interne sekundärrechtliche Regelungen erlassen werden, und damit die geteilten Kompetenzen nach der AETR-Doktrin ausschließliche Kompetenzen der Union werden und daher die bereits erörterten Grundsätze[1292] zu beachten sind.

Ein Beispiel dafür ist das Haager Kinderschutzübereinkommen.[1293] Einzelne Bereiche dieses Übereinkommens fallen in die ausschließliche Vertragschließungskompetenz der Union, allerdings enthält das Abkommen keine Beitrittsklausel für die Union, so dass diese nicht beitreten kann.[1294] Deshalb hatte der Rat im Juni 2008 diejenigen Mitgliedstaaten, die das Abkommen noch nicht unterzeichnet hatten, dazu ermächtigt,[1295]

1291 *Grabitz*, in: Börner (Hrg.), S. 47, 78.

1292 Siehe dazu Teil 1 B. III. 1. b. aa.

1293 Haager Übereinkommen über die Zuständigkeit, das anzuwendende Recht, die Anerkennung, Vollstreckung und Zusammenarbeit auf dem Gebiet der elterlichen Verantwortung und der Maßnahmen zum Schutz von Kindern, BGBl. 2009 II, 602, 603.

1294 *Wagner*, NJW 2010, 1707, 1710.

1295 Entscheidung 2008/431/EG des Rates vom 5. Juni 2008 zur Ermächtigung einiger Mitgliedstaaten, das Haager Übereinkommen von 1996 über die Zuständigkeit, das anzuwendende Recht, die Anerkennung, Vollstreckung und Zusammenarbeit auf dem Gebiet der völkerrechtlichen Verantwortung und der Maßnahmen zum Schutz von Kindern im Interesse der Europäischen Gemeinschaft zu ratifizieren oder ihm beizutreten, und zur Ermächtigung einiger Mitgliedstaaten, eine Erklärung über die Anwendung der einschlägigen internen Vorschriften des Gemeinschaftsrechts abzugeben, ABl. 2008 L 151/36. Weitere Beispiele finden sich bei *Bischoff*, ZEuP 2010, S. 321, 326, Fn. 22.

das Abkommen zu ratifizieren, und zwar im Interesse der Union.[1296] Ratifiziert wird im Namen der Union, aber nur insoweit, wie diese die Kompetenz innehat.[1297] Dies sollte innerhalb von zwei Jahren geschehen. Geregelt wurde auch, dass die Mitgliedstaaten, die noch nicht das Abkommen ratifiziert haben, die Ratifikationsurkunden gemeinsam hinterlegen sollen.[1298]

Der Vertragsschluss durch die Mitgliedstaaten im Namen der Union ist vor allem im Bereich der justitiellen Zusammenarbeit gängige Praxis, diese geht auf die Rn. 37 des Gutachten 2/91 des EuGH[1299] zurück.[1300] Solch ein Abkommen ist wie ein gemischtes Abkommen zu betrachten, und das Übereinkommen wird auch Bestandteil des Unionsrechts.[1301]

III. Die Mitgliedstaaten als Sachwalter des gemeinsamen Interesses

Im Bereich der ausschließlichen Kompetenzen der Union können die Mitgliedstaaten, insbesondere in außenpolitisch bedingten Ausnahmefällen,[1302] als Sachwalter des gemeinsamen Interesses[1303] tätig werden. Diese ungeschriebene Handlungskompetenz der Mitgliedstaaten ist ihnen – trotz fehlender Verankerung in Art. 2 ff. AEUV – weiterhin gegeben.[1304]

1. Rs. 804/79, Seefischerei-Erhaltungsmaßnahmen

Aufgestellt wurde der Grundsatz der Sachwalterwalterschaft in der Entscheidung Rs. 804/79 bezüglich Seefischerei-Erhaltungsmaßnahmen, die das Vereinigte Königreich durchgeführt hatte.[1305]

1296 Art. 1 Abs. 1 Entscheidung 2008/431/EG.

1297 *Wagner*, NJW 2010, 1707, 1710; *Editorial Comments*, CMLRev. 2011, 1, 6; *Kumin/Bittner*, EuR Beiheft 2/2012, 75, 77.

1298 Art. 3 Abs. 1 Entscheidung 2008/431/EG.

1299 EuGH, Gutachten 2/91, ILO-Konvention Nr. 170, Slg. 1993, I-1061, Rn. 37.

1300 *Bischoff*, ZEuP 2010, 321, 326. Solch eine Möglichkeit wurde bereits 1980 von *Dauses*, in: Ress (Hrg.), S. 171, 191 ff. vorgeschlagen.

1301 *Bischoff*, ZEuP 2010, 321, 326; *Hix*, in: Martenczuk/van Thiel (Hrg.), S. 211, S. 227 ff.

1302 *Vedder*, in: VH, Art. 2 AEUV Rn. 13.

1303 Ausführlich zu dieser Rechtsfigur: *Pechstein*, Die Mitgliedstaaten der EG als „Sachwalter des gemeinsamen Interesses"; kritisch: *Lück*, S. 162 ff.

1304 *Nettesheim*, in: GHN, 41. EL März 2010, Art. 2 AEUV Rn. 18.

1305 EuGH, Rs. 804/79, Seefischerei-Erhaltungsmaßnahmen, 1045.

Das Vereinigte Königreich hatte, ohne mit der Kommission zusammenzuarbeiten, mehrere nationale Rechtsnormen bezüglich Seefischerei-Erhaltungsmaßnahmen in Kraft gesetzt, obwohl der damaligen Gemeinschaft bereits die ausschließliche Zuständigkeit für Maßnahmen zur Erhaltung der Meeresschätze übertragen worden war.[1306]

Jedoch hatte der Rat nicht innerhalb der vorgeschriebenen Frist die erforderlichen Erhaltungsmaßnahmen erlassen. Aus dieser Untätigkeit auf Gemeinschaftsebene durften die Mitgliedstaaten jedoch nicht den Schluss ziehen, dass ihnen ausschließliche, endgültig der Gemeinschaft übertragene, Zuständigkeiten rückübertragen wurden.[1307]

Vielmehr konnten sie in einem Gebiet der ausschließlichen Gemeinschaftszuständigkeit nur noch als „Sachwalter des gemeinsamen Interesses" tätig werden.[1308] Dies bedeutet, dass trotz der Untätigkeit des Rates eventuell notwendige Erhaltungsmaßnahmen nicht selbstständig, sondern nur in einer Zusammenarbeit mit der Kommission getroffen werden können.[1309] Die Kommission besitzt also ein Vetorecht bei Untätigkeit des Rates, wenn die Mitgliedstaaten Maßnahmen ergreifen, eine diesbezüglich entstandene Regelungslücke zu schließen.[1310] Die Kompetenz der Union existiert weiterhin und wird dadurch ausgeübt, dass die Mitgliedstaaten gemeinsam im Interesse der Union handeln.[1311] Die Zusammenarbeit der Mitgliedstaaten mit der Kommission, um als Sachwalter tätig zu werden, war in Art. 116 EWGV angelegt.[1312]

2. Die Mitgliedstaaten als Sachwalter des Unionsinteresses

Die in der Rs. 804/79 aufgestellten Grundsätze können im Bereich der Außenbeziehungen auf multilaterale Abkommen übertragen werden, deren Regelungsbereiche die ausschließlichen Außenkompetenzen der Union betreffen, denen die Union aber nicht beitreten kann.

1306 EuGH, Rs. 804/79, Seefischerei-Erhaltungsmaßnahmen, 1045, Rn. 7, 17.

1307 EuGH, Rs. 804/79, Seefischerei-Erhaltungsmaßnahmen, 1045, Rn. 19 f.; *von Horstig*, S. 50; *Jarass*, AöR 1996, 173, 186; *Wille*, S. 42.

1308 EuGH, Rs. 804/79, Seefischerei-Erhaltungsmaßnahmen, 1045, Rn. 30. So schon von der Entscheidung von *Dauses*, EuR 1979, 138, 164 ff. gefordert.

1309 EuGH, Rs. 804/79, Seefischerei-Erhaltungsmaßnahmen, 1045, Rn. 30 f; EuGH, Rs. 237/86, Seefischerei-Fangquoten, Slg. 1987, 5215, Rn. 15 f.

1310 *Wille*, S. 44.

1311 *Eeckhout*, S. 227.

1312 *Vedder*, EuR Beiheft 3/2007, 57, 80.

Bei den Verhandlungen zu diesen Abkommen sind die Mitgliedstaaten jedoch verpflichtet, alles zu unternehmen, um der Union einen ihrer Kompetenz entsprechenden Status bei den Verhandlungen zu verschaffen. Kann dies nicht erreicht werden, müssen die Mitgliedstaaten ihre Teilnahmerechte als Sachwalter des gemeinsamen Interesses ausüben, und soweit möglich die Kompetenz der Union, meist der Kommission als zuständiges Organ, zur Verhandlungsführung wahren.[1313] Sie sind also verpflichtet, mit der Kommission eine bindende gemeinsame Position zu erarbeiten und zu vertreten.[1314]

Wenn eine Beteiligung der Union nicht erreicht werden kann, müssen die Mitgliedstaaten treuhänderisch gemäß einem Unionsrechtsakt tätig werden, und gemeinsam im Interesse und für die Union auftreten.[1315] Dieses treuhänderische Tätigwerden müssen sie den Vertragspartnern bei Vertragsschluß offen legen.[1316] Die Union wird demnach durch die kompetenzlosen Mitgliedstaaten vertreten, es handelt sich um eine verdeckte komplementäre Mitgliedschaft der Union.[1317] Der geplante Vertragsschluss muss der Kommission übermittelt, und deren Bemerkungen und Einwände respektiert werden.[1318] Damit sind die Mitgliedstaaten verpflichtet, völkerrechtliche Verträge zu ratifizieren, wenn es deutlich ist, dass durch den Vertrag eine Politik der Union umgesetzt wird oder der Binnenmarkt realisiert werden soll.[1319]

Bei diesen Abkommen dürfen die Mitgliedstaaten sich erst aktiv an deren Durchführung beteiligen, wenn die Standpunkte, die dort vertreten werden sollen, vorher innerhalb der Union koordiniert wurden.[1320] Der erarbeitete Standpunkt wird in der Praxis entsprechend Art. 218 Abs. 9 AEUV beschlossen,[1321] und ist für die Mitgliedstaaten verbindlich.[1322] In

---

1313 *Eberle*, S. 176; *Neframi*, S. 222; *Huber*, ZöR 2006, 109, 126.

1314 *Cremona*, EUI Working Papers Law 2009, S. 3.

1315 *Actio pro communitate*, so: *Dauses*, EuR 1979, 138, 165; *Temple Lang*, FDMILJ 2008, 1483, 1494; *Neframi/Georgiadou*, in: Xenopoulos (Hrg.), S. 89, 105.

1316 *Vedder*, in: Grabitz/Hilf, Maastrichter Fassung, 2. GL, Art. 228 EWGV Rn. 24.

1317 *Vedder*, in: Grabitz/Hilf, Maastrichter Fassung, 2. GL, Art. 228 EWGV Rn. 26; zustimmend: *Heintschel von Heinegg*, in: Rengeling (Hrg.), S. 707, 741.

1318 *Eberle*, S. 106.

1319 *Temple Lang*, CMLRev. 1990, 645, 658.

1320 EuGH, Rs. C-45/07, Kommission/Griechenland, Slg. 2009, I-701, Rn. 28; *Vedder*, S. 230; *Eberle*, S. 106.

1321 Schlussanträge GA Kokott, Rs. C-370/07, CITES, Slg. 2009, I-8917, Rn. 74 ff.

1322 EuGH, Rs. C-370/07, CITES, Slg. 2009, I-8917, Rn. 44.

solchen Fällen wird also die Außenkompetenz der Union dadurch tatsächlich ausgeübt, dass die Mitgliedstaaten im Interesse der Union gemeinsam handeln.[1323] Um ein effektives Auftreten der Union zu ermöglichen, sollte im Rahmen eines Unionsrechtsakts entweder der Rat oder die Kommission dazu ermächtigt werden, über die in einem Vertragsorgan zu treffende Position zu entscheiden.[1324] Falls kein gemeinsamer Standpunkt gefunden wird, müssen sich die Mitgliedstaaten ihrer Stimme enthalten.[1325] Nationale Stellungnahmen sind also im Bereich ausschließlicher Außenkompetenzen ohne Autorisierung durch die Unionsorgane nicht mehr möglich.[1326]

Die Verpflichtung der Mitgliedstaaten einem Abkommen beizutreten, kann sich auch aus einem gemischten Vertrag ergeben: So verpflichtet Art. 5 des Protokolls 28 zum EWR-Abkommen[1327] alle Vertragsparteien des EWR-Vertrags der Berner Übereinkunft zum Schutz von Werken der Literatur und Kunst[1328] beizutreten. Die Einhaltung dieser Verpflichtung konnte vom EuGH überprüft werden, da die Bestimmungen des Berner Übereinkommens überwiegend in die Zuständigkeit der Union fallen.[1329] Deshalb besteht ein Unionsinteresse daran, dass alle Vertragsparteien des EWR-Abkommens diesem Übereinkommen beitreten, und damit fällt die Verpflichtung aus Art. 5 des Protokolls 28 zum EWR-Abkommen gemäß (jetzt) Art. 216 Abs. 2 AEUV in die Unionszuständigkeit. Damit ist die Kommission befugt, die Einhaltung dieser Verpflichtung zu überwachen.[1330]

Da die Mitgliedstaaten in Bereichen ausschließlicher Unionszuständigkeiten tätig werden, können sie aus der Natur der Sache her allein aus dem Umstand, dass die Union nicht Mitglied eines multilateralen Abkommens ist, nicht den Schluss ziehen, dass es ihnen erlaubt ist, bei der

---

1323 EuGH, Gutachten 2/91, ILO-Konvention Nr. 170, Slg. 1993, I-1061, Rn. 5; EuGH, Rs. C-45/07, Kommission/Griechenland, Slg. 2009, I-701, Rn. 31.

1324 *Heliskoski*, CMLRev. 2011, 555, 567.

1325 *von Horstig*, S. 50; *Eberle*, S. 106; *Cremona*, ELRev. 2009, 754, 763; *Delgado Casteleiro/Larik*, ELRev. 2011, 524, 533.

1326 *Cremona*, ELRev. 2009, 754, 763; *Hoffmeister*, in: Pache/Schorkopf (Hrg.), S. 59, 61.

1327 Protokoll 28 zum Abkommen vom 2. Mai 1992 über den Europäischen Wirtschaftsraum über geistiges Eigentum, ABl. 1994 L 1/194.

1328 Berner Übereinkunft vom 9. September 1886 zum Schutz von Werken der Literatur und Kunst in der Pariser Fassung vom 24. Juli 1971, BGBl. 1973 II, 1069.

1329 EuGH, Rs. C-13/00, Berner Übereinkunft, Slg. 2002, I-2943, Rn. 16. Vgl. dazu *Koutrakos*, in: Hillion/Koutrakos (Hrg.), S. 116, 124.

1330 EuGH, Rs. C-13/00, Berner Übereinkunft, Slg. 2002, I-2943, Rn. 19 f.

Durchführung des Abkommens Verpflichtungen einzugehen, welche Unionsnormen, die zur Verwirklichung der Vertragsziele ergangen sind, beeinträchtigen können.[1331] Dieser Grundsatz ist nun ausdrücklich in Art. 2 Abs. 1 Hs. 2 AEUV primärrechtlich bestätigt worden. Vielmehr müssen die Standpunkte und Vorgehensweisen immer mit der Union besprochen werden, und ihre Ansichten innerhalb der internationalen Organisation weitergegeben werden.

Dies bestätigt das allgemeine Beeinträchtigungsverbot der Unionsrechtsordnung aus Art. 4 Abs. 3 EUV.[1332] Bei völkerrechtlichen Verträgen kann es so präzisiert werden, dass es den Mitgliedstaaten verwehrt ist, bei der Durchführung völkerrechtlicher Verträge Initiativen zu starten, die zu einer völkerrechtlichen Bindung der Union führen, oder für diese andere rechtliche Folgen haben könnte.[1333]

3. Die Mitgliedschaft der Mitgliedstaaten in der Internationalen Seeschifffahrtsorganisation

Wie die Sachwalterschaft der Mitgliedstaaten konkret auszuüben ist, konnte der EuGH im Rahmen der Mitgliedschaft der Mitgliedstaaten bei der Internationalen Seeschifffahrtsorganisation (IMO)[1334] in dem Verfahren Rs. C-45/07[1335] feststellen.

Die IMO überwacht das Internationale Übereinkommen zum Schutz des menschlichen Lebens auf See[1336] (SOLAS) und den Internationalen Code für die Gefahrenabwehr auf Schiffen und in Hafenanlagen[1337] (ISPS-Code). Die Union hatte die VO 725/2004[1338] zur Erhöhung der Gefahrenabwehr auf Schiffen und in Hafenanlagen erlassen. In diese Ver-

---

1331 EuGH, Rs. C-45/07, Kommission/Griechenland, Slg. 2009, I-701, Rn. 30; EuGH, Rs. 804/79, Seefischerei-Erhaltungsmaßnahmen, 1045, Rn. 20.

1332 Siehe Teil 3 B. I. 2. a. cc.

1333 *Epiney*, NVwZ 2011, 976, 978.

1334 BGBl. 1965 II, S. 313; Neufassung: BGBl. 1986 II, S. 423, Änderung in BGBl. 2002 II, S. 1870.

1335 EuGH, Rs. C-45/07, Kommission/Griechenland, Slg. 2009, I-701.

1336 Internationale Übereinkommen vom 1. November 1974 zum Schutz des menschlichen Lebens auf See, BGBl. 1979 II, S. 141; Neufassung der amtlichen deutschen Übersetzung BGBl. 1998 II, S. 2579, letzte Änderung in BGBl. 2009 II, S. 1226.

1337 Internationaler Code vom 12. Dezember 2002 für die Gefahrenabwehr auf Schiffen und in Hafenanlagen, BGBl. 2003 II, S. 2018.

1338 Verordnung (EG) Nr. 725/2004 des Europäischen Parlaments und des Rates vom 31. März 2004 zur Erhöhung der Gefahrenabwehr auf Schiffen und in Hafenanlagen, ABl. 2004 L 129/6.

ordnung wurde das Kapitel XI-2 des Anhanges des SOLAS und der ISPS-Code übernommen. Durch Ausübung ihrer Kompetenzen ist damit dieser Regelungsbereich gemäß der AETR-Doktrin in die ausschließliche implizite völkerrechtliche Zuständigkeit der Union übergegangen.[1339]

Griechenland hatte – ohne dies innerhalb der Union abzustimmen[1340] – den Schiffsicherheitsausschuss der IMO aufgefordert, die Erstellung von Kontrolllisten oder anderer Hilfsmittel zu prüfen, welche den Vertragsstaaten des SOLAS die Kontrolle der Einhaltung der in dem Übereinkommen und dem ISPS-Code enthaltenen Anforderungen an Schiffe und Hafenanlagen hätte erleichtern können.[1341] Dadurch wurde ein Verfahren innerhalb der IMO eingeleitet, an dessen Ende das Ergebnis hätte stehen können, dass neue Vorschriften im Kapitel XI-2 des SOLAS und im ISPS-Code erlassen worden wären.[1342]

Doch der Erlass neuer Vorschriften in Kapitel XI-2 des SOLAS oder im ISPS-Codes hätte die VO 725/2004 beeinträchtigt, da der Unionsgesetzgeber sich durch Übernahme dieses Kapitels und des ISPS-Codes in die Verordnung entschieden hatte, diese beiden internationalen Rechtsakte zu großen Teilen in das Unionsrecht zu übernehmen.[1343] Dementsprechend stellte der EuGH fest, dass Griechenland dadurch gegen seine Verpflichtung aus Art. 10, 71 und 80 Abs. 2 EGV verstoßen habe, dass dessen Vorschlag das Verfahren zur Änderung der internationalen Rechtsakte ausgelöst hatte.[1344] Allein die Einleitung eines Verfahrens durch einen Mitgliedstaat, an dessen Ende eine Beeinträchtigung des Unionsrechts hätte stehen können, genügte also dem EuGH, um festzustellen, dass Unionsrechtsnormen, die zur Verwirklichung der Vertragsziele ergangen seien, hätten beeinträchtigen werden können.[1345] Die Mitgliedstaaten müssten die Außenkompetenz der Union tatsächlich ausüben, indem sie gemeinsam im Interesse der Union handelten.[1346]

Vielmehr hätte Griechenland seinen Vorschlag innerhalb der Union einbringen müssen. Dort hätte gemeinsam entschieden werden können, ob der Vorschlag eingebracht und – im Falle einer Annahme – das bestehende Unionsrecht geändert werden müsse. Vor der Einreichung des

---

1339 EuGH, Rs. C-45/07, Kommission/Griechenland, Slg. 2009, I-701, Rn. 15 ff.
1340 EuGH, Rs. C-45/07, Kommission/Griechenland, Slg. 2009, I-701, Rn. 28.
1341 EuGH, Rs. C-45/07, Kommission/Griechenland, Slg. 2009, I-701, Rn. 10.
1342 EuGH, Rs. C-45/07, Kommission/Griechenland, Slg. 2009, I-701, Rn. 21.
1343 EuGH, Rs. C-45/07, Kommission/Griechenland, Slg. 2009, I-701, Rn. 22.
1344 EuGH, Rs. C-45/07, Kommission/Griechenland, Slg. 2009, I-701, Rn. 23.
1345 EuGH, Rs. C-45/07, Kommission/Griechenland, Slg. 2009, I-701, Rn. 17, 30, unter Verweis auf EuGH, Rs. 22/70, AETR, Slg. 1971, 263, Rn. 22.
1346 EuGH, Rs. C-45/07, Kommission/Griechenland, Slg. 2009, I-701, Rn. 31.

Vorschlags beim Sicherheitsausschuss der IMO hatte Griechenland versucht, den Vorschlag auf die Tagesordnung des zuständigen Marsec-Ausschusses[1347] zu setzen, dies wurde jedoch von der Kommission abgelehnt.[1348] Damit sah Griechenland seine Verpflichtung zur Zusammenarbeit erfüllt und brachte den Vorschlag im Ausschuss vor.[1349] Zwar hatte durch diese Ablehnung die Kommission ihrerseits gegen die Verpflichtung zu loyaler Zusammenarbeit verstoßen, aber dennoch war Griechenland nicht berechtigt, einseitig Ausgleichs- oder Abwehrmaßnahmen zu ergreifen, um diesen Verstoß der Kommission gegen die Unionsrechtsordnung entgegenzuwirken.[1350]

Festgestellt wurde damit aber auch, dass die Union im Bereich ausschließlicher Kompetenzen im Rahmen der Außenbeziehungen gewisse Kooperationsverpflichtungen habe – zumindest die Pflicht Diskussionen zuzulassen, auch wenn die Anregung von einem Mitgliedstaat komme.[1351]

4. Die Praxis der Sachwalterschaft[1352]

Nach Auskunft der Gesprächspartner der deutschen und österreichischen Regierungen finde in den Fällen der Sachwalterschaft der Mitgliedstaaten in internationalen Organisationen eine ständige Koordinierung von Kommission und Mitgliedstaaten im Rat statt, um nach außen geschlossen aufzutreten. Ein Problem, dass von ihnen erwähnt wurde, ist die Frage, ob am Ende der Koordinierung für die Bereiche der Unionskompetenz ein formeller Ratsbeschluss stehen müsse, oder ob ein tatsächliches erzieltes Ergebnis ausreiche.[1353]

Vertreten werde der erreichte Standpunkt innerhalb der internationalen Organisation von der Ratspräsidentschaft, die nach außen deutlich mache, dass sie für alle 28 Mitgliedstaaten, und damit auch für die Union spreche. Die Mitgliedstaaten könnten aber durchaus einen Standpunkt vertreten, wenn er nicht von der koordinierten Position abweiche. Die Mitgliedstaaten seien sich bewusst, dass sie bei einer Sachwalterschaft

---

1347 Vgl. Art. 11 VO (EG) 725/2004.

1348 EuGH, Rs. C-45/07, Kommission/Griechenland, Slg. 2009, I-701, Rn. 24.

1349 *Delgado Casteleiro/Larik*, ELRev. 2011, 524, 534.

1350 EuGH, Rs. C-45/07, Kommission/Griechenland, Slg. 2009, I-701, Rn. 25 f.

1351 *Hillion*, in: Hillion/Koutrakos (Hrg.), S. 87, 113.

1352 Diese Erkenntnisse beruhen überwiegend auf die geführten Interviews mit Beamten der deutschen und österreichischen Bundesregierungen, vgl. Einleitung.

1353 Vgl. *Editorial Comments*, CMLRev. 2011, 1, 6.

für die Union nicht von einer gefundenen Unionsposition abweichen dürften.

Falls jedoch eine Koordinierung scheitern sollte, was durchaus – aber selten – vorkomme, dann nehmen die Mitgliedstaaten, die ein Interesse an dem Tagesordnungspunkt haben, das Rederecht wahr. Dies wird als bessere Alternative angesehen, als wenn niemand sprechen würde.

Generell wird das Konzept der Sachwalterschaft der Mitgliedstaaten, im Unterschied zur Kommission, nicht als negativ angesehen. Wenn die Union bei ausschließlicher Kompetenzen ohne die Mitgliedstaaten Mitglied einer internationalen Organisation sei, oder bei gemeinsamer Mitgliedschaft im Bereich der alternativen Rechtsausübung diese ausübt, genieße sie zu jeder Frage wie jedes andere Mitglied nur einmal ein Rederecht. Somit könne es sein, dass keine Replik auf politische Schwergewichte wie die USA, Indien und Brasilien mehr möglich sei.

Eine Wiederaufnahme einer Norm entsprechend zu Art. 116 EWGV, die eine Zusammenarbeit der Mitgliedstaaten in internationalen Organisationen vorsah, ist nach Ansicht der befragten Beamten der deutschen Bundesregierung abzulehnen. Erstens aus dem praktischen Grund, dass Primärrechtsänderungen schwer durchsetzbar seien, und, zweitens deshalb, weil eine Koordinierung selbstverständlich und automatisch erfolge und – bis auf wenige Ausnahmen, was man an den wenigen Verfahren vor dem EuGH[1354] erkennen könne – gut funktioniere.[1355] Das Nicht-Ausscheren einzelner Mitgliedstaaten sei in der Regel gewährleistet.

Auch die Gesprächspartner der österreichischen Bundesregierung favorisieren nicht eine Wiedereinführung einer Art. 116 EWGV entsprechenden Norm. Vielmehr sollte bei der Ausübung der Sachwalterschaft durch die Mitgliedstaaten die Art. 218 Abs. 9 AEUV und Art. 34 Abs. 1 EUV angewandt werden.

E. Eigenständige völkerrechtliche Verträge der Bundesrepublik und Österreichs

Im Rahmen der durchgeführten Feldstudie[1356] wurde untersucht, ob und inwieweit innerhalb der deutschen und der österreichischen Bundesregierung ein zwischen den Ministerien abgestimmter, zwingender Mechanismus angewandt wird, um vor dem Abschluss eines völkerrechtlichen

1354 So auch *Herrmann*, NVwZ 2002, 1168.
1355 So auch: *Timmermanns*, in: Hillion/Koutrakos (Hrg.), S. 1, 7.
1356 Siehe Einleitung.

Vertrags durch die Bundesrepublik zu überprüfen, ob durch den geplanten Vertrag auch Unionskompetenzen betroffen sind. Daran schloss sich die Frage der Vorgehensweise an, wenn festgestellt worden ist, dass ein – wenn auch nur kleiner – Teil eines geplanten völkerrechtlichen Vertrags in die Unionskompetenz fällt.

Die befragten Beamten beider Bundesregierungen sehen keinen generellen Konflikt Mitgliedstaat – Europäische Union, denn es besteht ein klares Bewusstsein darüber, dass die Union kein abstraktes Gebilde sei, sondern aus der Summe der 28 Mitgliedstaaten bestehe, die sich entschieden haben bestimmte Kompetenzen nur noch gemeinsam auszuüben.[1357] Durch das Organ „Rat der Europäischen Union" könnten die Mitgliedstaaten nach Meinung der Gesprächspartner ihre Interessen auch gut vertreten. Demnach tauchen Kompetenzkonflikte nur mit dem exekutiven Organ der Union, der Kommission, auf.

Innerhalb der deutschen Bundesregierung ist kein Ministerium ausschließlich für die Europapolitik zuständig. Für die Koordinierung der Europapolitik sind das Auswärtige Amt, das Bundesministerium für Wirtschaft und Technologie und das Bundesministerium der Justiz zuständig, wobei die Federführung dem Auswärtigen Amt obliegt. Das Bundesministerium für Wirtschaft und Technologie ist richtungsweisend bei unionsrechtlichen Fragestellungen. Dies ist historisch bedingt, denn der Ursprung der Europäischen Union findet sich in der Europäischen Wirtschaftsgemeinschaft. In der Abteilung E – Europapolitik werden alle Vertragsverletzungsverfahren, die gegen die Bundesrepublik eingeleitet werden, koordiniert, mit Ausnahme der Verfahren, die das Bundesministerium der Justiz im Rahmen seiner Zuständigkeit führt. Zudem ist es Anlaufstelle für alle Bundesministerien in Bezug auf europarechtliche Fragen. Insbesondere in Grauzonen, wenn also die Kompetenzabgrenzung zur Union nicht deutlich erkenntlich ist, beziehungsweise noch keine Klärung diesbezüglich durch den EuGH erfolgt ist, berät das Bundesministerium für Wirtschaft und Technologie strategisch, es werden also verschiedene Handlungsmöglichkeiten und ihre rechtlichen Folgen aufgezeigt. Ziel der Beratung ist dabei unter anderem, keine für die Bundesrepublik negativen Präzedenzfälle zu schaffen.

1357 So auch *Hilf*, in: Müller-Graff (Hrg.), S. 89, 92

I. Vorgehensweise der deutschen Bundesregierung

Nachfolgend wird kurz auf das Vertragschließungsverfahren der Bundesrepublik eingegangen.

1. Vertragschließungsverfahren der Bundesrepublik, Art. 59 Abs. 2 GG

Das Grundgesetz trifft keine Regelung hinsichtlich der Völkerrechtssubjektivität der Bundesrepublik, sondern setzt diese voraus.[1358] Art. 32 GG regelt das Verhältnis der Vertragschließungskompetenzen zwischen den Ländern und dem Bund. Die Auslegung des Art. 32 GG ist hinsichtlich der Vertragschließungskompetenz des Bundes im Bereich der ausschließlichen Gesetzgebungszuständigkeit der Länder ungeklärt. Jedoch wird in der Praxis gemäß dem sogenannten Lindauer Abkommen[1359] eine pragmatische Lösung gefunden.[1360] Demnach akzeptieren die Länder gewisse Verträge des Bundes, in anderen Fällen stimmen die Länder Verträgen im Bereich ihrer ausschließlichen Kompetenz zu.[1361] Die Ständige Vertragskommission der Länder steht dem Auswärtige Amt oder den zuständigen Fachministerien als Gesprächspartner für die Aushandlung völkerrechtlicher Verträge zur Verfügung.[1362]

Gemäß der Regelung in Art. 59 Abs. 1 S. 2 GG schließt der Bundespräsident völkerrechtliche Verträge der Bundesrepublik ab. An seiner statt treten in der Regel Vertreter der Bundesregierung, ausgestattet mit Verhandlungs- und Unterzeichnungsvollmachten auf.[1363] In der Praxis werden jedoch Verwaltungsabkommen von Mitgliedern der Bundesregierung auch ohne eine Vollmacht des Bundespräsidenten geschlossen.[1364]

1358 *Schweitzer*, Rn. 115.

1359 Verständigung vom 14. November 1957 zwischen der Bundesregierung und den Staatskanzleien der Länder über das Vertragsschlußrecht des Bundes, vgl. dazu Bulletin des Presse- und Informationsamtes der Bundesregierung 1957, S. 1966. Der Wortlaut findet sich bei *Schweitzer*, Rn. 128.

1360 *Schweitzer*, Rn. 126 ff.; *Geiger*, S. 111 ff.

1361 *Schweitzer*, Rn. 128 a.

1362 *Geiger*, S. 113.

1363 *Streinz*, in: Sachs, Art. 59 GG Rn. 9; *Pernice*, in: Dreier, Art. 59 GG Rn. 21.

1364 Vgl. BVerfGE 68, Atomwaffenstationierung, 1, 82 f. und Art. 7 WVK, in der eine stillschweigend vom Bundespräsidenten erteilte Vollmacht angenommen wird. Kritisch dazu: *Schweitzer*, Rn. 139 ff.; *Streinz*, in: Sachs, Art. 59 GG Rn. 10 ff.

Für Verträge, die die politischen Beziehungen des Bundes regeln, und für Verträge, die sich auf Gegenstände der Bundesgesetzgebung beziehen, ist gemäß Art. 59 Abs. 2 S. 1 GG das mehrphasige Verfahren für den Abschluss völkerrechtlicher Verträge vorgesehen.[1365] Dabei wird der Vertrag von Unterhändlern ausgehandelt, unterzeichnet, beziehungsweise paraphiert, danach tritt das innerstaatliche Ratifizierungsverfahren in Gang. [1366] Die Zusammenarbeit der Bundesministerien untereinander in allen diesen Verfahrensschritten ist in § 72 f. GGO geregelt.

Nach der Rechtsprechung des Bundesverfassungsgerichts ist der Begriff „politische Verträge" im Sinne des Art. 59 Abs. 2 S. GG eng auszulegen.[1367] Es muss sich um hochpolitische Verträge handeln.[1368] Durch den Vertrag muss die Existenz des Staates, die territoriale Integrität, die Unabhängigkeit, oder die Stellung und das maßgebliche Gewicht in der Staatengemeinschaft berührt werden.[1369] Zusätzlich muss auch der Zweck des Vertrags die Regelung politischer Beziehungen sein.[1370] Unter politische Verträge fallen vor allem Bündnisverträge, Friedensverträge und ähnliche Verträge.[1371] Ein Zustimmungsgesetz ist in diesen Fällen für die allgemeine parlamentarische Kontrolle der Exekutive notwendig.[1372] In der Staatspraxis wird die Zustimmung zu einem völkerrechtlichen Vertrag selten auf diese Variante des Art. 59 Abs. 2 S. 1 GG gestützt.[1373]

Auf die Bundesgesetzgebung bezieht sich ein Vertrag,

> „wenn zur Vollziehung des Vertrags ein Bundesgesetz erforderlich wird, wenn also der Bund durch den Vertrag Verpflichtungen übernimmt, deren Erfüllung allein durch den Erlass eines Bundesgesetzes möglich ist."[1374]

Gegenstand eines Zustimmungsgesetzes sind nach dieser Variante demnach völkerrechtliche Verträge, für deren Erfüllung die deutschen Behörden einer gesetzlichen Grundlage bedürfen.[1375] Daher sind auch Verträge umfasst, die der Bund im Bereich der Landesgesetzgebung ab-

---

1365 Vgl. Art. 7 ff. WVK. Siehe dazu *Verdross/Simma*, § 698.

1366 Siehe dazu *Schweitzer*, Rn. 144 ff.

1367 BVerfGE 1, Deutsch-Französisches Wirtschaftsabkommen, 372, 381 ff.; BVerfGE 90, Out-of-area Einsätze, 286, 359.

1368 *Pernice*, in: Dreier, Art. 59 GG Rn. 30; *Streinz*, in: Sachs, Art. 59 GG Rn. 29; *Schweitzer*, Rn. 164.

1369 BVerfGE 1, Deutsch-Französisches Wirtschaftsabkommen, 372, 381.

1370 BVerfGE 1, Deutsch-Französisches Wirtschaftsabkommen, 372, 382.

1371 BVerfGE 1, Deutsch-Französisches Wirtschaftsabkommen, 372, 381.

1372 *Streinz*, in: Sachs, Art. 59 GG Rn. 22.

1373 *Plate*, DÖV 2011, 606, 607.

1374 BVerfGE 1, Deutsch-Französisches Wirtschaftsabkommen, 372, 389.

1375 *Schweitzer*, Rn. 167; *Geiger*, S. 120; *Pernice*, in: Dreier, Art. 59 GG Rn. 31.

schließt.[1376] Diese Alternative regelt damit nicht den Gegensatz zwischen Bundes- und Landesgesetzgebung, sondern den Gegensatz zwischen zustimmungspflichtigen Verträgen und reinen Verwaltungsabkommen.[1377] Ob eine Regelung nur durch ein formelles Gesetz getroffen werden kann, bestimmt sich nach dem Grundsatz des Gesetzesvorbehalts, Art. 20 Abs. 3 GG.[1378] Ansonsten würde die Exekutive die Bundesrepublik völkerrechtlich binden, obwohl die Erfüllung der eingegangenen völkerrechtlichen Verpflichtung nur durch die gesetzgebenden Körperschaften möglich ist.[1379] Ob das Zustimmungsgesetz ein Einspruchs- oder Zustimmungsgesetz ist, richtet sich nach den Regelungen des Grundgesetzes über das Gesetzgebungsverfahren, Art. 70 ff. GG.[1380]

Ist ein Zustimmungsgesetz erfolgt, so erfolgt ein Austausch der Ratifikationsurkunden mit dem Vertragspartner, oder die Ratifikationsurkunde wird bei einem Depositar hinterlegt.[1381] Damit tritt der Vertrag völkerrechtlich in Kraft.

2. Prüfung der Vertragschließungskompetenz

Generell sind die Fachministerien zuständig für die Aushandlung und Umsetzung aller in ihren Tätigkeitsbereich fallenden völkerrechtlichen Verträge. Allgemein haben die Referate der einzelnen Bundesministerien das Erstentscheidungsrecht in allen Angelegenheiten, die dem Ministerium in seinem Zuständigkeitsbereich zugewiesen sind, § 7 Abs. 1 S. 3 GGO. Demnach erfolgt die Prüfung der Vertragschließungskompetenz für einen völkerrechtlichen Vertrag in den Fachressorts. Das für einen geplanten Vertrag federführende Ministerium, und innerhalb diesem das zuständige Fachreferat, prüft und beantwortet die Frage nach einer eventuell berührten unionsrechtlichen Kompetenz.

Stellt dieses Fachreferat bei der Prüfung der Vertragschließungskompetenz hinsichtlich eines geplanten völkerrechtlichen Vertrags fest, dass ein Regelungsbereich in die Kompetenz der Union fällt, so gibt es keinen abgestimmten, zwingenden Mechanismus innerhalb der Bundesregierung wie weiterverfahren wird. Einigkeit besteht jedoch darüber,

---

1376 *Schweitzer*, Rn. 171; *Plate*, DÖV 2011, 606, 607; *Streinz*, in: Sachs, Art. 59 GG Rn. 33.

1377 BVerfGE 1, Deutsch-Französisches Wirtschaftsabkommen, 372, 390; *Plate*, DÖV 2011, 606, 607; *Streinz*, in: Sachs, Art. 59 GG Rn. 31.

1378 *Geiger*, S. 120; *Streinz*, in: Sachs, Art. 59 GG Rn. 32.

1379 *Streinz*, in: Sachs, Art. 59 GG Rn. 21.

1380 *Schweitzer*, Rn. 180; *Geiger*, S. 121; *Streinz*, in: Sachs, Art. 59 GG Rn. 50.

1381 *Schweitzer*, Rn. 155 f.

dass die Existenz einer Vertragschließungskompetenz der Bundesrepublik in jeder Phase des Verfahrens sicherzustellen ist. In Zweifelsfällen wird das EU-Referat des federführenden Ministeriums zu Rate gezogen. Dieses prüft mittels einer genauen Analyse des ergangenen Sekundärrechts, inwieweit die Union ihre Zuständigkeit in dem Bereich bereits ausgeübt hat. Ergibt die Prüfung im Fachreferat keine Anhaltspunkte einer bestehenden Vertragschließungskompetenz der Union, wird das EU-Referat des Ministeriums nicht generell über die in den Fachreferaten geplanten völkerrechtlichen Verträge in Kenntnis gesetzt. Demnach wird das EU-Referat nicht routinemäßig bei der Prüfung der Vertragschließungskompetenz miteinbezogen.

Falls nach einer durchgeführten Prüfung der Vertragschließungskompetenz im EU-Referat eines Ministeriums noch weiter Zweifel an der Kompetenzverteilung bestehen, kann auch die europarechtliche Abteilung des Bundesministeriums für Wirtschaft und Technologie um eine Stellungnahme gebeten werden, § 72 Abs. 3 i.V.m. § 45 Abs. 1 S. 4 GGO. Abschließend entscheidet jedoch das zuständige Fachreferat selbst über die Vertragschließungskompetenz hinsichtlich eines geplanten völkerrechtlichen Vertrags. Folglich entscheidet es damit auch über ein weiteres alleiniges Vorgehen der Bundesrepublik hinsichtlich eines Vertrags.

Nach den Aussagen der Gesprächspartner solle diese Zuständigkeit für die Prüfung der Vertragschließungskompetenz nicht auf ein einzelnes Ministerium, das dann für alle völkerrechtlichen Verträge zuständig wäre, übertragen werden. Denn in den Fachministerien sei die Sachkompetenz hinsichtlich der spezifischen Regelungsbereiche gebündelt. Allerdings dürfen gemäß § 11 Abs. 2 der Geschäftsordnung der Bundesregierung[1382] und § 72 Abs. 2 GGO Verhandlungen mit ausländischen Staaten nur mit Zustimmung des Auswärtigen Amtes, und auf sein Verlangen hin nur unter seine Mitwirkung geführt werden. Allgemein wird die auch praktizierte Notwendigkeit gesehen, dass die Ministerien untereinander eng zusammenarbeiten, da die Kommission die Tendenz habe, mitgliedstaatliche Kompetenzen für sich zu reklamieren.

3. Prüfung der Verfassungskonformität

Im Bundesministerium des Innern und im Bundesministerium der Justiz werden alle völkerrechtlichen Verträge, die die Bundesrepublik beabsich-

1382 Geschäftsordnung der Bundesregierung vom 11. Mai 1951, GMBl. 1951, S. 137, zuletzt geändert GMBl. 2002, S. 848.

tigt zu unterzeichnen und zu ratifizieren, im Hinblick auf die Verfassungsmäßigkeit geprüft, § 72 Abs. 4 GGO. Soweit möglich, soll diese Überprüfung schon nach Vorliegen des ersten Textentwurfs durchgeführt werden. Dabei wird die generelle Vereinbarkeit des geplanten völkerrechtlichen Vertrags mit dem Grundgesetz geprüft, ob Interessen der Bundesländer berührt werden, und ob ein Vertragsgesetz nach Art. 59 Abs. 2 GG notwendig ist. Im Jahr werden im Durchschnitt 400-500 völkerrechtliche Verträge der Bundesrepublik geprüft, davon sind etwa 80% ohne eine Beteiligung der Union.

Die genaue Kompetenzabgrenzung zur Union stellt keine verfassungsrechtliche Frage dar und wird daher im Rahmen der Verfassungsmäßigkeitsprüfung nicht gezielt untersucht. Beide Ministerien weisen das Fachressort allerdings auf eventuelle Konflikte mit unionsrechtlichen Kompetenzen hin, die bei der Überprüfung der Verfassungsmäßigkeit der völkerrechtlichen Verträge auffallen. Aufgrund der fehlenden gezielten Überprüfung der Vertragschließungskompetenzen wird solch ein Hinweis selten erteilt.

Da alle völkerrechtlichen Verträge der Bundesrepublik einer Verfassungsmäßigkeitsprüfung unterzogen werden, werden somit auch alle gemischt abgeschlossenen Verträge in diesen beiden Ministerien überprüft. Im Gegensatz zum Vorgehen bei allein durch die Bundesrepublik abgeschlossenen Verträgen wird bei den gemischten Verträgen untersucht, ob ein gemischter Vertrag überhaupt rechtlich notwendig ist, also ob und welche Vertragschließungskompetenzen die Union für den völkerrechtlichen Vertrag innehat. Wenn diese Vertragschließungskompetenzen festgestellt worden sind wird anschließend die Verfassungsmäßigkeit der in die mitgliedstaatliche Kompetenz fallenden Vertragsteile des gemischten Vertrags überprüft.

4. Vorgehen bei festgestellter Unionskompetenz

Wenn bei der Prüfung der Vertragschließungskompetenz für einen völkerrechtlichen Vertrag festgestellt wird, dass ein kleiner Regelungsbereich eines geplanten Vertrags in die Kompetenz der Union fällt, aber überwiegend nur den Mitgliedstaaten verbliebene Kompetenzen betroffen sind, stellt sich die Frage nach der weiteren Vorgehensweise der Bundesregierung hinsichtlich dieses Vertrags.

Eine denkbare Alternative ist einerseits, dass die Union mit „ins Boot geholt" wird und ein „hinkender" gemischter Vertrag zwischen dem Drittstaat auf der einen Seite und nur der Bundesrepublik und der Union auf der anderen Seite abgeschlossen wird. Die Schwierigkeit bei dieser Alternative liegt darin, die anderen Mitgliedstaaten davon zu überzeugen, einen Ratsbeschluss über die Aushandlung, Unterzeichnung und Abschluss eines Vertrags gemäß Art. 218 AEUV zu erlassen, an dem sie selbst gar kein Interesse besitzen. Die andere denkbare Alternative ist die Herausnahme des in die unionsrechtliche Kompetenz fallenden Regelungsbereichs aus dem geplanten Vertrag, und der Abschluss des Vertrags ohne diesen Teil.

Nach Ansicht einzelner Gesprächspartner werde der in die Unionskompetenzen fallende Regelungsbereich aus dem Vertrag wieder herausgenommen. In Bereichen, in denen es im Interesse der Bundesregierung sei, noch bei den Mitgliedstaaten verbliebene Kompetenzen auch aufrechtzuerhalten, müsse sichergestellt sein, dass die Mitgliedstaaten selbständig handlungsfähig blieben. Dies schließe auch eine eigene Vertragschließungskompetenz ein. Der Neuabschluss eines „hinkenden" gemischten Vertrags an sich sei nach Aussage der Gesprächspartner politisch nicht vorstellbar und die Existenz eines bereits bestehenden „hinkenden" gemischten Vertrags, auch gemeinsam mit einem anderen Mitgliedstaat, war den Gesprächspartnern nicht bekannt.

Bei den geteilten Politikbereichen, z.B. Umwelt und Verkehr gemäß Art. 4 Abs. 2 lit. e und g AEUV, in denen die Vertragschließungskompetenzen in der Regel gemischt sind,[1383] werden kleinere in die Vertragschließungskompetenzen der Union fallende Regelungsbereiche unter Beachtung des Unionsrechts mitgeregelt. So wird zum Beispiel dem Drittstaat gegenüber gefordert, und dann auch im Vertrag geregelt, dass gegenseitige gewährte Begünstigungen seitens des Drittstaats allen Mitgliedstaaten der Union gewährt werden.

5. Keine Unterrichtung der Union über geplante Vertragsabschlüsse

Im Zusammenhang mit eigenen völkerrechtlichen Verträgen der Bundesrepublik war zudem von Interesse, ob die Bundesregierung die Kommission über aufgenommene Verhandlungen mit einem Drittstaat über einen völkerrechtlichen Vertrag und über erfolgte Vertragsabschlüsse informiert.

Das Ergebnis lautet, dass die Kommission zwar nicht zwingend, jedoch aufgrund der Pflicht zur loyalen Zusammenarbeit, Art. 4 Abs. 3 EUV, häufig über aufgenommene Vertragsverhandlungen und über erfolgte Vertragsabschlüsse informiert wird. In manchen Bereichen der ge-

---

1383 Siehe dazu Teil 1 B. IV.

teilten, beziehungsweise gemischten Vertragschließungskompetenz wurden von der Union Verordnungen erlassen, die für den Abschluss völkerrechtlicher Verträge der Mitgliedstaaten ein Notifizierungsverfahren bei der Kommission vorsehen.[1384] Daraus könnte der Umkehrschluss gezogen werden, dass in den anderen Regelungsbereichen, zum Beispiel im Rahmen des Verkehrs bei völkerrechtlichen Verträgen über andere Verkehrsträger als Flugzeugen, eine Notifizierung des Vertrags nicht notwendig sei. Allerdings können diesbezüglich Pflichten aus Art. 4 Abs. 3 EUV bestehen.

Generell herrscht ein „Kompetenzselbstbewusstsein" bei den Gesprächspartnern vor. Dies bedeutet, dass man sich im Klaren darüber sei, inwieweit die Bundesrepublik selbst noch zuständig für den Abschluss völkerrechtlicher Verträge sei. Aus diesen Gründen werde auch die Einführung einer Norm entsprechend zu Art. 103 EAGV[1385] abgelehnt.

Zweifel in dieser Hinsicht seien bisher nur in der Frage von Rechtshilfeabkommen aufgekommen. Einzelne Gesprächspartner sind der Auffassung, dass die diesbezügliche Vertragschließungskompetenz nur hinsichtlich der Staaten auf die Union übergegangen sei, mit denen die Union solch ein Abkommen abgeschlossen habe. Mit anderen Drittstaaten können die Mitgliedstaaten also weiterhin Rechtshilfeabkommen abschließen. Diese Praxis der Mitgliedstaaten werde von der Kommission nicht beanstandet.

6. Verzicht auf eigene Verhandlungen bei Verhandlungsmandat der Kommission

Sobald die Kommission durch einen Ratsbeschluss zu völkerrechtlichen Verhandlungen im Bereich einer geteilten Vertragschließungskompetenz ermächtigt worden ist, hält sich die Bundesregierung ihrerseits zurück und nimmt keine eigenen Verhandlungen mehr auf. Es reicht jedoch nicht aus, dass die Kommission den Mitgliedstaaten gegenüber nur ankündigt, ein Mandat in einem Regelungsbereich zu beantragen, dies muss auch tatsächlich geschehen. Ansonsten entsteht ein Vakuum hinsichtlich der völkerrechtlichen Handlungsfähigkeit der Mitgliedstaaten und der Union.

1384 Siehe dazu Teil 4 C.
1385 Siehe dazu Teil 4 B. VII.

II. Vorgehensweise der österreichischen Bundesregierung

Auch innerhalb der österreichischen Bundesregierung gibt es keinen eigens eingerichteten Mechanismus für die Prüfung, ob bei einem geplanten, eigenständig abzuschließenden völkerrechtlichen Vertrag Kompetenzen der Union betroffen sind.[1386] Diese Prüfung erfolgt begleitend durch die beteiligten Ressorts.

1. Prüfung der Vertragschließungskompetenz und der Verfassungskonformität

Zuständig für die Überprüfung der Vertragschließungskompetenz völkerrechtlicher Verträge ist das inhaltlich verantwortliche Bundesministerium, es gilt demnach das Ressortprinzip. In den Ministerien werden dann eventuell auftretende Fragen des Unionsrechts selbständig geklärt.

Eine gewisse allgemeine Koordinierung, zumindest mit dem Bundesministerium für europäische und internationale Angelegenheiten, findet jedoch nach Maßgabe des in § 5 des Bundesministeriengesetz[1387] vorgesehenen Verfahrens statt. Fällt ein geplanter völkerrechtlicher Vertrag in den Wirkungsbereich mehrerer Bundesministerien, so findet gemäß § 5 Abs. 1 Ziffer 1, Abs. 2 BMG eine Koordinierung zwischen den Ministerien statt, in dem das federführende Ministerium für die Bearbeitung des völkerrechtlichen Vertrags festgelegt wird. Fällt ein völkerrechtlicher Vertrag in den Wirkungsbereich eines Ministeriums, berührt aber den Wirkungsbereich eines oder mehrerer anderer Bundesministerien, so stimmt sich das zuständige Bundesministerium mit den beteiligten Bundesministerien gemäß § 5 Abs. 1 Ziffer 2, Abs. 3 BMG ab. Im Rahmen dieser allgemeinen Koordination zirkuliert der Entwurf eines völkerrechtlichen Vertrags innerstaatlich, und ein gegebenenfalls auftauchendes Problem einer Berührung des Unionsrechts wird gemeinsam gelöst. Das Bundesministerium für europäische und internationale Angelegenheiten – Völkerrechtsbüro ist in der weit überwiegenden Zahl der Fälle

---

1386 Ebensowenig in Finnland, siehe *Kauppi*, in: Xenopoulos (Hrg.), S. 81, 82; Griechenland, siehe *Neframi/Georgiadou*, in: Xenopoulos (Hrg.), S. 89, 96; Luxemburg, siehe *Mischo*, in: Xenopoulos (Hrg.), S. 139.

1387 Bundesgesetz über die Zahl, den Wirkungsbereich und die Einrichtung der Bundesministerien (Bundesministeriengesetz 1986 – BMG), BGBl. Nr. 76/1986, zuletzt geändert durch Bundesgesetz, mit dem das Bundesministeriengesetz 1986 geändert wird (Bundesministeriengesetz-Novelle 2009), BGBl. I Nr. 3/2009.

von Beginn an in die innerstaatlichen Vorbereitungs- und Genehmigungsschritte für die Verhandlungen und den Abschluss von Verträgen eingebunden. Daher wird in Zweifelsfällen die Frage der unionsrechtlichen Zulässigkeit des Vertragsschlusses durch einen Mitgliedstaat der EU auch einer Prüfung durch die Abteilung für Europarecht unterzogen.

Ähnlich wie beim Verfahren in der Bundesrepublik findet nur eine Überprüfung der Verfassungsmäßigkeit der völkerrechtlichen Verträge durch den im Bundeskanzleramt angesiedelten Verfassungsdienst statt.

2. Vorgehen bei festgestellter Unionskompetenz

Falls festgestellt wird, dass durch einen völkerrechtlichen Vertrag auch ein kleiner Regelungsbereich, der in die ausschließliche Kompetenz der Union fällt, betroffen ist, gibt es unterschiedliche Vorgehensweisen. Zum einen wird der völkerrechtliche Vertrag unionsrechtskonform angepasst, beziehungsweise der entsprechende Regelungsbereich aus dem geplanten völkerrechtlichen Vertrag entfernt.

Zum anderen wird durch eine EU-Gleitklausel die Gefahr einer Präjudizierung des Unionsrechts, beziehungsweise der Beeinträchtigung des Unionsrechts entgegengewirkt. Diese Gleitklausel besagt, dass Verpflichtungen, die sich aus der Mitgliedschaft in einer Organisation der regionalen Wirtschaftsintegration ergeben, den Verpflichtungen aus dem Vertrag vorgehen. Diese „REIO-Klausel" ist dynamisch, sie bezieht sich auch auf künftiges Unionsrecht. Die grundsätzliche Geeignetheit durch solch eine Klausel völkerrechtliche Verträge der Mitgliedstaaten unionsrechtskonform zu gestalten, wurde vom EuGH anerkannt.[1388] Jedoch ist, soweit ersichtlich, noch keine Überprüfung einer konkreten Klausel durch den EuGH erfolgt.

Ein Beispiel für solche eine Klausel ist Art. 11 des Abkommens zwischen Österreich und Russland bezüglich der South Stream Pipeline.[1389]

1388 EuGH, Rs. C-205/06, Kommission/Österreich, Slg. 2009, I-1301, Rn. 41 f.

1389 Abkommen vom 24. April 2010 zwischen der Regierung der Republik Österreich und der Regierung der Russischen Föderation über die Zusammenarbeit beim Bau und Betrieb der Erdgas-Pipeline auf dem Hoheitsgebiet der Republik Österreich, BGBl. III Nr. 39/2011. Art. 11 dieses Abkommens lautet:

Artikel 11

Dieses Abkommen berührt weder Rechte noch Pflichten aus anderen internationalen Verträgen.

Dieses Abkommen berührt keinerlei Pflichten der einzelnen Vertragsparteien, welche sich aus deren Mitgliedschaft in einer Organisation der regiona-

3. Keine Unterrichtung der Union über geplante Vertragsabschlüsse

Die österreichische Bundesregierung informiert die Kommission ebenfalls nicht generell über geplante oder erfolgte Vertragsabschlüsse im Bereich geteilter Kompetenzen. Der Kommission angezeigt werden jedoch Verträge, die wirtschaftliche Regelungen enthalten.

Auch von den Gesprächspartnern der österreichischen Bundesregierung wird die Einführung einer Norm entsprechend Art. 103 EAGV nicht befürwortet. Vielmehr solle auf Gebieten, in denen eine generelle Prüfung der Unionsrechtskonformität mitgliedstaatlicher völkerrechtlicher Verträge erforderlich erscheine, analog zu den bereits bestehenden Notifizierungs- und Genehmigungsverfahren eine an diese Verfahren angelehnte sekundärrechtliche Lösung für diese Gebiete gefunden werden.

4. Verzicht auf eigene Handlungen bei Verhandlungsmandat der Union

Die österreichische Bundesregierung geht in den Fällen, in denen die Kommission bereits eine Empfehlung für ein Verhandlungsmandat für eine Unionsübereinkunft dem Rat übermittelt hat, ebenso vor wie die deutsche Bundesregierung: In solch einem Fall weist das Bundesministerium für europäische und internationale Angelegenheiten das andere Ressort darauf hin, dass die Verfolgung bilateraler Vertragsprojekte nicht mehr zulässig sei.

---

len Wirtschaftsintegration ergeben. Die Berufung auf diese Bestimmung berührt nicht die Frage der Verantwortung für Schäden, die durch eine Handlung oder Unterlassung auf der Grundlage einer solchen Berufung verursacht wurden. Die Verantwortung für den Schaden ist begrenzt mit der Höhe der Direktinvestitionen in das Projekt, die noch nicht amortisiert sind.

Endergebnis

Abschließend kann festgehalten werden, dass die Notwendigkeit der Existenz der gemischten Verträge ihren Ursprung in der Supranationalität der Union hat, verbunden mit dem Prinzip der begrenzten Einzelermächtigung.

Aufgrund der nur partiell übertragenen Zuständigkeiten besitzt die Union auch nur eine funktionell beschränkte Völkerrechtspersönlichkeit. Demnach besitzt sie ausschließlich eine Außenkompetenz in den von den Mitgliedstaaten übertragenen Zuständigkeiten. Dabei gilt die Parallelität von Innen- und Außenkompetenz. Demzufolge kann die Union nicht nur in den Bereichen handeln, in denen ihr ausdrücklich Außenkompetenzen übertragen worden sind, sondern vielmehr in allen Bereichen, in denen sie Gesetzgebungskompetenz besitzt. Der Abschluss eines völkerrechtlichen Vertrags ist nur eine Variante der Sekundärrechtssetzung.

Die nicht ausdrücklich übertragenen Vertragschließungskompetenzen werden implizite Vertragschließungskompetenzen genannt. Diese sind im geltenden Unionsrecht in Art. 3 Abs. 2 und 216 Abs. 1 AEUV kodifiziert worden. Diese Kodifizierung gibt die wesentlichen Merkmale der ergangenen Rechtsprechung wieder und ist in deren Lichte auszulegen. Jedoch ist die Kodifizierung nicht zufriedenstellend. Es wurde versäumt, eine Art. 101 EAGV entsprechenden Norm in die Primärrechtsverträge zu integrieren, die die Parallelität von Innen- und Außenkompetenz deutlich ausdrückt.

Schwierigkeiten bereitet die Ermittlung der Reichweite von nach der AETR-Doktrin ausschließlich gewordener impliziter Vertragschließungskompetenzen. Dabei handelt es sich um ursprünglich geteilte Kompetenzen, die durch Sekundärrechtsetzung in die ausschließliche Kompetenz der Union übergegangen sind. Die Feststellung ausschließlicher impliziter Vertragschließungskompetenzen kann nur nach einer konkreten und umfassenden Analyse des Verhältnisses zwischen dem geplanten Vertrag und dem geltenden Unionsrecht festgestellt werden. Diese Analyse muss sich auf den Umfang, die Natur und den Inhalt der fraglichen Vorschriften stützen. Dabei sind neben dem aktuellen Stand des Unionsrechts auch die absehbaren Entwicklungsperspektiven zu berücksichtigen.

Hinsichtlich der Frage ob Vertragschließungskompetenzen gemäß der AETR-Doktrin ausschließliche der Union geworden sind, herrscht regelmäßig Uneinigkeit zwischen der Kommission und den Mitgliedstaaten.

Fällt der Gegenstand eines völkerrechtlichen Vertrags teilweise in die ausschließliche Vertragschließungskompetenz der Union und teilweise in die ausschließliche Vertragschließungskompetenz der Mitgliedstaaten, ist aus unionsrechtlicher Sicht ein gemischter Abschluss des Vertrags notwendig. Dabei ergänzen sich die Kompetenzen, und Union und Mitgliedstaaten werden aus unionsrechtlicher Sicht zusammen als Unionsgruppe eine Vertragspartei des Vertrags.

Gemischte Verträge werden darüber hinaus auch abgeschlossen, wenn die Mitgliedstaaten die Finanzierungsverpflichtungen tragen, oder ein Vertragspartner auf einer Beteiligung der Mitgliedstaaten besteht. Ebenfalls werden gemischte Verträge geschlossen, obwohl die Union den Vertrag aufgrund vollständiger ausschließlicher und geteilter Zuständigkeit für die Regelungsbereiche des Vertrags allein abschließen könnte. In diesen Fällen ist die Beteiligung der Mitgliedstaaten dem politischen Grund geschuldet, dass die Mitgliedstaaten nicht gewillt sind, der Union die Ausübung der entsprechenden geteilten Kompetenzen zu überlassen. Dies hätte zur Folge, dass die Mitgliedstaaten intern wie extern ihre Zuständigkeit für die in dem Vertrag geregelten Bereiche verlieren. Weiterhin werden gemischte Verträge geschlossen, wenn Uneinigkeit über die Reichweite der Unionskompetenz besteht. Die konkrete Kompetenzverteilung könnte an sich in einem Gutachtenverfahren vor dem EuGH endgültig geklärt werden. Wenn aus politischen Gründen der Abschluss eines gemischten Vertrags opportuner erscheint, wird jedoch auf die Einleitung eines Gutachtenverfahrens verzichtet.

Die gemischten Verträge können auf verschiedene Weise kategorisiert werden. Erkennbare Unterschiede in der praktischen Anwendung gibt es innerhalb der Kategorien bilateraler und multilateraler gemischter Verträge. Bilaterale gemischte Verträge sind solche, an denen neben der Unionsgruppe nur ein Drittstaat oder eine Gruppe von Drittstaaten teilnimmt. Im Gegensatz dazu ist bei multilateralen Verträgen eine Vielzahl von Drittstaaten ebenfalls Vertragspartei, ohne dass diese eigenständig eine Gruppe bilden. Häufig sind multilaterale gemischte Verträge Gründungsakten internationaler Organisationen.

Völkerrechtlich sind sowohl die Union als auch jeder Mitgliedstaat an den gesamten Vertrag gebunden. Die unionsinterne Zuständigkeitsverteilung stellt für die Drittstaaten eine *res inter alios acta* dar. Die fehlende Zuständigkeit kann den Drittstaaten nur entgegengehalten werden, wenn die Union eine Zuständigkeitserklärung abgegeben hat. Dies ist regelmäßig bei der Mitgliedschaft in internationalen Organisationen der Fall.

Bestandteil der Unionsrechtsordnung wird nur der unionsrechtliche Teil eines gemischten Vertrags. Ansonsten würde eine Kompetenzverschiebung zu Gunsten der Union vorliegen. In den mitgliedstaatlichen Rechtsordnungen nimmt der unionsrechtliche Teil am Vorrang des Unionsrechts teil. Der mitgliedstaatliche Kompetenzbereich eines gemischten Vertrags hingegen hat in den Rechtsordnungen der Mitgliedstaaten den Rang, der jeweils verfassungsrechtlich einem völkerrechtlichen Vertrag zugesprochen wird. In der Bundesrepublik hat der mitgliedstaatliche Teil Gesetzes-, in Österreich hingegen Gesetzes- oder Verfassungsrang.

Aus dieser Erkenntnis folgt, dass der EuGH nur Auslegungskompetenz hinsichtlich der unionsrechtlichen Teile eines gemischten Vertrags besitzt. Zuständig ist er jedoch für die Auslegung von Verfahrensvorschriften, die sowohl auf nationale als auch auf Sachverhalte der Union anwendbar sind, um diese Vorschriften einheitlich auszulegen, und somit eine einheitliche völkerrechtliche Vertretung der Union nach außen zu gewährleisten. Ebenfalls ist der EuGH auslegungsbefugt für die Bereiche, zu denen zwar noch keine Rechtsvorschriften der Union ergangen sind, diese aber einen weitgehend vom Unionsrecht erfassten Bereich betreffen. Zudem kann der EuGH den gesamten Vertrag auslegen, um die genaue Kompetenzverteilung festzustellen, denn er ist die einzige Instanz, die verbindlich die Reichweite des Unionsrechts feststellen kann.

Aus der Tatsache, dass bei einem gemischten Vertrag die Union und die Mitgliedstaaten als Unionsgruppe eine Partei bilden, ergibt sich eine Kooperationsverpflichtung zwischen den Unionsorganen und den Mitgliedstaaten. Die Existenz der Kooperationsverpflichtung stellt der EuGH in ständiger Rechtsprechung fest. Eine fortwährende Kooperation ist von der Aushandlung über den Abschluss bis zur Erfüllung der gemischten Verträge sicherzustellen. Damit soll eine einheitliche völkerrechtliche Vertretung der Unionsgruppe erreicht werden.

Eine dogmatische Begründung für diese Kooperationsverpflichtung liefert der EuGH nicht. Einen Rückgriff auf Art. 4 Abs. 3 EUV, die Pflicht zur loyalen Zusammenarbeit, nimmt er nicht vor. Dessen ungeachtet sieht die ganz herrschende Meinung in der Literatur in der Kooperationsverpflichtung eine Ausprägung der Pflicht zur loyalen Zusammenarbeit. Jedoch wirkt die Kooperationsverpflichtung umfassend – die Mitgliedstaaten müssen auch in den ihnen verbliebenen Kompetenzen untereinander und mit den Unionsorganen kooperieren. Diese Verpflichtung geht damit über die Reichweite des Art. 4 Abs. 3 EUV hinaus, der sich auf den Anwendungsbereich der Primärrechtsverträge beschränkt. Die herrschende Auffassung ist demnach abzulehnen.

Die Kooperationsverpflichtung hat vielmehr ihre Wurzeln im Wesen der Union. Sie ist – wie der Vorrang des Unionsrechts – Folge der Errichtung eines supranationalen Gebildes. Als Konsequenz der Errichtung einer supranationalen Organisation muss deren Funktionieren gewährleistet sein, und darf nicht durch das eigenmächtige Handeln eines Mitgliedstaats beschränkt werden. Im Rahmen eines gemischten Vertrags stellen die Union und die Mitgliedstaaten als Unionsgruppe eine Einheit dar. Um in allen Phasen eines gemischten Vertrags einheitlich als eine Vertragspartei aufzutreten, gilt die Kooperationsverpflichtung generell – unabhängig von der konkreten Kompetenzverteilung. Das einheitliche Auftreten steht im Interesse der gesamten Unionsgruppe, weshalb die Kooperationsverpflichtung ungeschriebenes Primärrecht darstellt. Damit ist ihr auch eine Ergebnispflicht immanent, das heißt, es reicht nicht aus, dass sich um eine gemeinsame Position bemüht wird. Vielmehr muss eine gemeinsame Position gefunden werden, ein eigenständiges Handeln ist weder der Union noch den Mitgliedstaaten gestattet.

In der Praxis wird der Kooperationsverpflichtung nicht immer Genüge getan. Für die Verhandlung von gemischten Verträgen hatten sich unterschiedliche Formen der Verhandlungsdelegationen gebildet. In letzter Zeit wird ein Verhandlungsteam, angeführt von Kommission und/oder der Hohen Vertreterin der Union für Außen- und Sicherheitspolitik, vom Rat für die Union und für die Mitgliedstaaten von den im Rat vereinigten Vertretern der Regierungen der Mitgliedstaaten für die Verhandlung gemischter Verträge mandatiert. Die Verhandlungen müssen gemäß von beiden Gremien erstellter Verhandlungsrichtlinien und im Benehmen mit einem Sonderausschuss nach Art. 218 Abs. 4 AEUV geführt werden. Diese Praxis erfüllt die Kooperationsverpflichtung. Den Verhandlungspartnern tritt nur ein Verhandlungsteam gegenüber. Eventuelle Diskrepanzen sind schon vorher geklärt worden und sind für die Verhandlungspartner nicht sichtbar.

Hinsichtlich der Ratifizierung gemischter Verträge besteht in der Praxis eine Diskrepanz zwischen bilateralen und multilateralen gemischten Verträgen. Bilaterale gemischte Verträge ratifiziert die Union als letztes, nach allen Mitgliedstaaten oder gemeinsam mit ihnen. Demgegenüber ist hinsichtlich multilateraler gemischter Verträge keine eingeübte Praxis erkennbar. Die Union ratifiziert die Verträge, obwohl nicht alle Mitgliedstaaten ratifiziert haben. Dadurch entsteht ein uneinheitliches Auftreten nach außen. Es ist Drittstaaten gegenüber schwer zu erklären, warum die Union nur mit einem Teil ihrer Mitgliedstaaten Vertragspartei wird.

Bei der Durchführung der gemischten Verträge ist die Kooperation bei den bilateralen gemischten Verträgen in der Regel zufriedendstellend. Im Fall multilateraler gemischter Verträge gilt regelmäßig nach dem Vertrag eine alternative Rechtsausübung zwischen Union und den Mitgliedstaaten. Im Rahmen mancher internationaler Organisationen wurden für diese Rechtsausübung zwischen der Union und den Mitgliedstaaten Vereinbarungen getroffen. Eine umfassende, alle multilateralen gemischte Verträge umfassende Vereinbarung wurde nur bezüglich der Abgabe von Erklärungen getroffen. Abgesehen von PROBA 20 sind in den Vereinbarungen unterschiedliche Mehrheitsverhältnisse für die Findung gemeinsamer Standpunkte geregelt. Zudem ist als Letztentscheidungsinstanz der COREPER vorgesehen. Die Zusammenarbeit in internationalen Organisationen, bei denen keine Vereinbarung existiert, orientiert sich an diesem Muster. Beides ist abzulehnen. Aus dem Wesen der Kooperationsverpflichtung ergibt sich, dass gemeinsame Standpunkte immer gefunden werden müssen, und zwar mit qualifizierter Mehrheit im Rat. Zudem nimmt eine Letztentscheidungsinstanz für vorkommende Streitfällen den Druck, eine gemeinsame Position zu finden.

Um die Kooperationsverpflichtung ausdrücklich im Primärrecht zu verankern und ihren Charakter als Ergebnispflicht zu manifestieren, wurde ein Kodifizierungsvorschlag für einen neuen Artikel im AEUV vorgelegt. Im ersten Absatz wird die Kooperationsverpflichtung festgeschrieben. Der Begriff „Unionsgruppe“ wird dabei primärrechtlich verankert. Er weist darauf hin, dass die Kooperationsverpflichtung unabhängig von der Kompetenzverteilung zu beachten ist.

Die darauf folgenden Absätze 2 bis 5 institutionalisieren die Kooperationsverpflichtung. Abs. 2 tritt für die Erteilung von Verhandlungsermächtigungen zu dem unionsrechtlichen Verfahren nach Art. 218 AEUV. Es wird die momentane Praxis festgeschrieben, dass der Verhandlungsführer der Union auch für den mitgliedstaatlichen Teil eines gemischten Vertrags durch die im Rat vereinigten Vertreter der Regierungen der Mitgliedstaaten zu Verhandlungen ermächtigt wird. Wie in Art. 207 Abs. 3 UA 3 AEUV wird die Verpflichtung aufgestellt, einen Sonderausschuss zu bestellen.

Abs. 3 ergänzt ebenfalls das unionsrechtliche Verfahren nach Art. 218 AEUV. Die Mitgliedstaaten beschließen einstimmig durch die im Rat vereinigten Vertreter der Regierungen der Mitgliedstaaten die Unterzeichnung des gemischten Vertrags. Infolgedessen sind sie zu einer raschen Durchführung des nationalen Ratifikationsprozesses verpflichtet. Daran schließt sich in Abs. 4 eine an Art. 102 EAGV orientierte Regelung an. Die Union kann ihrerseits erst einen gemischten Vertrag ratifizieren, wenn alle Mitgliedstaaten ihr Ratifizierungsverfahren durchgeführt haben. Die Ratifizierungsabkommen werden dann gebündelt übergeben, oder es muss im gemischten Vertrag festgelegt werden, dass dieser für die Unionsgruppe erst in Kraft treten kann, wenn diese als Ganzes den gemischten Vertrag ratifiziert hat.

Absatz 5 regelt die Zusammenarbeit in durch den gemischten Vertrag aufgestellten Gremien. In allen Kompetenzbereichen ist für die Erarbeitung eines gemeinsamen Standpunkts hinsichtlich Erklärungen und Abstimmungen eine Einigung zwischen dem vertretenden Unionsorgan und dem Rat herbeizuführen. Aus der Kooperationsverpflichtung ergibt sich, dass der Rat dabei immer mit qualifizierter Mehrheit beschließt. Der Abschluss von Zusammenarbeitsvereinbarungen hinsichtlich der nach Kompetenzverteilung unterschiedlichen Ermittlung eines Standpunkts und der Ausübung des Rede- und Stimmrechts wird damit hinfällig. In Einzelfällen ist dies unter Beachtung der Regelung des Abs. 5 weiterhin möglich, um das einheitliche Auftreten der Unionsgruppe auf die speziellen Gegebenheiten eines gemischten Vertrags anzupassen.

Schließlich werden durch Abs. 6 die Abs. 2 – 5 für Verträge, die in die gemischte Zuständigkeit fallen, deren Abschluss der Union jedoch verwehrt ist, für anwendbar erklärt.

Die Mitgliedstaaten müssen auch bei der eigenständigen Wahrnehmung völkerrechtlicher Kompetenzen mit der Union kooperieren. Bei der Ausübung geteilter Vertragschließungskompetenzen müssen sie Art. 4 Abs. 3 EUV als Kompetenzausübungsschranke beachten. Sie dürfen zukünftiges Unionsrecht nicht beeinträchtigen. Kündigungsklauseln in den mit den Drittstaaten geschlossenen völkerrechtlichen Verträgen reichen nicht aus, um dem Beeinträchtigungsverbot Genüge zu tun. Die Mitgliedstaaten müssen vor eigenständigem völkerrechtlichem Handeln mit der Kommission Rücksprache halten und zusammenarbeiten, wenn die Kommission ein eigenständiges Verhandlungsmandat übertragen bekommen hat. Um eine Beeinträchtigung von künftigem Unionsrecht nicht zu gefährden, sollte diese Zusammenarbeitspflicht mit der Kommission generell gelten. Das Beeinträchtigungsverbot kann zu einer temporären Stillhalteverpflichtung führen, wenn die Union selbst in einem geteilten Bereich Sekundärrecht setzen möchte.

Die Kooperationsverpflichtung bei der eigenen Wahrnehmung völkerrechtlicher Verträge sollte allerdings nicht so weit führen, dass eine Art. 103 EAGV entsprechende Norm eingeführt wird. Die generelle Überprüfung aller im geteilten Kompetenzbereich abgeschlossenen völkerrechtlichen Verträge der Mitgliedstaaten durch die Kommission bedeutet einen zu hohen Verwaltungsaufwand.

Vielmehr stellt in den Bereichen, in denen traditionell bilaterale Verträge geschlossen werden und die in die gemischte Zuständigkeit fallen, die Aufstellung von Genehmigungs- und Notifizierungsverfahren eine sinnvolle Regelung dar. So wird das Unionshandeln nicht beeinträchtigt. Es kann sich eine Unionspolitik entwickeln und es wird gesichert, dass die bilateralen Verträge der Mitgliedstaaten unionsrechtskonform sind. Im Bereich ausschließlicher Kompetenzen ist die punktuelle Einführung solcher Verfahren sinnvoll, wenn kein Interesse an einem Unionsabkommen besteht, einzelne Mitgliedstaaten aber aufgrund enger Bindungen zu gewissen Drittstaaten mit diesen einen völkerrechtlichen Vertrag schließen wollen.

Die Mitgliedstaaten müssen auch eigenständig handeln, wenn die Union völkerrechtlich tätig werden möchte, ihr aber die Teilnahme an einem völkerrechtlichen Vertrag verwehrt ist. Sie müssen sich bei den Vertragsparteien dafür einsetzen, den Vertrag auch für die Union zu öffnen. Ist trotzdem eine eigene Teilnahme der Union verwehrt, so sind die Mitgliedstaaten dazu verpflichtet, dem völkerrechtlichen Vertrag beizutreten, falls sie noch nicht Vertragspartei sind. Dann werden die Mitgliedstaaten als Sachwalter des gemeinsamen Interesses tätig. Sie können erst tätig werden, wenn die zu vertretenden Standpunkte vorher innerhalb der Union koordiniert wurden. Der erarbeitete Standpunkt wird in der Praxis analog Art. 218 Abs. 9 AEUV verbindlich beschlossen, ein einheitliches Auftreten ist damit in der Regel gewährleistet.

Innerhalb der deutschen Bundesregierung[1390] gibt es kein abgestimmtes Verfahren, um festzustellen, ob durch einen geplanten völkerrechtlichen Vertrag auch Unionskompetenzen betroffen sind. Vorgeschrieben ist für jeden völkerrechtlichen Vertrag ausschließlich eine Verfassungsmäßigkeitsprüfung durch das Bundesministerium des Innern und dem Bundesministerium der Justiz. Die eigene Vertragschließungskompetenz ist jedoch in allen Phasen des völkerrechtlichen Vertrags sicherzustellen. Dies erfolgt durch das zuständige Referat des jeweiligen Ressorts. Bei Zweifelsfällen können das interne EU-Referat oder das Bundesministerium für Wirtschaft und Technologie und das Auswärtige Amt zu Rate gezogen werden.

Es gibt kein festes vorgesehenes Verfahren, wenn festgestellt wird, dass durch einen geplanten völkerrechtlichen Vertrag auch Unionskompetenzen betroffen sind. Zum Teil wird der betreffende Teil aus dem völkerrechtlichen Vertrag wieder herausgenommen oder unionsrechtskonform ausgestaltet. Der Abschluss eines hinkenden gemischten Vertrags,

---

1390 Die folgenden Abschnitte fassen die Erkenntnisse aus Teil 4 E. zusammen. Es sei nochmal darauf hingewiesen, dass diese keine abgestimmte Position der jeweiligen Bundesregierung darstellen, sondern persönliche Meinungen der interviewten Gesprächspartner.

also eines bilateralen Vertrags ausschließlich zusammen mit der Union und dem betreffenden Drittstaat ist noch nicht erfolgt, und auch für die Zukunft nicht politisch vorstellbar.

Im Rahmen der geteilten Vertragschließungskompetenzen wird auf ein eigenständiges völkerrechtliches Handeln verzichtet, sobald die Kommission ein Verhandlungsmandat des Rates erhalten hat. Ebenso geht die österreichische Bundesregierung vor. Abgeschlossene Verträge werden nicht generell, aber häufig aufgrund der Pflicht zur loyalen Zusammenarbeit der Kommission gemeldet.

Auch innerhalb der österreichischen Bundesregierung prüfen generell nur die beteiligten Ressorts, ob bei einem eigenständig abzuschließenden völkerrechtlichen Vertrag auch Kompetenzen der Union betroffen sind. Zweifelsfälle der unionsrechtlichen Zulässigkeit des Vertragsschlusses werden jedoch regelmäßig im Bundesministerium für europäische und internationale Angelegenheiten überprüft.

Falls festgestellt wird, dass durch einen geplanten völkerrechtlichen Vertrag auch Unionskompetenzen betroffen sind, gibt es kein festes Verfahren der weiteren Vorgehensweise. Zum einen wird der völkerrechtliche Vertrag unionsrechtskonform angepasst, beziehungsweise der entsprechende Regelungsbereich aus dem geplanten völkerrechtlichen Vertrag entfernt. Zum anderen wird eine EU-Gleitklausel eingefügt, die besagt, dass Verpflichtungen, die sich aus der Mitgliedschaft in der Union ergeben, den Verpflichtungen aus dem Vertrag vorgehen. Grundsätzlich wurde ein EU-Gleitkausel vom EuGH als unionsrechtskonform angesehen, eine konkrete Überprüfung einer Gleitklausel ist, soweit ersichtlich, noch nicht erfolgt.

Die österreichische Bundesregierung informiert die Kommission ebenfalls nicht generell über geplante oder erfolgte Vertragsabschlüsse im Bereich geteilter Kompetenzen. Der Kommission angezeigt werden jedoch Verträge, die wirtschaftliche Regelungen enthalten.

Ausblick

Insgesamt zeigt sich, dass die gemischten Verträge eine Vielzahl von Problemen aufwerfen. Diese werden in der Praxis meist zufriedenstellend gelöst. Da jedoch die Kooperationsverpflichtung generell nicht als Ergebnispflicht anerkannt wird, wird nicht immer ein gemeinsames Ergebnis gefunden. Der Kodifikationsvorschlag würde die Ergebnispflicht manifestieren. Für die Verhandlungen gemischter Verträge würde die Mandatierung einer einzelnen Unionsdelegation Pflicht werden. Dies würde für ein einheitliches völkerrechtliches Auftreten der Unionsgruppe sorgen. Ebenso die zeitgleich zu erfolgende Ratifizierung. Eine wichtige Änderung gegenüber der bestehenden Praxis, insbesondere der in internationalen Organisationen, würde die zwingende Festlegung einer gemeinsamen Position für die Teilnahme an den durch die gemischten Verträge eingesetzten Gremien darstellen. Dadurch muss nicht erst zeitraubend die konkrete Zuständigkeitsverteilung festgestellt werden, sondern kann von Anfang an der Fokus auf die Sachfrage gelegt werden.

Im Rahmen des eigenständigen völkerrechtlichen Handelns der Bundesrepublik und Österreichs findet zwar keine generelle Überprüfung eventuell berührter Unionskompetenzen statt, aber die dargestellte Praxis stellt sicher, dass diese ausreichend beachtet werden. Die Einführung einer generellen Stelle, die die Verteilung der Vertragschließungskompetenzen überprüft, würde entweder dazu führen, dass Fachpersonal aus den einzelnen Ressorts abgezogen werden müsste und dort fehlen würde, oder die Konsequenz nach sich ziehen, dass aufgrund fehlender Expertise solch eine Überprüfung zu lange dauern würde.

Abschließend bleibt festzuhalten, dass die gemischten Verträge und die Verteilung der Vertragschließungskompetenzen eine komplexe und arbeitsintensive Angelegenheit bleiben.[1391] Selbst wenn der vorgebrachte Kodifizierungsvorschlag in den AEUV integriert werden würde, würde eine Abgrenzung der Vertragschließungskompetenzen für das Mandat zu den Verhandlungen gemischter Verträge weiterhin nötig sein.

Innerhalb der Kommission muss festgestellt, und dem Rat gegenüber begründet werden, warum das alleinige Verhandlungsmandat für einen völkerrechtlichen Vertrag beantragt wird. Diese Angaben werden im Ratsunterbau überprüft. In den mitgliedstaatlichen Ministerien wird dies ebenfalls vor dem Abschluss eigenständiger völkerrechtlicher Verträge überprüft, sobald Zweifel an der Zuständigkeit auftauchen.

1391 Vgl. *van der Steen*, in: Hillion/Koutrakos (Hrg.), S. 295, 303.

Diese notwendigen Tätigkeiten, deren Inhalt auch ein Arbeitsfeld für Wissenschaftler bietet, können aber auch positiv gesehen werden, denn „they will bring joy to a government adviser and bread and butter to his family!“[1392]

1392 *van der Steen*, in: Hillion/Koutrakos (Hrg.), S. 295, 303.

Literaturverzeichnis

Arnold, Rainer, Der Abschluß gemischter Verträge durch die Europäischen Gemeinschaften, AVR 1980-81, S. 419 – 456.

Auvret-Finck, Josiane, Avis 1/94 de la Cour du 15 novembre 1994, RTDE 1995, S. 322 – 336.

Auswärtiges Amt, Denkschrift zum Vertrag von Lissabon vom 13. Dezember 2007, Berlin 2007, abrufbar unter: http://www.auswaertiges-amt.de/cae/servlet/contentblob/358382 /publicationFile/3093/Denkschrift-lissabon.pdf. (zitiert: *AA*, Denkschrift)

Balekjian, W.H., Mixed Agreements: Complementary and Concurrent Competences?, in: O´Keeffe, David/Schermers, Henry G. (Hrg.), Mixed Agreements, Deventer 1983, S. 141 – 151.

Balfour, John, EC External Aviation Relations: The Community´s increasing Role, and the new EC/US Agreement, CMLRev. 2008, S. 443 – 463.

Barav, Ami, The Division of External Relations Power between the European Economic Community and the Member States in the case-law of the Court of Justice, in: Timmermans, C.W.A./Völker, E.L.M. (Hrg.), Division of powers between the European Communities and their Member States in the field of external relations, Deventer 1981, S. 29 – 64.

Bieber, Roland/Epiney, Astrid/Haag, Marcel, Die Europäische Union. Europarecht und Politik, 9. Auflage, Baden-Baden 2011 (zitiert: BEH/*Autor*).

Bischoff, Jan Asmus, Besprechung des Gutachtens 1/03 des EuGH vom 7.2.2006, EuZW 2006, S. 295 – 301.

ders., Die Europäische Gemeinschaft und die Konventionen des einheitlichen Privatrechts, Tübingen 2010.

ders., Notwendige Flexibilisierung oder Ausverkauf von Kompetenzen? – Zur Rückübertragung von Außenkompetenzen der EG für privatrechtliche Abkommen durch die Verordnungen (EG) Nr. 662/2009 und Nr. 664/2009, ZEuP 2010, S. 321 – 337.

ders., Just a little *bit* of „Mixity“? The EU´s Role in the Field of international Investment Protection Law, CMLRev. 2011, S. 1527 – 1569.

Björklund, Martin, Responsibility in the EC for Mixed Agreements – Should Non-Member Parties Care?, NJIL 2001, S. 373 – 402.

Bleckmann, Albert, Der gemischte Vertrag im Europarecht, EuR 1976, S. 301 – 312.

ders., The Mixed Agreements of the EEC in Public International Law, in: O´Keeffe, David/Schermers, Henry G. (Hrg.), Mixed Agreements, Deventer 1983, S. 155 – 165.

ders., Der Grundsatz der Völkerrechtsfreundlichkeit der deutschen Rechtsordnung, DÖV 1996, S. 137 – 145.

Bothe, Michael, Die EU in internationalen Umweltabkommen, in: Gaitanides, Charlotte/Kadelbach, Stefan/Rodriguez Iglesias, Gil Carlos (Hrg.), Europa und seine Verfassung. Festschrift für Manfred Zuleeg zum siebzigsten Geburtstag, Baden-Baden 2005, S. 668 – 681.

Bourgeois, Jacques H.J., The EC in the WTO and Advisory Opinion 1/94: An Echternach Procesion, CMLRev. 1995, S. 763 – 787.

ders., Mixed Agreements: A New Approach?, in: Bourgeois, Jacques H.J./Dewost, Jean-Louis/Gaiffe, Marie-Ange (Hrg.), La Communauté européene et les accords mixtes. Quelles perspectives?, Brüssel 1997, S. 83 – 91.

Breier, Siegfried, Die völkerrechtlichen Vertragsschlusskompetenzen der Europäischen Gemeinschaft und ihrer Mitgliedstaaten im Bereich des Umweltschutzes, EuR 1993, S. 340 – 354.

ders., Die geschlossene völkerrechtliche Vertretung der Gemeinschaft am Beispiel der 3. Vertragsstaatenkonferenz der Klimarahmenkonvention in Kyoto, EuZW 1999, S. 11 – 15.

ders., Die Außenkompetenzen der Gemeinschaft und ihrer Mitgliedstaaten auf dem Gebiet des Umweltschutzes, in: Müller-Graff, Peter-Christian/Pache, Eckhard/ Scheuing, Dieter H. (Hrg.), Die Europäische Gemeinschaft in der internationalen Umweltpolitik, Baden-Baden 2006, S. 99 – 116.

Bundesministerium für Verbraucherschutz, Ernährung und Landwirtschaft (Hrg.), Die FAO und die Mitwirkung der Bundesrepublik Deutschland, Münster 2003 (zitiert: *BMVEL*, FAO).

Bungenberg, Marc, Mixed Agreements im Gemeinschaftsrecht und nationalem Recht, in: Zehetner, Franz (Hrg.), Festschrift für Hans-Ernst Folz, Wien/Graz 2003, S. 13 – 29.

ders., Außenbeziehungen und Außenhandelspolitik, in: Schwarze, Jürgen/Hatje, Armin (Hrg.), Der Reformvertrag von Lissabon, EuR Beiheft 1/2009, S. 196 – 215.

Burghardt, Günter, Die Stellung der EG in Internationalen Organisationen, in: Zieger, Gottfried/Lebahn, Axel (Hrg.), Rechtliche und wirtschaftliche Beziehungen zwischen den Integrationsräumen in West- und Osteuropa. Internationales Symposium 16. – 18. Mai 1979, Wissenschaftszentrum, Bonn, Baden-Baden 1980, S. 69 – 77.

Cahill, Dermot, Irish Report, in: Xenopoulos, Xenios L. (Hrg.), External Relations of the EU and the Member States: Competence, Mixed Agreements, International Responsibility, and Effects of International Law. FIDE 2006 National Reports, Nicosia 2006, S. 123 – 137.

Calliess, Christian/Ruffert, Matthias (Hrg.), EUV/EGV, Das Verfassungsrecht der Europäischen Union mit Europäischer Grundrechtecharta. Kommentar, 3. Auflage, München 2007 (zitiert: *Bearbeiter*, in: Calliess/Ruffert).

Calliess, Christian/Ruffert, Matthias (Hrg.), EUV/AEUV, Das Verfassungsrecht der Europäischen Union mit Europäischer Grundrechtecharta. Kommentar, 4. Auflage, München 2011 (zitiert: *Bearbeiter*, in: CR).

Cavicchioli, Lucia, The Relations between the European Community and the International Labour Organization, in: Cannizzaro, Enzo (Hrg.), The European Union as an Actor in International Relations, Den Haag/London/New York 2002, S. 261 – 269.

Craig, Paul, Competence: clarity, conferral, containment and consideration, ELRev. 2004, S. 323 – 344.

Cremona, Marise, The Doctrine of Exclusivity and the Position of Mixed Agreements in the External Relations of the European Community, Oxford J. Legal Stud. 1982, S. 393 – 428.

dies., The Draft Constitutional Treaty: External Relations and External Action, CMLRev. 2003, S. 1347 – 1366.

dies., Community Report, in: Xenopoulos, Xenios L. (Hrg.), External Relations of the EU and the Member States: Competence, Mixed Agreements, International Responsibility, and Effects of International Law. FIDE 2006 National Reports, Nicosia 2006, S. 319 – 360.

dies., Defending the Community Interest: the Duties of Cooperation and Compliance, in: Cremona, Marise/de Witte, Bruno (Hrg.), EU Foreign Relations Law. Constitutional Fundamentals, Oxford/Portland 2008, S. 125 – 169.

dies., Defining competence in EU external relations: lessons from the Treaty reform process, in: Dashwood, Alan/Maresceau, Marc (Hrg.), Law and Practice of EU External Relations. Salient Features of a Changing Landscape, Cambridge 2008, S. 34 – 69.

dies., Extending the reach of the AETR principle: Comment on *Commission v Greece* (C-45-07), ELRev. 2009, S. 754 – 768.

dies., Member States as Trustees of the Community Interest: Participating in International Agreements on behalf of the European Community, EUI Working Papers Law 2009/17, Florenz 2009.

dies., Disconnection Clauses in EU Law and Practice, in: Hillion, Christophe/Koutrakos, Panos (Hrg.), Mixed Agreements Revisited. The EU and its Member States in the World, Oxford und Portland 2010, S. 160 – 186.

dies., Case C-246/07, *Commission v. Sweden (PFOS)*, Judgement of the Court of Justice (Grand Chamber) of 20 April 2010, nyr., CMLRev. 2011, S. 1639 – 1665.

dies., External Relations and External Competence of the European Union: The Emergence of an Integrated Policy, in: Craig, Paul/de Búrca, Gráinne (Hrg.), The Evolution of EU Law, 2. Auflage, Oxford 2011, S. 217 – 268.

Conze, Albrecht, Die völkerrechtliche Haftung der Europäischen Gemeinschaft, Baden-Baden 1987.

Czuczai, Jenő, Mixity in Practice: Some Problems and Their (Real or Possible) Solution, in: Hillion, Christophe/Koutrakos, Panos (Hrg.), Mixed Agreements Revisited. The EU and its Member States in the World, Oxford und Portland 2010, S. 231 – 248.

Dashwood, *Alan*, Why Continue to Have Mixed Agreements at All?, in: Bourgeois, Jacques H.J./Dewost, Jean-Louis/Gaiffe, Marie-Ange (Hrg.), La Communauté européene et les accords mixtes. Quelles perspectives?, Brüssel 1997, S. 93 – 98.

ders., Implied External Competence of the EC, in: Koskenniemi, Martti (Hrg.), International Law Aspects of the European Union, Den Haag 1998, S. 113 – 123.

ders./Heliskoski, Joni, The Classic Authorities Revisited, in: Dashwood, Alan/Hillion, Christophe (Hrg.), The General Law of E.C. External Relations, London 2000, S. 3 – 19.

ders., Mixity in the Era of the Treaty of Lisbon, in: Hillion, Christophe/Koutrakos, Panos (Hrg.), Mixed Agreements Revisited. The EU and its Member States in the World, Oxford und Portland 2010, S. 351 – 366.

Dauses, Manfred A., Die Beteiligung der Europäischen Gemeinschaften an multilateralen Völkerrechtsübereinkommen, EuR 1979, S. 138 – 170.

ders., Rechtliche Probleme der Abgrenzung der Vertragschlußbefugnis der EG und der Mitgliedstaaten und die Auswirkungen der verschiedenen Abgrenzungsmodelle (mit Thesen), in: Ress, Georg (Hrg.), Souveränitätsverständnis in den Europäischen Gemeinschaften. Europäische Direktwahlen und staatliches Souveränitätsverständnis. Auswärtige Befugnisse der Europäischen Gemeinschaften und nationale auswärtige Gewalt, Baden-Baden 1980, S. 171 – 202.

De Baere, Geert, Constitutional Principles of EU External Relations, Oxford 2008.

dies., “O, Where is Faith? O, Where is Loyalty?” Some Thoughts on the Duty of Loyal Co-operation and the Union´s External Environmental Competences in the light of the *PFOS* Case, ELRev. 2011, S. 405 – 419.

Delgado Casteleiro, Andrés/Larik, Joris, The Duty to Remain Silent: Limitless Loyalty in EU External Relations?, ELRev. 2011, S. 524 – 541.

Dolmans, Maurits J.F.M., Problems of Mixed Agreements. Division of Powers within the EEC and the Rights of Third States, Den Haag 1985.

Dörr, Oliver, Die Entwicklung der ungeschriebenen Außenkompetenzen der EG, EuZW 1996, S. 39 – 43.

Dreier, Horst (Hrg.), Grundgesetz. Kommentar, 2. Auflage, 3 Bände, Band II, Artikel 20 – 82, Tübingen 2006 (zitiert: *Bearbeiter*, in: Dreier).

Dutzler, Barbara, The Representation of the EU and the Member States in International Organisations – General Aspects, in: Griller, Stefan/Weidel, Birgit (Hrg.), External Economic Relations and Foreign Policy in the European Union, Wien/New York 2002, S. 151 – 189.

Eberle, Cornelia, Die EG als Partei internationaler Umweltschutzübereinkommen: Fragen des Abschlusses von Übereinkommen und deren Implementierung, Heidelberg 2001.

Editorial Comments, The aftermath of Opinion 1/94 or how to ensure unity of representation for joint competences, CMLRev. 1995, S. 385 – 390.

dies., Where do we go with Community external relations after accession?, CMLRev. 2004, S. 631 – 635.

dies., The Union, the Member States and international agreements, CMLRev. 2011, S. 1 – 7.

Eeckhout, Piet, General Report, in: Xenopoulos, Xenios L. (Hrg.), External Relations of the EU and the Member States: Competence, Mixed Agreements, International Responsibility, and Effects of International Law. FIDE 2006 National Reports, Nicosia 2006, S. 275 – 317.

ders., Bold Constitutionalism and Beyond, in: Poiares Maduro, Miguel/Azoulai, Loïc (Hrg.), The Past and Future of EU Law. The Classics of EU Law Revisited on the 50th Anniversary of the Rome Treaty, Oxford und Portland 2010, S. 218 – 223.

ders., EU External Relations Law, 2. Auflage, Oxford 2011.

Ehlermann, Claus-Dieter, Rechtsgrundlagen der Außenbeziehungen der EG, in: Zieger, Gottfried/Lebahn, Axel (Hrg.), Rechtliche und wirtschaftliche Beziehungen zwischen den Integrationsräumen in West- und Osteuropa. Internationales Symposium 16. – 18. Mai 1979, Wissenschaftszentrum, Bonn, Baden-Baden 1980, S. 25 – 40.

ders., Mixed Agreements: A List of Problems, in: O´Keeffe, David/Schermers, Henry G. (Hrg.), Mixed Agreements, Deventer 1983, S. 3 – 21.

Epiney, Astrid, Zur Stellung des Völkerrechts in der EU – Zugleich Besprechung von EuGH, EuZW 1998, 572 – Hermés und EuGH, EuZW 1998, 694 – Racke, EuZW 1999, S. 5 – 11.

dies., Zur Tragweite des Art. 10 EGV im Bereich der Außenbeziehungen, in: Bröhmer, Jürgen/Bieber, Roland/Calliess, Christian/Langenfeld, Christine/Weber, Stefan/Wolf, Joachim (Hrg.), Internationale Gemeinschaft und Menschenrechte, Festschrift für Georg Ress zum 70. Geburtstag am 21. Januar 2005, Köln/Berlin/München 2005, S. 441 – 459.

dies./Gross, Dominique, Zu den verfahrensrechtlichen Implikationen der Kompetenzverteilung zwischen der EG und den Mitgliedstaaten im Bereich der Außenbeziehungen, NuR 2005, S. 353 – 361.

dies./dies., Kompetenzverteilung zwischen der EG und ihren Mitgliedstaaten – Grundlagen, in: Umweltbundesamt (Hrg.), EG-Kompetenzen bei völkerrechtlichen Verträgen im Umweltbereich unter besonderer Berücksichtigung des OSPAR-Übereinkommens, Berlin 2004, S. 5 – 47.

dies., Die Rechtsprechung des EuGH im Jahr 2010. Europäisches Verfassungsrecht, NVwZ 2011, S. 976 – 982.

dies., Die Rechtsprechung des EuGH im Jahr 2011. Europäisches Verfassungsrecht, NVwZ 2012, S. 730 – 736.

Fassbender, Bardo, Die Völkerrechtssubjektivität der Europäischen Union nach dem Entwurf des Verfassungsvertrags, AVR 2004, S. 26 – 43.

ders., Der offene Bundesstaat. Studien zur auswärtigen Gewalt und zur Völkerrechtssubjektivität bundesstaatlicher Teilstaaten in Europa, Tübingen 2007.

Fastenrath, Ulrich/Groh, Thomas, Europarecht, 3. Auflage, Stuttgart u.a. 2012.

Feenstra, J.J., A Survey of the Mixed Agreements and their Participation Clauses, in: O´Keeffe, David/Schermers, Henry G. (Hrg.), Mixed Agreements, Deventer 1983, S. 207 – 248.

Fennely, Nial, The European Court of Justice and the Doctrine of Supremacy: *Van Gend en Loos; Costa v ENEL, Simmenthal*, in: Poiares Maduro, Miguel/Azoulai, Loïc (Hrg.), The Past and Future of EU Law. The Classics of EU Law Revisited on the 50th Anniversary of the Rome Treaty, Oxford und Portland 2010, S. 39 – 46.

Fischer, Klemens H., Der Vertrag von Lissabon, 2. Auflage, Baden-Baden 2010.

Franklin, Christian N.K., Norwegian Report, in: Xenopoulos, Xenios L. (Hrg.), External Relations of the EU and the Member States: Competence, Mixed Agreements, International Responsibility, and

Effects of International Law. FIDE 2006 National Reports, Nicosia 2006, S. 165 – 195.

Frenz, Walter, Außenkompetenzen der Europäischen Gemeinschaften und der Mitgliedstaaten im Umweltbereich. Reichweite und Wahrnehmung, Berlin 2001.

ders., Handbuch Europarecht, Band 6, Institutionen und Politiken, Berlin/Heidelberg 2011 (zitiert: *Frenz*, Band 6).

Frid, Rachel, The Relations between the EC and International Organizations. Legal Theory and Practice, Amsterdam 1995.

Gaja, Giorgio, The European Community's Rights and Obligations under Mixed Agreements, in: O'Keeffe, David/Schermers, Henry G. (Hrg.), Mixed Agreements, Deventer 1983, S. 133 – 140.

ders., Trends in Judicial Activism and Judicial Self-Restraint relating to Community Agreements, in: Cannizzaro, Enzo (Hrg.), The European Union as an Actor in International Relations, Den Haag/London/New York 2002, S. 117 – 134.

Geiger, Rudolf/Khan, Daniel-Erasmus/Kotzur, Markus, EUV/AEUV, Vertrag über die Europäische Union und Vertrag über die Arbeitsweise der Europäischen Union, Kommentar, 5. Auflage, München 2010 (zitiert: *Bearbeiter*, in: GKK).

Geiger, Rudolf, Vertragsschlusskompetenzen der Europäischen Gemeinschaft und auswärtige Gewalt der Mitgliedstaaten. Zur neueren Rechtsprechung des Europäischen Gerichtshofs, JZ 1995, S. 973 – 982.

ders., Grundgesetz und Völkerrecht mit Europarecht. Die Bezüge des Staatsrechts zum Völkerrecht und Europarecht, 5. Auflage, München 2010.

Gilsdorf, Peter, Die Außenkompetenzen der EG im Wandel – Eine kritische Auseinandersetzung mit Praxis und Rechtsprechung – EuR 1996, S. 145 – 166.

Grabitz, Eberhard, Die Stellung der Gemeinschaft und ihrer Organe in internationalen Organisationen, in: Börner, Bodo (Hrg.), Die Außenbeziehungen der Europäischen Gemeinschaft, Kölner Schriften zum Europarecht, Band 25, Köln/Berlin/ Bonn/München 1975, S. 47 – 81.

Grabitz, Eberhard/Hilf, Meinhard/Nettesheim, Martin (Hrg.), Das Recht der Europäischen Union, München, Loseblatt, Stand: 47. Ergänzungslieferung April 2012 (zitiert: *Bearbeiter,* in: GHN).

Grabitz, Eberhard/Hilf, Meinhard (Hrg.), Das Recht der Europäischen Union, München, Loseblatt, Stand: 40. Ergänzungslieferung Oktober 2009 (zitiert: *Bearbeiter*, in: GH).

Grabitz, Eberhard/Hilf, Meinhard (Hrg.), Das Recht der Europäischen Union, Altband Maastrichter Fassung, München, Loseblatt, Stand: 14. Ergänzungslieferung Oktober 1999 (zitiert: *Bearbeiter*, in: Grabitz/Hilf, Maastrichter Fassung).

Griller, Stefan/Gamharter, Katharina, External Trade: Is There a Path Through the Maze of Competences?, in: Griller, Stefan/Weidel, Birgit (Hrg.), External Economic Relations and Foreign Policy in the European Union, Wien/New York 2002, S. 65 – 112.

Groeben, Hans von der/Thiesing, Jochen/Ehlermann, Claus-Dieter (Hrg.), Kommentar zum EWG-Vertrag, 4-Bändig, 4. Aufl., Band 3, Art. 110 – 188, Baden-Baden 1991 (zitiert: *Bearbeiter*, in: GTE).

Groeben, Hans von der/Schwarze, Jürgen (Hrg.), Kommentar zum Vertrag über die Europäische Union und zur Gründung der Europäischen Gemeinschaft, 4-bändig, 6. Auflage, Band 1, Art. 1 – 53 EUV. Art. 1 – 80 EGV, Baden-Baden 2004 (zitiert: *Bearbeiter*, in: GS).

Groeben, Hans von der/Schwarze, Jürgen (Hrg.), Kommentar zum Vertrag über die Europäische Union und zur Gründung der Europäischen Gemeinschaft, 4-bändig, 6. Auflage, Band 4, Art. 189 – 314 EGV, Baden-Baden 2003 (zitiert: *Bearbeiter*, in: GS).

Groen, Lisanne/Niemann, Arne, Challenges in EU External Climate Change Policy-Making in the Early Post-Lisbon Era: The UNFCCC Copenhagen Negotiations, in: Cardwell, Paul James (Hrg.), EU External Relations Law and Policy in the Post-Lisbon Era, Den Haag 2012, S. 315 – 333.

Groux, Jean, Mixed Negotiations, in: O´Keeffe, David/Schermers, Henry G. (Hrg.), Mixed Agreements, Deventer 1983, S. 87 – 96.

ders./Manin, Philippe, Die Europäischen Gemeinschaften in der Völkerrechtsordnung, Luxemburg 1984.

Götz, Volkmar, Kompetenzverteilung und Kompetenzkontrolle in der Europäischen Union, in: Schwarze, Jürgen (Hrg.), Der Verfassungsentwurf des Europäischen Konvents. Verfassungsrechtliche Grundstrukturen und wirtschaftsverfassungsrechtliches Konzept, Baden-Baden 2004, S. 43 – 61.

Govaere, Inge, Beware of the Trojan Horse: Dispute Settlement in (Mixed) Agreements and the Autonomy of the EU Legal Order, in: Hillion, Christophe/Koutrakos, Panos (Hrg.), Mixed Agreements Revisited. The EU and its Member States in the World, Oxford und Portland 2010, S. 187 – 207.

Grunwald, Jürgen, Das Energierecht der Europäischen Gemeinschaften. EGKS-EURATOM-EG. Grundlagen – Geschichte – Geltende Regelungen, Berlin 2003.

Gstöhl, Sieglinde, ′Patchwork Power` Europe: The EU′s Representation in International Institutions, EFAR 2009, S. 385 – 403.

Hafner, Gerhard, Austrian Report, in: Xenopoulos, Xenios L. (Hrg.), External Relations of the EU and the Member States: Competence, Mixed Agreements, International Responsibility, and Effects of International Law. FIDE 2006 National Reports, Nicosia 2006, S. 7 – 18.

Haratsch, Andreas/Koenig, Christian/Pechstein, Matthias, Europarecht, 8. Auflage, Tübingen 2012.

Hartley, TC, The Foundations of European Union Law. An Introduction to the Constitutional and Administrative Law of the European Union, Oxford 2010.

Hatje, Armin, Loyalität als Rechtsprinzip in der Europäischen Union, Baden-Baden 2001.

Heintschel von Heinegg, Wolff, EG im Verhältnis zu internationalen Organisationen und Einrichtungen – zugleich zur Vertragschlußkompetenz der Gemeinschaften im Bereich des Umweltschutzes –, in: Rengeling, Hans-Werner (Hrg.), Handbuch zum europäischen und deutschen Umweltrecht. Eine systematische Darstellung des europäischen Umweltrechts mit seinen Auswirkungen auf das deutsche Recht und mit rechtspolitischen Perspektiven, 2-bändig, 2. Auflage, Band 1: Allgemeines Umweltrecht, Köln u.a. 2003, S. 705 – 749.

ders., Spektrum und Status der internationalen Umweltkonventionen – Der Beitrag der Europäischen Gemeinschaft zur fortschreitenden Entwicklung des völkervertraglichen Umweltschutzes –, in: Müller-Graff, Peter-Christian/Pache, Eckhard/Scheuing, Dieter H. (Hrg.),

Die Europäische Gemeinschaft in der internationalen Umweltpolitik, Baden-Baden 2006, S. 77 – 97.

Hellmann, Vanessa, Der Vertrag von Lissabon, Vom Verfassungsvertrag zur Änderung der bestehenden Verträge – Einführung mit Synopse und Übersichten, Berlin/Heidelberg 2009.

Heliskoski, Joni, Should There Be a New Article on External Relations? Opinion 1/94 "Duty of Cooperation" in the Light of the Constitutive Treaties, in: Koskenniemi, Martti (Hrg.), International Law Aspects of the European Union, Den Haag 1998, S. 273 – 287.

ders., Internal Struggle for International Presence: The Exercise of Voting rights within the FAO, in: Dashwood, Alan/Hillion, Christophe (Hrg.), The General Law of E.C. External Relations, London 2000, S. 79 – 99.

ders., Mixed Agreements as a Technique for Organizing the International Relations of the European Community and its Member States, Den Haag 2001.

ders., Adaption of Positions under Mixed Agreements (Implementation), in: Hillion, Christophe/Koutrakos, Panos (Hrg.), Mixed Agreements Revisited. The EU and its Member States in the World, Oxford und Portland 2010, S. 138 – 159.

ders., Case C-370/07, Commission v. Council, Judgment of the European Court of Justice, (Second Chamber) of 1 October 2009, nyr, CMLRev. 2011, S. 555 – 567.

ders., The Obligation of Member States to Foresee, in the Conclusion and Application of their International Agreements, Eventual Future Measures of the European Union, in: Arnull, Anthony/ Barnard, Catherine/Dougan, Michael/Spaventa, Eleanor (Hrg.), A Constitutional Order of States? Essays in EU Law in Honour of Alan Dashwood, Oxford und Portland 2011, S. 545 – 564.

Herdegen, Matthias, Europarecht, 14. Auflage, München 2012.

Herrmann, Christoph W., Rechtsprobleme der parallelen Mitgliedschaft von Völkerrechtssubjekten in Internationalen Organisationen. Eine Untersuchung am Beispiel der Mitgliedschaft der EG und ihrer Mitgliedstaaten in der WTO, in: Bauschke, Gabriele u.a. (Hrg.), Pluralität des Rechts – Regulierung im Spannungsfeld der Rechtsebenen. 42. Tagung der Wissenschaftlichen Mitarbeiterinnen und Mitarbeiter der Fachrichtung „Öffentliches Recht“, Hamburg 2002, S. 139 – 161.

ders., Vom misslungenen Versuch der Neufassung der gemeinsamen Handelspolitik durch den Vertrag von Nizza, EuZW 2001, S. 269 – 274.

ders., Die EG-Außenkompetenzen im Schnittbereich zwischen internationaler Umwelt- und Handelspolitik, NVwZ 2002, S. 1168 – 1174.

Hilf, Meinhard, EG-Außenkompetenzen in Grenzen. Das Gutachten des EuGH zur Welthandelsorganisation, EuZW 1995, S. 7 – 8.

ders., Grundfragen der Beteiligung der EG an der WTO, in: Müller-Graff, Peter-Christian (Hrg.), Die Europäische Gemeinschaft in der Welthandelsorganisation, Baden-Baden 1999/2000, S. 89 – 94.

Hillion, Christophe, The European Union is dead. Long live the European Union... a commentary on the Treaty of Accession 2003, ELRev. 2004, S. 583 – 612.

ders., *Tous pour un, un pour tous!* Coherence in the External Relations of the European Union, in: Cremona, Marise (Hrg.), Developments in EU External Relations Law, Oxford 2008, S. 10 – 36.

ders., A Look Back at the *Open Skies* Judgments, in: Bulterman, M./Hancher, L./McDonell, A./Sevenster, H., Views of European Law from the Mountain. Liber Amicorum Piet Jan Slot, Alphen aan den Rijn 2009, S. 257 – 265.

ders., *ERTA*, *ECHR* and *Open Skies*: Laying the Grounds of the EU System of External Relations, in: Poiares Maduro, Miguel/Azoulai, Loïc (Hrg.), The Past and Future of EU Law. The Classics of EU Law Revisited on the 50th Anniversary of the Rome Treaty, Oxford und Portland 2010, S. 224 – 233.

ders., Mixity and Coherence in EU External Relations: The Significance of the "Duty of Cooperation", in: Hillion, Christophe/Koutrakos, Panos (Hrg.), Mixed Agreements Revisited. The EU and its Member States in the World, Oxford und Portland 2010, S. 87 – 115.

Hilpold, Peter, Die EU im GATT/WTO-System, 3. Auflage, Innsbruck 2009.

Hirsch, Günter, Die Rechtsprechung des Europäischen Gerichtshofs zu Assoziierungsabkommen, BayVBl. 1997, S. 449 – 454.

Hix, Jan Peter, Mixed Agreements in the Field of Judicial Cooperation in Civil Matters: Treaty-Making and Legal Effects, in: Martenczuk, Bernd/van Thiel, Servaas (Hrg.), Justice, Liberty, Security: New Challenges for EU External Relations, Brüssel 2008, S. 211 – 255.

Hobe, Stephan/Müller-Sartori, Patrick, Rechtsfragen der Einbindung der EG/EU in das Völkerrecht, JuS 2002, S. 8 – 13.

Hobe, Stephan, Europarecht, 7. Auflage, München 2012.

Hoffmeister, Frank, Der Beitrag der Europäischen Union zur Entwicklung des Völkerrechts, in: Pache, Eckhard/Schorkopf, Frank (Hrg.), Die Europäische Union nach Lissabon. Beiträge zu Organisation, Außenbeziehungen und Stellung im Welthandelsrecht. Kolloquium aus Anlass des 70. Geburtstages von Professor Dr. Meinhard Hilf, Baden-Baden 2009, S. 59 – 76.

ders., Curse or Blessing? Mixed Agreements in the Recent Practice of the European Union and its Member States, in: Hillion, Christophe/Koutrakos, Panos (Hrg.), Mixed Agreements Revisited. The EU and its Member States in the World, Oxford und Portland 2010, S. 249 – 268.

Hofmeister, Hannes, Rechtliche Aspekte der Außenbeziehungen der EG – eine Einführung, JA 2010, S. 203 – 207.

Holdgaard, Rass, External Relations Law of the European Community. Legal Reasoning and Legal Discourses, Alphen aan den Rijn 2008.

Horstig, Barbara von, Die Europäische Gemeinschaft als Partei internationaler Umweltabkommen, Bonn 1997.

Huber, Stefan, Gemischte Abkommen in den Außenbeziehungen der Europäischen Gemeinschaften und innerhalb eines Bundesstaats, ZöR 2006, S. 109 – 149.

Hüwelmeier, Hans-Joachim, Die gemeinsame Außen- und Sicherheitspolitik zwischen Union, Gemeinschaft und Mitgliedstaaten, Köln 2002.

Hyett, Stephen, The Duty of Co-operation: A Flexible Concept, in: Dashwood, Alan/Hillion, Christophe (Hrg.), The General Law of E.C. External Relations, London 2000, S. 248 – 253.

Ipsen, Hans-Peter, Europäisches Gemeinschaftsrecht, Tübingen 1972.

Ipsen, Knut (Hrg.), Völkerrecht, 5. Auflage, München 2004 (zitiert: *Bearbeiter*, in: Ipsen).

Jaag, Tobias, Demokratische Legitimation der EU-Außenpolitik nach Lissabon, EuR 2012, S. 309 – 323.

Jarass, Hans D., Die Kompetenzverteilung zwischen der Europäischen Gemeinschaft und den Mitgliedstaaten, AöR 1996, S. 173 – 199.

Jochum, Georg, Europarecht unter Berücksichtigung des Vertrags von Lissabon, 2. Auflage, Stuttgart 2012.

Kadelbach, Stefan, Einleitung: Die Außenpolitik im europäischen Mehrebenensystem und ihre rechtliche Basis, in: Kadelbach, Stefan (Hrg.), Die Außenbeziehungen der Europäischen Union, Baden-Baden 2006, S. 9 – 18.

Kaddous, Christine, Le droit des relations extérieures dans la jurisprudence de la Cour de justice des Communautés européennes, Basel/Genf/München 1998.

dies., Effects of International Agreements in the EU Legal Order, in: Cremona, Marise/de Witte, Bruno (Hrg.), EU Foreign Relations Law. Constitutional Fundamentals, Oxford/Portland 2008, S. 291 – 312.

dies., Les changements apportés par le traité de Lisbonne en matière d´action extérieure, SZIER/RSDIE 2011, S. 83 – 97.

Kaiser, Friederike, Gemischte Abkommen im Lichte bundesstaatlicher Erfahrungen, Tübingen 2009.

Kaiser, Karen, Geistiges Eigentum und Gemeinschaftsrecht. Die Verteilung der Kompetenzen und ihr Einfluß auf die Durchsetzbarkeit der völkerrechtlichen Verträge, Berlin 2004.

dies., Ausschließliche Zuständigkeit des EuGH bei Auslegung und Anwendung von zum Gemeinschaftsrecht gehörenden Bestimmungen – Anmerkungen zu Rs. C-459/03, EuZW 2006, S. 464 – 472.

Kauppi, Matti, Finnish Report, in: Xenopoulos, Xenios L. (Hrg.), External Relations of the EU and the Member States: Competence, Mixed Agreements, International Responsibility, and Effects of International Law. FIDE 2006 National Reports, Nicosia 2006, S. 81 – 89.

Klabbers, Jan, Restraints on the Treaty-Making Powers of Member States Deriving from EU Law: Towards a Framework for Analysis, in: Cannizzaro, Enzo (Hrg.), The European Union as an Actor in International Relations, Den Haag/London/New York 2002, S. 151 – 175.

Klamert, Marcus/Maydell, Niklas, Rechtsfragen der impliziten Außenkompetenz der EG illustriert am Beispiel der Dienstleistungsrichtlinie und der Minimum Platform on Investment, EuR 2008, S. 589 – 602.

Klamert, Marcus, Rechtsprobleme gemischter Abkommen am Beispiel der UNESCO Konvention zum Schutz und der Förderung der Diversität kultureller Ausdrucksformen, ZöR 2009, S. 217 – 235.

ders., New Conferral or Old Confusion? – The Perils of Making Implied Competences Explicit and the Example of the External Competence for Environmental Policy, CLEER Working Papers 2011/6, Den Haag 2011.

Kort, Michael, Zur europarechtlichen Zulässigkeit von Abkommen der Mitgliedstaaten untereinander, JZ 1997, S. 640 – 647.

Koutrakos, Panos, EU International Relations Law, Oxford und Portland 2006.

ders., Primary law and policy in EU external relations – moving away from the big picture, ELRev. 2008, S. 666 – 686.

ders., Interpretation of Mixed Agreements, in: Hillion, Christophe/Koutrakos, Panos (Hrg.), Mixed Agreements Revisited. The EU and its Member States in the World, Oxford und Portland 2010, S. 116 – 137.

Kreibich, Sonja, Das TRIPs-Abkommen in der Gemeinschaftsordnung. Aspekte der Kompetenzverteilung zwischen WTO, Europäischer Gemeinschaft und ihren Mitgliedstaaten, Frankfurt am Main 2003.

Krück, Hans, Völkerrechtliche Verträge im Recht der Europäischen Gemeinschaft. Abschlußkompetenzen. Bindungswirkung. Kollisionen, Berlin u.a. 1977.

ders., Die auswärtige Gewalt der Mitgliedstaaten und die auswärtigen Befugnisse der Europäischen Gemeinschaften als Problem des Souveränitätsverständnisses (mit Thesen), in: Ress, Georg (Hrg.), Souveränitätsverständnis in den Europäischen Gemeinschaften. Europäische Direktwahlen und staatliches Souveränitätsverständnis. Auswärtige Befugnisse der Europäischen Gemeinschaften und nationale auswärtige Gewalt, Baden-Baden 1980, S. 155 – 170.

Kuijper, Pieter Jan, Of `Mixity´ and `Double-hatting`, Amsterdam 2008.

ders., The Opinion on the Lugano Convention and the Implied External Relations Powers of the European Community, in: Martenczuk, Bernd/van Thiel, Servaas (Hrg.), Justice, Liberty, Security: New Challenges for EU External Relations, Brüssel 2008, S. 187 – 210.

ders., External Relations, in: Kapteyn, P.J.G./McDonnell, A.M./Mortelmans, K.J.M./Timmermans, C.W.A./Geelhoed, L.A. (†)

(Hrg.), The Law of the European Union and the European Communities. With references to changes to be made by the Lisbon Treaty, 4. Auflage, Alphen aan den Rijn 2008, S. 1273 – 1365.

ders., Re-Reading External Relations Cases in the Field of Transport: The Function of Community Loyalty, in: Bulterman, M./Hancher, L./McDonell, A./Sevenster, H. (Hrg.), Views of European Law from the Mountain. Liber Amicorum Piet Jan Slot, Alphen aan den Rijn 2009, S. 291 – 300.

Kumin, Andreas J./Bittner, Philip, Die „gemischten" Abkommen zwischen der Europäischen Union und ihren Mitgliedstaaten einerseits und dritten Völkerrechtssubjekten andererseits, in: Obwexer, Walter (Hrg.), Die Europäische Union im Völkerrecht, EuR Beiheft 2/2012, S. 75 – 90.

Leal-Arcas, Rafael, The European Community and Mixed Agreements, EFAR 2001, S. 483 – 513.

ders., Polycephalous Anatomy of the EC in the WTO: An Analysis of Law and Practice, FJIL 2007, S. 569 – 670.

Lecheler, Helmut, Die Pflege der auswärtigen Beziehungen in der Europäischen Union, AVR 1994, S. 1 – 23.

Lenaerts, Koen/van Nuffel, Piet, European Union Law, 3. Auflage, London 2011.

Lenz, Carl Otto/Borchardt, Klaus-Dieter (Hrg.), EU-Verträge, Kommentar nach dem Vertrag von Lissabon, 5. Auflage, Köln 2010 (zitiert: *Bearbeiter*, in: LB).

Lorenzmeier, Stefan, Europarecht-Schnell erfasst, 4. Auflage, Berlin/Heidelberg 2011.

ders., Völkerrechtliche Übereinkommen der Europäischen Union und das ACTA-Übereinkommen, ZJS 2012, S. 322 – 328.

Lück, Michael, Die Gemeinschaftstreue als allgemeines Rechtsprinzip im Recht der Europäischen Gemeinschaft. Ein Vergleich zur Bundestreue im Verfassungsrecht der Bundesrepublik Deutschland, Baden-Baden 1992.

MacLeod, Ian/Hendry, I. D./Hyett, Stephen, The External Relations of the European Communities. A Manual of Law and Practice, Oxford 1996.

Marauhn, Thilo, Unionstreue, in: Schulze, Reiner/Zuleeg, Manfred/Kadelbach, Stefan (Hrg.), Europarecht. Handbuch für die deutsche Rechtspraxis, 2. Auflage, Baden-Baden 2010, S. 285 – 305.

Marchisio, Sergio, EU's Membership in International Organizations, in: Cannizzaro, Enzo (Hrg.), The European Union as an Actor in International Relations, Den Haag/London/New York 2002, S. 231 – 260.

Maresceau, Marc, A Typology of Mixed Bilateral Agreements, in: Hillion, Christophe/Koutrakos, Panos (Hrg.), Mixed Agreements Revisited. The EU and its Member States in the World, Oxford und Portland 2010, S. 11 – 29.

Martenczuk, Bernd, Decisions of Bodies Established by International Agreements and the Community Legal Order, in: Kronenberger, Vincent (Hrg.), The European Union and the International Legal Order: Discord or Harmony?, Den Haag 2001, S. 141 – 163.

ders., Außenbeziehungen und Außenvertretung, in: Hummer, Waldemar/Obwexer, Walter (Hrg.), Der Vertrag über eine Verfassung für Europa, Baden-Baden 2007, S. 177 – 204.

McGoldrick, Dominic, International Relations Law of the European Union, London und New York 1997.

Meessen, Karl Matthias, Das Abkommen von Lomé als gemischter Vertrag, EuR 1980, S. 36 – 50.

Mendez, Mario, The Legal Effect of Community Agreements: Maximalist Treaty Enforcement and Judicial Avoidance Techniques, EJIL 2010, S. 83 – 104.

Mengozzi, Paolo, The EC External Competencies: From the *ERTA* Case to the Opinion in the Lugano Convention, in: Poiares Maduro, Miguel/Azoulai, Loïc (Hrg.), The Past and Future of EU Law. The Classics of EU Law Revisited on the 50th Anniversary of the Rome Treaty, Oxford und Portland 2010, S. 213 – 217.

Metz, Andreas, Die Außenbeziehungen der Europäischen Union nach dem Vertrag über eine Verfassung für Europa. Eine Untersuchung aus kompetenzrechtlicher Sicht – mit Erläuterungen zu den Außenkompetenzen nach dem Vertrag von Nizza, Berlin 2007.

Mischo, Jean, Luxembourg Report, in: Xenopoulos, Xenios L. (Hrg.), External Relations of the EU and the Member States: Competence, Mixed Agreements, International Responsibility, and Effects of International Law. FIDE 2006 National Reports, Nicosia 2006, S. 139 – 150.

Nakanishi, Yumiko, Die Entwicklung der Außenkompetenzen der Europäischen Gemeinschaft, Frankfurt am Main 1998.

Nawparwar, Manazah, Die Außenbeziehungen der Europäischen Union zu internationalen Organisationen nach dem Vertrag von Lissabon, Halle (Saale) 2009.

Neframi, Eleftheria, International Responsibility of the European Community and of the Member States under Mixed Agreements, in: Cannizzaro, Enzo (Hrg.), The European Union as an Actor in International Relations, Den Haag/London/New York 2002, S. 193 – 205.

dies./Georgiadou, Anna, Greek Report, in: Xenopoulos, Xenios L. (Hrg.), External Relations of the EU and the Member States: Competence, Mixed Agreements, International Responsibility, and Effects of International Law. FIDE 2006 National Reports, Nicosia 2006, S. 89 – 122.

dies., Les accords mixtes de la Communauté euopéenne: aspects communautaires et internationaux, Brüssel 2007.

dies., The Duty of Loyalty: Rethinking its Scope through its Application in the Field of EU External Relations, CMLRev. 2010, S. 323 – 359.

Nettesheim, Martin, Normenhierarchien im EU-Recht, EuR 2006, S. 737 – 772.

ders., Kompetenzen, in: von Bogdandy, Armin/Bast, Jürgen (Hrg.), Europäisches Verfassungsrecht. Theoretische und dogmatische Grundzüge, 2. Auflage, Berlin/Heidelberg 2009, S. 389 – 439.

Neubauer, Anna, Implizite Vertragsschlußzuständigkeiten der Europäischen Gemeinschaft und Subsidiaritätsprinzip. Eine Untersuchung anhand des Partnerschafts- und Kooperationsabkommens mit Rußland, Hamburg 2000.

Neuwahl, Nanette A., Joint Participation in International Treaties and the Exercise of Power by the EEC and its Member States: Mixed Agreements, CMLRev. 1991, S. 717 – 740.

dies., Shared Powers or Combined Incompetence? More on Mixity, CMLRev. 1996, S. 667 – 687.

dies., The WTO Opinion and Implied External Powers of the Community – A Hidden Agenda?, in: Dashwood, Alan/Hillion, Christophe

(Hrg.), The General Law of E.C. External Relations, London 2000, S. 139 – 151.

Nicolaysen, Gert, Zur Theorie von den implied powers in den Europäischen Gemeinschaften, EuR 1966, S. 129 – 142.

ders., Europarecht I. Die Europäische Integrationsverfassung, 2. Auflage, Baden-Baden 2002.

Nolte, Jeanette, Die völkerrechtliche Vertragspraxis der EG und die Haftung der Mitgliedstaaten am Beispiel der Fischereipolitik, Frankfurt am Main 2004.

Nowak, Carsten, Europarecht nach Lissabon, Baden-Baden 2011.

Oen, Raphael, Streitschlichtung zwischen EG-Mitgliedstaaten im Rahmen gemischter Verträge, AVR 2007, S. 136 – 147.

Olsen, Peter, Mixity from the Outside: the Perspective of a Treaty Partner, in: Hillion, Christophe/Koutrakos, Panos (Hrg.), Mixed Agreements Revisited. The EU and its Member States in the World, Oxford und Portland 2010, S. 331 – 348.

O'Keeffe, David, Community and Member State Competence in External Relations Agreements of the EU, EFAR 1999, S. 7 – 36.

Oppermann, Thomas/Classen, Claus Dieter/Nettesheim, Martin, Europarecht, 5. Auflage, München 2011.

Ott, Andrea, GATT und WTO im Gemeinschaftsrecht. Die Integration des Völkervertragsrechts in die Europäische Gemeinschaftsrechtsordnung am Beispiel des GATT-Vertrags und der WTO-Übereinkünfte, Köln u.a. 1997.

dies., Thirty Years of Case-law by the European Court of Justice on International Law – A pragmatic approach towards its integration, in: Kronenberger, Vincent (Hrg.), The European Union and the International Legal Order: Discord or Harmony?; Den Haag 2001, S. 95 – 140.

Pache, Eckhard/Bielitz, Joachim, Das Verhältnis der EG zu den völkerrechtlichen Verträgen ihrer Mitgliedstaaten, EuR 2006, S. 316 – 339.

Passos, Ricardo, Mixed Agreements from the Perspective of the European Parliament, in: Hillion, Christophe/Koutrakos, Panos (Hrg.), Mixed Agreements Revisited. The EU and its Member States in the World, Oxford und Portland 2010, S. 269 – 294.

Pechstein, Matthias, Die Mitgliedstaaten der EG als „Sachwalter des gemeinsamen Interesses“: Gesetzgebungsnotstand im Gemeinschaftsrecht, Baden-Baden 1987.

ders., Die Intergouvernementalität der GASP nach Lissabon, JZ 2010, S. 425 – 432.

Pernice, Ingolf, *Costa v ENEL* and *Simmenthal*: Primacy of European Law, in: Poiares Maduro, Miguel/Azoulai, Loïc (Hrg.), The Past and Future of EU Law. The Classics of EU Law Revisited on the 50th Anniversary of the Rome Treaty, Oxford und Portland 2010, S. 47 – 59.

Pescatore, Pierre, External Relations in the Case-Law of the Court of Justice of the European Communities, CMLRev. 1979, S. 615 – 645.

ders., Die Rechtsprechung des Europäischen Gerichtshofs zur innergemeinschaftlichen Wirkung völkerrechtlicher Abkommen, in: Bernhardt, Rudolf/Geck, Wilhelm Karl/Jaenicke, Günther/Steinberger, Helmut (Hrg.), Völkerrecht als Rechtsordnung. Internationale Gerichtsbarkeit. Menschenrechte. Festschrift für Hermann Mosler, Berlin/Heidelberg/New York 1983, S. 661 – 689.

ders., Opinion 1/94 on "Conclusion" of the WTO Agreement: Is There an Escape from a Programmed Disaster?, CMLRev. 1999, S. 387 – 405.

Petersmann, Ernst-Ulrich, Grundfragen der Beteiligung der Europäischen Gemeinschaft an der Welthandelsorganisation, in: Müller-Graff, Peter-Christian (Hrg.), Die Europäische Gemeinschaft in der Welthandelsorganisation, Baden-Baden 1999/2000, S. 81 – 88.

Piris, Jean-Claude, The Lisbon Treaty. A Legal and Political Analysis, Cambridge 2010.

Pitschas, Christian, Die völkerrechtliche Verantwortlichkeit der Europäischen Gemeinschaft und ihrer Mitgliedstaaten, Berlin 2001.

ders., EuGH: Open-Skies-Abkommen mit USA – Anmerkung, EuZW 2003, S. 92 – 94.

Plate, Tobias, Art. 59 Abs. 2 GG: Anwendungsfragen aus der Praxis am Beispiel der Änderung völkerrechtlicher Verträge, DÖV 2011, S. 606 – 609.

Polzin, Monika, Das Rangverhältnis von Verfassungs- und Unionsrecht nach der neuesten Rechtsprechung des BVerfG, JuS 2012, S. 1 – 6.

Rasmussen, Morten, From *Costa v ENEL* to the Treaties of Rome: A Brief History of a Legal Revolution, in: Poiares Maduro, Miguel/Azoulai, Loïc (Hrg.), The Past and Future of EU Law. The Classics of EU Law Revisited on the 50th Anniversary of the Rome Treaty, Oxford und Portland 2010, S. 69 – 85.

Rodenhoff, Vera, Die EG und ihre Mitgliedstaaten als völkerrechtliche Einheit bei umweltvölkerrechtlichen Übereinkommen, Baden-Baden 2008.

van Rompuy, Herman, The Challenges for Europe in a Changing World, EU Diplomacy Papers 3/2010, Brügge 2010.

Rosas, Allan, Mixed Union – Mixed Agreements, in: Koskenniemi, Martti (Hrg.), International Law Aspects of the European Union, Den Haag 1998, S. 125 – 148.

ders., The European Union and Mixed Agreements, in: Dashwood, Alan/Hillion, Christophe (Hrg.), The General Law of E.C. External Relations, London 2000, S. 200 – 220.

ders., The Future of Mixity, in: Hillion, Christophe/Koutrakos, Panos (Hrg.), Mixed Agreements Revisited. The EU and its Member States in the World, Oxford und Portland 2010, S. 367 – 374.

Ruffert, Matthias, Schlüsselfragen der Europäischen Verfassung der Zukunft: Grundrechte – Institutionen – Kompetenzen – Ratifizierung, EuR 2004, S. 165 – 201.

Sachs, Michael (Hrg.), Grundgesetz. Kommentar, 6. Auflage, München 2011 (zitiert: *Bearbeiter*, in: Sachs).

Sack, Jörn, The European Community's Membership of International Organizations, CMLRev. 1995, S. 1227 – 1256.

ders., Die Europäische Gemeinschaft als Mitglied Internationaler Organisationen, in: Randelzhofer, Albrecht/Scholz, Rupert/Wilke, Dieter (Hrg.), Gedächtnisschrift für Eberhard Grabitz, München 1995, S. 631 – 660.

ders., Die Europäische Union in den Internationalen Organisationen. Bedeutung der Beteiligung sowie Aktion und Einfluss von Gemeinschaft und Mitgliedstaaten in diesen Gremien, ZEuS 2001, S. 267 – 284.

Saenen, Bregt/Orbie, Jan, Challenges to coherence: exploring the European Union´s role in the International Labour Organization, in: Lieb, Julia/von Ondarza, Nicolai/Schwarzer, Daniela (Hrg.), The European Union in International Fora. Lessons for the Union´s External Representation after Lisbon, Baden-Baden 2011, S. 159 – 174.

Sasse, Christoph, Zur auswärtigen Gewalt der Europäischen Wirtschaftsgemeinschaft. Besprechung des AETR-Urteils des EuGH vom 31.3.1971, EuR 1971, S. 208 – 241.

Sattler, Sven, Gemischte Abkommen und gemischte Mitgliedschaften der EG und ihrer Mitgliedstaaten. Unter besonderer Berücksichtigung der WTO, Berlin 2007.

Scheffler, Jan, Die Europäische Union als rechtlich-institutioneller Akteur im System der Vereinten Nationen, Bamberg 2009.

Scheibeck, Florian C., Die Außenkompetenzen der EG im internationalen Zivilluftverkehr, Frankfurt am Main 1999.

Schermers, Henry G., A Typology of Mixed Agreements, in: O´Keeffe, David/Schermers, Henry G. (Hrg.), Mixed Agreements, Deventer 1983, S. 23 – 33.

ders., International Organizations as Members of Other International Organizations, in: Bernhardt, Rudolf/Geck, Wilhelm Karl/Jaenicke, Günther/Steinberger, Helmut (Hrg.), Völkerrecht als Rechtsordnung. Internationale Gerichtsbarkeit. Menschenrechte. Festschrift für Hermann Mosler, Berlin/Heidelberg/New York 1983, S. 823 – 837.

Schladebach, Marcus, Luftrecht, Tübingen 2007.

Schloh, Bernhard, Die Stellung der Gemeinschaft und ihrer Organe in internationalen Organisationen, in: Börner, Bodo (Hrg.), Die Außenbeziehungen der Europäischen Gemeinschaft, Kölner Schriften zum Europarecht, Band 25, Köln/Berlin/ Bonn/München 1975, S. 83 – 102.

Schmalenbach, Kirsten, Struggle for Exclusiveness: The ECJ and Competing International Tribunals, in: Buffard, Isabelle/Crawford, James/Pellet, Alain/Wittich, Stephan (Hrg.), International Law between Universalism and Fragmentation. Festschrift in Honour of Gerhard Hafner, Leiden/Boston 2008, S. 1045 – 1068.

Schroeder, Werner, Bitte ein BIT für die Europäische Union, RIW 2011, S. 684 – 690.

Schwarz, Kyrill-A., Die Außenkompetenzen der Gemeinschaft im Spannungsfeld von internationaler Umwelt- und Handelspolitik – zugleich eine Anmerkung zum Gutachten 2/00 des EUGH vom 6.12.2001, ZEuS 2003, S. 51 – 71.

Schwarze, Jürgen (Hrg.), EU-Kommentar, 3. Auflage, Baden-Baden 2012 (zitiert: *Bearbeiter*, in: Schwarze).

Schweitzer, Michael, Staatsrecht III. Staatsrecht. Völkerrecht. Europarecht, 10. Auflage, Heidelberg 2010.

ders./Hummer, Waldemar/Obwexer, Walter, Europarecht. Das Recht der Europäischen Union, Wien 2007.

Schunz, Simon, The EU´s representation in global climate governance: lessons from the past, prospects for the future, in: Lieb, Julia/von Ondarza, Nicolai/Schwarzer, Daniela (Hrg.), The European Union in International Fora. Lessons for the Union´s External Representation after Lisbon, Baden-Baden 2011, S. 53 – 69.

Schütze, Robert, Federalism and Foreign Affairs: Mixity as a (Inter)national Phenomenon, in: Hillion, Christophe/Koutrakos, Panos (Hrg.), Mixed Agreements Revisited. The EU and its Member States in the World, Oxford und Portland 2010, S. 57 – 86.

ders., European Constitutional Law, Cambridge 2012.

Sell, Tina, Das Gebot der einheitlichen Auslegung gemischter Abkommen. Die Auslegungszuständigkeit des EuGH, Frankfurt am Main 2006.

Smyth, Ivan, Mixity in Practice – A Member State Practitioner´s Perspective, in: Hillion, Christophe/Koutrakos, Panos (Hrg.), Mixed Agreements Revisited. The EU and its Member States in the World, Oxford und Portland 2010, S. 304 – 319.

ders., EU External Action after the Entry into Force of the Lisbon Treaty: Coherence at Last?, in: Koutrakos, Panos (Hrg.), The European Union´s External Relations a Year after Lisbon, CLEER Working Papers 2011/3, Den Haag 2011, S. 59 – 66.

van der Steen, Ivo, Mixity in Practice – A View from The Netherlands, in: Hillion, Christophe/Koutrakos, Panos (Hrg.), Mixed Agreements Revisited. The EU and its Member States in the World, Oxford und Portland 2010, S. 295 – 303.

Stein, Klaus D., Der gemischte Vertrag im Recht der Außenbeziehungen der Europäischen Wirtschaftsgemeinschaft, Berlin 1986.

Steinbach, Armin, Kompetenzkonflikte bei der Änderung gemischter Abkommen durch die EG und ihre Mitgliedstaaten – Konsequenz aus der parallelen Mitgliedschaft in internationalen Organisationen, EuZW 2007, S. 109 – 112.

Steinberger, Eva, The WTO Treaty as a Mixed Agreement: Problems with the EC'S and the EC Member States' Membership of the WTO, EJIL 2006, S. 803 – 836.

Stock, Susanne, Der Beitritt der Europäischen Union zur Europäischen Menschenrechtskonvention als Gemischtes Abkommen?, Hamburg 2010.

Streinz, Rudolf (Hrg.), EUV/AEUV, Vertrag über die Europäische Union und Vertrag über die Arbeitsweise der Europäischen Union, München 2012 (zitiert: *Bearbeiter,* in: Streinz).

ders./Ohler, Christoph/Herrmann, Christoph, Der Vertrag von Lissabon zur Reform der EU. Einführung mit Synopse, 3. Auflage, München 2010.

ders., Europarecht, 9. Auflage, Heidelberg 2012.

Temple Lang, John, The Ozon Layer Convention: A New Solution to the Question of Community Participation in "Mixed" International Agreements, CMLRev. 1986, S. 157 – 176.

ders., Community Constitutional Law: Article 5 EEC Treaty, CMLRev. 1990, S. 645 – 681.

ders., The Development by the Court of Justice of the Duties of Cooperation of National Authorities and Community Institutions under Article 10 EC, FDMILJ 2008, S. 1483 – 1532.

Terhechte, Jörg Philipp, Grundwissen – Öffentliches Recht: Der Vorrang des Unionsrecht, JuS 2008, S. 403 – 405.

ders., Art. 351 AEUV, das Loyalitätsgebot und die Zukunft mitgliedstaatlicher Investitionsschutzverträge nach Lissabon, EuR 2010, S. 517 – 531.

Thorn, Gaston E., Vorwort, in: Groux, Jean/Manin, Philippe, Die Europäischen Gemeinschaften in der Völkerrechtsordnung, Luxemburg 1984, S. 3 – 4.

Thym, Daniel, Der Binnenmarkt und die „Freiheit der Lüfte". Zugleich eine Anmerkung zu EuGH, Urteil vom 5.11.2002, Rs. C-476/98 („open skies"), EuR 2003, S. 277 – 290.

ders., Außenverfassungsrecht nach dem Lissaboner Vertrag, in: Pernice, Ingolf (Hrg.), Der Vertrag von Lissabon: Reform der EU ohne Verfassung? Kolloquium zum 10. Geburtstag des WHI, Baden-Baden 2008, S. 173 – 189.

ders., Auswärtige Gewalt, in: von Bogdandy, Armin/Bast, Jürgen (Hrg.), Europäisches Verfassungsrecht. Theoretische und dogmatische Grundzüge, 2. Auflage, Berlin/Heidelberg 2009, S. 441 – 488.

Tietje, Christian, Die Gemeinsame Handelspolitik der EU im System des Welthandelsrechts: Ein Spannungsverhältnis zwischen fortschreitender Liberalisierung und zunehmendem Protektionismus, in: Pache, Eckhard/Schorkopf, Frank (Hrg.), Die Europäische Union nach Lissabon. Beiträge zu Organisation, Außenbeziehungen und Stellung im Welthandelsrecht. Kolloquium aus Anlass des 70. Geburtstages von Professor Dr. Meinhard Hilf, Baden-Baden 2009, S. 33 – 57.

ders., EU-Investitionsschutz und –förderung zwischen Übergangsregelungen und umfassender europäischer Auslandsinvestitionspolitik, EuZW 2010, S. 647 – 652.

Timmermanns, Christiaan, Organising Joint Participation of EC and Member States, in: Dashwood, Alan/Hillion, Christophe (Hrg.), The General Law of E.C. External Relations, London 2000, S. 239 - 253.

ders., Opening Remarks–Evolution of Mixity since the Leiden 1982 Conference, in: Hillion, Christophe/Koutrakos, Panos (Hrg.), Mixed Agreements Revisited. The EU and its Member States in the World, Oxford und Portland 2010, S. 1 – 8.

Tizzano, Antonio, The Foreign Relations Law of the EU between Supranationality and Intergovernmental Model, in: Cannizzaro, Enzo (Hrg.), The European Union as an Actor in International Relations, Den Haag/London/New York 2002, S. 135 – 147.

Tridimas, Takis, The WTO and OECD Opinions, in: Dashwood, Alan/Hillion, Christophe (Hrg.), The General Law of E.C. External Relations, London 2000, S. 48 – 60.

Tomuschat, Christian, Die auswärtige Gewalt der EWG erhält feste Konturen, EuR 1977, S. 157 – 164.

ders. Liability for Mixed Agreements, in: O´Keeffe, David/Schermers, Henry G. (Hrg.), Mixed Agreements, Deventer 1983, S. 125 – 132.

ders., Völkerrechtliche Grundlagen der Drittlandsbeziehungen der EG, in: Hilf, Meinhard/Tomuschat, Christian/Arbeitskreis Europäische Integration e.V. (Hrg.), EG und Drittstaatsbeziehungen nach 1992. Referate der Jahrestagung des Arbeitskreises Europäische Integration e.V. in Bonn vom 15. bis 17. November 1990, Baden-Baden 1991, S. 139 – 157.

ders., How to Handle Parallel Treaty-Making Powers of the Member States and their Territorial Subdivisons, in: Bourgeois, Jacques H.J./Dewost, Jean-Louis/Gaiffe, Marie-Ange (Hrg.), La Communauté européene et les accords mixtes. Quelles perspectives?, Brüssel 1997, S. 65 – 76.

ders., Die Europäische Union als ein Akteur in internationalen Beziehungen, in: Frowein, Jochen Abr./Scharioth, Klaus/Winkelmann, Ingo/Wolfrum, Rüdiger (Hrg.), Verhandeln für den Frieden. Negotiating for Peace. Liber Amicorum Tono Eitel, Berlin/Heidelberg/New York 2003, S. 799 – 821.

Torrent, Ramon, The fourth pillar of the European Union after the Amsterdam Treaty, in: Dashwood, Alan/Hillion, Christophe (Hrg.), The General Law of E.C. External Relations, London 2000, S. 221 – 235.

Unruh, Peter, Die Unionstreue – Anmerkungen zu einem Rechtsgrundsatz der Europäischen Union –, EuR 2002, S. 41 – 66.

Vedder, Christoph Wilhelm, Die auswärtige Gewalt des Europa der Neun, Göttingen 1980.

ders., Christoph/Folz, Hans-Peter, The International Practice of the European Communities: Current Survey. A Survey of Principal Decisions of the European Court of Justice Pertaining to International Law in 1993, EJIL 1994, S. 448 – 463.

ders., Die Integrationskompetenz der EG in der Rechtsprechung des EuGH, in: Randelzhofer, Albrecht/Scholz, Rupert/Wilke, Dieter (Hrg.), Gedächtnisschrift für Eberhard Grabitz, München 1995, S. 795 – 817.

ders./Folz, Hans-Peter, A Survey of Principal Decisions of the European Court of Justice Pertaining to International Law in 1994, EJIL 1996, S. 112 – 134.

ders., Die EU und internationale Organisationen – Perspektiven nach dem Vertrag von Amsterdam, in: Benedek, Wolfgang/Isak, Hubert/Kicker, Renate (Hrg.), Development and Developing International and European Law. Essays in Honour of Konrad Ginther on the Occasion of his 65th Birthday, Frankfurt am Main 1999, S. 501 – 515.

ders., Das System der Kompetenzen in der EU unter dem Blickwinkel einer Reform, in: Götz, Volkmar/Martínez Soria, José (Hrg.), Kompetenzverteilung zwischen der Europäischen Union und den Mitgliedstaaten, Baden-Baden 2002, S. 9 – 31.

ders./Heintschel von Heinegg, Wolff (Hrg.), Europäischer Verfassungsvertrag. Handkommentar, Baden-Baden 2007 (zitiert: Bearbeiter, in: *Vedder/Heintschel von Heinegg*).

ders., Außenbeziehung und Außenvertretung, in: Hummer, Waldemar/Obwexer, Walter (Hrg.), Der Vertrag von Lissabon, Baden-Baden 2009, S. 267 – 300.

ders., Die Außenbeziehungen der EU und die Mitgliedstaaten: Kompetenzen, gemischte Abkommen, völkerrechtliche Verantwortlichkeit und Wirkungen des Völkerrechts, in: Müller-Graff, Peter-Christian/Schwarze, Jürgen (Hrg.), XXII. FIDE-Kongress – Die deutschen Landesberichte: Direkte Steuern und Grundfreiheiten der EG; Vollzug des EG-Beihilfenrechts in Deutschland, Außenbeziehungen der EU und die Mitgliedstaaten, EuR Beiheft 3/2007, S. 57 – 90.

ders./Heintschel von Heinegg, Wolff (Hrg.), Europäisches Unionsrecht. EUV/AEUV/Grundrechtecharta. Handkommentar, Baden-Baden 2012 (zitiert: *Bearbeiter*, in: VH).

Verdross, Alfred/Simma, Bruno, Universelles Völkerrecht. Theorie und Praxis, 3. Auflage, Berlin 1984.

Völker, E.L.M./Steenbergen, J. (Hrg.), Leading Cases and Materials on the External Relations Law of the E.C. (with emphasis on the Common Commercial Policy), Deventer u.a. 1985.

Vranes, Erich, Gemischte Abkommen und die Zuständigkeit des EuGH – Grundfragen und neuere Entwicklungen in den Außenbeziehungen, EuR 2009, S. 44 – 79.

ders., Die EU-Außenkompetenzen im Schnittpunkt von Europarecht, Völkerrecht und nationalem Recht, JBl. 2011, S. 11 – 21.

Wagner, Rolf, Aktuelle Entwicklungen in der europäischen justiziellen Zusammenarbeit in Zivilsachen, NJW 2010, S. 1707 – 1712.

Weiler, Joseph H. H., The External Legal Relations of Non-Unitary Actors: Mixity and the Federal Principle, in: O´Keeffe, David/Schermers, Henry G. (Hrg.), Mixed Agreements, Deventer 1983, S. 35 – 83 (wieder abgedruckt in: *Weiler, J.H.H.*, The Constitution of Europe. "Do the New Clothes Have an Emperor?" and other Essays on European Integration, Cambridge 1999, S. 130 – 187).

Wessel, Ramses A., Cross-pillar Mixity: Combining Competences in the Conclusion of EU International Agreements, in: Hillion, Christophe/Koutrakos, Panos (Hrg.), Mixed Agreements Revisited. The EU and its Member States in the World, Oxford und Portland 2010, S. 30 – 54.

Wille, Angelo, Die Pflicht der Organe der Europäischen Gemeinschaft zur loyalen Zusammenarbeit mit den Mitgliedstaaten, Baden-Baden 2003.

Wohlfahrt, Ernst/Everling Ulrich/Glaesner, Hans Joachim/Sprung, Rudolf, Die Europäische Wirtschaftsgemeinschaft. Kommentar zum Vertrag, Berlin und Frankfurt/Main 1960 (zitiert: *Autor,* in: WEGS).

Wünschmann, Antje, Geltung und gerichtliche Geltendmachung völkerrechtlicher Verträge im Europäischen Gemeinschaftsrecht, Berlin 2003.

Zampini, Florence, Les limites de la competence externe de la Communauté européenee selon la CJCE et les limites de l´intervention judiciaire?, in: Bourgeois, Jacques H.J./Dewost, Jean-Louis/Gaiffe, Marie-Ange (Hrg.), La Communauté européene et les accords mixtes. Quelles perspectives?, Brüssel 1997, S. 27 – 48.

Zieger, Gottfried, Die Stellung der Gemeinschaft und ihrer Organe in internationalen Organisationen, in: Börner, Bodo (Hrg.), Die Außenbeziehungen der Europäischen Gemeinschaft, Kölner Schriften zum Europarecht, Band 25, Köln/Berlin/ Bonn/München 1975, S. 103 – 150.

Augsburger Studien zum Internationalen Recht

Herausgegeben von Volker Behr, Henning Rosenau und Christoph Vedder

Band 1 Ramon Sieveking: Schiedsgutachtenverträge nach deutschem und New Yorker Recht. Eine rechtsvergleichende Untersuchung der Sach- und Interessengerechtigkeit der Ausgestaltung des deutschen Schiedsgutachtenrechts. 2007.

Band 2 Susanne Kobor: Bargaining in the Criminal Justice Systems of the United States and Germany. A Matter of Justice and Administrative Efficiency Within Legal, Cultural Context. 2008.

Band 3 Jérôme Pause: Der französische Conseil d'État als höchstes Verwaltungsgericht und oberste Verwaltungsbehörde. Seine Entwicklung und heutige Stellung. 2008.

Band 4 Henriette Heine: Die Rechtsstellung des Beschuldigten im Rahmen der Europäisierung des Strafverfahrens. 2009.

Band 5 Susanne Kratzer: Die vorweggenommene Erbfolge in Deutschland und Italien unter besonderer Berücksichtigung des Familienvertrages (*patto di famiglia*). 2009.

Band 6 Octavian Gabriel Pascu: Strafrechtliche Fundamentalprinzipien im Gemeinschaftsrecht. Unter besonderer Berücksichtigung des Kartellordnungswidrigkeitenrechts. 2010.

Band 7 Henning Rosenau / Sangyun Kim (Hrsg.): Straftheorie und Strafgerechtigkeit. Deutsch-Japanischer Strafrechtsdialog. 2010.

Band 8 Gerhard Molt: Das Recht der nicht-schifffahrtlichen Wassernutzung am Mekong im Lichte des allgemeinen internationalen Wasserrechts. 2011.

Band 9 Michael Kraus: Rechtsstaatliche Terrorismusbekämpfung durch Straf- und Strafprozessrecht. 2012.

Band 10 Arnd Koch / Matthias Rossi (Hrsg.): Kodifikation in Europa. 2012.

Band 11 Vanessa Desoutter: La responsabilité civile de la société mère vis-à-vis de sa filiale. Comparaison entre l'Aktiengesetz allemande et le droit français des groupes. 2012.

Band 12 Klaus Schwichtenberg: Die Kooperationsverpflichtung der Mitgliedstaaten der Europäischen Union bei Abschluss und Anwendung gemischter Verträge. 2014.

www.peterlang.de